Livre unique en séquences

Français

Sous la direction de
Françoise Carmignani
Professeur de français
(académie de Versailles)

Jean-Pierre Bentaberry
Professeur de français
(académie d'Amiens)

Sylvie Lemler
Professeur de français
(académie de Strasbourg)

Joëlle Paul
Professeur de français
(académie de Versailles)

Paul Raucy
Professeur de français
(académie de Paris)

Nicole Trinquart
Professeur de français
(académie d'Aix-Marseille)

Virginie Walbron-Sarcelet
Professeur de français
(académie d'Amiens)

3e

à travers mots

BORDAS

Conception graphique (couverture et intérieur) : Killiwatch
Iconographie : Fabrice Lucas
Illustrations : Jérôme Brasseur (p. 270, 274-275, 281, 289, 294, 306, 317, 335, 338-339, 350, 362 et 369).
Infographie : Domino (p. 136)

ISBN : 2-04-729732-X

Avant-propos

Les *Instructions Officielles* fixent trois directions fondamentales au programme de français de la classe de 3e :
- la compréhension et la pratique des grandes formes de l'argumentation, associées à l'étude des autres discours ;
- l'expression de soi et ses diverses modalités, de l'implication à la distanciation ;
- la prise en compte d'autrui, dans sa dimension individuelle comme dans sa dimension collective et culturelle.

Ces trois axes majeurs du programme traversent les **dix séquences** que nous proposons tout en déclinant les divers objectifs à atteindre.

Après une séquence d'ouverture qui permet de réviser les différentes **formes de discours**, les trois séquences suivantes, à dominante narrative et descriptive, abordent divers aspects du **récit complexe** comme les questions de temporalité dans le récit, de points de vue ainsi que les paroles rapportées. La séquence 5, centrée sur **l'écriture autobiographique**, articule cette première partie aux séquences suivantes à dominante explicative et argumentative. Tout en montrant l'imbrication étroite des discours, les séquences 6 et 7 analysent les **composantes de l'argumentation** ; la séquence 8, quant à elle, s'attache plus particulièrement à mettre en lumière **les visées argumentatives de certains récits.** Enfin, les deux dernières séquences en étudient les variations dans la **poésie** et le **théâtre**.

Ces dix séquences sont **décloisonnées** : depuis la classe de 6e, la collection « À travers mots » propose en effet à partir d'un même support – textes ou images – de relier étroitement entre elles les différentes activités : de lecture, d'étude de la langue, d'oral et de documentation. Les questions de **grammaire de texte** envisagées en séquence renvoient à **30 leçons avec leurs exercices,** développées dans la seconde partie du manuel réservée aux **« outils de la langue »**. Cette nouvelle présentation nous a ainsi permis de proposer, avant l'entrée en classe de Seconde, un cours complet sur la totalité du programme de collège en matière de grammaire, de vocabulaire et d'orthographe.

Notre choix de textes reste fidèle aux exigences de **qualité littéraire** et d'**intérêt** pour des élèves de cet âge : auteurs des XIXe et XXe siècles, avec des retours sur les XVIIe et XVIIIe siècles, groupements de textes non seulement **problématiques** autour d'une question de discours ou de genre, mais aussi **thématiques,** afin de solliciter la réflexion des élèves sur des sujets susceptibles de les intéresser (le commerce, le jeu, la science, la tolérance, etc.) Chaque séquence propose au moins un texte issu de la **littérature étrangère,** et prolonge l'étude d'un texte par une **lecture cursive** guidée de l'œuvre dont il est extrait.

Enfin, chaque séquence se clôt sur une **double page d'évaluation**, particulièrement axée sur les exercices préparant au **brevet des collèges**.

Nous souhaitons vivement que ce manuel rencontre aussi bien les attentes des professeurs dans leur pédagogie quotidienne que les désirs des élèves dans leur découverte des textes.

Les auteurs

Découvrez

En ouverture de chaque séquence, vous trouverez :

- le thème de la séquence
- son objectif
- une brève présentation de ce que vous allez apprendre
- le sommaire de cette séquence

Dans chaque séquence, vous pourrez :

- découvrir un texte et l'approfondir à l'aide des questions
- étudier la langue en contexte, avec des renvois aux « outils de la langue » (voir ci-dessous)
- retenir les notions importantes

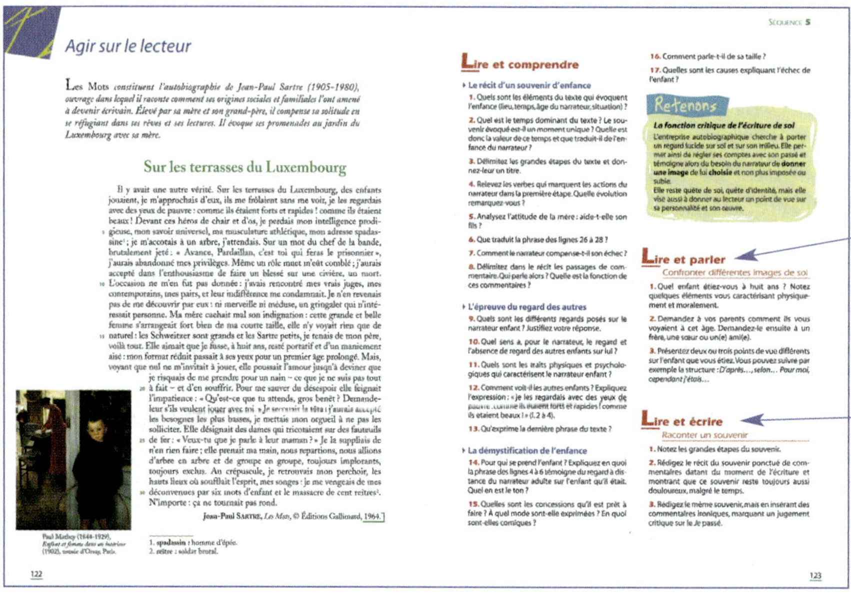

- vous exprimer oralement à propos du texte ou de l'image
- écrire à votre tour, en mettant en œuvre ce que vous avez appris

votre manuel

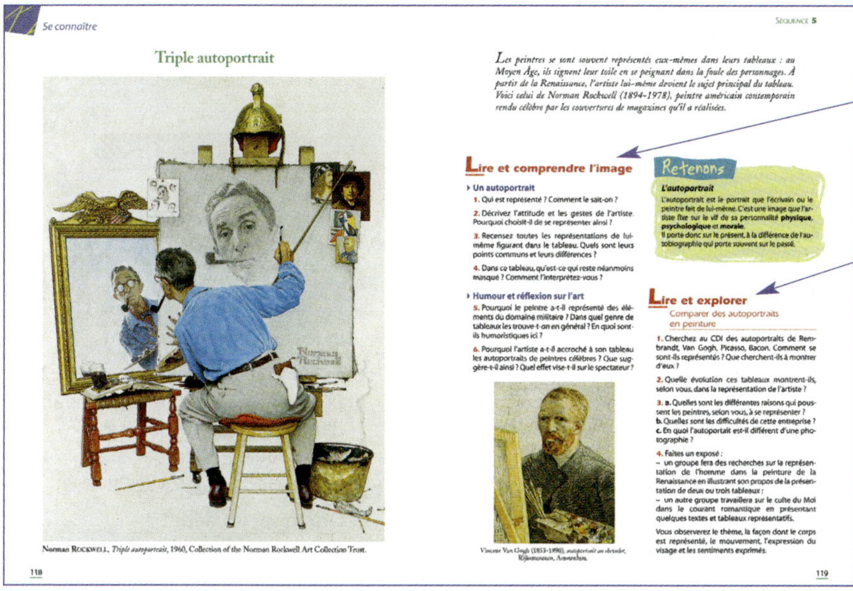

Triple autoportrait

Lire et comprendre l'image

Retenons

Lire et explorer

- apprendre à analyser des images
- vous documenter sur un sujet en relation avec la séquence ou faire une lecture guidée d'une oeuvre étudiée dans la séquence

Bilan de séquence
vers le brevet

Ambassadeur de France !

Comprendre le texte

Étudier la langue

Écrire

À la fin de chaque séquence, vous vous préparerez :

- à faire le bilan de ce que vous avez étudié
- aux épreuves du brevet

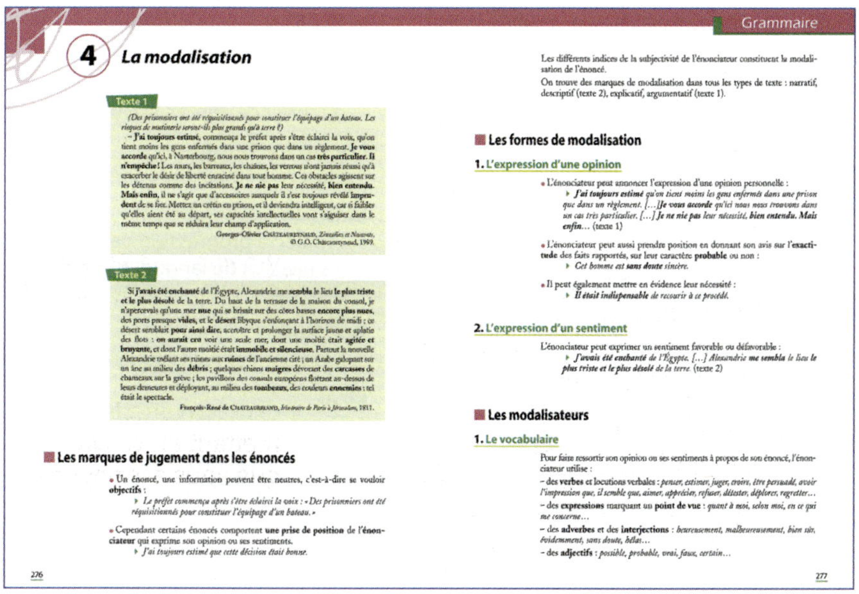

Grammaire

4 La modalisation

Les marques de jugement dans les énoncés

Les formes de modalisation

Les modalisateurs

Dans la seconde partie du livre, vous trouverez :

les « Outils de la langue » en lien avec les séquences :

- 30 leçons de grammaire, vocabulaire et orthographe
- et leurs exercices

Sommaire

SÉQUENCE 1 Échanges en tous genres

Les formes de discours

OBJECTIFS

Lecture
- Réviser les caractéristiques des formes de discours

Langue
- Étudier les temps et les expansions du nom

Écriture
- Rédiger de courts textes relevant d'une ou plusieurs formes de discours

Oral
- Organiser un débat

Documentation
- Voltaire et *L'Encyclopédie*

SÉQUENCE 2 Histoires de jeux

Le récit complexe

OBJECTIFS

Lecture
- Lire des extraits de romans et de nouvelles des XIXe et XXe siècles
- Définir les caractéristiques du récit complexe
- Lecture cursive : *La Femme au collier de velours*, A. Dumas

Lecture d'image
- Étudier un tableau expressionniste

Langue
- Étudier la progression des textes, les niveaux de langue, les figures de style

Ecriture
- Produire des récits complexes

Oral
- Organiser un débat

Documentation
- Expressionnisme et dadaïsme

SÉQUENCE 3 Paysages et points de vue

Le point de vue dans les récits

OBJECTIFS

Lecture
- Lire des extraits de romans et de nouvelles des XIXe et XXe siècles
- Identifier les différents points de vue
- Lecture cursive : *Eugénie Grandet*, H. de Balzac

Lecture d'image
- Étudier le point de vue dans un tableau

Langue
- Étudier le GN, la phrase, les figures de style

Écriture
- Décrire et raconter selon un point de vue déterminé

SÉQUENCE 4 Les paroles dans le roman

Les paroles rapportées

OBJECTIFS

Lecture
- Étudier les paroles des personnages dans des romans des XIXe et XXe siècles
- Lecture cursive : *Senso*, C. Boito

Lecture d'image
- Étudier un plan de film

Langue
- Étudier les modalités de la parole rapportée

Écriture
- Insérer des paroles dans des récits

Oral
- Jouer des dialogues de roman

Sommaire

SÉQUENCE 5 L'écriture de soi

Le texte autobiographique

OBJECTIFS

Lecture
- Lire des extraits d'autobiographies
- Analyser les enjeux de l'autobiographie
- Lecture cursive : *L'Enfant*, J. Vallès

Lecture d'image
- Étudier un autoportrait en peinture

Langue
- Étudier la modalisation, les figures de style, la formation des mots

Écriture
- Se raconter par écrit

Oral
- Parler de soi oralement

Documentation
- L'autoportrait en peinture

SÉQUENCE 6 La science en question

Les composantes de l'argumentation

OBJECTIFS

Lecture
- Lire des textes documentaires, journalistiques et romanesques à caractère argumentatif
- Distinguer thèse, exemples, arguments
- Lecture cursive : *L'Ile du docteur Moreau*, H. G. Wells

Lecture d'image
- Analyser l'argumentation d'une affiche publicitaire

Langue
- Étudier la cause et la conséquence, la modalisation, le vocabulaire spécifique

Écriture
- Rédiger des arguments ; résumer un texte argumentatif

Oral
- Argumenter à l'oral

SÉQUENCE 7 Pour la tolérance

Persuader et convaincre

OBJECTIFS

Lecture
- Lire des textes d'idées du XVIIIe siècle à nos jours sur la tolérance
- Étudier les procédés argumentatifs
- Lecture cursive : *Le Monde comme il va*, Voltaire

Lecture d'image
- Étudier la valeur argumentative d'une illustration

Langue
- Étudier l'opposition et la concession, les connecteurs, l'histoire et le sens des mots

Écriture
- Rédiger un texte argumentatif

Oral
- Réaliser une enquête

Documentation
- Voltaire

SÉQUENCE 8 La raison du plus fort

L'argumentation dans les récits

OBJECTIFS

Lecture
- Analyser la dimension argumentative dans divers genres narratifs
- Lecture cursive : *La Ferme des animaux*, G. Orwell

Lecture d'image
- Étudier une planche de bande dessinée

Langue
- Étudier la cause et la conséquence, l'hypothèse et la condition, les paroles rapportées

Écriture
- Rédiger de courts récits à visée argumentative

Oral
- Organiser un débat oral

Documentation
- Les découvertes sur la Préhistoire

Sommaire

SÉQUENCE 9 Le poète et son temps

Poésie engagée et poésie lyrique

OBJECTIFS

Lecture
- Lire des poèmes des XIXe et XXe siècles
- Lecture cursive : *Paroles*, J. Prévert

Lecture d'image
- Analyser des tableaux et étudier leurs relations avec les poèmes

Langue
- Étudier vers et verset, mises en relief et formes de phrase, sens propre et sens figuré

Écriture
- Écrire des poèmes pour s'exprimer et pour convaincre

Oral
- Lire et réciter des poèmes

Documentation
- La chanson engagée aux XIXe et XXe siècles ; la poésie dans les camps

SÉQUENCE 10 La séduction au théâtre

Agir sur autrui

OBJECTIFS

Lecture
- Lire des scènes de dialogue chez Molière, Musset, Pouchkine, Rostand
- Étudier les effets de la parole théâtrale sur son destinataire
- Lecture cursive : *Cyrano de Bergerac*, E. Rostand

Lecture d'image
- Étudier une photographie de mise en scène

Langue
- Étudier l'explicite et l'implicite, les formes de l'interrogation

Écriture
- Rédiger des dialogues de théâtre

Oral
- Jouer des scènes

Documentation
- Exposé sur *Le Malade imaginaire*, de Molière

OUTILS DE LA LANGUE

Grammaire

Marché de l'Île-sur-Sorgue, Provence. Photographie de Hans Silvester.

SÉQUENCE 1

Échanges en tous genres

Les formes de discours

Depuis les plus anciennes civilisations, les hommes échangent des messages et des marchandises. Les textes regroupés dans cette séquence vous permettront de voir comment diverses époques et divers genres littéraires abordent cet aspect des activités humaines. Ce sera également pour vous l'occasion de **réviser les formes de discours**.

- *Le discours narratif*
- *Le discours descriptif*
- *Le discours explicatif*
- *Le discours argumentatif*
- *Les discours mêlés*

Le discours narratif

Au XIXe siècle à Paris, le parfumeur César Birotteau, personnage d'Honoré de Balzac (1799-1850), compte faire fortune en investissant dans des terrains du quartier de la Madeleine, et en mettant au point la recette d'une huile miraculeuse à base de noisettes. Il souhaite associer à ce projet son commis Popinot et veut lui confier la direction d'un magasin voué à la vente de ce nouveau parfum. Un soir, il fait partager son enthousiasme à sa femme Constance et à leur fille unique, Césarine.

Le parfum du succès

Durant le dîner, Raguet, le garçon de confiance, gardait le magasin ; mais au dessert les commis[1] redescendaient au magasin, et laissaient César, sa femme et sa fille achever leur dîner au coin du feu. Cette habitude venait des Ragon, chez qui les anciens us et coutumes du commerce, toujours en vigueur, maintenaient entre eux et les commis l'énorme distance qui jadis existait entre les *maîtres* et les *apprentis*. Césarine ou Constance apprêtait alors au parfumeur sa tasse de café qu'il prenait assis dans une bergère au coin du feu. Pendant cette heure César mettait sa femme au fait des petits événements de la journée, il racontait ce qu'il avait vu dans Paris, ce qui se passait au faubourg du Temple, les difficultés de sa fabrication.

– Ma femme, dit-il quand les commis furent descendus, voilà certes une des plus importantes journées de notre vie ! Les noisettes achetées, la presse hydraulique prête à manœuvrer demain, l'affaire des terrains conclue. Tiens, serre[2] donc ce bon sur la Banque, dit-il en lui remettant le mandat de Pillerault. La restauration de l'appartement décidée, notre appartement augmenté. Mon Dieu ! j'ai vu, cours Batave, un homme bien singulier ! Et il raconta monsieur Molineux[3].

– Je vois, lui répondit sa femme en l'interrompant au milieu d'une tirade, que tu t'es endetté de deux cent mille francs ?

– C'est vrai, ma femme, dit le parfumeur avec une fausse humilité. Comment paierons-nous cela, bon Dieu ? car il faut compter pour rien[4] les terrains de la Madeleine destinés à devenir un jour le plus beau quartier de Paris.

– Un jour, César.

– Hélas ! dit-il en continuant sa plaisanterie, mes trois huitièmes[5] ne me

1. **commis :** employés d'un magasin.

2. **serrer :** ranger.

3. **monsieur Molineux :** le propriétaire de la maison voisine avec lequel César Birotteau a négocié la location de deux chambres afin d'agrandir son appartement.

4. **il faut compter pour rien :** on ne peut compter sur…

5. **mes trois huitièmes :** Avec d'autres bourgeois, César Birotteau a acheté des terrains dans le quartier de la Madeleine, alors en chantier, sur lesquels il compte faire de gros bénéfices six ans plus tard. Il y a investi 300 000 francs, soit trois huitièmes du prix d'achat total.

vaudront un million que dans six ans. Et comment payer deux cent mille francs ? reprit César en faisant un geste d'effroi. Eh bien, nous les paierons cependant avec cela, dit-il en tirant de sa poche une noisette prise chez madame Madou, et précieusement gardée.

Il montra la noisette entre ses deux doigts à Césarine et à Constance. Sa femme ne dit rien, mais Césarine intriguée dit à son père en lui servant le café : « Ah çà, papa, tu ris ? »

Le parfumeur, aussi bien que ses commis, avait surpris pendant le dîner les regards jetés par Popinot à Césarine, il voulut éclaircir ses soupçons.

– Eh bien, fifille, cette noisette est cause d'une révolution au logis. Il y aura, dès ce soir, quelqu'un de moins sous notre toit.

Césarine regarda son père en ayant l'air de dire : *Que m'importe !*

– Popinot s'en va.

Quoique César fût un pauvre observateur et qu'il eût préparé sa dernière phrase autant pour tendre un piège à sa fille que pour arriver à sa création de la maison A. POPINOT ET COMPAGNIE, sa tendresse paternelle lui fit deviner les sentiments confus qui sortirent du cœur de sa fille, fleurirent en roses rouges sur ses joues, sur son front, et colorèrent ses yeux qu'elle baissa. César crut alors à quelques paroles échangées entre Césarine et Popinot. Il n'en était rien : ces deux enfants s'entendaient, comme tous les amants timides, sans s'être dit un mot.

Honoré DE BALZAC, *César Birotteau*, 1838.

Charles C. Curran (1861-1942), *Le Parfum des roses* (1902), Smithsonian Museum, Washington, États-Unis.

Lire et comprendre

Le discours narratif

1. Qui sont l'auteur, le narrateur et les personnages de ce récit ? Relevez les termes qui permettent d'identifier ces derniers.

2. Quand et où la scène se passe-t-elle ?

3. Distinguez dans le texte les passages de récit et de dialogue. Pourquoi, selon vous, Balzac fait-il alterner récit et dialogue ?

4. Relevez les connecteurs temporels dans le premier paragraphe ; quel est leur rôle ?

5. Précisez et justifiez le temps des verbes « passait » (l. 9) et « furent descendus » (l. 11).

6. Distinguez les étapes du texte en proposant un titre pour chaque partie. Peut-on dire qu'il suit un ordre chronologique ?

Une noisette mystérieuse

7. Sur quel sujet porte d'abord le récit ? Jusqu'où ? Quel thème nouveau intervient ensuite ? Comment le lecteur fait-il le lien entre ces deux éléments de la fiction ? Sur quel sujet porte le dialogue ?

8. Sur quel sujet porte le dialogue aux lignes 11 à 28 ? Puis aux lignes 31 à 37 ?

9. Sur quoi l'effet de surprise repose-t-il ici ? Relevez des contrastes dans les lignes 18 à 31.

10. Quels sont les « soupçons » que César souhaite éclaircir (l. 33) ?

Le narrateur et ses personnages

11. Quel est le point de vue adopté par le narrateur dans le récit ? Justifiez votre réponse par des références précises au texte.

12. Relevez l'expression par laquelle le narrateur juge César. Que nous apprend-elle sur l'image que le narrateur veut donner du personnage principal ?

13. En quoi cette scène éclaire-t-elle le caractère des trois protagonistes principaux ? Trouvez dans le texte des éléments qui permettent d'esquisser un début de portrait pour chacun d'eux.

Retenons

Le discours narratif

Le discours narratif consiste en un **récit d'actions**. Un narrateur organise le déroulement de l'action des personnages et en rend compte selon un point de vue. Ce déroulement est organisé par des **indications temporelles** (temps verbaux et connecteurs temporels).
C'est dans les genres littéraires du roman, du conte et de la nouvelle que le discours narratif domine.

Lire et maîtriser la langue

L'énonciation

1. À quoi reconnaît-on que la première réplique de Birotteau est un énoncé ancré dans la situation d'énonciation ?

2. Quels sont les temps utilisés dans les paroles des personnages ? Justifiez-les.

Énonciation et énoncés ➤ p. 260

Les temps dans le récit

3. Précisez et justifiez le temps des verbes des lignes 38 à 44.

Le verbe : temps et aspects ➤ p. 364

Lire et écrire

Poursuivre une narration

Imaginez la suite de l'extrait de *César Birotteau*. Au lendemain de cette soirée, Césarine et Popinot se retrouvent et préparent l'installation du commis dans une nouvelle boutique.

1. Racontez dans un premier paragraphe les retrouvailles de Césarine et Popinot.

2. Précisez dans un deuxième paragraphe l'idée de chacun à propos de l'installation de la boutique en les faisant dialoguer.

3. Donnez des indications sur les mouvements des personnages dans la boutique.

4. Rédigez un paragraphe de conclusion qui résume leur accord ou leur désaccord.

Le discours descriptif

Dans son roman Au Bonheur des Dames, *Émile Zola (1840-1902) raconte la réussite exemplaire d'Octave Mouret, un commerçant dont le grand magasin condamne à la faillite les petits commerçants du quartier Haussmann à Paris. La grande mise en vente des nouveautés d'hiver attire des centaines de clientes, fascinées par la profusion et la richesse des tissus.*

Gravure de mode d'Arpad Basch, peintre hongrois, fin XIXe siècle.

Sous un torrent de soie

À la soie, la foule était aussi venue. On s'écrasait surtout devant l'étalage intérieur, dressé par Hutin, et où Mouret avait donné les touches du maître. C'était, au fond du hall, autour d'une des colonnettes de fonte qui soutenaient le vitrage, comme un ruissellement d'étoffe, une nappe bouillonnée tombant de haut et s'élargissant jusqu'au parquet. Des satins clairs et des soies tendres jaillissaient d'abord : les satins à la reine, les satins renaissance, aux tons nacrés d'eau de source ; les soies légères aux transparences de cristal, vert Nil, ciel indien, rose de mai, bleu Danube. Puis, venaient des tissus plus forts, les satins merveilleux, les soies duchesse, teintes chaudes, roulant à flots grossis. Et, en bas, ainsi que dans une vasque, dormaient les étoffes lourdes, les armures façonnées, les damas, les brocarts, les soies perlées et lamées, au milieu d'un lit profond de velours, tous les velours, noirs, blancs, de couleur, frappés à fond de soie ou de satin, creusant avec leurs taches mouvantes un lac immobile ou semblaient danser des reflets de ciel et de paysage. Des femmes, pâles de désirs, se penchaient comme pour se voir. Toutes, en face de cette cataracte lâchée, restaient debout, avec la peur sourde d'être prises dans le débordement d'un pareil luxe et avec l'irrésistible envie de s'y jeter et de s'y perdre.

– Te voilà donc ! dit Mme Desforges, en trouvant Mme Bourdelais installée devant un comptoir.

– Tiens ! bonjour ! répondit celle-ci, qui serra les mains à ces dames. Oui, je suis entrée donner un coup d'œil.

– Hein ? c'est prodigieux, cet étalage ! On en rêve… Et le salon oriental, as-tu vu le salon oriental ?

– Oui, oui, extraordinaire !

Mais, sous cet enthousiasme qui allait être décidément la note élégante du jour, Mme Bourdelais gardait son sang-froid de ménagère pratique. Elle examinait avec soin une pièce de Paris-Bonheur, car elle était uniquement venue pour profiter du bon marché exceptionnel de cette soie, si elle la jugeait réellement avantageuse. Sans doute elle en fut contente, elle en demanda vingt-cinq mètres, comptant bien couper là-dedans une robe pour elle et un paletot pour sa petite fille.

Émile ZOLA, *Au Bonheur des Dames*, 1883.

Lire et comprendre

L'agencement des discours

1. Délimitez le passage qui concerne la description du rayon de la soie. Par quel terme commence-t-elle ?

2. Quel est le rôle des deux premières phrases ? Justifiez l'emploi des temps dans ces phrases.

3. Où le récit reprend-il ? Comment la transition est-elle assurée entre la description d'objets et le retour aux actions des personnages ?

L'organisation de la description

4. Relevez les connecteurs spatiaux dans le passage. Quel rôle jouent-ils dans la description ?

5. Quels connecteurs temporels remarquez-vous ? Comment pouvez-vous expliquer leur présence ?

6. Dans les lignes 5 à 10, quels verbes accompagnent les connecteurs temporels ? Que suggèrent ces verbes ?

Une description subjective

7. Selon quel point de vue cette description est-elle faite ? Justifiez votre réponse en vous appuyant sur des éléments précis du texte.

8. a. Relevez les termes qui appartiennent au champ lexical des tissus. Quelles impressions sont ainsi traduites ?
b. Quel autre champ lexical remarquez-vous ? Justifiez sa présence.

9. Dans les lignes 3 à 16, relevez et analysez les images (comparaisons et métaphores).

10. a. Par quelles métaphores ces comparaisons sont-elles développées ensuite ?
b. Peut-on parler de métaphore filée ? Pourquoi ?

11. Relevez les différents tissus mentionnés, lignes 5 à 16. Montrez que l'énumération des tissus évolue avec la métaphore. Quel est l'effet ainsi produit ?

12. En quoi les mots « ciel » et « paysage » (l.16) sont-ils justifiés ? Par quels termes ont-ils été annoncés ?

13. Quelle expression résume la description à la fin du premier paragraphe ? Expliquez-en le sens et dites à quoi elle assimile le rayon de la soie. Justifiez-la.

14. Aux lignes 16 à 20, relevez les termes qui évoquent les attitudes des clientes. Comment le narrateur prolonge-t-il la métaphore ? Que veut-il suggérer ainsi ?

Retenons

Les caractéristiques du discours descriptif

Le discours descriptif situe les éléments décrits – lieux, objets, personnages – les uns par rapport aux autres **dans l'espace**. La description suit un ordre. Les temps dominants en sont l'imparfait et le présent. Les indicateurs de lieu, les verbes de perception et les expansions du nom y sont fréquents.

Lire et maîtriser la langue

Les expansions du nom

1. Dans les lignes 5 à 8, relevez les expansions des noms « satins » et « soies » puis donnez leur nature et leur fonction.

2. a. Relevez deux groupes nominaux qui contiennent une subordonnée relative.
b. Pour chacune d'elle, précisez l'antécédent et la fonction du pronom relatif.

3. Relevez les expansions des noms « peur » (l. 18) et « envie » (l. 19). Précisez leur nature et leur fonction.

4. Relevez dans le texte deux expansions descriptives et deux expansions déterminatives et dites ce qui les caractérise.

5. Pourquoi les expansions sont-elles nombreuses dans ce type de discours ? Quel effet produisent-elles sur le lecteur ?

Le groupe du nom ➤ p. 340

Retenons

La description dans le récit et ses enjeux

Dans un récit, la description constitue **une pause**, elle retarde l'action. Elle permet de situer, de présenter des personnages et éventuellement de rendre compte d'un jugement sur ce qui est décrit de la part de l'observateur, que celui-ci soit le narrateur ou un personnage.

Au palais des gourmands

Lire et écrire

Rédiger une description subjective

1. Identifiez la devanture présentée ici. Comment le photographe a-t-il cadré l'image ? Dans quelle intention selon vous ?

2. a. Comment la vitrine est-elle composée ?
b. Précisez les différents objets et les couleurs présentes.
c. La devanture est-elle harmonieuse ? Pourquoi ?

3. En quoi cette vitrine donne-t-elle une impression d'abondance ?

4. a. Rédigez un paragraphe pour décrire cette devanture. Votre description sera ordonnée, précise et orientée de façon subjective.
b. Vous trouverez les groupes nominaux nécessaires et les accompagnerez d'expansions variées.
c. Vous choisirez des connecteurs spatiaux et temporels pour ordonner la description.

5. À la manière de Zola, vous chercherez une métaphore qui pourra servir de fil directeur à votre paragraphe : éléments naturels, objets précieux… Cette métaphore filée et diverses comparaisons contribueront à mettre en valeur la fascination qu'exerce sur vous cette vitrine.

Le discours explicatif

Dès l'Antiquité, les commerçants ont envoyé des caravanes et des navires vers l'Orient pour y trouver des épices. À la Renaissance, ils découvrent la soie, fabriquée depuis longtemps en Chine et au Japon. Cette découverte favorisa le développement d'autres échanges. Voici un extrait d'une encyclopédie qui nous montre comment était fabriquée la précieuse étoffe en Chine au XVIIIe siècle.

La fabrication de la soie

1. D'après la légende, une chenille divine offrit au Souverain Jaune, au retour d'une grande victoire, un rouleau d'étoffe qu'elle avait tissé. L'étoffe, inconnue jusqu'alors, était légère comme les nuages et lisse comme l'eau. Leizu, son épouse, trouva le moyen de reproduire ce tissu merveilleux en élevant les vers à soie, qu'elle nourrissait de tendres feuilles de mûrier, arbre sur lequel vivait la chenille divine.

La fabrication de la soie remonte en fait au néolithique. La femelle du bombyx du mûrier (type de papillon qui a pour chenille le ver à soie) pond, vers la fin du mois de juin, de 500 à 600 œufs.

En avril, la larve se transforme en chenille, très vorace de feuilles fraîches.

Avant de devenir papillon, la chenille, grâce à sa salive, s'enferme dans un cocon ovoïde. La sécrétion, composée de deux filaments continus et collés l'un à l'autre par la séricine, ou « grès », constitue la soie. Au bout de trois semaines, le papillon ramollit l'extrémité du cocon avec sa salive, écarte les filaments et sort. Mais il faut éviter cette dernière étape, qui est nuisible à la qualité du fil. La chrysalide est donc ébouillantée avant sa sortie du cocon. Le dévidage de chaque cocon produit deux ou trois kilomètres de filament blanc, dont seuls 400 à 1 200 mètres sont tissables.

2. La fabrication de la soie. ▲ Une femme place les œufs du papillon (ou « graines »), sur une feuille de papier de riz humide. Un jeune garçon suspend ensuite cette feuille à un fil tendu entre deux poteaux, en attendant l'éclosion des vers.

3. Les vers à soie ont été nourris de feuilles de mûrier hachées. Quand ils sont assez gros, on sépare les chenilles « fileuses » des autres larves. Des femmes déposent ensuite ces chenilles sur des claies, disposées sur des sortes d'étagères. La scène se déroule dans une atmosphère humide et feutrée : il faut aux vers à soie une ambiance tiède, sans odeur forte ni bruit intempestif. ▶

▲ **4. Les vers mûrs**, prêts à filer, sont placés sur des claies, appelées « coconnières ». Ici, une femme enveloppe les coconnières de linges blancs qui conservent la tiédeur ambiante.

5. L'opération la plus délicate de la fabrication de la soie : les cocons, dont la chenille a été tuée par enfumage, sont jetés dans un bain bouillant qui dissout la gomme, ou « grès », qui les engluait. Il faut ensuite saisir l'extrémité du fil et le dévider ; il doit rester d'un seul tenant. ▼

6. La soie « grège », appelée ainsi car elle garde des traces de grès, est filée avec un rouet de bambou jusqu'à obtention d'un fil souple et brillant. Elle sera ensuite teinte, séchée, enroulée en écheveaux, avant d'être tissée. ▼

L'Histoire du Monde, vol. 1 « L'Antiquité » (sous la direction de Claude Mossé), © Éditions Larousse, 1993.

Illustrations : XVIIIe siècle, musée des Tissus, Lyon.

Lire et comprendre

Légende et réalité

1. De quel genre d'ouvrage ce passage est-il extrait ? À qui ce texte s'adresse-t-il ? Précisez la situation d'énonciation.

Énonciation et énoncés ➤ p. 260

2. Lisez la colonne de gauche (texte 1). Qu'est-ce qu'une légende ? À quel type de discours le premier paragraphe appartient-il ? Quelles en sont les marques distinctives ?

3. Quelles différences constatez-vous dans le second paragraphe ? De quel type de discours s'agit-il ici ? À quoi le reconnaissez-vous ?

L'agencement des discours dans le texte ➤ p. 310

4. Justifiez l'emploi de la locution « en fait » (l. 16).

5. Expliquez les termes suivants : « la femelle du bombyx du mûrier » (l. 16), « un cocon ovoïde » (l.26), « la chrysalide » (l. 36). À quel domaine font-ils référence ?

6. Quelle définition précise de la soie nous est donnée ? Où se trouve-t-elle ?

7. Relevez les précisions chiffrées. Pourquoi ne figurent-elles pas dans le premier paragraphe ?

Des textes et des images pour expliquer

8. Justifiez la présence de dessins sur cette double page. Vous semblent-ils bien choisis ?

9. Relevez les termes entre guillemets dans les textes 2 à 6. Pourquoi le sont-ils ?

Retenons

Les caractéristiques du discours explicatif

Le discours explicatif répond aux questions : **pourquoi ? comment ?** Il a ainsi pour but de faire comprendre des phénomènes ou des faits en les présentant de manière logique grâce à des connecteurs logiques ou temporels. L'explication est un **discours objectif** dans lequel, le plus souvent, l'émetteur ne se manifeste pas. Le temps utilisé est le présent de vérité générale. Le vocabulaire employé est spécialisé, souvent technique.

Retenons

La fonction de l'image dans l'explication

Dessins, schémas, illustrations, etc., peuvent apporter des éléments visuels complémentaires pour éclairer la compréhension d'un texte ou d'un phénomène. Mais l'**image peut** aussi, à elle seule, **être explicative** et plus explicite qu'un texte.

10. Quels indicateurs de lieux et quels connecteurs temporels sont utilisés ici ? Quel rôle jouent-ils dans ce discours ?

Expliquer et argumenter ➤ p. 296

Lire et écrire

Rédiger une explication

1. Au brouillon, résumez les différentes étapes de la fabrication de la soie.

2. Rédigez deux notices explicatives au sujet de la fabrication de la soie, l'une en cent mots, l'autre en cinquante mots.

Lire et explorer

L'univers de la soie

En consultant une encyclopédie ou des collections documentaires au CDI, répondez aux questions suivantes.

1. Qu'appelle-t-on la « route de la soie » ?
Où se trouvait-elle ? Par quels peuples fut-elle empruntée ?

2. En France, quelles sont les villes qui se sont spécialisées dans la fabrication de la soie ?

3. Que signifie l'adjectif « soyeux » ? Et le nom commun « soyeux » ? Employez chacun d'eux dans une phrase.

4. a. D'où vient le mot « sériciculture » ?
b. Expliquez ce que sont l'ostréiculture, la pisciculture, la sylviculture, la viticulture.

La route de la soie

Alessandro Baricco, écrivain italien contemporain né en 1958, raconte, dans son roman Soie, *les aventures de son héros Hervé Joncour. Vers 1860, celui-ci entreprend de longues expéditions au Japon à la recherche de vers à soie afin d'en faire l'élevage en France.*

Une profession insolite

En réalité, Hervé Joncour achetait et vendait des vers à soie quand ces vers étaient encore sous la forme d'œufs minuscules, d'une couleur jaune ou grise, immobiles et en apparence morts. Sur la seule paume de la main, il pouvait en tenir des milliers.

« Ce qui s'appelle avoir une fortune entre les mains. »

Aux premiers jours de mai, les œufs s'ouvraient, libérant une larve qui, après trente jours d'alimentation forcenée à base de feuilles de mûrier, travaillait à se réenfermer dans un cocon, pour s'en évader ensuite définitivement deux semaines plus tard en laissant derrière elle un patrimoine équivalant en fil à mille mètres de soie grège et en argent à une quantité considérable de francs français : à la condition que tout se déroulât dans le respect des règles et, ce qui était le cas pour Hervé Joncour, dans quelque région du midi de la France.

Lavilledieu était le nom de la bourgade où vivait Hervé Joncour.

Hélène, celui de sa femme.

Ils n'avaient pas d'enfants.

Alessandro Baricco, *Soie* (1996), traduction française de Françoise Brun,

Lire et comprendre

Des éléments explicatifs

1. Quel est le rôle de la locution adverbiale qui ouvre le passage ?

2. À quelle étape de la fabrication de la soie s'attachent les lignes 6 à 10 ?

Des éléments narratifs

3. Justifiez l'utilisation des guillemets à la ligne 5.

4. Résumez les informations contenues dans le passage à propos d'Hervé Joncour. Sur quoi pourrait porter la suite du récit ?

Du réel au roman

5. Quel est l'intérêt de l'élément explicatif dans la présentation du personnage ?

6. En quoi le personnage d'Hervé Joncour est-il à la fois banal et exceptionnel ?
Quel effet particulier produit l'alternance des discours narratif et explicatif dans cette page ?

Retenons

L'explication dans la narration

Le discours explicatif peut permettre d'intéresser le lecteur à une narration en lui apportant des éléments essentiels quant à la compréhension du récit, tant à propos des personnages que du cadre où ils vivent.

Le discours argumentatif

Comme dans les récits de souvenirs de son enfance, Marcel Pagnol (1895-1974) a campé dans son théâtre des personnages de méridionaux typiques et sympathiques. César, cafetier du port de Marseille, participe à une conversation animée avec l'un de ses clients, Monsieur Brun, à propos de l'alcool.

Une espèce de tisane froide

DANS LE BAR DE CÉSAR

Cinq heures de l'après-midi. Comme d'habitude, César, Escartefigue et M. Brun sont installés autour d'une table, pour la partie de manille quotidienne. César bat les cartes, et il va les distribuer tout en parlant avec une certaine véhémence.

CÉSAR.— Monsieur Brun, j'ai la prétention de connaître mon métier.

M. BRUN.— Évidemment, évidemment.

ESCARTEFIGUE.— Ça, personne n'oserait le discuter.

CÉSAR.— Monsieur Brun, tous les apéritifs sont faits avec des plantes : gentiane, sauge, anis, peau d'orange, absinthe et cétéra. Or, les plantes, ce sont des remèdes. Dans ma chambre, j'ai un gros livre : la Santé par les Plantes, ça guérit TOUT. Alors, finalement, qu'est-ce que c'est qu'un apéritif ? C'est une espèce de tisane froide. Vous pourriez me dire qu'il y a de l'alcool…

M. BRUN.— Je vous le dis.

CÉSAR.— Et qu'est-ce que c'est, l'alcool ? Essence de vigne : plante ! Et quand quelqu'un se trouve mal, qu'est-ce qu'on dit ? « Vite, faites-lui boire quelque chose ! Vite ! Un peu de rhum ! Un peu de Chartreuse ! » Donc, Remède. Naturellement, il ne faut pas en boire trop. Pour tous les remèdes, c'est la même chose. Sur toutes les boîtes, il y a écrit : « Ne pas dépasser la dose prescrite. »

Marcel PAGNOL, *César*,
© Éditions de Fallois (marcel-pagnol. com), 1946.

Lire et comprendre

Un dialogue animé

1. À quel genre littéraire ce texte appartient-il ? Justifiez votre réponse.

2. Sur quel sujet porte la discussion entre les personnages ?

3. Distinguez les éléments qui constituent le texte et précisez leur utilité.

Retenons

Les caractéristiques du discours argumentatif

Le discours argumentatif consiste à défendre ou contester une idée appelée **thèse** à l'aide d'**arguments** illustrés d'**exemples**.
Dans un dialogue argumentatif, chacun des personnages défend sa thèse ou conteste celle de l'autre. Les personnages s'affrontent alors en cherchant à se convaincre mutuellement dans un registre comique, satirique, ironique, etc.

Un cafetier qui connaît son métier

4. a. Formulez en une phrase l'idée défendue par César.
b. Relevez les connecteurs logiques employés par César. Pourquoi les utilise-t-il ?
c. Repérez les différents arguments de César en les reformulant.
d. Quand César utilise-t-il un exemple ?

5. Quelles expressions montrent l'implication de César dans ses propos ?

6. Quels effets César cherche-t-il à produire ?

Un interlocuteur réduit au silence

7. Justifiez l'expression « Vous pourriez me dire... », ligne 8. Quel rôle joue-t-elle dans l'argumentation ?

8. Lisez les répliques de Monsieur Brun :
a. Pourquoi sont-elles si courtes d'après vous ?
b. D'après vous, que pense M. Brun des idées de César sur l'alcool ?

9. Comment le lecteur réagit-il à l'argumentation de César ? Ce personnage lui est-il sympathique ? Pourquoi ?

Retenons

La visée argumentative des dialogues

Dans un dialogue de théâtre, les personnages échangent des répliques mais leurs paroles sont également destinées aux spectateurs.
Dans un dialogue entre les personnages de roman, le lecteur peut également entendre un message qui lui est adressé par l'auteur.

Lire et écrire

Rédiger un dialogue argumentatif

1. Cherchez des arguments et des exemples en faveur de la thèse de Monsieur Brun.

2. Récrivez les répliques de Monsieur Brun en développant les arguments et les exemples qu'il pourrait avancer.

Plan du film réalisé par Marcel Pagnol, *César*, 1936.

Voltaire (1694-1778) fait paraître les Lettres Philosophiques *en 1734, alors qu'il vient de séjourner plusieurs mois en Angleterre. Il y fait l'éloge de cette nation et de ses habitants, afin de critiquer la société française et de prendre parti pour une économie moderne. En effet, au XVIIIe siècle, le système politique anglais et les libertés qui l'accompagnent font figure de modèle pour les autres pays d'Europe. La lettre X est plus particulièrement consacrée au commerce.*

Lettre sur le commerce

Le Commerce, qui a enrichi les Citoyens en Angleterre, a contribué à les rendre libres, et cette liberté a étendu le Commerce à son tour ; de là s'est formée la grandeur de l'État. C'est le Commerce qui a établi peu à peu les forces navales par qui les Anglais sont les maîtres des mers. Ils ont à présent près de deux cents vaisseaux de guerre. La postérité apprendra peut-être avec surprise qu'une petite Île, qui n'a de soi-même qu'un peu de plomb, de l'étain, de la terre à foulon[1] et de la laine grossière, est devenue par son Commerce assez puissante pour envoyer, en 1723, trois Flottes à la fois en trois extrémités du monde, l'une devant Gibraltar, conquise et conservée par ses armes, l'autre à Porto-Bello, pour ôter au Roi d'Espagne la jouissance des trésors des Indes, et la troisième dans la mer Baltique, pour empêcher les Puissances du Nord de se battre.

Quand Louis XIV faisait trembler l'Italie, et que ses armées, déjà maîtresses de la Savoie et du Piémont, étaient prêtes de prendre Turin, il fallut que le Prince Eugène marchât du fond de l'Allemagne au secours du Duc de Savoie ; il n'avait point d'argent, sans quoi on ne prend ni ne défend les Villes ; il eut recours à des Marchands Anglais ; en une demi-heure de temps, on lui prêta cinquante millions. Avec cela il délivra Turin, battit les Français, et écrivit à ceux qui avaient prêté cette somme ce petit billet : « Messieurs, j'ai reçu votre argent, et je me flatte de l'avoir employé à votre satisfaction. »

Tout cela donne un juste orgueil à un Marchand Anglais, et fait qu'il ose se comparer, non sans quelque raison, à un Citoyen Romain[2]. Aussi le Cadet d'un Pair du Royaume[3] ne dédaigne point le Négoce. Milord Townshend, Ministre d'État, a un frère qui se contente d'être Marchand dans la Cité. Dans le temps que Milord Oxford gouvernait l'Angleterre, son cadet était Facteur à Alep, d'où il ne voulut pas revenir, et où il est mort.

Cette coutume, qui pourtant commence trop à se passer, paraît monstrueuse à des Allemands entêtés de leurs *quartiers*[4], ils ne sauraient concevoir que le fils d'un Pair d'Angleterre ne soit qu'un riche et puissant Bourgeois, au lieu qu'en Allemagne tout est Prince ; on a vu jusqu'à trente Altesses du même nom n'ayant pour tout bien que des armoiries[5] et de l'orgueil.

1. **terre à foulon :** sorte d'argile nécessaire au travail du drap.
2. **un Citoyen Romain :** allusion à la République Romaine qui, au XVIIIe siècle, apparaît comme un modèle de liberté.
3. **Pair du Royaume :** membre de la Chambre des pairs, Haute Assemblée législative en Angleterre.
4. **quartiers :** degrés de descendance noble.

En France est Marquis qui veut ; et quiconque arrive à Paris du fond d'une Province avec de l'argent à dépenser et un nom en *Ac* ou en *Ille*[6] peut dire « un homme comme moi, un homme de ma qualité », et mépriser souverainement un Négociant ; le Négociant entend lui-même parler si souvent avec mépris de sa profession, qu'il est assez sot pour en rougir. Je ne sais pourtant lequel est le plus utile à un État, ou un Seigneur bien poudré qui sait précisément à quelle heure le Roi se lève, à quelle heure il se couche, et qui se donne des airs de Grandeur en jouant le rôle d'esclave dans l'antichambre d'un Ministre, ou un Négociant qui enrichit son Pays, donne de son Cabinet des ordres à Surate et au Caire, et contribue au bonheur du monde.

VOLTAIRE, « Sur le commerce », *Lettres philosophiques*, Dixième Lettre, 1734.

5. **armoiries :** ensemble des emblèmes symboliques qui distinguent une famille noble.
6. **nom en *Ac* ou en *Ille* :** consonance des noms de familles nobles des provinces françaises.

German School, gravure du XVIIIe siècle, *Vue du Port au blé et du Pont au change*, musée Carnavalet, Paris.

Lire et comprendre

L'organisation du texte

1. Selon votre première lecture, ce texte fait-il l'éloge ou la critique du commerce ?

2. a. Quels synonymes du mot « commerçant » trouvez-vous dans le texte ?
b. Relevez les termes qui appartiennent au champ lexical de l'argent. Voltaire en donne-t-il une image péjorative ou méliorative ?

3. Faites le plan du texte en donnant un titre à chaque partie.

Thèse, arguments et exemples

4. Quelle est la thèse de l'auteur dans les lignes 1 et 2 ?

5. Relisez les lignes 1 à 4.
a. Relevez les sujets des verbes dans la première phrase. Quelle équivalence permettent-ils d'établir ?
b. Dans la deuxième phrase, expliquez l'expression « les maîtres des mers ».
c. Dans ces deux phrases, relevez les connecteurs logiques. Quels effets produisent-ils ?

6. Relisez le paragraphe 2 qui évoque la guerre de Succession d'Espagne où la France fut opposée à une coalition (dont l'Angleterre, l'Allemagne et la Savoie).

a. Résumez l'épisode évoqué par Voltaire.

b. Selon Voltaire, quel rôle ont joué les marchands anglais dans cette affaire ? Relevez les termes qui soulignent l'efficacité de leur intervention.

c. À quel type de discours ces lignes appartiennent-elles ?

d. Peut-on distinguer arguments et exemples ? Pourquoi ?

7. a. Reformulez l'argument du troisième paragraphe.

b. Cet argument est-il accompagné d'exemples ? Relevez-les le cas échéant.

Retenons

Les visées du discours argumentatif

Le discours argumentatif a pour but de **convaincre** à l'aide d'arguments illustrés par des exemples qui doivent être pertinents. Il suit un ordre logique souvent souligné par des connecteurs.
Mais l'argumentation ne se réduit pas à ce seul raisonnement car elle correspond à une **prise de position personnelle** de celui qui défend sa thèse. L'implication du locuteur est donc essentielle dans le choix des mots et du registre.

La portée critique du texte

8. Quelle critique concernant la France pouvez-vous dégager du deuxième paragraphe ? Cette critique est-elle explicite ou implicite ? Justifiez votre réponse.

9. Dans le paragraphe 4, dites ce qui caractérise la noblesse allemande. Que lui reproche l'auteur ?

10. Dans le paragraphe 5, quel trait distinctif de la noblesse française l'auteur relève-t-il ?

11. Par quelle expression l'auteur introduit-il dans le texte son jugement personnel ?

12. Précisez sur quoi se fonde l'opposition entre les deux personnes évoquées de la ligne 36 à la ligne 41.

Lire et maîtriser la langue

L'utilisation des temps verbaux

1. Quel est le temps majoritairement employé dans la lettre ? Pourquoi ?

2. Relevez les verbes de la première phrase et précisez leur mode et leur temps. Quel effet produit leur enchaînement ?

3. Dans la quatrième phrase relevez le verbe au futur et son sujet. En quoi contribuent-ils à valoriser la thèse de l'auteur ?

4. Relisez le paragraphe 2 : quels temps verbaux relevez-vous ? Pourquoi sont-ils employés ? De quel discours s'agit-il ici ? Quel est le rôle de ce discours dans l'argumentation de Voltaire ?

5. Justifiez l'utilisation du présent à la ligne 16.

6. À quel mode et à quel temps est conjugué le verbe « savoir », ligne 28.

Le verbe ➤ p. 358 et 364

La phrase complexe

7. Relisez la première phrase du texte.

a. Relevez les propositions juxtaposées.

b. Relevez les propositions subordonnées et donnez leur nature et leur fonction.

c. En quoi la structure de cette phrase rend-elle compte de l'évolution dont parle Voltaire ?

La phrase ➤ p. 324

Lire et explorer

La littérature des Lumières

1. Quelle idée de l'homme et des rapports humains pouvez-vous dégager de l'étude de la *Lettre sur le commerce* ?

2. Cette idée est très représentative de la philosophie des Lumières : de quelles « Lumières » est-il question ? Vous répondrez par une recherche au CDI, en vous interrogeant sur les points suivants :

a. Voltaire est un auteur majeur des Lumières. En vous aidant d'une biographie, expliquez pourquoi il a été amené à écrire sur l'Angleterre.

b. Quelle est l'œuvre des Lumières qui, en regroupant de nombreux auteurs, est devenue le symbole de ce mouvement ? Quels en ont été les maîtres d'œuvre ?

Les discours mêlés

À la fin du roman de Zola Au Bonheur des Dames, *le succès d'Octave Mouret, directeur du grand magasin, culmine avec l'inauguration de la nouvelle façade de ce même magasin.*

Frédéric Sorrieu (1807-1861), *La Belle Jardinière* (vers 1870-1880), Musée Carnavalet, Paris.

Paris mangé par le monstre

Vers deux heures, un piquet d'ordre dut faire circuler la foule et veiller au stationnement des voitures. Le palais était construit, le temple élevé à la folie dépensière de la mode. Il dominait, il couvrait un quartier de son ombre. Déjà, la plaie, laissée à son flanc par la démolition de la masure de Bourras[1], se trouvait si bien cicatrisée qu'on aurait vainement cherché la place de cette verrue ancienne ; les quatre façades filaient le long des quatre rues, sans une lacune, dans leur isolement superbe. Sur l'autre trottoir, depuis l'entrée de Baudu[2] dans une maison de retraite, le *Vieil Elbeuf* était fermé, muré ainsi qu'une tombe, derrière les volets qu'on n'enlevait plus ; peu à peu, les roues de fiacres les éclaboussaient, des affiches les noyaient, les collaient ensemble, flot montant de la publicité, qui semblait la dernière pelletée de terre jetée sur le vieux commerce ; et, au milieu de cette devanture morte, salie des crachats de la rue, bariolée des guenilles du vacarme parisien, s'étalait, comme un drapeau planté sur un empire conquis, une immense affiche jaune, toute fraîche,

1. **la masure de Bourras :** ancien magasin racheté et détruit par Mouret.
2. **Baudu :** drapier, propriétaire du magasin le Vieil Elbeuf, auquel le Bonheur des Dames a fait une concurrence désastreuse.

annonçant en lettres de deux pieds la grande mise en vente du *Bonheur des Dames*. On eût dit que le colosse, après ses agrandissements successifs, pris de honte et de répugnance pour le quartier noir, où il était né modestement, et qu'il avait plus tard égorgé, venait de lui tourner le dos, laissant la boue des rues étroites sur ses derrières, présentant sa face de parvenu à la voie tapageuse et ensoleillée du nouveau Paris. Maintenant, tel que le montrait la gravure des réclames, il s'était engraissé, pareil à l'ogre des contes, dont les épaules menacent de faire craquer les nuages. D'abord, au premier plan de cette gravure, la rue du Dix-Décembre, les rues de la Michodière et Monsigny, emplies de petites figures noires, s'élargissaient démesurément, comme pour donner passage à la clientèle du monde entier. Puis, c'étaient les bâtiments eux-mêmes, d'une immensité exagérée, vus à vol d'oiseaux avec leurs corps de toitures qui dessinaient les galeries couvertes, leurs cours vitrées où l'on devinait les halls, tout l'infini de ce lac de verre et de zinc luisant au soleil. Au-delà, Paris s'étendait, mais un Paris rapetissé, mangé par le monstre : les maisons, d'une humilité de chaumière dans le voisinage, s'éparpillaient ensuite en une poussière de cheminées indistinctes ; les monuments semblaient fondre, à gauche deux traits pour Notre-Dame, à droite un accent circonflexe pour les Invalides, au fond le Panthéon, honteux et perdu, moins gros qu'une lentille. L'horizon tombait en poudre, n'était plus qu'un cadre dédaigné, jusqu'aux hauteurs de Châtillon, jusqu'à la vaste campagne, dont les lointains noyés indiquaient l'esclavage.

Émile ZOLA, *Au Bonheur des Dames*, 1883.

Illustration de J. Caveng pour *Le Terrain Bouchaballe* (1923) de Max Jacob, musée des Beaux-Arts, Quimper.

Lire et comprendre

Des discours mêlés

1. Quel est le temps du premier verbe du passage ? Justifiez cet emploi.

2. Quel est le temps le plus employé dans la suite du texte ? Pourquoi ?

3. Justifiez l'emploi du présent à la ligne 22.

4. Quels éléments narratifs ce passage contient-il à propos des petits commerces concurrents du Bonheur des Dames ?

L'organisation de la description

5. Distinguez les étapes de la description.

6. Quel rôle l'adverbe « maintenant » (l. 20) joue-t-il dans le passage ?

7. De la ligne 2 à la ligne 20, relevez les notations temporelles. Quel rôle jouent-elles dans ce passage ?

8. Étudiez et justifiez la présence des connecteurs spatiaux de la ligne 22 à la fin du passage.

9. Quelle place le Bonheur des Dames occupe-t-il dans la description ? En quoi cette place est-elle significative ?

Des images symboliques

10. Relisez les lignes 3 à 6.
a. À quel terme le mot « flanc » renvoie-t-il ? Quelle est cette figure de style ? Quel est l'effet produit ?
b. Relevez une métaphore et expliquez-la.

11. Dans les lignes 7 à 20, étudiez les images qui contribuent à mettre en valeur le Bonheur des Dames.

12. a. Relevez dans le texte les noms qui assimilent le grand magasin à un être vivant.
b. De quel type d'être vivant s'agit-il ?
c. Que suggèrent ces noms sur les conséquences de la création des grands magasins ?

13. Dans le passage qui commence ligne 28, relevez et commentez les termes qui illustrent la domination du grand magasin.

Retenons

Les discours dans les textes

Le texte littéraire correspond très rarement à la mise en œuvre d'une seule forme de discours.
Ainsi **narration et description** sont-elles souvent **entrecroisées** ; de plus, la description, par le choix des termes et les images utilisées, peut constituer une forme d'implication du narrateur et exprimer son jugement.
Un dialogue peut être l'occasion de développer une argumentation.
Une narration peut avoir une visée argumentative.

Lire et maîtriser la langue

Les expansions du nom

1. Dans les lignes 7 à 12, relevez les noms et leurs expansions puis donnez leur nature et leur fonction.

2. Relevez dans le passage trois expressions en apposition et précisez à quels noms elles se rapportent.

3. Relisez les lignes 16 à 28. Identifiez les propositions subordonnées relatives en précisant pour chacune d'elles la fonction du pronom relatif.

Préparer une dictée

4. Relisez attentivement les lignes 16 à 22. Pour préparer la dictée, répondez aux questions suivantes :
a. Relevez les verbes à l'infinitif et justifiez leur emploi.
b. Cherchez des mots de la même famille que « colosse » et « successifs » et employez-les dans une phrase.
c. Donnez les homonymes de « voie » en expliquant leur sens.
d. Relevez les formes verbales composées et justifiez l'orthographe de l'auxiliaire, puis du participe passé.

Lire et parler

Débattre sur le commerce

1. Par petits groupes, cherchez des arguments en faveur du commerce de grande distribution et d'autres en faveur des petits commerces. Notez les arguments au tableau et cherchez des exemples pour les illustrer.

2. Organisez un débat entre un représentant de la grande distribution, un représentant des petits commerçants et un représentant des consommateurs.

3. Choisissez parmi vous un animateur qui contrôlera le déroulement du débat et deux rapporteurs qui rendront compte de la séance.

4. Réunissez les différents intervenants et placez-les face-à-face comme dans un débat télévisé.

5. L'animateur distribue la parole et veille au respect de l'écoute. Les rapporteurs sont muets et prennent note des arguments échangés.

6. À l'issue du débat, la parole est aux rapporteurs qui font le bilan des arguments proposés et jugent éventuellement les trois partis en désignant le plus convaincant à leurs yeux.

Bilan de séquence
vers le brevet

Henri Hayden (1883-1970), *Nature morte*, galerie Daniel Malingue, Paris.

Écrivain contemporain, Georges-Olivier Châteaureynaud a publié de nombreuses nouvelles. Ici, Bogue, un brocanteur peu riche, rend visite à Sophie-Agnès, également brocanteur. Son amie Alberta lui a conseillé d'aller la voir pour lui acheter toute la marchandise dont elle veut se défaire. Il découvre avec un grand intérêt cette brocante qui risque de l'enrichir.

Une affaire en or

Il comprit au premier coup d'œil qu'Alberta ne lui avait pas menti : ce serait le débarras de sa vie. Jamais, même en rêve, il n'avait vu un tel amoncellement de bonne et belle marchandise. Sur deux cents mètres de plancher cru, c'était un champ de bibelots et de statuettes, de meubles, de tapis roulés, de pendules, de bougeoirs, de chandeliers, de candélabres, de lampes à pétrole et de lanternes de toutes sortes, de nécessaires à écrire et à coudre, de berceaux anciens, de mannequins et de rouets, de tableaux et de tableautins, de miniatures, de livres, d'affiches et de gravures, de cartons à chapeaux, de cantines et de vieilles malles prometteuses, tout cela pêle-mêle, dans son jus de poussière et d'oxyde, de toiles d'araignées et de chiures de rats.

Bogue avala sa salive et se tourna vers Sophie-Agnès.

– Pour les conditions, Alberta m'a dit…

– Il me semble qu'à cinquante mille vous faites une affaire.

Il eut la moue qu'elle attendait. À cinquante mille, il s'agissait d'un cadeau. Mais il devait faire son numéro de broque[1]. Il devait marchander pour lui donner l'occasion de se défendre pied à pied. Sinon, où aurait été le plaisir ? Cinquante mille ou quarante mille, ou quarante-cinq mille, la question n'était pas là. Alberta voulait du bien à Bogue, et Sophie-Agnès le savait, personne ne s'était jamais repenti de faire une fleur à Alberta. Il joua le jeu et parvint à gratter trois mille cinq cents francs. Toujours ça de gagné en plus du reste. Alberta lui avait ouvert un crédit de soixante mille.

Georges-Olivier CHÂTEAUREYNAUD, *Le Kiosque et le Tilleul*,

1. **broque :** brocante.

Étudier la langue

1 **a.** Transformez la première phrase du texte et la première phrase du dernier paragraphe en mettant le sujet « il » au pluriel, puis en faisant tous les accords nécessaires.
b. Justifiez l'orthographe des nombres, ligne 17.

2 Quel est le point commun aux trois mots « bougeoirs », « chandeliers », « candélabres » ?

3 Expliquez le sens du mot « champ », ligne 4, et du mot « jus », ligne 9. Quel est le sens habituel de ces deux mots ? Comment nommez-vous la figure de style utilisée dans chacune de ces lignes ?

4 Expliquez l'expression « le débarras de sa vie », ligne 2. Que pouvez-vous dire de l'idée qu'elle exprime ?

5 Relevez et expliquez les termes qui relèvent d'un registre de langue familier. Pourquoi le narrateur les emploie-t-il ?

Comprendre le texte

Le récit

6 Relevez les verbes du texte en les classant selon le temps employé par le narrateur. Justifiez chacun de ses choix.

7 Selon vous, l'expression « un tel amoncellement de bonne et belle marchandise » (l. 2-3) correspond-elle au point de vue du narrateur ou à celui du brocanteur Bogue ? Justifiez votre réponse. Quel est l'effet de ce procédé narratif ?

La description

8 Dans les lignes 3 à 10, que faut-il entendre par « pêle-mêle » ? Quels procédés de style donnent cette impression ? Selon vous, s'agit-il d'un lexique mélioratif ou péjoratif ? Justifiez votre réponse.

9 Expliquez l'image : « jus de poussière et d'oxyde, de toiles d'araignées et de chiures de rats » (l. 9-10).

10 Dans ce passage descriptif, le narrateur suit-il ou non le regard de son personnage ? Justifiez précisément votre réponse.

Le point de vue du personnage

11 « Mais il devait faire son numéro de broque » (l. 15). Expliquez cette opinion de Bogue. Puis proposez deux arguments en faveur de celle-ci.

12 Relevez la phrase de Sophie-Agnès, ligne 13. Continuez sa réplique en imaginant quelques arguments qu'elle pourrait proposer à Bogue pour le convaincre.

Écrire

13 Bogue se rend maintenant à une autre adresse que lui a communiquée Alberta et visite le grenier de Pedro. Vous décrirez en quelques lignes ce lieu et les objets qu'il contient puis, après une phrase de récit, vous rédigerez le « numéro de broque » au cours duquel les deux personnages discutent le prix de ces nouvelles marchandises.

Le tapis vert.

SÉQUENCE 2

Histoires de jeux

Le récit complexe

Cette séquence vous propose de lire des textes qui ont pour thème le jeu et de réfléchir aux raisons qui poussent l'homme à inventer et apprécier des jeux divers. Vous y étudierez les différentes **caractéristiques du récit complexe** et apprendrez à les intégrer à vos propres textes.

- *Construire la fiction*
- *Les constituants du récit*
- *La temporalité du récit*

Construire la fiction

Louis Pergaud, fils d'un instituteur, a obtenu le prix Goncourt en 1910. Il est surtout célèbre pour un récit de souvenirs d'enfance romancés : La Guerre des boutons, *dont la notoriété a été accrue par l'adaptation filmique d'Yves Robert.*

Les enfants de deux villages voisins se livrent, à chaque nouvelle rentrée des classes, une guerre dont les formes sont un peu particulières. Outre les coups et injures diverses dont ils ne sont pas avares, ils ont pour habitude de couper les boutons et autres attaches des vêtements des ennemis faits prisonniers.

La stratégie d'un chef militaire

Quand ils se furent casés, chacun à son poste respectif, c'est-à-dire aux places que les convenances, la vigueur personnelle, la solidité du poing leur avaient fait s'attribuer peu à peu après des débats plus ou moins longs (les meilleures étant réputées les plus proches des bancs des petites filles), ils tirèrent de leurs poches qui un chapelet, qui un livre de messe, voire une image pieuse pour avoir « l'air plus convenable ».

Lebrac, comme les autres, extirpa du fond de sa poche de veste un vieux paroissien[1] au cuir usé et aux lettres énormes, héritage d'une grand-tante à la vue faible, et l'ouvrit n'importe où, histoire d'avoir lui aussi une contenance à peu près exempte de reproches.

Peu curieux des oraisons[2], il tourna son livre à l'envers et, tout en fixant, sans les voir, les immenses caractères d'une messe de mariage en latin, de laquelle il se fichait pas mal, il réfléchit à ce qu'il proposerait le soir à ses soldats, car il se doutait bien que ces sacrés asticots-là ne trouveraient comme d'habitude rien du tout, du tout, et se reposeraient encore sur lui du soin de décider ce qu'il faudrait faire pour remédier au danger terrible dont ils étaient tous plus ou moins menacés.

Tintin dut le pousser pour le faire agenouiller, lever et asseoir aux moments désignés par le rituel et il jugea de la terrible contention[3] d'esprit de son chef à ce que celui-ci ne jeta pas une seule fois les yeux sur les gamines, qui, elles, de temps en temps, le reluquaient pour voir « quelle gueule qu'on fait » quand on a reçu une bonne volée.

Des divers moyens qui s'offrirent à son esprit, Lebrac, partisan des solutions radicales, n'en retint qu'un, et le soir, après vêpres[4], quand le conseil général des guerriers de Longeverne fut réuni à la carrière à Pepiot, il le proposa carrément, froidement et sans tergiversations[5].

– Pour ne pas se faire esquinter ses habits, il n'y a qu'un moyen sûr, c'est de n'en pas avoir. Je propose donc qu'on se batte à poil !

1. **paroissien :** livre de messe.
2. **oraisons :** le texte des prières.
3. **contention :** tension forte et prolongée.
4. **vêpres :** office catholique de l'après-midi.
5. **tergiversations :** hésitations.

– Tout nus ! se récrièrent bon nombre de camarades, surpris, étonnés et même un peu effrayés de ce procédé violent qui choquait peut-être aussi leurs sentiments de pudeur.

– Parfaitement, reprit Lebrac. Si vous aviez reçu la danse[6], vous n'hésiteriez pas à dire comme moi.

Et par le menu, sans désir d'épater la galerie, pour la convaincre seulement, Lebrac narra les souffrances physiques et morales de sa captivité au bord du bois et la rentrée cuisante à la maison.

– Tout de même, objecta Boulot, s'il venait à passer du monde, si un mendiant venait à rouler par là et qu'il nous ratiboise nos frusques, si Bédouin nous retombait dessus !

– D'abord, reprit Lebrac, les habits, on les cachera, et puis au besoin on mettra quelqu'un pour les garder !

– S'il passe des gens et que ça les gêne, ils n'auront qu'à ne pas regarder et, pour ce qui est du père Bédouin, on l'emm... ! Vous avez bien vu comme j'ai fait hier au soir.

– Oui, mais... fit Boulot, qui, décidément, n'avait pas du tout l'air de tenir à se montrer dans le simple appareil.

– C'est bon ! coupa Camus, clouant son adversaire par un argument péremptoire[7], toi ! on sait bien pourquoi tu n'oses pas te mettre tout nu.

Louis Pergaud, *La Guerre des boutons*, © Éditions du Mercure de France, 1912.

6. **la danse :** la râclée (familier).
7. **péremptoire :** sans discussion.

Willi Balendat (1901-1969), *La Petite excursion*, coll. particulière.

Lire et comprendre

Les circonstances

1. Quelle image nous est donnée des jeunes garçons lignes 1 à 6 ? Comment se composent-ils une attitude ?

2. Quels sont les détails précis donnés sur le livre de messe ? Quel est leur rôle ?

3. Relevez l'ensemble des expressions qui témoignent du peu d'intérêt de Lebrac pour l'office religieux. Quelle est sa véritable préoccupation ?

4. Comment se manifeste, lignes 18 à 22, la complicité qui existe entre Tintin et Lebrac ?

5. Quels sont, lignes 11 à 17, les propos qui sont à mettre au compte de Lebrac, et les informations qui sont liées à la voix du narrateur ? Quels indices permettent de l'affirmer ?

Retenons

Choix narratifs et effet de réel

Pour créer un univers de fiction, le romancier choisit **un narrateur, des personnages, un cadre spatio-temporel précis et cohérent** qui contribuent à cette impression de réalité que donne le roman. Le langage – populaire ou soutenu – qu'il attribue à ses personnages en fonction de leur milieu, de leur âge et des circonstances racontées renforce cet effet de réel.

Les personnages

6. Comment le narrateur souligne-t-il, lignes 23 à 26, l'autorité et l'esprit de décision du chef ? Montrez les manifestations de cette autorité dans le dialogue qui suit.

7. Quelles réactions sa proposition suscite-t-elle ? Montrez comment chacune des objections opposée par un de ses camarades trouve une réponse.

Le plaisir du lecteur

8. a. Dans l'ensemble du texte, relevez les traits qui appartiennent à l'épopée.
b. Pourquoi cela produit-il un effet comique ?

Retenons

Les fonctions du narrateur

Le narrateur remplit deux fonctions : il raconte et évoque un univers ; il organise le récit en insérant et alternant **narration, description** et **paroles.** Il peut parfois intervenir dans le récit pour donner des **commentaires.**

Lire et maîtriser la langue

Un vocabulaire adapté

1. Cherchez le sens des mots « reluquer » ligne 21, « ratiboiser » ligne 38. À quel niveau de langue appartiennent-ils ?

2. Relevez dans le texte des expressions triviales.

3. Expliquez l'usage des guillemets lignes 6 et 21.

4. Pourquoi l'auteur utilise-t-il cet ensemble de procédés d'écriture ?

Les niveaux de langue

5. Le passage, lignes 11 à 17, incombe au narrateur. Qui, pourtant, désigne l'ensemble de la troupe par l'expression « ces asticots-là » ? De quel jugement témoigne cette caractérisation ?

6. De quoi témoigne la répétition de « du tout, du tout » (l. 15) ? Relevez un adverbe qui souligne aussi un certain jugement critique sur la troupe. À qui incombe ce jugement ?

7. Commentez l'expression « danger terrible » (l. 16) : le narrateur prend-il en charge ce propos ?

8. Dans les lignes 34 à 36, faites la part de la langue soutenue et de la langue familière. Qui parle, ici ?

Les niveaux de langue ➤ p. 380

Lire et écrire

Rédiger une suite

Les garçons quittent la carrière pour aller affronter la troupe ennemie. Ils sont tous solidement armés. En une demi-page, racontez la scène qui suit. Vous insérerez quelques répliques, conformément au ton et à l'histoire de Louis Pergaud.

Boby Lapointe (1922-1972) était un chanteur humoriste, dont les textes se fondent sur des jeux avec le sens des mots.

Le texte suivant est l'extrait d'une présentation de sa chambre, sans cesse interrompue par des digressions suscitées par les mots.

Marcel Duchamp (1887-1968), *Broyeuse de chocolat n°2*, musée des Beaux-Arts de Philadelphie (États-Unis).

Un mobilier très particulier !

Tout près de la porte, le mur a une grosse verrue, un gros bouton insupportable : il se plaît à interrompre quel que soit le sujet de conversation ; c'est un interrupteur éclectique.

Un jour, un jeune abbé qui me rendait visite me dit « je ne me sens pas à ma place ici-bas ». Alors, je l'ai accroché au plafond, pour le remettre à sa place. Car je suis ordonné, moi aussi. Et comme cet abbé est accroché au plafond depuis plus de cinq ans, on peut dire que ça fait déjà un bon lustre.

Et de plus, comme ce pauvre abbé est très myope, je lui ai laissé ses lunettes. Avec ses carreaux, on peut l'appeler l'abbé vitré. Ça me pose auprès des gens à qui je dis : « Dans mon appartement, on a une vue exceptionnelle de l'abbé vitré. »

C'est ainsi que tous les matins, je prends le petit des Jeunets… Les Jeunets sont mes voisins de palier et leur petit est d'une naïveté touchante… Il se laisse prendre à tous les coups…

Boby LAPOINTE, « Chambre meublée », in *Intégrale*
© DOMENS Éditions, Pézenas, 1994.

Lire et comprendre

L'interrupteur

1. Quel est l'objet de la description du premier paragraphe ? Quel est le mot précis qui sert couramment à désigner cet objet ? Comment ce mot permet-il de développer une description tout à fait fantaisiste ?

2. Quel mot, dans la première proposition, permet l'articulation logique sur la deuxième phrase ?

3. Que signifie « éclectique » (l. 3) ? Pourquoi cet adjectif peut-il être, ici, utilisé pour enrichir le nom « interrupteur » ?

Le lustre

4. À quel type de texte l'expression qui ouvre le second paragraphe appartient-elle habituellement ?

5. Quelle logique de sens permet de passer du premier paragraphe au second ?

6. Que signifie, dans le langage courant : « remettre quelqu'un à sa place » ? Qu'est-ce qui rend, ici, ligne 5, l'expression cocasse ?

7. Cherchez dans un dictionnaire les différents sens du mot « ordonner ». Sur quels sens peut ici, ligne 6, jouer l'auteur pour susciter le rire ? Trouvez, dans le texte, d'autres utilisations du même procédé.

8. Relevez les connecteurs qui soulignent la progression du récit dans le deuxième paragraphe.

L'abbé vitré

9. À quel niveau de langage appartient l'emploi du mot « carreaux » pour désigner les lunettes ? Que désigne ce mot dans la langue courante ?

10. De quelle expression le groupe « l'abbé vitré » (l. 9-10) est-il homophone ?

Retenons

La parodie du récit

Tout en respectant l'apparence d'un récit conventionnel, l'écrivain peut jouer avec les situations et les mots en les détournant de leur sens propre, créant ainsi un univers cohérent mais fantaisiste.

Lire et maîtriser la langue

Les liens logiques

1. Quelles sont les différentes valeurs circonstancielles de l'adverbe « alors » ? Quelle double logique introduit-il ligne 5 ?

2. Relevez, dans le texte, toutes les formes de liens circonstanciels. Identifiez le rapport logique qu'ils introduisent.

3. L'articulation logique qui introduit le troisième paragraphe vous paraît-elle adéquate ? pourquoi ?

Les connecteurs ➤ p. 322

Syntaxe et double sens

4. Quelle double valeur peut prendre le complément déterminatif dans l'expression : « une vue exceptionnelle de l'abbé vitré » (l. 10-11) ? En quoi cette double valeur contribue-t-elle à créer un effet d'humour ?

Les compléments circonstanciels ➤ p. 346 et 352

Lire et écrire

Jouer avec les homophones

À la façon de Boby Lapointe, rédigez la description d'une pièce de la maison de votre choix. Vous choisirez, pour organiser la logique de chaque paragraphe, un objet sur le nom duquel vous pourrez jouer.

Les constituants du récit

Alexandre Dumas, romancier du XIXe siècle, est connu pour ses longs romans de cape et d'épée : Les Trois Mousquetaires, *le* Comte de Monte-Cristo.

Dans ce court récit fantastique, il relate l'étrange histoire d'une actrice, Arsène, guillotinée et pourtant toujours vivante. Le personnage principal, Hoffmann, qui a promis à sa fiancée de ne plus jouer, est repris par le démon du jeu pour l'amour d'Arsène. Le récit est ici interrompu par une digression sur le joueur et la passion du jeu.

Vladimir Maïakovski (1893-1930), *Roulette*, musée Maïakovski, Moscou.

Portrait du joueur

Quand il ne joue pas, c'est la même chose, il pense à jouer.

Le joueur a toutes les vertus de son vice. Il est sobre, il est patient, il est infatigable. Un joueur qui pourrait tout à coup détourner au profit d'une passion honnête, d'un grand sentiment, l'énergie incroyable qu'il met au service du jeu, deviendrait instantanément un des plus grands hommes du monde. Jamais César, Annibal ou Napoléon n'ont eu, au milieu même de l'exécution de leurs plus grandes choses, une force égale à la force du joueur le plus obscur. L'ambition, l'amour, les sens, le cœur, l'esprit, l'ouïe, l'odorat, le toucher, tous les ressorts vitaux de l'homme enfin, se réunissent sur un seul mot et sur un seul but : jouer. Et n'allez pas croire que le joueur joue pour gagner ; il commence par là d'abord, mais il finit par jouer pour jouer, pour voir des cartes, pour manipuler de l'or, pour éprouver ces émotions étranges qui n'ont leur comparaison dans aucune des autres passions de la vie ; qui font que, devant le gain ou la perte, ces deux pôles de l'un à l'autre desquels le joueur va avec la rapidité du vent, dont l'un brûle comme le feu, dont l'autre gèle comme la glace, qui font, disons-nous, que son cœur bondit dans sa poitrine sous le désir ou la réalité, comme un cheval sous l'éperon, absorbe comme une éponge toutes les facultés de l'âme, les comprime, les retient, et, le coup joué, les rejette brusquement autour de lui pour les ressaisir avec plus de force.

Ce qui fait la passion du jeu plus forte que toutes les autres, c'est que ne pouvant jamais être assouvie, elle ne peut jamais être lassée. C'est une maîtresse qui se promet toujours et qui ne se donne jamais. Elle tue, mais ne fatigue pas.

La passion du jeu, c'est l'hystérie de l'homme.

Pour le joueur tout est mort : famille, amis, patrie. Son horizon, c'est la carte et la bille. Sa patrie, c'est la chaise où il s'assied, c'est le tapis vert où il s'appuie. Qu'on le condamne au gril comme saint Laurent, et qu'on l'y laisse jouer, je parie qu'il ne sent pas le feu ! et qu'il ne se retourne même pas.

Le joueur est silencieux. La parole ne peut lui servir à rien. Il joue, il gagne, il perd ; ce n'est plus un homme : c'est une machine. Pourquoi parlerait-il ?

Le bruit qui se faisait dans les salons ne provenait donc pas des joueurs, mais des croupiers qui ramassaient l'or et qui criaient d'une voix nasillarde :

– Faites vos jeux.

En ce moment, Hoffmann n'était plus un observateur, la passion le dominait trop, sans quoi il eût eu là une série d'études curieuses à faire.

Il se glissa rapidement au milieu des joueurs et arriva à la lisière du tapis.

Alexandre DUMAS, *La Femme au collier de velours*, 1850.

Fernand Léger (1881-1955), *Le Cirque*, musée Fernand Léger, Biot.

Lire et comprendre

Joueur du début à la fin

1. Quelle logique de sens unit la première phrase du passage et la ligne 30 ? En quoi, ce rapprochement donne-t-il une cohérence au passage et permet-il d'en saisir l'unité ?

2. En quoi la présentation des lignes 2 et 3 est-elle paradoxale ? Comment est-elle justifiée par la suite du texte ?

3. Comment la phrase des lignes 8 à 10 exprime-t-elle le pouvoir du jeu ?

4. Quelle intention majeure anime les lignes 10 à 19 ? Quel est le rôle de la multiplication des compléments de but ?

5. De quoi les oppositions des lignes 13 à 16 sont-elles l'expression ?

6. Étudiez les deux comparaisons des lignes 17 et 18 : quel trait de comportement du joueur traduisent-elles ?

7. Comment se montre, au fil des paragraphes, la dépendance du joueur par rapport au jeu ?

Retenons

Le récit, forme cadre

Un récit n'est généralement pas constitué d'un type unique de discours : **la forme générale du récit constitue ce qu'on appelle une forme cadre.** À l'intérieur de cette forme, d'autres se développent comme les descriptions, les dialogues, etc. Ainsi la description (comme, par exemple, le portrait) interrompt le fil du récit, permettant de rendre sensible le regard que porte le narrateur ou le personnage sur ce qui est décrit.

Une machine à jouer

8. Quelle fonction le paragraphe, lignes 20 à 23, occupe-t-il dans la composition du texte ?

9. Quel est le point de vue du narrateur sur le jeu ?

10. Comment la force d'attraction du jeu est-elle rendue saisissante dans les lignes 25 à 28 ?

Retour au récit

11. Comment l'interrogation facilite-t-elle le retour au récit ligne 30 ?

12. Quel est le temps dominant employé dans le début du texte ? dans les lignes 31 à 36 ? Expliquez le changement de temps.

13. Commentez le temps de la ligne 36.

Lire et maîtriser la langue

Vocabulaire et image

1. Relevez les trois propositions relatives qui enrichissent le groupe « émotions étranges » (l. 12). Comment est construite la seconde ? Quelle est la raison de cette construction particulière ?

Les subordonnées ➤ p. 330

2. Sur quels effets syntaxiques est construite la phrase de la ligne 10 à la ligne 19 ? Dégagez les différents groupes qui ont la même fonction grammaticale. Quel effet rythmique cela produit-il ?

3. Quel est le sujet sémantique des verbes, lignes 16 à 19 ? Comment le choix de ces verbes marque-t-il l'enfermement cyclique dans la passion du jeu ?

Les fonctions par rapport au verbe ➤ p. 336

4. Par quelle figure de style la passion est-elle représentée, lignes 19-21 ? En quoi cette figure est-elle cohérente avec le portrait du joueur ?

5. Comment passe-t-on de l'image de la mort à celle de la machine (l. 25 à 30) ?

Les figures de style ➤ p. 376

Lire et écrire

Sélectionner des traits caractéristiques amplifiés

Sur le modèle du portrait du joueur vous ferez le portrait d'une passion dévorante et destructrice, en respectant trois étapes :
– une première partie où votre présentation pourra laisser un doute sur votre point de vue et laisser imaginer une perception favorable ;
– une deuxième partie où vous montrerez le personnage dominé par sa passion ;
– une troisième partie où vous laisserez paraître votre point de vue, dans les indices d'énonciation qui viendront nuancer votre portrait.

Lire et explorer

Lecture cursive de *La Femme au collier de velours* de A. Dumas

Un roman à caractère historique

1. En vous fondant sur les titres des chapitres, relevez les références au contexte historique.

2. Retrouvez, à la lecture du texte, la présence de personnages qui ont vraiment existé, personnages historiques ou du monde des arts. Vous chercherez sur eux des informations et vous essaierez de voir comment sont intégrés au récit des détails réels sur ces personnages.

3. Retrouvez des circonstances de l'histoire de France dont vous vérifierez l'exactitude dans une encyclopédie.

Un roman fantastique

4. Quel est le personnage qui contribue à créer une atmosphère étrange ? Comment son portrait suscite-t-il quelque chose d'inquiétant ? Relevez plusieurs passages où il fait l'objet d'une description et comparez les différents portraits. Quelle impression s'en dégage ?

5. Comment peut-on expliquer, selon une approche fantastique et selon une approche rationnelle, la double vision qu'Hoffmann peut avoir eue de l'opéra ?

6. Qu'est-ce qui peut expliquer l'illusion d'Hoffmann, dans les chapitres où il retrouve Arsène ? Quels sont les détails qui renvoient alors au fantastique ?

Un roman d'amour

7. Quels sont les éléments narratifs qui rattachent le début du texte à un roman sentimental ?

8. Qu'est-ce qui, dans le déroulement du récit, témoigne du tourment intérieur du personnage principal ?

9. En quoi le dénouement est-il conforme à la fois au roman sentimental et au roman fantastique ?

Juste après la guerre de 1914-1918, le mouvement dadaïste s'est caractérisé par la provocation et le scandale. Le peintre allemand Otto Dix appartint un temps à ce mouvement. Ses peintures sont marquées par un engagement politique et social.

Les joueurs de cartes

Otto Dix (1891-1969), *Invalides de guerre jouant aux cartes* ou *Les Joueurs de skat*, 1920, SMPK, National Galerie (Berlin).

Lire et comprendre l'image

Une vision d'ensemble

1. Étudiez la composition de la toile : de quoi est constituée la partie inférieure ?

2. Comment se marque le contraste avec la partie supérieure ?

3. Quelles sont les couleurs dominantes dans chacune des deux parties ? Quel est l'effet produit ?

Le langage des détails

4. Quelle impression se dégage du rapprochement des trois têtes autour de la table ?

5. Comment le personnage de gauche et le personnage central tiennent-ils leurs cartes ? Quelle est l'intention du peintre qui a choisi de les représenter ainsi ?

6. Quels détails insolites sont réunis pour constituer les visages ? Quelle impression se dégage de l'ensemble des visages ? À quoi tient-elle ?

Une peinture complexe

7. Quelles indications les tenues vestimentaires nous donnent-elles sur les deux personnages du premier plan ?

8. Quel lien peut-on établir entre cette tenue et les diverses mutilations des deux personnages ? Quelle visée critique poursuit le tableau ?

9. Pourquoi, selon vous, le troisième personnage n'a-t-il pas la même tenue ? En quoi cela complète-t-il la critique ?

L'argumentation en peinture

10. Quelle vision des hommes et du jeu donne ce tableau ?

11. En quoi pouvons-nous retrouver les aspects du joueur évoqués dans le texte de Dumas, pages 41-42 ?

12. Comment un tableau peut-il avoir une intention argumentative ? Quelle serait la thèse du peintre ? Quels sont les arguments qu'offre le tableau au service de cette thèse ?

13. N'y a-t-il qu'une seule perspective d'argumentation ?

Lire et explorer

Découvrir l'expressionnisme et le dadaïsme

1. Vous ferez une recherche, au CDI, sur les différents courants esthétiques qui ont marqué le début du XXe siècle.

2. Qu'appelle-t-on l'expressionnisme ? Donnez le nom de deux peintres de ce courant. Recherchez des exemples de leurs tableaux que vous montrerez à vos camarades. Qu'est-ce qui justifie ce nom d'expressionnisme ?

3. Le dadaïsme est aussi un courant littéraire : informez-vous sur l'origine de ce nom. Recherchez des pratiques communes à la peinture et à la littérature de ce mouvement.

Lire et parler

Débattre à propos du jeu

1. En vous aidant des textes des pages 36 et 39, analysez l'utilité des jeux pour l'homme.

2. Dans le texte d'Alexandre Dumas, page 41, cherchez des arguments illustrant les dangers de la passion du jeu.

3. Classez vos arguments en deux colonnes et cherchez-en d'autres, ainsi que des exemples.

4. Organisez un débat sur les caractères positifs et négatifs du jeu.

5. Concluez en précisant à quelles conditions le jeu peut épanouir notre personnalité.

Romancier russe du XIXe siècle, Dostoïevski explore les replis et les tourments de l'âme humaine. Dans ce roman, il montre l'enfer du jeu qui contamine chacun et entraîne les pires folies.
Femme d'une étonnante vitalité en dépit de son âge et de son invalidité, Babouschka, que tous supposaient mourante, découvre la fascination du jeu qui lui procure une ardeur joyeuse et frénétique.

Rajeunie par le jeu

Le deuxième florin fut perdu comme le premier. J'en mis un troisième. La babouschka[1] ne tenait pas en place. Elle semblait vouloir fasciner la petite boule qui sautait sur les rayons de la roue. Le troisième florin fut encore perdu. La babouschka était hors de soi. Elle donna un coup de poing sur la table quand le croupier appela trente-six au lieu du zéro attendu.

– Canaille ! s'écria-t-elle. Ce maudit petit zéro ne veut donc pas sortir ? Je veux rester jusqu'à ce qu'il sorte ! C'est ce scélérat de croupier qui l'empêche de sortir !... Alexis Ivanovitch, mets deux louis d'or à la fois, autrement nous ne gagnerions rien, même si le zéro sortait.

– Babouschka !

– Mets ! mets ! Ce n'est pas ton argent !

Je mis les deux louis. La petite boule roula longtemps et enfin se mit à sauter plus doucement sur les rayons ; la babouschka était comme hypnotisée et serrait ma main. Tout à coup, boum !

– Zéro ! cria le croupier.

– Tu vois ! Tu vois ! dit vivement la babouschka toute rayonnante. C'est Dieu lui-même qui m'a donné l'idée de mettre deux louis. Combien vais-je avoir ? Pourquoi ne me donne-t-il pas d'argent ? Potapitch ! Marfa[2] ! Où sont-ils ? Où sont les nôtres, Potapitch !

– Babouschka, Potapitch est à la porte ; on ne l'a pas laissé entrer. Voyez, on vous paye, prenez.

On jetait à la babouschka un gros rouleau de cinquante louis enveloppés dans du papier bleu, vingt louis en monnaie. Je ramassai le tout devant la babouschka.

– Faites le jeu, messieurs, faites le jeu... Rien ne va plus ! cria le croupier au moment de mettre en branle la roulette.

– Dieu ! nous sommes en retard. Mets ! mets donc vite !

– Où ?

– Sur le zéro, encore sur le zéro ! Et mets le plus possible. Combien avons-nous gagné ? Soixante-dix louis ? Pourquoi garder cela ? Mets vingt louis à la fois.

– Mais vous n'y pensez pas, babouschka ! Il peut rester deux cents fois sans sortir. Vous y perdrez votre fortune !

– Mensonges ! bêtises ! Mets, te dis-je ! Assez parlé, je sais ce que je fais.

– D'après le règlement, on ne peut mettre plus de douze louis sur le zéro. Voilà, j'ai mis les douze.

1. la babouschka : la grand-mère.
2. Marfa : les domestiques de la babouschka.

– Pourquoi ? Ne me fais-tu pas des histoires ? – *Moussieu*, cria-t-elle en poussant le coude du croupier, combien sur le zéro ? Douze ? Douze ?

Je me hâtai d'expliquer la chose en français.

– Oui, madame, répondit avec politesse le croupier. De même que chaque mise ne doit pas dépasser quatre mille florins. C'est le règlement.

– Alors, c'est bien, va pour douze !

– Le jeu est fait ! cria le croupier.

La roue tourna et le nombre treize sortit.

– Perdu !

– Encore ! encore ! encore !

Je ne résistai plus, je ne fis que hausser les épaules et je mis douze nouveaux louis.

La roue tourna longtemps. La babouschka tremblait.

Espère-t-elle sérieusement que le zéro va encore sortir ? me demandai-je avec étonnement. L'assurance décisive du gain rayonnait sur son visage. La petite boule tomba dans la cage.

— Zéro ! cria le croupier.

– Quoi ! ! ! Eh bien ! tu vois ? me dit la babouschka avec une indescriptible expression de triomphe.

Fedor Mikhaïlovitch DOSTOÏEVSKI, *Le Joueur* (1866), traduction française de E. Halpérine, © Éditions Flammarion, 1997.

Edward Cucuel (1875-1951), *Faire sauter la banque !* coll. AKG, Berlin.

Lire et comprendre

Une vieille dame indigne

1. Quels sont les personnages principaux de cette scène ? Quels semblent être leurs rapports ? Justifiez votre réponse en vous fondant sur le fonctionnement du dialogue et le ton adopté par la vieille dame.

2. Comment se traduit, dans son comportement, la découverte de la fascination du jeu ?

3. Quels sont les types dominants de phrases que l'on trouve dans sa bouche ? Que traduise chacune de ces formes d'expression ?

La phrase ➤ p. 324

4. Comment se manifeste l'acharnement de la vieille dame ?

5. Qu'est-ce qui révèle sa méconnaissance et sa naïveté ?

Le rôle de modérateur

6. Le narrateur est en même temps un des deux personnages du récit : comment se marque cette double présence ?

7. En quoi son rôle de narrateur souligne-t-il les étapes successives du passage ?

8. Sur quoi les phrases descriptives du narrateur au sujet de la babouschka mettent-elles l'accent ?

9. Quel est son sentiment sur l'attitude de la vieille dame ? Pourquoi, selon vous ? Comment le laisse-t-il percevoir ?

10. Dégagez les étapes du récit.

11. De quel état d'esprit les interventions successives d'Alexis Ivanovitch témoignent-elles ? À quel moment précis du récit se situent-elles ?

12. Des lignes 47 à 55, quelle semble être désormais son attitude ? Comment le sort lui ôte-t-il toute chance de détourner la vieille dame de sa passion ?

Retenons

Le statut du narrateur

Le romancier choisit entre deux types de narrateur : il fait raconter l'histoire par un **narrateur étranger à l'histoire**, ou bien il fait raconter l'histoire par l'un des personnages. En outre, dans un récit à la première personne où le **narrateur** est un **personnage**, celui-ci peut soit raconter sa propre histoire, soit orienter son récit selon la **perspective d'un autre personnage**.

Lire et maîtriser la langue

La place du dialogue dans le récit

1. Dans le rapport entre les deux personnages qu'est-ce qui lie les échanges de paroles ? Pourquoi la première exclamation du narrateur : « Babouschka ! » entraîne-t-elle les impératifs dans la bouche de son interlocutrice ? Qu'est-ce que cette simple exclamation sous-entend ?

Explicite et implicite ➤ p. 272

2. Pourquoi la vieille dame s'enquiert-elle de la présence de Potapitch et de Marfa ? Qu'est-ce qui, dans les propos d'Alexis, nous permet de trouver une réponse ?

3. Que révèlent les propos que tient Babouschka, de la ligne 22 à la ligne 47 ? comment ses propos interrompent-ils, puis relancent-ils le récit ?

La temporalité du récit

Auteur allemand, Stefan Zweig, pacifiste convaincu, a mal vécu les guerres successives de 1914 et 1939. Il dénoncera avec vigueur le nazisme, auquel il ne survivra pas, se donnant la mort en 1942. Son œuvre est constituée de nombreux romans, courts mais denses. Dans celui-ci, une femme se laisse séduire par un jeune homme, joueur impénitent auquel elle arrache la promesse de renoncer au jeu. Alors qu'il a perdu ses dernières ressources, elle lui prête une somme afin de lui permettre de retourner chez lui.

Plan du film *Vingt-quatre heures de la vie d'une femme*, de Dominique Delouche, 1967 (avec Danielle Darieux et Robert Hoffman).

« Une confiance trahie »

Je fus sur le point de crier, si grand était mon effroi. Mais je contins ma frayeur devant cette vision insensée et je fermai les yeux.

– Tu es folle… tu rêves… tu as la fièvre, me disais-je. C'est absolument impossible, tu es hallucinée… il est parti d'ici en chemin de fer, il y a une demi-heure.

Alors je rouvris les yeux. Mais, spectacle terrifiant, exactement comme tout à l'heure, il était assis là en chair et en os, indéniablement… J'aurais reconnu ces mains-là parmi des millions d'autres… Non, je ne rêvais pas, c'était bien lui. Il n'était pas parti, comme il me l'avait promis. L'insensé était resté ; il avait porté ici, au tapis vert, l'argent que je lui avais donné pour rentrer chez lui et, complètement oublieux de lui-même, dans sa passion il était venu le jouer à cette table, tandis que désespérément mon cœur se brisait pour essayer de le retrouver.

Un sursaut de tout mon être me poussa en avant… La fureur remplit mes yeux, une fureur enragée, dans laquelle je voyais rouge, un désir furieux de saisir à la gorge le parjure qui avait si misérablement trompé ma confiance, mon sentiment, mon dévouement. Mais je me contraignis encore. Avec une lenteur voulue (quelle énergie ne me fallut-il pas pour cela !) je m'approchai de la table, juste en face de lui ; un monsieur me fit place poliment. Deux mètres de drap vert étaient entre nous deux et je pouvais, comme au théâtre du haut d'un balcon, observer tout à mon aise son visage, ce même visage que deux heures auparavant j'avais vu rayonnant de gratitude, illuminé par l'auréole de la grâce divine et qui, maintenant, était redevenu la proie frémissante de tous les feux infernaux de la passion. Les mains, ces mains que cet après-midi encore j'avais vues étreindre pour le plus sacré des serments le bois du prie-Dieu, elles agrippaient à présent de nouveau, en se crispant, l'argent qui était autour d'elles, comme des vampires luxurieux. Car il avait gagné, il devait avoir gagné une forte, très forte somme : devant lui luisait un amas confus de jetons, de louis d'or et de billets de banque, un pêle-mêle de choses placées n'importe comment, dans lesquelles les doigts, ses doigts nerveux et frémissants, s'allongeaient et se plongeaient avec volupté. Je les voyais tenir et plier en les caressant les divers billets, retourner et palper amoureusement les pièces de monnaie et ensuite, brusquement, en saisir une poignée et la jeter sur l'un des carrés. Et aussitôt les narines recommençaient à frémir par intervalles ; l'appel du croupier détournait du tas d'argent ses yeux brillants de cupidité, qui suivaient le mouvement furibond de la boule et il semblait que son âme allait se répandre hors de lui-même, tandis que ses coudes paraissaient littéralement cloués au tapis vert. Son état d'individu entièrement possédé par la folie du jeu était, pour moi, encore plus terrible et plus effrayant que la veille, car chacun de ses mouvements assassinait en moi l'image, qui brillait comme sur un fond d'or, que j'avais emportée crédulement dans mon être.

Stefan Zweig, *Vingt-quatre heures de la vie d'une femme*, traduction française de Olivier Bournac et Alzir Hella,

Edward Munch (1863-1944), *À la table de jeu*, musée Munch, Oslo (Norvège).

Lire et comprendre

Le récit d'un cauchemar

1. Rapprochez le premier paragraphe et la dernière phrase : quels sont les mots et expressions qui créent l'impression de cohérence et de continuité du passage ? Retrouvez-vous cette même cohérence à d'autres endroits du texte ?

2. Que permet à la narratrice la fermeture de ses paupières (l. 2) ? Qu'espère-t-elle par ce geste ? De quoi témoignent ses propos, lignes 3 à 5 ?

3. Comment les lignes 6 à 13 justifient-elles la surprise de la narratrice ? Trouve-t-on, à d'autres endroits du texte, des manifestations de ses sentiments ?

4. Dégagez, dans les lignes 14 à 24, les étapes de son changement d'attitude. Comment se marque l'effort fait sur elle-même ?

Temps et récit

5. a. Quel sont les temps utilisés lignes 1 à 5 ? Expliquez le rapport qui existe entre eux.
b. Relevez dans le texte d'autres passages où ces deux temps sont utilisés : en quoi leur utilisation répétée permet-elle de rapprocher deux moments pour mieux faire ressortir leur différence ?

6. Quels sont les temps employés, lignes 9-10 ? Relevez les mêmes procédés à partir de la ligne 20. Comment le récit fait-il se côtoyer les deux temporalités ?

Retenons

Temps du récit et temps de l'histoire

On distingue le temps du récit, c'est-à-dire le **moment où l'on raconte l'histoire**, et le temps de l'histoire, c'est-à-dire le **moment où celle-ci s'est déroulée**. Le récit complexe joue sur de nombreuses variations entre ces deux temps.
De même, le récit peut envisager **différents moments du passé**, grâce à l'opposition des temps simples et composés, du passé simple et de l'imparfait.

Le portrait

7. Qui fait l'objet de la description, lignes 19 à 38 ? Quel est le point de vue adopté ?

8. Relevez les points successifs sur lesquels se pose le regard, et justifiez la logique de ce parcours descriptif.

9. Relevez les passages où la narratrice exprime ses propres réflexions, soit dans l'évocation du passé, soit dans l'analyse qu'elle fait de lui.

10. Quel est le rôle de la description dans ce passage ? En quoi s'articule-t-elle étroitement avec le récit de la narratrice ?

Le visage de la réalité

11. Quels champs lexicaux s'opposent, lignes 19 à 27 ? Quel est l'effet produit ?

12. Quelle idée du jeu la narratrice laisse-t-elle percevoir par la description qu'elle fait des gains, lignes 28 à 31 ?

13. Quel champ lexical domine la description du joueur, lignes 30 à 32 ? Quelle relation le personnage a-t-il avec le jeu ?

14. Qu'est-ce qui, tout au long du texte, marque l'opposition entre une image idéalisée du personnage et une image réelle ?

Lire et écrire

Rédiger un récit en jouant sur les temps

1. Dans le récit que vous venez d'étudier, la narratrice confronte dans son esprit une réalité qui la déçoit et un souvenir ému.
Vous imaginerez de confronter à votre tour le souvenir d'un lieu ou d'un personnage et la réalité que vous découvrez, quelques années après, totalement différente.

2. Vous pourrez, indifféremment, conserver l'esprit du texte et faire du passé une image émerveillée ou, au contraire, garder un souvenir désagréable, que la réalité viendrait illuminer.

3. Vous aurez soin de donner à votre récit une progression logique. Chaque étape confrontera, en jouant sur les temps, le temps de la narration et le temps du souvenir. Vous pourrez faire intervenir votre réflexion personnelle, aux endroits opportuns.

Colette (1873-1954) est une romancière qui a marqué de sa plume et de sa personnalité la littérature du XXe siècle. À côté de ses récits autobiographiques, le roman intitulé La Maison de Claudine *évoque ses souvenirs d'enfance. La narratrice raconte, au fil de la mémoire, des épisodes variés dans des chapitres disjoints et dont chacun a sa propre unité. L'observation de sa fille, Bel-Gazou, fait ici ressurgir un épisode de sa propre enfance.*

Jeux d'enfant, monde d'adulte !

– À quoi penses-tu, Bel-Gazou ?

– À rien, maman.

C'est bien répondu. Je ne répondais pas autrement quand j'avais son âge, et que je m'appelais, comme s'appelle ma fille dans l'intimité, Bel-Gazou. D'où vient ce nom, et pourquoi mon père me le donna-t-il autrefois ? Il est sans doute patois[1] et provençal – beau gazouillis ou beau langage – mais il ne déparerait pas le héros ou l'héroïne d'un conte persan…

« À rien, maman. » Il n'est pas mauvais que les enfants remettent de temps en temps, avec politesse, les parents à leur place. Tout temple est sacré. Comme je dois lui paraître indiscrète et lourde, à ma Bel-Gazou d'à présent ! Ma question tombe comme un caillou et fêle le miroir magique qui reflète, entourée de ses fantômes favoris, une image d'enfant que je ne connaîtrai jamais. Je sais que pour son père, ma fille est une sorte de petit paladin[2] femelle qui règne sur sa terre, brandit une lance de noisetier, pourfend les meules de paille et pousse devant elle le troupeau comme si elle le menait en croisade. Je sais qu'un sourire d'elle l'enchante, et que lorsqu'il dit tout bas : « Elle est ravissante en ce moment », c'est que ce moment-là pose, sur un tendre visage de petite fille, le double saisissant d'un visage d'homme…

Je sais que, pour sa nurse fidèle, ma Bel-Gazou est tour à tour le centre du monde, un chef-d'œuvre accompli, le monstre possédé d'où il faut à chaque heure extirper le démon, une championne à la course, un vertigineux abîme de perversité, une dear little one, et un petit lapin… Mais qui me dira ce qu'est ma fille devant elle-même ?

À son âge – pas tout à fait huit ans – j'étais curé sur un mur. Le mur, épais et haut, qui séparait le jardin de la basse-cour, et dont le faîte, large comme un trottoir, dallé à plat, me servait de piste et de terrasse, inaccessible au commun des mortels. Eh oui, curé sur un mur. Qu'y a-t-il d'incroyable ? J'étais curé sans obligation liturgique[3] ni prêche, sans travestissement irrévérencieux, mais, à l'insu de tous, curé curé comme vous êtes chauve, monsieur, ou vous, madame, arthritique[4].

Le mot « presbytère » venait de tomber, cette année-là, dans mon oreille sensible, et d'y faire des ravages.

« C'est certainement le presbytère le plus gai que je connaisse… » avait dit quelqu'un.

Loin de moi l'idée de demander à l'un de mes parents : « Qu'est-ce que c'est, un presbytère ? » J'avais recueilli en moi le mot mystérieux, comme brodé d'un

1. **patois** : parler rural.
2. **paladin** : chevalier errant.
3. **liturgique** : concernant les règles du culte religieux.
4. **arthritique** : qui souffre des articulations.

Édouard Manet (1832-1883), *Une allée dans le jardin de Rueil*, musée des Beaux-Arts, Dijon.

relief rêche en son commencement, achevé en une longue et rêveuse syllabe… Enrichie d'un secret et d'un doute, je dormais avec le mot et je l'emportais sur mon mur. « Presbytère ! » Je le jetais, par-dessus le toit du poulailler et le jardin de Miton, vers l'horizon toujours brumeux de Moutiers. Du haut de mon mur, le mot sonnait en anathème[5] : « Allez ! Vous êtes tous des presbytères ! » criais-je à des bannis invisibles.

Un peu plus tard, le mot perdit de son venin, et je m'avisai que « presbytère » pouvait bien être le nom scientifique du petit escargot rayé jaune et noir… Une imprudence perdit tout, pendant une de ces minutes où une enfant, si grave, si chimérique qu'elle soit, ressemble passagèrement à l'idée que s'en font les grandes personnes…

– Maman ! Regarde le joli petit presbytère que j'ai trouvé !

– Le joli petit… quoi ?

– Le joli petit presb…

Je me tus, trop tard. Il me fallut apprendre – « Je me demande si cette enfant a tout son bon sens… » – ce que je tenais tant à ignorer, et appeler « les choses par leur nom… »

5. **anathème** : blâme, condamnation.

– Un presbytère, voyons, c'est la maison du curé.

– La maison du curé… Alors, M. le curé Millot habite dans un presbytère ?

– Naturellement… Ferme ta bouche, respire par le nez… Naturellement, voyons…

J'essayai encore de réagir… je luttai contre l'effraction[6], je serrai contre moi les lambeaux de mon extravagance, je voulus obliger M. Millot à habiter, le temps qu'il me plairait, dans la coquille vide du petit escargot nommé « presbytère ».

– Veux-tu prendre l'habitude de fermer la bouche quand tu ne parles pas ? À quoi penses-tu ?

– À rien, maman…

… Et puis je cédai… Je fus lâche, et je composai avec ma déception. Rejetant le débris du petit escargot écrasé, je ramassai le beau mot, je remontai jusqu'à mon étroite terrasse ombragée de vieux lilas, décorée de cailloux polis et de verroteries comme le nid d'une pie voleuse, je la baptisai « Presbytère » et je me fis curé sur le mur.

COLETTE, *La Maison de Claudine*, © Éditions Hachette, 1960.

6. **effraction** : entrée en force.

Lire et comprendre

Une histoire continuée

1. Quel rôle joue la reprise des mêmes propos, lignes 2, 8 et 64 ?

2. Qui est identifiée sous le surnom de Bel-Gazou ? Comment cela permet-il de compléter la réponse à la question précédente ?

Des regards complémentaires

3. Qui s'exprime aux lignes 3 et 9-10 ? De quoi témoigne cette prise de position ?

4. Comment les jugements des adultes sur la petite fille se différencient-ils, lignes 13 à 23 ?

5. Comment la narratrice voit-elle sa fille ? Où s'exprime-t-elle vraiment pour son propre compte ?

Imagination et jeux d'enfants

6. Qu'est-ce qui, dans le mot « presbytère », suscite l'imagination de la petite fille ?

7. À qui doit-on attribuer l'expression « enrichie d'un secret et d'un doute » (l. 38) ? Justifiez votre réponse en analysant la valeur de chacun des termes pour l'esprit de l'enfant.

8. Comment se marque, lignes 48 à 53, la confrontation entre l'univers de l'enfance et celui de l'adulte ?

9. À qui faut-il attribuer les propos entre guillemets, lignes 51 à 53 ?

10. Comment l'enfant tente-t-elle de préserver son univers malgré l'« effraction » des adultes ?

Lire et maîtriser la langue

La complexité du temps

1. Quel changement de temps observe-t-on, lignes 3 à 29 ? Expliquez ce changement.

2. Comment se marque le regard présent de la narratrice sur cet épisode de son passé lignes 24 à 30 ? Retrouvez les mêmes procédés à la ligne 65.

Le verbe : temps et aspects ➤ p. 364

Retenons

La chronologie du récit

Dans un récit, le narrateur choisit l'ordre dans lequel l'histoire est racontée. Il peut choisir de dérouler le **récit** de manière **chronologique ou non**. Il procède parfois par **retours en arrière** (analepses) ou par **anticipations** (prolepses).

3. Quel est le temps dominant employé lignes 24 à 42 ? Quelle perception de la durée ce temps donne-t-il ?

4. Le complément de temps, ligne 43, nous donne-t-il une indication précise ? Sur quoi met-il l'accent ? Pouvons-nous dire combien de temps s'est écoulé entre les deux paragraphes ?

5. Déterminez la durée du passage compris entre la ligne 45 et la ligne 69 : relevez les groupes syntaxiques ou expressions qui rythment le déroulement de ce passage.

Raconter et décrire ➤ p. 290

Retenons

Fréquence et vitesse du récit

Le narrateur choisit de raconter une fois une action qui s'est déroulée une fois, ou de raconter une fois ce qui s'est produit plusieurs fois, ou enfin de raconter plusieurs fois ce qui s'est passé une fois : on appelle cela **la fréquence** du récit.
Il peut aussi faire varier **la vitesse** du récit : s'il passe sous silence une action, on parle d'**ellipse** narrative. Il peut aussi la résumer dans une forme de raccourci que l'on appelle **sommaire** (ou résumé d'actions). À l'inverse, il peut développer ce qui a duré très peu de temps en faisant une **pause** dans le récit. Enfin dans la **scène**, le récit mime la durée de l'histoire racontée.

La superposition des voix

6. Par qui sont rapportés les points de vue du père et de la nourrice de Bel-Gazou ? Quels sont les indices qui nous permettent de différencier la voix du narrateur et celle des deux autres personnages ?

7. Comment la voix de la mère se mêle-t-elle à celle de l'enfant, lignes 51 à 53 ?

8. Quels sont les mots qui, dans les commentaires de la narratrice, sont à mettre au compte de l'enfant qu'elle était ? Quels sont ceux qui incombent à la narratrice adulte ?

Lire et écrire

Écrire un récit complexe

Vous raconterez une aventure qui vous est advenue quelques années auparavant. Vous aurez soin de mettre en œuvre les étapes traditionnelles du récit, depuis la mise en place de la situation initiale jusqu'au dénouement.
Par ailleurs vous utiliserez les différents procédés d'écriture du temps. Enfin vous ferez alterner l'épisode narré et votre commentaire rétrospectif.

Illustration d'Albert Uriet, *Les Deux Derniers Escargots*, d'après un conte de H. C. Andersen (1805-1875).

Bilan de séquence
vers le brevet

Au début de La Peau de chagrin, *Balzac présente le personnage principal, Raphaël, dépourvu de toute ressource. Jeune homme fier, il tente une dernière chance : jouer son dernier louis d'or pour essayer de forcer la main de la fortune. Sa décision est prise : faute d'une issue favorable, il se suicidera.*

Cette figure avait encore vingt-cinq ans, et le vice paraissait n'y être qu'un accident. La verte vie de la jeunesse y luttait encore avec les ravages d'une impuissante lubricité[1]. Les ténèbres et la lumière, le néant et l'existence s'y combattaient en produisant tout à la fois de la grâce et de l'horreur. Le jeune homme se présentait là comme un ange sans rayons, égaré dans sa route. Aussi tous ces professeurs émérites[2] de vices et d'infamie, semblables à une vieille femme édentée prise de pitié à l'aspect d'une belle fille qui s'offre à la corruption, furent-ils près de crier au novice : – Sortez ! Celui-ci marcha droit à la table, s'y tint debout, jeta sans calcul sur le tapis une pièce d'or qu'il avait à la main, et qui roula sur Noir ; puis, comme les âmes fortes, abhorrant[3] de chicanières incertitudes, il lança sur le tailleur un regard tout à la fois turbulent et calme. L'intérêt de ce coup était si grand que les vieillards ne firent pas de mise ; mais l'Italien saisit avec le fanatisme de la passion une idée qui vint lui sourire, et ponta[4] sa masse d'or en opposition au jeu de l'inconnu. Le banquier oublia de dire ces phrases qui se sont à la longue converties en un cri rauque et inintelligible : « Faites le jeu ! – Le jeu est fait ! – Rien ne va plus. » Le tailleur étala les cartes, et sembla souhaiter bonne chance au dernier venu, indifférent qu'il était à la perte ou au gain fait par les entrepreneurs de ces sombres plaisirs. Chacun des spectateurs voulut voir un drame et la dernière scène d'une noble vie dans le sort de cette pièce d'or ; leurs yeux arrêtés sur les cartons fatidiques étincelèrent ; mais, malgré l'attention avec laquelle ils regardèrent alternativement et le jeune homme et les cartes, ils ne purent apercevoir aucun symptôme d'émotion sur sa figure froide et résignée. – « Rouge, pair, passe », dit officiellement le tailleur. Une espèce de râle sourd sortit de la poitrine de l'Italien lorsqu'il vit tomber un à un les billets pliés que lui lança le banquier. Quant au jeune homme, il ne comprit sa ruine qu'au moment où le râteau s'allongea pour ramasser son dernier napoléon. L'ivoire fit rendre un bruit sec à la pièce qui, rapide comme une flèche, alla se réunir au tas d'or étalé devant la caisse. L'inconnu ferma les yeux doucement, ses lèvres blanchirent ; mais il releva bientôt ses paupières, sa bouche reprit une rougeur de corail, il affecta l'air d'un Anglais pour qui la vie n'a plus de mystères, et disparut sans mendier une consolation.

Honoré DE **B**ALZAC, *La Peau de chagrin*, 1831.

1. **lubricité :** goût excessif pour les plaisirs charnels.
2. **émérites :** chevronnés, qui ont une longue pratique.
3. **abhorrer :** détester.
4. **ponter :** miser une somme au jeu.

Comprendre le texte

La progression dramatique du récit

1 Relevez les groupes verbaux qui désignent les actions de Raphaël, lignes 8-12 et ligne 23 : quelle représentation du personnage contribuent-ils à donner ?

2 Quel rapport s'établit entre Raphaël et les vieillards ? En quoi ce rapport était-il annoncé par les lignes 5 à 8 ?

3 Comment se manifeste l'intérêt de chacun, vieillards, banquier, tailleur, face à l'enjeu de la partie ?

4 Quel personnage détonne par rapport à l'ensemble ? En quoi se manifeste la différence avec les autres au moment des enjeux ? au moment du verdict du hasard ?

5 Comment le récit parvient-il à rendre l'intensité dramatique, lignes 19 à 27 ? Comment monte progressivement la tension ? Quel élément descriptif coupe court à la curiosité ?

6 Quels sont les termes qui contribuent à rendre digne la sortie du personnage, dans les dernières lignes du récit ?

Un récit complexe

7 **a.** Définissez le statut du narrateur.
b. Relevez deux passages de commentaire : quel jugement le narrateur porte-t-il sur le personnage ?

8 Du point de vue de la vitesse du récit, comment pouvez-vous caractériser ce passage ?

Étudier la langue

9 Quel est le temps dominant de la ligne 1 à la ligne 5 ? Justifiez l'emploi de ce temps.

10 Qu'est-ce qui justifie le changement de temps dans la suite du texte ?

11 Que peut-on dire du rapport logique entre ces deux temps ?

12 Sur quelles oppositions lexicales le portrait de Raphaël est-il développé, lignes 1 à 5 ?

13 Comment le narrateur met-il en évidence la différence entre ce jeune homme et les personnes présentes dans la pièce, lignes 5 à 8 ?

14 Expliquez la comparaison, lignes 6 à 8. En quoi complète-t-elle les lignes qui précèdent ? En quoi annonce-t-elle ce qui suit ?

15 En quoi la comparaison, lignes 10-11, complète-t-elle cette représentation ?

16 Expliquez la composition de l'adjectif « édentée », ligne 7. Trouvez trois adjectifs de construction identique.

Écrire

17 Racontez la suite du récit et ce qu'il advient du jeune homme ruiné. Vous prendrez en compte les éléments de la personnalité que vous avez découverts au cours de votre étude du texte.

18 Récrivez le passage, en ménageant le suspens vers une autre issue. Vous aurez soin de conserver la présence des différents personnages présents dans la scène et les caractéristiques de leur comportement que vous adapterez à une situation différente.

Photographie de Jacques Dubois. © Yvonne Dubois.

Séquence 3

Paysages et points de vue

Le point de vue dans les récits

Dans un récit, le narrateur peut adopter **différents points de vue** : le plus souvent, il choisit celui d'un observateur qui sait et voit tout, ou celui, plus limité, d'un observateur particulier. Plus rarement, il adopte celui d'un observateur extérieur. Au cours d'un récit à la troisième personne, le narrateur peut faire **varier ce point de vue**.

Vous étudierez les effets de ces choix et de ces variations dans des descriptions de paysages, et vous vous entraînerez à les utiliser à votre tour.

- *Identifier les points de vue*
- *Points de vue et récit à la troisième personne*
- *Point de vue et récit à la première personne*

Identifier les points de vue

Paul Gauguin (1848-1903),
Une rue de banlieue (1884),
collection particulière.

Balzac situe l'action de son roman Eugénie Grandet *dans la petite ville de Saumur. Le roman s'ouvre sur l'évocation du quartier dans lequel se trouve la « maison à monsieur Grandet » où vit l'héroïne.*

La vieille ville de Saumur

Il se trouve dans certaines villes de province des maisons dont la vue inspire une mélancolie égale à celle que provoquent les cloîtres les plus sombres, les landes les plus ternes ou les ruines les plus tristes. Peut-être y a-t-il à la fois dans ces maisons et le silence du cloître et l'aridité des landes et les ossements des ruines : la vie et le mouvement y sont si tranquilles qu'un étranger les croirait inhabitées, s'il ne rencontrait tout à coup le regard pâle et froid d'une personne immobile dont la figure à demi monastique dépasse l'appui de la croisée[1], au bruit d'un pas inconnu. Ces principes de mélancolie existent dans la physionomie d'un logis situé à Saumur, au bout de la rue montueuse qui mène au château, par le haut de la ville. Cette rue, maintenant peu fréquentée, chaude en été, froide en hiver, obscure en quelques endroits, est remarquable par la sonorité de son petit pavé caillouteux, toujours propre et sec, par l'étroitesse de sa voie tortueuse, par la paix de ses maisons qui appartiennent à la vieille ville, et que dominent les remparts. Des habitations trois fois séculaires y sont encore solides, quoique construites en bois, et leurs divers aspects contribuent à l'originalité qui recommande cette partie de Saumur à l'attention des antiquaires et des artistes. Il est difficile de passer devant ces maisons, sans admirer les énormes madriers[2] dont les bouts sont taillés en figures bizarres et qui couronnent d'un bas-relief noir le rez-de-chaussée de la plupart d'entre elles. Ici, des pièces de bois transversales sont couvertes en ardoises et dessinent des lignes bleues sur les frêles murailles d'un logis terminé par un toit en colombage que les ans ont fait plier, dont les bardeaux[3] pourris ont été tordus par l'action alternative de la pluie et du soleil. Là se présentent des appuis de fenêtre usés, noircis, dont les délicates sculptures se voient à peine, et qui semblent trop légers pour le pot d'argile brune d'où s'élancent les œillets ou les rosiers d'une pauvre ouvrière. Plus loin, c'est des portes garnies de clous énormes où le génie de nos ancêtres a tracé des hiéroglyphes domestiques dont le sens ne se retrouvera jamais.

Honoré DE **BALZAC**, *Eugénie Grandet*, 1833, chapitre I.

1. **croisée** : fenêtre.
2. **madriers** : planches épaisses.
3. **bardeaux** : petites planches qui remplacent tuiles et ardoises sur le toit des maisons.

Lire et comprendre

Entrer à Saumur

1. Expliquez ce que le narrateur entend par « mélancolie », lignes 2 et 8.

2. Justifiez la reprise de trois termes de la première phrase dans la deuxième. Sur quoi le narrateur insiste-t-il ?

3. Quelle impression l'évocation de la « figure » (l. 7) ajoute-t-elle à ce passage ?

4. a. Par quels termes le narrateur attire-t-il l'attention du lecteur sur la rue dont il parle ?
b. Quelles indications sont données au lecteur sur la situation de cette rue par rapport à la ville de Saumur ?

Le point de vue du narrateur

5. a. Ce texte est-il ancré dans la situation d'énonciation ou coupé d'elle ?
b. Quel est le temps verbal dominant dans ce passage ? Pourquoi ?
c. Quels autres temps verbaux le narrateur utilise-t-il ? En quoi ces temps nous renseignent-ils sur les connaissances du narrateur ?

6. Quels renseignements donnés par le narrateur montrent qu'il connaît bien ce lieu ?

7. Quelle image de la vie de province le narrateur donne-t-il ici à son lecteur ? Justifiez votre réponse en citant le texte.

8. Par quel terme le narrateur associe-t-il le lecteur à son discours ?

Retenons

Le point de vue omniscient

Lorsque le narrateur adopte **un point de vue dans lequel il connaît tout** – le présent mais aussi le passé ou l'avenir, les actions des personnages mais aussi leurs pensées –, on parle d'un **narrateur omniscient**. Il fournit alors au lecteur de multiples précisions sur le cadre, les personnages et l'action.

Des maisons antiques et admirables

9. Relevez et expliquez les termes d'architecture. En quoi leur emploi renforce-t-il l'impression d'omniscience que donne le narrateur ?

10. a. Expliquez l'adjectif « séculaires » (l. 15). Quels mots du passage appartiennent au même champ lexical ? Quelle caractéristique de la rue mettent-ils en valeur ?
b. Expliquez la dernière phrase. À quel autre élément architectural le narrateur attribue-t-il le même effet sur le lecteur ?

11. a. Relevez, dans l'ensemble du texte, les termes qui développent le champ lexical de la mélancolie.
b. Relevez maintenant les expressions qui confèrent de la beauté à ces maisons.

12. À partir de vos réponses aux questions précédentes, expliquez quel genre d'histoire ce début de roman laisse attendre.

Lire et maîtriser la langue

Le rythme de la phrase

1. a. Relevez les adjectifs qui accompagnent le nom « cloîtres » (l. 2). À quel degré sont-ils employés ?
b. Combien de formes identiques comptez-vous ? Que pouvez-vous en déduire sur l'effet recherché par le narrateur ?

2. Cherchez d'autres exemples de groupements ternaires dans la suite du texte. Quel est leur effet ?

Lire et écrire

Décrire selon un point de vue omniscient

1. a. Notez les éléments caractéristiques de votre collège : les éléments architecturaux, la situation des bâtiments et de la cour, la disposition des escaliers, des couloirs et des salles.
b. Imaginez quelques habitudes des collégiens qui vous ont précédé en ces lieux : jeux dans la cour de récréation, plantations d'arbres, discussions et lieux pour petits groupes, jours de fête…

2. Rédigez un paragraphe dans lequel vous décrirez votre collège en adoptant un point de vue omniscient et en montrant votre connaissance du présent et du passé des lieux.

Eugénie s'éveille alors que son cousin, un jeune homme élégant et raffiné, vient de passer sa première nuit chez les Grandet. Éblouie par son cousin Charles, la jeune fille fait longuement sa toilette avant de contempler le jardin familial en attendant l'heure de descendre.

Mille pensées confuses

Eugénie se croisa bonnement les bras, s'assit à sa fenêtre, contempla la cour, le jardin étroit et les hautes terrasses qui le dominaient ; vue mélancolique, bornée, mais qui n'était pas dépourvue des mystérieuses beautés particulières aux endroits solitaires ou à la nature inculte. Auprès de la cuisine se trouvait un puits entouré d'une margelle, et à poulie maintenue dans une branche de fer courbée, qu'embrassait une vigne aux pampres flétris, rougis, brouis[1] par la saison. De là, le tortueux sarment[2] gagnait le mur, s'y attachait, courait le long de la maison et finissait sur un bûcher où le bois était rangé avec autant d'exactitude que peuvent l'être les livres d'un bibliophile. Le pavé de la cour offrait ces teintes noirâtres produites avec le temps par les mousses, par les herbes, par le défaut de mouvement. Les murs épais présentaient leur chemise verte, ondée de longues traces brunes. Enfin les huit marches qui régnaient au fond de la cour et menaient à la porte du jardin, étaient disjointes et ensevelies sous de hautes plantes comme le tombeau d'un chevalier enterré par sa veuve au temps des croisades. Au-dessus d'une assise de pierres toutes rongées s'élevait une grille de bois pourri, à moitié tombée de vétusté, mais à laquelle se mariaient à leur gré des plantes grimpantes. De chaque côté de la porte à claire-voie s'avançaient les rameaux tortus[3] de deux pommiers rabougris. Trois allées parallèles, sablées et séparées par des carrés dont les terres étaient maintenues au moyen d'une bordure en buis, composaient ce jardin que terminait, au bas de la terrasse, un couvert de tilleuls. À un bout, des framboisiers ; à l'autre, un immense noyer qui inclinait ses branches jusque sur le cabinet du tonnelier. Un jour pur et le beau soleil des automnes naturels aux rives de la Loire commençaient à dissiper le glacis[4] imprimé par la nuit aux pittoresques objets, aux murs, aux plantes qui meublaient ce jardin et la cour. Eugénie trouva des charmes tout nouveaux dans l'aspect de ces choses, auparavant si ordinaires pour elle. Mille pensées confuses naissaient dans son âme, et y croissaient à mesure que croissaient au-dehors les rayons du soleil.

Honoré DE BALZAC, *Eugénie Grandet*, 1833, chapitre III.

1. **brouis :** brunis, couleur de brou de noix.
2. **sarment :** branche de vigne.
3. **tortus :** (vieilli) tordus, tortueux.
4. **glacis :** mince couche transparente et brillante.

Lire et comprendre

La simplicité d'un jardin de ville

1. Distinguez les différents éléments évoqués : lesquels appartiennent à la cour ? lesquels au jardin ? Pourriez-vous dessiner ces lieux ? Pourquoi ?

2. Expliquez l'expression « pittoresques objets » (l. 24-25). À quels éléments du décor peut-elle s'appliquer ?

3. Distinguez les étapes successives de la description. Quel ordre adopte-t-elle ?

Le regard d'Eugénie

4. a. Observez le début et la fin du passage : par quel élément récurrent la description est-elle encadrée ?
b. Que pouvez-vous en conclure au sujet de l'ordre que vous avez dégagé à la question 3 ?

Nicolaï Nikolaïevitch Gay (1831-1894),
Portrait de Natalia Perunkevitch, galerie Tretiakov (Moscou).

5. a. Dans les lignes 1 et 2, relevez les verbes qui ont Eugénie pour sujet : justifiez leur progression. Quel est l'effet produit par le dernier verbe ? Par quel terme ce verbe est-il ensuite repris ?
b. Aux lignes 25 à 29, quelle différence pouvez-vous faire quant au regard d'Eugénie ? Quelles précisions le narrateur apporte-t-il ?

Retenons

Le point de vue interne dans la description

Lorsque le narrateur adopte **le point de vue limité d'un personnage** précis, on parle de point de vue interne. La réalité décrite est alors délimitée par la seule perception du personnage dont le narrateur nous fait alors partager le regard ou les pensées.

Des images suggestives

6. a. En quelle saison le jardin est-il décrit ? Relevez les mots qui évoquent cette saison.
b. En quoi cette saison peut-elle contribuer à rendre la vue du jardin « mélancolique » ?

7. a. À quel aspect du personnage d'Eugénie l'adjectif « mélancolique » pourrait-il renvoyer ?
b. Expliquez le sens de l'adverbe utilisé ligne 1. Quel autre aspect d'Eugénie met-il en valeur ?

8. a. Relevez les deux comparaisons présentes dans le passage et expliquez-les.
b. Que nous apprennent ces comparaisons sur l'état d'esprit d'Eugénie ?

9. Relisez les lignes 15 à 18 et relevez les adjectifs qualificatifs. Quel caractère « pittoresque » donnent-ils au jardin ?

Lire et explorer

Lecture cursive de *Eugénie Grandet*, de H. de Balzac

1. Précisez le lieu de l'action, les principaux personnages et les liens qui les unissent.

2. Faites le portrait physique et moral de Charles Grandet. Précisez ce qui motive sa visite et la réaction d'Eugénie à sa présence.

3. Quelles attitudes Eugénie et son père adoptent-ils face aux ennuis d'argent de Charles ? Comment jugez-vous la réaction de monsieur Grandet au comportement de sa fille ?

4. Qu'advient-il des parents d'Eugénie ? Comment Charles se comporte-t-il avec Eugénie ?

5. En quoi le destin d'Eugénie est-il tragique à la fin du roman ?

Lire et écrire

Adopter un point de vue interne

1. Imaginez un jardin dont vous choisirez la principale caractéristique : un jardin d'agrément coloré et fleuri, un potager bien ordonné, un verger laissé à l'abandon. Imaginez ensuite une personne que ce jardin peut émouvoir : une personne saisie par la beauté des fleurs, un jardinier ravi de l'abondance du potager…

2. a. Choisissez des termes pour désigner les éléments du jardin.
b. Préparez quelques comparaisons qui mettront en valeur la spécificité du jardin.

3. Décrivez ce jardin dans un paragraphe en adoptant le point de vue interne du personnage que vous avez choisi. Vous introduirez ce point de vue en utilisant un verbe de perception dans la première phrase.

Peintre américain du XXe siècle, Edward Hopper a souvent exprimé dans ses toiles le désenchantement de l'amour. Le choix d'un cadre nocturne ajoute une touche mélancolique au thème de l'incommunicabilité entre un homme et une femme dont les regards ne se croisent plus.

Edward Hopper, *Une chambre à New York* (1932), collection F.M. Hall, galerie d'Art Sheldon, Lincoln (Nebraska, États-Unis).

Lire et comprendre l'image

▸ Une scène d'intérieur

1. Où est placé l'observateur par rapport à la scène représentée ?

2. À quel moment de la journée la scène est-elle saisie ? Qu'est-ce qui le montre ?

3. De quel type d'intérieur s'agit-il ? Justifiez votre réponse.

4. Qui peuvent être ces personnages ? Grâce au tableau, qu'apprenez-vous de leurs vêtements, de leurs occupations, de leurs attitudes ?

▸ Formes et couleurs

5. D'où vient la lumière dans le tableau ? Quel effet produit-elle ?

6. Quelles couleurs le peintre a-t-il employées ? Sont-elles nombreuses ? Pourquoi, à votre avis ?

7. Observez les lignes droites et les courbes : comment sont-elles réparties ? Par quelles lignes le spectateur est-il attiré ? Pourquoi ?

▸ Le regard du peintre

8. Observez chacun des personnages et précisez l'orientation de son regard.

9. Quelle est la situation particulière du peintre par rapport à ses modèles, ici ?

10. Quelle impression produit sur le spectateur l'attitude des personnages ? Justifiez votre réponse.

11. Proposez deux autres titres pour ce tableau, qui exprimeront deux interprétations de la scène.

Retenons

Le point de vue en peinture

En choisissant de peindre une scène particulière, selon un certain angle, le peintre adopte un point de vue qui met en valeur un aspect du monde observé. Il invite ainsi le spectateur à s'associer à son regard. La vision du peintre est une traduction du monde, une **interprétation** de ce qu'il voit à travers sa sensibilité. Le point de vue qu'il adopte peut nous inciter à réfléchir.

Gustave Flaubert, dans son roman Bouvard et Pécuchet, *raconte l'histoire de deux hommes ridicules, qui veulent se cultiver et ne font preuve que d'une immense bêtise. Voici le début du roman, où nous assistons à leur rencontre.*

« Deux hommes parurent »

Comme il faisait une chaleur de trente-trois degrés, le boulevard Bourdon se trouvait absolument désert.

Plus bas, le canal Saint-Martin, fermé par deux écluses, étalait en ligne droite son eau couleur d'encre. Il y avait au milieu un bateau plein de bois, et sur la berge deux rangs de barriques.

Au-delà du canal, entre les maisons qui séparent des chantiers, le grand ciel pur se découpait en plaques d'outremer, et sous la réverbération du soleil, les façades blanches, les toits d'ardoise, les quais de granit éblouissaient. Une rumeur confuse montait au loin dans l'atmosphère tiède ; et tout semblait engourdi par le désœuvrement du dimanche et la tristesse des jours d'été.

Deux hommes parurent.

L'un venait de la Bastille, l'autre du jardin des Plantes. Le plus grand, vêtu de toile, marchait le chapeau en arrière, le gilet déboutonné et la cravate à la main. Le plus petit, dont le corps disparaissait dans une redingote marron, baissait la tête sous une casquette à visière pointue.

Quand ils furent arrivés au milieu du boulevard, ils s'assirent, à la même minute, sur le même banc.

Gustave FLAUBERT, *Bouvard et Pécuchet*, 1881, chapitre I.

Lire et comprendre

Des précisions objectives

1. Quelle impression produit l'extrême précision des lignes 1 et 2 ? Dans quel type de texte pourrions-nous les lire ?

2. Dans le paragraphe 2, qu'est-ce qui nous donne l'impression d'un regard objectif ?

3. Dans la présentation des personnages, retrouvez-vous la même précision minutieuse dans l'évocation des détails visibles ?

Une vision externe

4. Commentez les termes « éblouissaient » (l. 8), et « confuse » (l. 9) : que suggère le narrateur sur ce qu'il peut voir et savoir ?

5. Pourquoi l'ensemble du texte peut-il donner l'idée que le narrateur évoque ce qu'il voit « de l'extérieur » ?

Retenons

Le point de vue externe dans la description

On parle de point de vue externe lorsque le narrateur donne l'impression de décrire ce qu'il **voit de l'extérieur, de manière neutre**.

Il n'intervient pas dans le récit, donne peu d'informations au lecteur et semble en savoir moins que les personnages.

Une histoire peu héroïque

6. Relevez toutes les expressions qui signalent la banalité, voire la laideur du décor.

7. Pourquoi peut-on parler, déjà, de la médiocrité des deux personnages ?

Points de vue et récit à la troisième personne

En 1885, Zola évoque dans le roman Germinal *l'univers de la mine et les difficultés de ceux qui y passent leur vie. Le roman s'ouvre sur la marche d'un inconnu en quête de travail ; pas à pas, le lecteur découvre, avec celui qui sera le héros, le paysage sombre et inquiétant du pays minier où se passe l'action.*

« Sous la nuit sans étoiles »

Dans la plaine rase, sous la nuit sans étoiles, d'une obscurité et d'une épaisseur d'encre, un homme suivait seul la grande route de Marchiennes à Montsou, dix kilomètres de pavé coupant tout droit, à travers les champs de betteraves. Devant lui, il ne voyait même pas le sol noir, et il n'avait la sensation de l'immense horizon plat que par les souffles du vent de mars, des rafales larges comme sur une mer, glacées d'avoir balayé des lieues de marais et de terres nues. Aucune ombre d'arbre ne tachait le ciel, le pavé se déroulait avec la rectitude d'une jetée, au milieu de l'embrun aveuglant des ténèbres.

L'homme était parti de Marchiennes vers deux heures. Il marchait d'un pas allongé, grelottant sous le coton aminci de sa veste et de son pantalon de velours. Un petit paquet, noué dans un mouchoir à carreaux, le gênait beaucoup ; et il le serrait contre ses flancs, tantôt d'un coude, tantôt de l'autre, pour glisser au fond de ses poches les deux mains à la fois, des mains gourdes que les lanières du vent d'est faisaient saigner. Une seule idée occupait sa tête vide d'ouvrier sans travail et sans gîte, l'espoir que le froid serait moins vif après le lever du jour. Depuis une heure, il avançait ainsi, lorsque sur la gauche, à deux kilomètres de Montsou, il aperçut des feux rouges, trois brasiers brûlant au plein air, et comme suspendus. D'abord, il hésita, pris de crainte ; puis, il ne put résister au besoin douloureux de se chauffer un instant les mains.

Un chemin creux s'enfonçait. Tout disparut. L'homme avait à sa droite une palissade, quelque mur de grosses planches fermant une voie ferrée ; tandis qu'un talus d'herbe s'élevait à gauche, surmonté de pignons confus, d'une vision de village aux toitures basses et uniformes. Il fit environ deux cents pas. Brusquement, à un coude du chemin, les feux reparurent près de lui, sans qu'il comprît davantage comment ils brûlaient si haut dans le ciel mort, pareils à des lunes fumeuses. Mais, au ras du sol, un autre spectacle venait de l'arrêter. C'était une masse lourde, un tas écrasé de constructions, d'où se dressait la silhouette d'une cheminée d'usine ; de rares lueurs sortaient des fenêtres encrassées, cinq ou six lanternes tristes étaient pendues dehors, à des charpentes dont les bois noircis alignaient vaguement des profils de tréteaux gigantesques ; et, de cette apparition fantastique, noyée de nuit et de fumée, une seule voix montait, la respiration grosse et longue d'un échappement de vapeur, qu'on ne voyait point.

Alors, l'homme reconnut une fosse.

Émile ZOLA, *Germinal*, 1885, chapitre I.

Plan du film *Germinal*, de Claude Berri (1992), d'après l'œuvre d'Émile Zola, avec G. Depardieu et Renaud.

Lire et comprendre

Une découverte progressive

1. a. Relevez les expressions du texte qui vous permettent de préciser le lieu où commence ce roman.
b. En vous appuyant sur les précisions que donne le troisième paragraphe, dites s'il s'agit d'un paysage rural ou industriel. Quel travail peuvent y exercer les habitants ?

2. Par quels termes le personnage est-il désigné tout au long du texte ? Quel est l'effet ainsi produit sur le lecteur ?

3. a. D'après les détails vestimentaires et les attitudes du personnage, que peut-on conclure sur sa situation ? Selon vous, pourquoi se dirige-t-il vers la fosse évoquée à la fin du texte ?
b. Dans le deuxième paragraphe, par quelle expression le narrateur précise-t-il la situation matérielle du héros ?

4. a. Quel est le point de vue adopté par le narrateur en ce début de récit ? Justifiez votre réponse.

Les points de vue ➤ p. 286

b. Cependant, quelles informations le narrateur ne livre-t-il pas au lecteur ? Pourquoi ?
c. Relevez en particulier toutes les expressions qui suggèrent que le paysage est indistinct.

Le regard du personnage

5. a. Quel est le temps employé au début du texte ? Avec quel verbe le premier passé simple est-il employé ?
b. Quel changement de point de vue indique-t-il ?

6. Relevez les expressions ou les phrases qui renvoient au champ lexical du regard dans l'ensemble du texte : comment le texte progresse-t-il ?

7. Quel effet produit la dernière phrase ? Pour justifier votre réponse, précisez le sens exact de son verbe.

Retenons

Du point de vue omniscient au point de vue interne

Dans un récit à la 3e personne, le point de vue peut varier. Ainsi, lorsque le narrateur passe du point de vue omniscient au point de vue interne, des **indices** – par exemple des **verbes de perception** – indiquent au lecteur que c'est le regard du personnage qui va être privilégié. Le narrateur peut ensuite revenir au point de vue omniscient.

Plan du film *Germinal*, de Claude Berri (1992), d'après l'œuvre d'Émile Zola, avec Renaud.

La création d'une atmosphère

8. Relevez les adjectifs qualificatifs du premier paragraphe. Quelle impression produisent-ils ?

9. Dans les deux premiers paragraphes, quelle semble être l'attitude que le narrateur prête à la nature ?

10. Relevez les termes qui évoquent la lumière. Qu'a-t-elle de particulier ? En quoi contribue-t-elle au caractère mystérieux du lieu ?

11. Expliquez et justifiez l'expression « apparition fantastique » (l. 31).

12. Dans les lignes 31 à 33, à quoi la mine est-elle comparée ? Quel est l'effet de cette comparaison ?

Retenons

Point de vue et univers du roman

Le passage du point de vue omniscient au point de vue interne permet au lecteur d'accompagner le personnage en découvrant un lieu ou une situation à travers ses yeux. Ce procédé contribue à **l'identification du lecteur avec le personnage**. Il installe progressivement le lecteur dans l'univers romanesque.

Lire et maîtriser la langue

Les compléments circonstanciels

1. Dans l'ensemble du texte, relevez les compléments circonstanciels qui marquent les étapes de la marche du personnage.

2. Dans le deuxième paragraphe, relevez et analysez les compléments circonstanciels qui vous renseignent sur les attitudes du personnage.

Les compléments circontanciels ➤ p. 352

Les figures de style

3. Dans le premier paragraphe, relevez les comparaisons et les métaphores. Quelle impression visent-elles à produire ?

4. Expliquez l'emploi du mot « lanières » ligne 14. De quelle figure s'agit-il ?

Les figures de style ➤ p. 376

Le groupe du nom

5. Dans les lignes 27 à 33, relevez les expansions qui précisent les noms. Classez-les ensuite en champs lexicaux : quel effet ces expansions visent-elles à produire ?

Le groupe du nom ➤ p. 340

Lire et écrire

Poursuivre un récit en faisant varier le point de vue

1. a. Vous poursuivrez le texte de Zola en conservant le point de vue interne.
b. Vous ferez sentir le caractère inquiétant de la mine que découvre le personnage par le lexique et les figures de style que vous utiliserez.

2. Dans quelques lignes finales, vous reviendrez à un point de vue omniscient pour évoquer les mouvements et les pensées du personnage dans ce lieu inhospitalier. Vous utiliserez des formes verbales adaptées.

Auguste Renoir (1841-1919), *La Seine à Champrosay* (Essonne), musée d'Orsay, Paris.

Maupassant est l'auteur de nouvelles saisissantes dans lesquelles il décrit la dureté des mœurs campagnardes au XIXe siècle. Dans Le Papa de Simon, *un garçon de huit ans, las d'être cruellement raillé par ses camarades parce qu'il n'a pas de père, décide de se jeter dans la rivière.*

L'enfant sauvé par la nature

Resté seul, le petit enfant sans père se mit à courir vers les champs, car un souvenir lui était venu qui avait amené dans son esprit une grande résolution. Il voulait se noyer dans la rivière.

Il se rappelait en effet que, huit jours auparavant, un pauvre diable qui mendiait sa vie s'était jeté dans l'eau parce qu'il n'avait plus d'argent. Simon était là lorsqu'on le repêchait ; et le triste bonhomme, qui lui semblait ordinairement lamentable, malpropre et laid, l'avait alors frappé par son air tranquille, avec ses joues pâles, sa longue barbe mouillée et ses yeux ouverts, très calmes. On avait dit alentour : « Il est mort. » Quelqu'un avait ajouté : « Il est bien heureux maintenant. » Et Simon voulait aussi se noyer, parce qu'il n'avait pas de père, comme ce misérable qui n'avait pas d'argent.

Il arriva tout près de l'eau et la regarda couler. Quelques poissons folâtraient, rapides, dans le courant clair, et, par moments, faisaient un petit bond et happaient des mouches voltigeant à la surface. Il cessa de pleurer pour les voir, car leur manège l'intéressait beaucoup. Mais, parfois, comme dans les accalmies d'une tempête passent tout à coup de grandes rafales de vent qui font craquer les arbres et se perdent à l'horizon, cette pensée lui revenait avec une douleur aiguë : « Je vais me noyer parce que je n'ai point de papa. »

Il faisait très chaud, très bon. Le doux soleil chauffait l'herbe. L'eau brillait comme un miroir. Et Simon avait des minutes de béatitude, de cet alanguissement qui suit les larmes, où il lui venait de grandes envies de s'endormir là, sur l'herbe, dans la chaleur.

Une petite grenouille verte sauta sous ses pieds. Il essaya de la prendre. Elle lui échappa. Il la poursuivit et la manqua trois fois de suite. Enfin il la saisit par l'extrémité de ses pattes de derrière et se mit à rire en voyant les efforts que faisait la bête pour s'échapper. Elle se ramassait sur ses grandes jambes, puis, d'une détente brusque, les allongeait subitement, raides comme deux barres ; tandis que, l'œil tout rond avec son cercle d'or, elle battait l'air de ses pattes de devant qui s'agitaient comme des mains. Cela lui rappela un joujou fait avec d'étroites planchettes de bois clouées en zigzag les unes sur les autres, qui, par un mouvement semblable, conduisaient l'exercice de petits soldats piqués dessus. Alors, il pensa à sa maison, puis à sa mère, et, pris d'une grande tristesse, il recommença à pleurer. Des frissons lui passaient dans les membres ; il se mit à genoux et récita sa prière comme avant de s'endormir. Mais il ne put l'achever, car des sanglots lui revinrent si pressés, si tumultueux, qu'ils l'envahirent tout entier. Il ne pensait plus ; il ne voyait plus rien autour de lui et il n'était occupé qu'à pleurer.

Guy de Maupassant, *Le Papa de Simon*, dans *Scènes de la vie de province*, 1879, chap. IV.

Lire et comprendre

Le point de vue du narrateur

1. Quel est le point de vue adopté dans le premier paragraphe du texte ? Justifiez votre réponse.

Les points de vue ➤ p. 286

2. Par quels termes l'enfant y est-il désigné ? En quoi cette expression est-elle significative ?

3. Expliquez l'expression « une grande résolution » (l. 2). Que met-elle en valeur ?

4. Pourquoi le désespoir de l'enfant est-il évoqué seulement dans la deuxième phrase du premier paragraphe ?

Le retour en arrière

5. Pourquoi le narrateur raconte-t-il la scène qui s'est déroulée « huit jours auparavant » (l. 4) ?

6. Quelles expressions vous montrent qu'il s'agit d'un souvenir du petit Simon ? Quels éléments le narrateur choisit-il d'en rapporter au lecteur ? Pourquoi ?

Le point de vue de Simon

7. Quels verbes de perception indiquent au lecteur que le narrateur adopte totalement le point de vue de l'enfant ? à quelles lignes ?

8. Quels éléments de la nature captent alors l'attention de l'enfant ? Délimitez les passages descriptifs dans les paragraphes 3, 4, 5 et dites en quoi ces spectacles sont capables de fasciner un jeune enfant.

9. Dans la description de la grenouille, lignes 26 à 29, relevez et expliquez les comparaisons. En quoi rendent-elles compte du regard de l'enfant ?

Une nature bienveillante

10. Précisez les sensations que la nature procure à l'enfant en vous appuyant sur le texte. En quoi ces sensations s'opposent-elles à son désespoir ?

11. Quel effet produit finalement le contact avec la nature sur le petit Simon ? Par quelles réactions physiques cet effet se traduit-il ?

12. Sur quels choix narratifs repose le caractère émouvant du passage ?

Retenons

Point de vue et connaissance du personnage

Dans un récit à la troisième personne, les **variations de point de vue** sont un moyen de donner plus d'épaisseur aux personnages. Le **narrateur omniscient** peut faire des commentaires sur la situation des personnages ; il peut aussi amener le lecteur à saisir de l'intérieur un personnage grâce au **point de vue interne**, à partager ses émotions. Ce procédé où le récit passe du « il » au « je » est particulièrement efficace pour donner au récit un caractère pathétique.

Lire et maîtriser la langue

La modalisation

1. Dans les lignes 4 à 11, relevez les expressions qui désignent l'homme noyé dans la rivière. Pour chacune d'entre elles, dites sur quel aspect du personnage elle met l'accent.

2. Quel effet le narrateur recherche-t-il dans ces lignes ? Justifiez votre réponse.

La modalisation ➤ p. 276

L'expression du temps

3. Trois scènes différentes sont évoquées dans le passage : classez-les de manière chronologique.

4. Relevez les indications de temps dans le texte et dites si elles expriment la fréquence, la simultanéité, l'antériorité ou la postériorité.

Le verbe ➤ p. 358 et 364

5. Remplacez le groupe « Resté seul » (l. 1) par une proposition subordonnée conjonctive de temps.

6. Que nous apprennent les indications de temps sur l'état d'esprit du jeune garçon ?

Le groupe du nom

7. Par quels mots l'enfant est-il successivement désigné ? Pour chacun d'eux, donnez sa nature grammaticale et précisez pourquoi il est employé.

8. Relevez les propositions subordonnées relatives et dites de quel antécédent elles sont le complément.

9. Aux lignes 26 à 29, relevez les adjectifs qualificatifs et donnez leur fonction. Quel est le rôle de ces adjectifs ?

Le groupe du nom ➤ p. 340

Lire et écrire

Faire varier le point de vue dans la description

1. Observez ce tableau de Gustave Caillebotte et répondez aux questions suivantes :
a. Que représente ce tableau ?
b. En quelle saison la scène a-t-elle lieu ?
c. Où est placé l'observateur de la scène ?
d. Pourquoi le peintre a-t-il privilégié ce point de vue selon vous ?

2. Rédigez un paragraphe pour décrire ce tableau en adoptant un point de vue omniscient. Vous décrirez le paysage et l'action des personnages en ayant soin d'évoquer leurs noms et leurs pensées durant cette promenade.

3. Rédigez un deuxième paragraphe dans lequel vous adopterez le point de vue interne d'un observateur situé dans une troisième embarcation derrière celles qui apparaissent sur le tableau. Vous limiterez la description aux perceptions de ce personnage imaginaire.

Gustave Caillebotte (1848-1894), *Les Périssoires* (1878), musée des Beaux-Arts, Rennes.

Point de vue et récit à la première personne

Jungle amazonienne.

Grand voyageur et poète, Blaise Cendrars (1887-1961) est aussi l'auteur de romans dans lesquels se mêlent aventure et exotisme. Dans celui-ci, Moravagine *(1926), du nom d'un des personnages embarqués avec le narrateur sur le fleuve Orénoque, en Amazonie, les navigateurs remontent le fleuve durant de longues semaines.*

Une monstrueuse solitude aquatique

Vie, vie, vie, vie, vie, vie, vie, vie.

Mystérieuse présence pour laquelle éclatent à heure fixe les spectacles les plus grandioses de la nature.

Misère de l'impuissance humaine, comment ne pas en être épouvanté, c'était tous les jours la même chose !

Tous les matins, un mauvais frisson nous réveillait. Le ciel glissait sur une tringle, les branches s'agitaient comme une couverture bigarrée et c'était tout à coup le déclic des oiseaux et des singes, juste un quart d'heure avant l'aube. Ébats, cris, chants instantanés, égosillements, sabas[1], perruches, nous ronchonnions dans ce remue-ménage. Nous savions d'avance ce que la journée nous réservait. Derrière nous, le fleuve fumant se trouait de déchirures, devant nous, il s'ouvrait béant, floconneux, sale. Des draps et des rideaux claquaient au vent. Une seconde, on voyait le soleil nu, tout nu, comme en chair de poule, puis un immense édredon nous tombait dessus, un édredon de moiteur qui nous bouchait la vue, les oreilles, un édredon qui nous étouffait. Les bruits, les voix,

1. **sabas :** bruits d'enfer, tapages.

les chants, les sifflements, les appels étaient absorbés comme par un gigantesque tampon. Des couleurs giratoires[2] se déplaçaient le long de notre bord et faisaient tache ; à travers la brume et les vapeurs les êtres et les choses nous apparaissaient comme des tatouages opaques, imprécis, déteints. Le soleil avait la lèpre. Nous étions comme encapuchonnés, avec six mètres d'air autour de nous et un plafond de douze pieds, un plafond d'ouate, un plafond matelassé. Inutile de crier. Des gouttes de sueur nous coulaient le long du corps, se détachaient, nous tombaient sur l'estomac, grosses, tièdes, lentes, grosses comme des œufs sur le point d'éclore, lentes comme la fièvre en éclosion. Nous nous bourrions de quinine[3]. Nous avions la nausée. Nos avirons mollissaient dans la chaleur. Nos vêtements se recouvraient de moisissures. Il pleuvait toujours, et quand il pleuvait, il tombait de l'eau chaude et nos dents se déchaussaient. Quel rêve, quel rêve d'opium ! Tout ce qui surgissait dans notre étroit horizon était corallin[4], c'est-à-dire verni, reluisant, dur, avec un relief ahurissant dans le détail, et comme dans un rêve, ce détail était toujours agressif, méchant, plein d'une sourde hostilité, logique et à la fois invraisemblable. Comme des fiévreux qui se retournent dans leur lit, nous nous rapprochions des grèves[5] pour respirer un peu. Quel cauchemar ! Neuf fois sur dix, les sous-bois s'écartaient pour livrer passage à une tribu d'Indiens menaçants. Ils avaient le corps robuste, la taille haute, la chevelure flottante, les narines transpercées d'une baguette aiguisée, le lobe des oreilles allongé par le poids de lourdes rondelles d'ivoire végétal, la lèvre inférieure ornée de crocs et de griffes ou hérissée d'épines. Ils étaient armés d'arcs et de sarbacanes[6] et les déchargeaient dans notre direction. Comme ils passent pour anthropophages, nous nous remettions dans le milieu du fleuve et reprenions notre rêve de damnés. De grands papillons bleus, dits pamploneras, venaient se poser sur nos mains et faisaient vibrer l'air avec leurs ailes humides, distendues.

Nous étions maudits. La nuit ne nous apportait aucun repos.

Blaise CENDRARS, *Moravagine*, © Éditions Grasset, 1926.

2. **giratoires :** qui adoptent un mouvement circulaire.
3. **quinine :** remède pour lutter contre le paludisme.
4. **corallin :** d'un rouge de corail.
5. **grèves :** plages.
6. **sarbacanes :** tubes creux dans lesquels on souffle pour lancer de petits projectiles.

Lire et comprendre

Un voyage difficile

1. D'après cet extrait, dans quelles conditions les personnages voyagent-ils ? De quels maux souffrent-ils principalement durant ce périple ? Relevez des expressions précises du texte à l'appui de votre réponse.

2. Quelles remarques pouvez-vous faire sur la forme de la première phrase ? Vous semble-t-elle traduire l'admiration ou l'angoisse ? Justifiez votre réponse.

3. a. Quelle est la forme des deux phrases suivantes, lignes 2 à 5 ? Sur quelle opposition sont-elles construites ?
b. Expliquez et justifiez l'expression « mystérieuse présence », ligne 2.

4. a. Justifiez l'alinéa de la ligne 43.
b. Relisez la dernière phrase. À quelle phrase du début fait-elle écho ? Quel effet cette construction du texte produit-elle ?

Un univers moite et oppressant

5. a. Dans les lignes 6 à 20, quel phénomène naturel le narrateur évoque-t-il ?
b. Que désignent les « draps » et les « rideaux » ligne 12 ? Quels autres termes de ce passage appartiennent au même champ lexical ?
c. Relevez et nommez les figures de style utilisées dans ces mêmes lignes. Quelle impression dominante visent-elles à exprimer ?

6. a. Expliquez les figures de style des lignes 13 à 22. Justifiez le choix de chacune d'elles.
b. Que révèlent-elles de l'état d'esprit des voyageurs ?

7. Dans la suite du texte, quelles expressions confirment cette perception de la nature ?

Le point de vue interne

8. Le narrateur fait-il partie des personnages ? Justifiez ce choix narratif.

9. Quel est donc le point de vue adopté dans les descriptions ? Montrez-le en relevant quelques exemples dans le texte.

10. Qu'est-ce qui caractérise la relation du narrateur au temps qui passe ? Appuyez votre réponse sur une étude du temps des verbes et sur les compléments circonstanciels de temps.

11. Expliquez l'expression : « Quel rêve d'opium ! » (l. 28).

12. Par quelle expression l'adjectif « maudits » (l. 43) est-il annoncé ? Justifiez l'emploi de ces termes par l'ensemble du texte.

Retenons

Point de vue interne et identification au personnage

Dans le récit à la première personne, le **point de vue du personnage-narrateur** est constamment privilégié. Le lecteur perçoit donc les événements à travers ses seules émotions. L'identification du lecteur au personnage dont il partage les jugements et les émotions à tout moment est rendue possible grâce au lexique choisi et aux figures de style employées.

Lire et maîtriser la langue

La phrase

1. a. Lisez la première phrase du texte. Comment appelle-t-on ce type de phrase ?
b. Quel sentiment du narrateur cette phrase traduit-elle ?

Le groupe du nom

2. a. Relevez dans le passage deux énumérations nominales et précisez leur effet.
b. Même question avec des adjectifs.

3. a. À la ligne 40, relevez le COD du verbe « reprenions ». Identifiez les différents éléments qui le composent.
b. Quel est l'intérêt de ce groupe nominal quant à la signification du texte ?

Les figures de style

4. a. Relevez les comparaisons dans les lignes 6 à 25.
b. Pour chacune d'elles identifiez le comparé, le comparant et l'outil de comparaison.
c. Précisez à chaque fois quel point commun est mis en valeur par la comparaison.

5. À la ligne 30, expliquez la comparaison.

Lire et écrire

Transcrire les émotions d'un personnage

1. Imaginez les formes effrayantes que peuvent prendre les animaux et les végétaux dans l'obscurité de la nuit au bord du fleuve.

2. Poursuivez sur une quinzaine de lignes le texte de Blaise Cendrars en décrivant ce spectacle nocturne. Vous aurez soin d'adopter le point de vue d'un des voyageurs et de faire sentir l'effroi qu'il ressent devant ce paysage menaçant.

Claude Monet (1840-1926), *Jardins en fleurs* (1866), musée d'Orsay, Paris.

Née en Bourgogne, Colette a souvent rendu hommage à sa mère, Sido, dont la vitalité et la passion de la nature ont marqué ses années d'enfance. Elle évoque ici la vie provinciale qu'elle a connue petite fille, au sein d'une famille heureuse.

« Nos jardins se disaient tout »

Dans mon quartier natal, on n'eût pas compté vingt maisons privées de jardin. Les plus mal partagées jouissaient d'une cour, plantée ou non, couverte ou non de treilles. Chaque façade cachait un « jardin-de-derrière » profond, tenant aux autres jardins-de-derrière par des murs mitoyens. Ces jardins-de-derrière donnaient le ton au village. On y vivait l'été, on y lessivait ; on y fendait le bois l'hiver, on y besognait en toute saison, et les enfants, jouant sous les hangars, perchaient sur les ridelles[1] des chars à foin dételés.

Les enclos qui jouxtaient le nôtre ne réclamaient pas de mystère : la déclivité du sol, des murs hauts et vieux, des rideaux d'arbres protégeaient notre « jardin d'en haut » et notre « jardin d'en bas ». Le flanc sonore de la colline répercutait les bruits, portait, d'un atoll maraîcher cerné de maisons à un « parc d'agrément », les nouvelles.

De notre jardin, nous entendions, au Sud, Miton éternuer en bêchant et parler à son chien blanc dont il teignait, au 14 juillet, la tête en bleu et l'arrière-train en rouge. Au Nord, la mère Adolphe chantait un petit cantique en bottelant[2] des violettes pour l'autel de notre église foudroyée, qui n'a plus de clocher. À l'Est, une sonnette triste annonçait chez le notaire la visite d'un client… Que me parle-t-on de la méfiance provinciale ? Belle méfiance ! Nos jardins se disaient tout.

1. **ridelle :** châssis à claire-voie disposé de chaque côté d'une charrette pour maintenir la charge.
2. **botteler :** lier en bottes.

Oh ! aimable vie policée[3] de nos jardins ! Courtoisie, aménité[4] de potager à « fleuriste » et de bosquet à basse-cour ! Quel mal jamais fût venu par-dessus un espalier mitoyen, le long des faîtières[5] en dalles plates cimentées de lichen et d'orpin[6] brûlant, boulevard des chats et des chattes ? De l'autre côté, sur la rue, les enfants insolents musaient, jouaient aux billes, troussaient leurs jupons, au-dessus du ruisseau ; les voisins se dévisageaient et jetaient une petite malédiction, un rire, une épluchure dans le sillage de chaque passant, les hommes fumaient sur les seuils et crachaient… Gris de fer, à grands volets décolorés, notre façade à nous ne s'entrouvrait que sur mes gammes malhabiles, un aboiement de chien répondant aux coups de sonnette, et le chant des serins verts en cage.

Peut-être nos voisins imitaient-ils, dans leurs jardins, la paix de notre jardin où les enfants ne se battaient point, où bêtes et gens s'exprimaient avec douceur, un jardin où, trente années durant, un mari et une femme vécurent sans élever la voix l'un contre l'autre…

COLETTE, *Sido*, © Éditions Hachette, 1901.

3. **policée :** civilisée, raffinée.
4. **aménité :** agrément d'un lieu ; amabilité pleine de charme.
5. **faîtières :** se dit par exemple des tuiles courbes destinées à recouvrir le sommet d'un mur.
6. **orpin :** plante charnue qui croît sur les toits et les murs.

Lire et comprendre

Les choix narratifs

1. a. À quelle personne ce récit est-il fait ? Relevez des marques du point de vue qui est donc adopté.
b. Quel est le temps verbal dominant ? Pourquoi ?

2. a. À la ligne 18, à quel moment précis le temps du verbe renvoie-t-il ?
b. À quelle ligne retrouvez-vous le même temps verbal ? Pourquoi est-il alors employé ?

De merveilleux jardins

3. Où les jardins évoqués par Colette sont-ils situés ? Quelle expression les désigne dans le texte ? Quelles sont les connotations de cette expression ?

Le sens des mots ➤ p. 372

4. Relevez et expliquez les termes qui désignent les activités liées aux jardins. En quoi la narratrice peut-elle dire qu'ils « donnaient le ton au village », ligne 5 ?

5. a. Quelle figure de style relevez-vous à la ligne 11 ? En quoi valorise-t-elle les jardins ?
b. Où retrouvez-vous une image comparable dans le texte ? Quel effet produit-elle ?

Retenons

Le point de vue dans l'autobiographie

Dans un texte autobiographique, le **point de vue interne** permet à l'auteur de **recréer le passé** en faisant resurgir les paysages de sa propre enfance et en leur donnant vie par les sensations qui y sont restées attachées. L'autobiographe retrouve ainsi le regard de l'enfant qu'il a été.

6. Relevez dans le passage les éléments strictement descriptifs. Comment sont-ils disposés dans le texte ? Pour quelles raisons, selon vous ?

7. Quel est celui des cinq sens à être privilégié dans le passage ? Relevez les termes qui s'y rapportent. Quelles caractéristiques des jardins ces termes illustrent-ils ?

8. Justifiez l'emploi des adjectifs et des noms « courtoisie » et « aménité » à la ligne 20.

9. a. « Aimable vie policée de nos jardins ! » (l. 20) : expliquez la leçon que Colette peut tirer de son expérience des jardins. De quel type de relation sont-ils la source ?
b. Quels exemples le texte en propose-t-il ?

Paul Cézanne (1839-1906), *Le Jardin des lauves*, collection Phillips, Washington (États-Unis).

Le souvenir d'une enfance heureuse

10. Quelle opposition contiennent les lignes 21 à 30 ? Quelle expression souligne cette différence ?

11. Qu'est-ce qui distingue le jardin de Colette des jardins avoisinants ?

12. Quelle explication la narratrice donne-t-elle de la paix qui régnait dans le jardin de sa maison ?

Le plaisir des jardins retrouvés

13. Relevez dans le texte des expressions du plaisir ressuscité par l'écriture.

14. Expliquez en quoi consiste l'humour des deux anecdotes du chien blanc et des jeux d'enfants.

Lire et maîtriser la langue

Le mode conditionnel

1. Relevez les formes verbales au conditionnel dans le texte et précisez-en le temps et la personne.

2. Justifiez ces emplois du conditionnel.

3. Conjuguez ces verbes à toutes les personnes du conditionnel présent et passé.

Les différentes formes de la négation et de la restriction

4. Relevez dans le texte les phrases négatives. Comment la négation y est-elle exprimée ?

5. Relevez les formes de la négation et de la restriction dans les lignes 27 à 34 et identifiez leurs constituants.

6. Pourquoi peut-on dire que ces négations et ces restrictions contribuent à valoriser les jardins évoqués par Colette ?

Lire et écrire

Évoquer des émotions personnelles liées à un paysage

1. Choisissez un paysage que vous avez souvent contemplé lorsque vous étiez enfant.

2. Dressez l'inventaire des éléments qui constituent ce paysage et des sensations qui, pour vous, lui sont associées. S'agit-il de bruits, de détails peu visibles, d'odeurs ?

3. Dans un paragraphe rédigé au passé, vous rendrez compte du bonheur procuré par ce paysage au moyen d'éléments descriptifs et de l'évocation de vos sensations d'enfant.

Dans son autobiographie, Une fois, un jour, *l'écrivain contemporain italien Erri de Luca raconte son enfance à Naples, en Italie. Il évoque ici le déménagement qui le priva de ses repères et changea sa vie.*

Maurice Ramart (1864-1922), *Maisons et terrasses garnies de verdure*, musée des Beaux-Arts, Lille.

« Je ne savais plus rien de ce que je voyais »

Rien ne fut pareil. Dans la nouvelle maison s'écoulait une autre vie. Ma petite sœur recevait déjà des amies de sa nouvelle école, papa rentrait plus tôt apportant des livres qu'il lisait au salon, toi tu t'affairais à tant de choses que tu avais toujours négligées. Je ne parvenais pas à étudier. Par la fenêtre je voyais passer toutes les couleurs. De la cuisine de la vieille maison je fixais le mur de tuf[1] d'en face, en levant les yeux de mon livre d'école. C'était de la vieille pierre, aux trous d'écoulement envahis par des touffes d'herbe. Je le connaissais comme un alpiniste connaît sa montagne et sait toujours où mettre les mains. Je savais où poser mon regard pour penser aux couleurs et les voir apparaître. Je fixais un point de ce mur, toujours le même, et de là s'étalait une tache bleue qui recouvrait tout. Je commençais par le bleu, couleur de l'encre que ma plume laissait sur le buvard, puis venaient les autres.

Dans la nouvelle maison, à la fenêtre, les couleurs étaient déjà toutes composées. Le ciel était au-dessous de nous, l'air n'était pas chargé d'odeurs, je regardais par les vitres le monde grand ouvert. La tête vide et le regard soucieux, je ne savais plus rien de ce que je voyais. Le Vésuve était noir avec ses maisons et ses petits villages blanchis. Le ciel avait des espaces sans limites, sans lignes de toits ni de balcons et je pouvais regarder tous les avions qui faisaient du bruit. Les nuages déconcertaient le vent, se désagrégeant dans leur

1. **tuf** : calcaire fin et léger.

course, et le vent courait, aboyant comme un chien de berger pour les garder rassemblés en troupeau. Vers le soir, toutes les formes possibles s'apaisaient en lignes de rouge où le soleil descendait, appelant tout le ciel à se déchirer, à disparaître.

Je ne parvenais pas à étudier, je ne parvenais pas à imaginer.

Erri DE LUCA, *Une fois, un jour* (1989), traduction française de Danièle Valin, © Éditions Verdier, 1992.

Lire et comprendre

▸ Le récit d'une rupture

1. Qui raconte ici ? Cherchez les marques du point de vue qui caractérise ce type de récit.

2. a. Quels renseignements nous sont donnés sur la famille du narrateur ?
b. À qui pourrait renvoyer le pronom « toi » (l. 3) ?

3. Qu'est-ce qui suggère que tous les membres de la famille se sont adaptés sans peine à leur nouvel environnement ?

4. Par quelles expressions sont désignées les maisons successives de l'enfant ?

5. a. Comment alors expliquez-vous la première phrase du texte ?
b. Quelle difficulté l'enfant rencontre-t-il dans la nouvelle maison ?

6. Faites le plan du texte en justifiant la présence du dernier paragraphe.

▸ Un paysage simple et fécond

7. Quel spectacle s'offrait à l'enfant de la cuisine de la vieille maison ?

8. Qu'est-ce qui faisait l'attrait de cette vision ? Comment le besoin de l'enfant d'être rassuré se manifeste-t-il dans cette évocation du passé ?

9. Relisez les lignes 9 à 12 et expliquez ce que l'enfant aimait faire face à ce paysage. Où cette idée est-elle reprise dans le texte ?

▸ Un paysage composé et stérile

10. Dans le deuxième paragraphe, quels sont les éléments qui composent le paysage observé par l'enfant ?

11. a. Dans les lignes 16 à 19, étudiez les couleurs et les formes du paysage ; l'impression produite est-elle positive ou négative ?
b. Que suggère l'expression : « tous les avions qui faisaient du bruit » (l. 18) ?

12. Quelle figure de style remarquez-vous dans les lignes 19 à 21 ? Sur quels aspects du paysage permet-elle d'insister ?

13. Relevez les termes qui désignent successivement les fenêtres dans la vieille et la nouvelle maison ; quelle différence ces termes introduisent-ils dans la relation entre l'enfant et le paysage ?

14. Quel rôle les couleurs jouent-elles dans la comparaison entre les deux paysages ?

15. Comparez les deux paysages et leur effet sur l'enfant : que pouvez-vous en conclure sur le rapport entre réel et imagination pour le narrateur ?

Retenons

Point de vue interne et analyse de soi

L'écriture autobiographique permet de faire resurgir le passé et de comprendre l'influence qu'il a eu sur soi. Le point de vue interne met alors en valeur la connaissance que l'écrivain acquiert de lui-même à travers l'expérience de l'écriture.

Lire et écrire

Analyser des impressions suscitées par des lieux

1. Il vous est sans doute déjà arrivé d'éprouver un malaise ou un inconfort en changeant de lieu. Vous retiendrez deux paysages contrastés et vous noterez les émotions suscitées par chacun d'entre eux.

2. Vous rendrez compte de ces impressions en évoquant successivement ces paysages à la manière d'Erri de Luca.

Bilan de séquence
vers le brevet

L'auteur évoque ici des souvenirs de son enfance à Manosque, au cœur de la campagne provençale.

Une fenêtre sur le monde

Au-dessus de l'atelier de mon père était un vaste grenier sonore comme une cale de navire. Une large fenêtre, dominant toute la cour aux moutons, permettait de voir, au-delà des toits, par là-bas loin, le scintillement de la rivière, le sommeil des collines, et les nuages qui nageaient comme des poissons avec de l'ombre sous le ventre. On ne pouvait vivre dans le bas de notre maison qu'en rêvant. Il y avait trop de lèpre[1] de terre sur les murs, trop de nuits qui sentaient le mauvais champignon, trop de bruits dans l'épaisseur des pierres. La tranquillité, on ne l'avait qu'en partant de cette maison, et, pour partir, on pouvait se servir de ces bruits, de ces nuits, de ces visages étranges que l'humidité dessinait sur les murs. On pouvait se servir de la large fenêtre.

Je revois cette profondeur marine qui grondait au-delà de la ville. Toute la plaine fumait sous l'écume des routes. Des champs, frais hersés[2], s'envolaient des embruns tordus. Le vent faisait son chemin et tout tremblait dans son sillage, on sentait qu'il s'en allait droit devant lui, qu'il était là, mais que déjà ses yeux s'élargissaient sur de nouveaux pays étalés et faisant la roue comme de gros oiseaux de toutes les couleurs. On sentait qu'il était puissant et doux, qu'il suffisait de s'appuyer un peu fort à son flanc pour être emporté dans le monde. On sentait que ce désir de fuite il le semait en vous comme une lente graine féroce et qu'on serait déchiré plus tard par d'énormes racines mouvantes comme des poulpes[3]. Je sentais que le vent s'enracinait en moi.

Jean GIONO, *Jean le Bleu*, © Éditions Grasset, 1932.

1. **lèpre** : surface abîmée et sale.
2. **hersé** : travaillé avec une herse, instrument à dents.
3. **poulpe** : pieuvre.

Comprendre le texte

Le point de vue dans l'autobiographie

1 Qui raconte ?

2 À qui renvoie le pronom « on » dans ce texte ?

3 Observez les pronoms « je » et les verbes qui les accompagnent. Renvoient-ils exactement à la même personne ? Précisez la distinction qui s'impose.

Une description subjective

4 Justifiez la séparation du passage en deux paragraphes.

5 La description de la maison est-elle méliorative ou péjorative ? Justifiez votre réponse.

6 Expliquez l'expression « profondeur marine » (l. 11). De quelle figure de style s'agit-il ?

Moïse Kisling (1891-1953), *Paysage*, galerie Daniel Malingue, Paris.

7 Rétablissez l'ordre habituel des mots dans la phrase « des champs, frais hersés, s'envolaient des embruns tordus » (l. 12-13). Pourquoi le narrateur les a-t-il ainsi disposés ?

La nature et l'enfant

8 Relisez les lignes 13 à 18. Par quelle figure de style le narrateur présente-t-il le vent ? Relevez les termes essentiels ; quel est l'effet produit ?

9 À quoi le désir de fuite est-il assimilé dans l'avant-dernière phrase ? Comment s'appelle cette figure de style ?

10 Quelle importance attribuez-vous à la dernière phrase du texte ?

Étudier la langue

11 Relevez deux formes restrictives dans le premier paragraphe. Quel aspect de la maison mettent-elles en valeur ?

12 Quels sont les sujets des deux premiers verbes ? En quoi sont-ils importants ?

13 Dans le premier paragraphe, relevez les propositions subordonnées relatives et dites si elles sont déterminatives ou explicatives.

14 À la ligne 19, identifiez la forme verbale et justifiez son emploi.

Écrire

15 *Il arrivait parfois au jeune Jean d'aller au bord de la mer.*
Vous ferez le récit d'une de ses promenades en décrivant le spectacle de la plage et de la mer de manière à faire sentir l'émerveillement de l'enfant. Vous écrirez au passé en adoptant un point de vue interne, vous aurez recours à un lexique mélioratif ainsi qu'à des modalisateurs et des figures de style.

D’après le roman *Le Hussard sur le toit*, de Jean Giono.
Film réalisé par Jean-Paul Rappeneau (1995), avec Olivier Martinez et Juliette Binoche.

S É Q U E N C E 4

Les paroles dans le roman

Les paroles rapportées

Vous avez eu l'occasion d'étudier différents dialogues. Vous allez vous attacher plus spécialement au **fonctionnement de la parole dans le roman** – paroles des personnages, introduites et commentées par le narrateur – pour comprendre ce que cette parole nous révèle des personnages et des rapports qu'ils entretiennent. À votre tour, vous rapporterez des paroles dans des récits.

- *Les paroles rapportées*
- *Les commentaires du narrateur*
- *La parole intérieure des personnages*

Les paroles rapportées

Camillo Boito est un auteur contemporain italien qui, dans ce court roman, met en scène les désordres auxquels la passion peut conduire. Ce roman sera porté au cinéma en 1955 par Luchino Visconti.
La comtesse Livia est passionnément éprise d'un lieutenant peu scrupuleux et peu sincère, qui trompe sa confiance et exploite sa richesse. La guerre éclate et le lieutenant doit rejoindre son unité…

Plan du film *Senso* de Luchino Visconti (1955) avec Alida Valli et Farley Granger.

Un amour contre deux mille cinq cents florins

– Je pars dans une heure.

Je fus atterrée ; mon cœur, une minute plus tôt plein d'espérances joyeuses, s'emplit de tristesse et de crainte.

– Et n'essaie pas de me retenir. En temps de guerre, on ne plaisante pas.

– Maudite guerre !

– Maudite, oui ! Elle va être terrible, à ce qu'il semble.

– Écoute, ne pourrais-tu pas fuir, ne pourrais-tu pas te cacher ? Je t'aiderai. Je ne veux pas que ta vie soit mise en danger.

– Quelle enfant tu fais ! On me découvrirait, on me prendrait. Je serais fusillé comme déserteur.

– Fusillé !

– J'ai besoin de toi.

– Ma vie, tout.

– Non. Deux mille cinq cents florins.

– Mon Dieu ! Comment faire ?

– Veux-tu me sauver ?

– À tout prix.

– Écoute donc. Avec deux mille cinq cents florins, les deux médecins de l'hôpital, les deux de la brigade me feront un certificat médical de maladie et viendront m'ausculter de temps en temps pour confirmer auprès du commandement une quelconque infirmité qui me rendrait tout à fait inapte au service. Je ne perds pas mon grade, je ne perds pas ma solde, j'évite tous les dangers et je reste tranquille à la maison, boitillant un peu, c'est vrai, à cause d'une sciatique maligne ou d'une lésion à l'os de la jambe, mais calme et bienheureux. Je trouverai un vague fonctionnaire avec lequel jouer aux cartes. Je boirai, mangerai, dormirai tout mon saoul. J'aurai l'ennui de rester le jour chez moi, mais la nuit, toujours en boitant un peu par prudence, je pourrai m'enfuir. Ça te plaît ?

– Cela me plairait si tu étais à Trente. J'irais chez toi tous les jours, deux fois par jour. D'ailleurs, s'ils te croient malade, être à Vérone ou à Trente, n'est-ce pas la même chose ?

– Non, les règlements veulent que les soldats malades restent au siège du commandement, sous la surveillance continuelle et consciencieuse des médecins. Mais, à peine la guerre finie, je reviendrai ici. La guerre sera rude mais courte.

– Tu m'aimeras toujours, tu me seras toujours fidèle, tu ne regarderas aucune autre femme ? Tu me le jures ?

– Oui, oui, je te le jure ; mais le temps presse et j'ai besoin de ces deux mille cinq cents florins.

– Tout de suite ?

– Bien sûr ; je dois les emporter avec moi.

– Mais je crois n'avoir qu'une cinquantaine de napoléons d'or dans mon secrétaire. J'ai toujours peu d'argent avec moi.

– Alors, trouve-les.

– Comment veux-tu que je les trouve ? Est-ce que je peux les demander à mon mari, à cette heure, comme cela, sous quel prétexte, pour les donner à qui ?

– On reconnaît l'amour aux sacrifices. Tu ne m'aimes pas.

– Je ne t'aime pas ? Moi qui te donnerais volontiers tout mon sang !

– Ce sont des mots. Si tu n'as pas l'argent, donne-moi les bijoux.

Je ne répondis point et me sentis pâlir.

Camillo BOITO, *Senso*, traduction française de Jacques Parsi,

Lire et comprendre

▸ Séduite et aveuglée

1. Qui est le narrateur ? Quel est son état affectif ?

2. À quelle sorte de dialogue s'apparente ce texte ? Étudiez la typographie, la mise en page et les temps pour justifier votre réponse. Quel est l'effet produit ?

3. En analysant les paroles de Livia dans ses interventions successives, vous montrerez quels sont ses sentiments.

▸ La puissance de manipulation

4. Quel rapport semble instaurer entre les personnages le début des deux répliques de Remigio aux lignes 5 et 13 ?

5. Par ces paroles : « on ne plaisante pas », « On me découvrirait, on me pendrait. Je serais fusillé », quelle réaction Remigio souhaite-t-il susciter chez Livia ?

6. Étudiez le dialogue lignes 16 à 18 : que signifie « J'ai besoin de toi » pour Remigio ? Comment Livia le comprend-elle ?

7. Le personnage de Livia est-il présent dans les propos des lignes 22 à 33 ? Pourquoi ?

8. Quels traits de caractère révèlent les interventions successives de Remigio lignes 43 à 54 ?

9. Qui s'exprime ligne 55 ? Que traduisent ces propos ?

Retenons

Les paroles au style direct

Dans le roman, l'insertion des paroles de personnages au style direct contribue à donner l'**illusion de leur existence réelle** : le dialogue rapporte fidèlement leurs paroles et le temps de la lecture se confond avec la durée des paroles prononcées. Un dialogue prolongé constitue une **scène** : en effet le passage s'apparente alors à une scène de théâtre.

Lire et maîtriser la langue

L'implicite : un dialogue équivoque

1. Quelle réaction Remigio espère-t-il faire naître chez Livia par ses propos ligne 8 ?

2. Le mot « besoin » (l. 16) est mal interprété par Livia. Relevez dans le texte d'autres exemples d'équivoque dans la communication.

3. Pourquoi Livia demande-t-elle un engagement par serment à Remigio (l. 41-42) ? Qu'est-ce qui laisse soupçonner un écart entre sa réponse et ce qu'il pense vraiment ?

4. Qu'est-ce qui est sous-entendu entre les deux phrases de Remigio, ligne 52 ? Comment sa deuxième phrase ligne 54 s'articule-t-elle sur les propos de Livia ?

Explicite et implicite ➤ p. 272

Lire et parler

Interpréter un dialogue

1. Si l'on devait faire interpréter ce dialogue, sur quel ton Remigio prononcerait-il le « oui, oui » ligne 43 ? Justifiez votre réponse. La conjonction « mais » introduit une opposition : expliquez-la.

2. a. Quelles sont les préoccupations qui animent essentiellement les propos de Livia ? Quelles sont les paroles qui en témoignent ? Comment pourrait-elle les exprimer dans un dialogue cinématographique ? (Gestes, timbre de voix, marque corporelle de la tension).
b. Quelles sont les préoccupations de Remigio ? Comment marquer l'écart entre les deux personnages dans un jeu face à face ?

3. Relevez dans le texte deux passages précis où se marque l'écart affectif entre les deux personnages. Justifiez votre réponse en montrant le décalage entre les paroles des personnages.

4. Quelle tonalité donneriez-vous à ce qui aurait pu être un dialogue amoureux ?

Lire et explorer

Lecture cursive de *Senso* de C. Boito

De l'ouverture à la clôture du texte

1. À quelle personne le récit est-il écrit ? Justifiez votre réponse.

2. Quels sont les personnages en présence dans les premières lignes ? Quels semblent être leurs rapports ?

3. Observez le dernier paragraphe du texte : que s'est-il passé entre ces deux moments ?

Portrait d'une femme

4. Dans la première page du roman, quelle image la comtesse Livia nous livre-t-elle d'elle-même, à travers l'examen de son reflet dans le miroir ?

5. Quel lien peut-on établir entre cette image et la façon dont elle désigne « cette petite sotte d'épouse » dans les dernières lignes du roman ? Quelle image est donnée d'elle, à partir de ces différents passages ?

6. Relever les passages qui vous paraissent les plus significatifs des deux aspects de la comtesse (notez les pages pour en faire une présentation à vos camarades).

7. Relevez au fil du récit les marques de sa lucidité sur ses propres défauts.

Le récit d'une passion

8. En quoi la ville de Venise constitue-t-elle un cadre propice à la sensualité de Livia ?

9. Qu'est-ce qui, au fil du récit, témoigne de la folie passionnelle qui domine Livia ? La personnalité de Remigio justifie-t-elle l'amour que lui porte Livia ? Pourquoi ? Son amour l'aveugle-t-il totalement ? Justifiez votre réponse.

10. En quoi l'extrait étudié est-il représentatif du personnage de Remigio ?

Deux histoires pour une seule fin

11. a. Quels sont les récits qui s'entremêlent au cours du roman ?
b. Quels rapports Livia établit-elle d'une histoire à l'autre ?

12. Comment le récit se développe-t-il entre deux temporalités ? Comment se rejoignent-elles à la fin ?

Plan du film *Senso* de Luchino Visconti (1955) avec Alida Valli et Farley Granger.

Lire et comprendre l'image

Le cadre

1. Les personnages sont assis dans une loge de théâtre. En quoi cette situation est-elle propice à un tête-à-tête ?

2. Où vous semble être placé l'objectif de prise de vue ? Pourquoi ?

3. Quels indices l'image nous donne-t-elle de l'appartenance des personnages à un milieu particulier ? Lequel ?

4. Quelle impression fait naître le costume de Livia ?

Le rapport entre les personnages

5. a. Où Livia regarde-t-elle ? Quelle analyse peut-on faire de son regard ?
b. Quelle indication la position des mains et de l'éventail peuvent-elles donner sur son état d'esprit ?

6. a. Quel sens peut-on donner au regard de Remigio ? Qu'est-ce qui est perceptible de ses intentions dans l'expression de son visage ?
b. Commentez la position de ses mains.

7. En quoi le rapport des regards est-il significatif de leur relation ?

Émile Zola est le chef d'école du courant naturaliste. Fondant son écriture sur les travaux de Claude Bernard sur l'hérédité, il relate, à travers l'histoire de la famille des Rougon-Macquart, les conséquences du milieu social sur les individus.
Dans L'Assommoir, *misère et alcoolisme font des ravages à Paris. Gervaise, mère de deux enfants, malheureuse et abandonnée, se laisse séduire par un ouvrier qui lui semble sérieux et disposé au mariage.*

Charles Angrand (1854-1926), *Couple dans la rue*, musée d'Orsay, Paris.

Une déclaration détournée

La fumée des pipes, l'odeur forte de tous ces hommes, montaient dans l'air chargé d'alcool ; et elle étouffait, prise d'une petite toux.

– Oh ! C'est vilain de boire ! dit-elle à demi-voix.

Et elle raconta qu'autrefois, avec sa mère, elle buvait de l'anisette, à Plassans. Mais elle avait failli en mourir un jour, et ça l'avait dégoûtée ; elle ne pouvait plus voir les liqueurs.

– Tenez, ajouta-t-elle en montrant son verre, j'ai mangé ma prune ; seulement, je laisserai la sauce, parce que ça me ferait du mal.

Coupeau, lui aussi, ne comprenait pas qu'on pût avaler de pleins verres d'eau-de-vie. Une prune par-ci par-là, ça n'était pas mauvais. Quant au vitriol, à l'absinthe et aux autres cochonneries, bonsoir ! il n'en fallait pas. Les camarades avaient beau le blaguer, il restait à la porte, lorsque ces cheulards[1]-là entraient à la mine à poivre[2].

Le papa Coupeau, qui était zingueur[3] comme lui, s'était écrabouillé la tête sur le pavé de la rue Coquenard, en tombant, un jour de ribote[4], de la gouttière du n° 25 ; et ce souvenir, dans la famille, les rendait tous sages. Lui, lorsqu'il passait rue Coquenard et qu'il voyait la place, il aurait plutôt bu l'eau du ruisseau que d'avaler un canon gratis chez le marchand de vin. Il conclut par cette phrase :

– Dans notre métier, il faut des jambes solides.

1. **cheulard :** buveur (familier).
2. **la mine à poivre :** le bistrot.
3. **zingueur :** ouvrier qui pose les toitures en zinc.
4. **ribote :** excès de table et de boisson (familier).

Gervaise avait repris son panier. Elle ne se levait pourtant pas, le tenait sur ses genoux, les regards perdus, rêvant, comme si les paroles du jeune ouvrier éveillaient en elle des pensées lointaines d'existence. Et elle dit encore, lentement, sans transition apparente :

– Mon Dieu ! Je ne suis pas ambitieuse, je ne demande pas grand-chose… Mon idéal, ce serait de travailler tranquille, de manger toujours du pain, d'avoir un trou un peu propre pour dormir, vous savez, un lit, une table et deux chaises, pas davantage… Ah ! Je voudrais aussi élever mes enfants, en faire de bons sujets, si c'était possible… Il y a encore un idéal, ce serait de ne pas être battue, si je me remettais jamais en ménage ; non, ça ne me plairait pas d'être battue… Et c'est tout, vous voyez, c'est tout…

Elle cherchait, interrogeait ses désirs, ne trouvait plus rien de sérieux qui la tentât. Cependant, elle reprit, après avoir hésité :

– Oui, on peut à la fin avoir le désir de mourir dans son lit… Moi, après avoir bien trimé toute ma vie, je mourrais volontiers dans mon lit, chez moi.

Et elle se leva. Coupeau, qui approuvait vivement ses souhaits, était déjà debout, s'inquiétant de l'heure. Mais ils ne sortirent pas tout de suite ; elle eut la curiosité d'aller regarder, au fond, derrière la barrière de chênes, le grand alambic de cuivre rouge, qui fonctionnait sous le vitrage clair de la petite cour ; et le zingueur, qui l'avait suivie, lui expliqua comment ça marchait, indiquant du doigt les différentes pièces de l'appareil, montrant l'énorme cornue d'où tombait un filet limpide d'alcool. L'alambic, avec ses récipients de forme étrange, ses enroulements sans fin de tuyaux, gardait une mine sombre ; pas une fumée ne s'échappait ; à peine entendait-on un souffle intérieur, un ronflement souterrain ; c'était comme une besogne de nuit faite en plein jour, par un travailleur morne, puissant et muet.

Émile ZOLA, *L'Assommoir*, chapitre II, 1877.

Lire et comprendre

Une scène parisienne

1. Quelle impression se dégage des lignes 1 et 2 ? Quels détails y contribuent ?

2. Où se passe la scène ? Que consomment Coupeau et Gervaise ?

3. Sur quoi porte la conversation ? Quels événements de leur passé peuvent rapprocher les personnages ?

4. Quelle représentation est donnée de l'univers des pauvres gens, à travers les propos échangés ?

Des rêves tout simples

5. Qu'est-ce qui, dans les paroles de Coupeau, suscite la rêverie de Gervaise, lignes 9 à 18 ?

6. a. Identifiez, dans les lignes 25 à 35, les désirs essentiels qu'elle exprime. Que laissent-ils implicitement penser à Coupeau ?
b. Que nous apprennent-ils sur sa vie passée ?

Une séduction particulière

7. Quelle angoisse les propos de Gervaise expriment-ils ?

8. Comment Coupeau, par ses propres paroles, donne-t-il à imaginer une vie différente ?

9. Comment se marque l'accord tacite entre les personnages, lignes 36-37 ?

Une machine menaçante

10. Dans les lignes 38 à 46, relevez et expliquez les GN qui désignent la machine dont le nom familier « assommoir » donne son titre au roman.

11. a. Quelles précisions lui donnent un caractère inquiétant ?
b. Quelle figure de style le narrateur utilise-t-il ligne 46 ? Quels termes l'ont préparée, au début de cette longue dernière phrase ?

12. Selon quel point de vue la description de la machine est-elle menée ? Justifiez votre réponse.

Les points de vue ➤ p. 286

13. Quel destin la « mine sombre » de la machine peut-elle annoncer à Gervaise et Coupeau ?

Lire et maîtriser la langue

Style direct et indirect

1. Quels sont les passages où Gervaise s'exprime au style direct ?

2. Que relatent les lignes 4 à 6 ? Quel type de discours est utilisé dans la première phrase ? Justifiez votre réponse en relevant les caractéristiques de ce discours.

Les paroles rapportées ➤ p. 302

3. Avons-nous une idée exacte du contenu des paroles de Gervaise ? Que laisse présupposer l'expression « lui aussi » associée aux propos de Coupeau, ligne 9 ?

4. Justifiez dans les lignes 1 à 20 le choix du style direct ou indirect.

Retenons

Les paroles au style indirect

Dans le roman, lorsque la parole des personnages est rapportée au style indirect, **elle est intégrée à la parole du narrateur au moyen de la subordination**. Le narrateur opère donc un choix parmi les propos qu'il rapporte directement selon le niveau de langue de ses personnages et ceux qu'il rapporte indirectement, dans une langue plus neutre.

Style indirect libre

5. Identifiez la nature des propositions de la phrase lignes 5-6 : quel changement s'est-il produit entre la première phrase de ce paragraphe et la seconde ? Rattachez ces propositions à une tournure comme « Elle raconta que ». Quels sont les changements que vous devez effectuer ?

6. Qui parle, lignes 9 à 13 ? Identifiez les formes de phrases utilisées. À quel type de discours avons-nous affaire ? Qu'est-ce que ce type de discours permet de conserver ?

7. Introduisez les propos de Coupeau par : « Coupeau répondit que ». Effectuez tous les changements nécessaires.

Les paroles rapportées ➤ p. 302

Retenons

Les paroles au style indirect libre

Le style indirect libre reproduit les expressions des personnages, mais **sans interrompre le récit par un dialogue**. Plus léger que le style indirect, il crée une proximité entre le narrateur et le personnage et fait connaître au lecteur la personnalité de ce dernier.

Lire et écrire

Intégrer les trois types de discours

Vous imaginerez une suite au récit. Coupeau accompagne Gervaise et parle d'une vie possible à deux.

Vous ferez alterner des propos :
– au style direct, où apparaîtront les émotions du personnage ;
– au style indirect, qui seront un résumé fidèle à l'esprit des propos et non à la lettre ;
– au style indirect libre, où l'on retrouvera les pronoms de la troisième personne et les marques d'un langage populaire d'un ouvrier du XIXe siècle.

Les commentaires du narrateur

Le héros du Rouge et le Noir *de Stendhal (1783-1842), Julien Sorel, est un jeune paysan cultivé et ambitieux, entré comme secrétaire au service du marquis de la Mole. Mathilde, fille du marquis, le remarque au milieu des jeunes gens fades qui l'entourent, mais elle regrette très vite de l'avoir distingué, et Julien, dont l'amour-propre est à vif, supporte mal cet abandon.*

Plan du film *Le Rouge et le Noir* de Claude Autant-Lara, 1954, avec Gérard Philipe et Antonella Lualdi.

« Ainsi vous ne m'aimez plus ? »

M. de La Mole était sorti. Plus mort que vif, Julien alla l'attendre dans la bibliothèque. Que devint-il en y trouvant Mlle de La Mole !

En le voyant paraître elle prit un air de méchanceté auquel il lui fut impossible de se méprendre.

Emporté par son malheur, égaré par la surprise, Julien eut la faiblesse de lui dire, du ton le plus tendre et qui venait de l'âme : « Ainsi, vous ne m'aimez plus ? »

– J'ai horreur de m'être livrée au premier venu, dit Mathilde en pleurant de rage contre elle-même.

– *Au premier venu !* s'écria Julien, et il s'élança sur une vieille épée du moyen âge qui était conservée dans la bibliothèque comme une curiosité.

Sa douleur, qu'il croyait extrême au moment où il avait adressé la parole à Mlle de La Mole, venait d'être centuplée par les larmes de honte qu'il lui voyait répandre. Il eût été le plus heureux des hommes de pouvoir la tuer.

Au moment où il venait de tirer l'épée, avec quelque peine, de son fourreau antique, Mathilde, heureuse d'une sensation si nouvelle, s'avança fièrement vers lui ; ses larmes s'étaient taries.

L'idée du marquis de La Mole, son bienfaiteur, se présenta vivement à Julien. Je tuerais sa fille ! se dit-il, quelle horreur ! Il fit un mouvement pour jeter l'épée. Certainement, pensa-t-il, elle va éclater de rire à la vue de ce mouvement de mélodrame : il dut à cette idée le retour de tout son sang-froid. Il regarda la lame de la vieille épée curieusement et comme s'il y eût cherché quelque tache de rouille, puis il la remit dans le fourreau, et avec la plus grande tranquillité la replaça au clou de bronze doré qui la soutenait.

Tout ce mouvement, fort lent sur la fin, dura bien une minute ; Mlle de La Mole le regardait étonnée. J'ai donc été sur le point d'être tuée par mon amant ! se disait-elle.

Cette idée la transportait dans les plus beaux temps du siècle de Charles IX et de Henri III.

Elle était immobile devant Julien qui venait de replacer l'épée, elle le regardait avec des yeux où il n'y avait plus de haine. Il faut convenir qu'elle était bien séduisante en ce moment, certainement jamais femme n'avait moins ressemblé à une poupée parisienne (ce mot était la grande objection de Julien contre les femmes de ce pays).

Je vais retomber dans quelque faiblesse pour lui, pensa Mathilde ; c'est bien pour le coup qu'il se croirait mon seigneur et maître, après une rechute, et au moment précis où je viens de lui parler si ferme. Elle s'enfuit.

STENDHAL, *Le Rouge et le Noir*, 1830.

Lire et comprendre

L'agression par la parole

1. Qui prend l'initiative de la parole ? Dans quelles conditions ? Pourquoi le propos commence-t-il par « Ainsi » ? Justifiez la forme négative et le point d'interrogation.

2. Quel est le ton des propos de Mathilde ? Que révèlent-ils de son caractère ?

3. Quelle valeur faut-il accorder à la reprise par Julien des propos de Mathilde ? Quelle est la fonction de l'italique ?

4. En quoi ce bref échange éclaire-t-il leur relation actuelle ? Leur relation passée ?

La mise en scène de la parole

5. Qui prend en charge l'énonciation au début du texte ? Retrouvez dans le texte d'autres interventions directes de l'énonciateur.

6. En quoi les indications lignes 5-6 éclairent-elles les propos de Julien ? Qui prend en charge ces indications ? Qu'est-ce qui confirme votre affirmation ?

7. Quels détails, dans les lignes 15 à 17, permettent de cerner le décalage entre les personnages ? Relevez, dans la suite du texte, d'autres descriptions de geste.

8. Expliquez l'expression « mouvement de mélodrame » (l. 21). Quelles conséquences ce jugement entraîne-t-il sur le comportement de Julien ?

9. Julien a eu l'intention de tuer Mathilde. Quels sont les deux procédés utilisés pour nous faire connaître leurs points de vue respectifs sur ce geste ?

10. Quel lien peut-on établir entre l'attitude de Mathilde de la Mole, lignes 16-17, et ses paroles intérieures, lignes 26-27 ? Comment peut-on comprendre ses propos ? En quoi les lignes 28 à 31 écartent-elles tout doute sur leur sens ?

Retenons

Les explications fournies par le narrateur

Dans le roman, le narrateur omniscient rapporte les **paroles** prononcées par le personnage, mais aussi ses **pensées**. De plus, il intervient **pour les expliquer** et pour indiquer au lecteur les expressions du visage et les gestes qui les accompagnent.

Anonyme (vers 1850), *Vue intérieure d'une bibliothèque*, coll. Mario Praz, Galerie nationale d'Art moderne, Rome (Italie).

Lire et maîtriser la langue

Les paroles rapportées

1. a. Comment sont rapportées les paroles aux lignes 6 à 10 ? Justifiez votre réponse.

b. Transposez-les au style indirect en faisant varier le verbe introducteur.

2. Relevez, dans l'ensemble du texte, les phrases qui expriment les pensées des personnages. Comment sont-elles rapportées ? pourquoi ?

Les paroles rapportées ➤ p. 302

Le lexique de la passion

3. a. A la ligne 5, quelle est la nature et la fonction des mots « emporté » et « égaré » ?

b. Quelle est la valeur circonstancielle de ces deux mots ?

4. a. Dans les lignes 12 à 14, quels termes évoquent les sentiments de Julien ?

b. Quelle précision ajoutent les mots « extrême », « centuplée », « le plus » ?

5. Quels autres sentiments passionnés sont évoqués dans l'ensemble du texte ?

6. Relevez les occurrences du verbe « tuer ». Justifiez leur emploi et expliquez alors la ligne 26.

Lire et parler

Jouer une scène de roman

1. Récrivez, à partir du texte, ce qui relève vraiment du dialogue : à quoi se réduisent les paroles échangées ?

2. Écrivez les indications données par le narrateur sous forme de didascalies comme dans un dialogue théâtral.

3. Quelles indications contenues dans le texte allez-vous utiliser pour travailler la mise en scène ?

4. Que savons-nous de l'état d'esprit des personnages ? Indiquez clairement la progression de la scène et l'évolution de leurs rapports.

5. Quels sont les gestes et les mouvements qui sont clairement indiqués ?

6. Réalisez avec des camarades la mise en scène de ce passage.

Lire et écrire

Comparer le roman et l'adaptation cinématographique de *Le Rouge et le Noir*

1. Dans son film réalisé en 1954, Claude Autant-Lara ajoute deux répliques à la scène, après que Julien a eu la tentation d'assassiner Mathilde :
« Non, je ne vous aime pas assez pour me faire couper la tête à cause de vous ». Puis, ayant remis l'épée dans son fourreau : « Je vous promets de ne plus jamais vous adresser la parole. »

a. Ces deux répliques vous semblent-elles en accord avec ce que le texte nous montre de Julien ? Pourquoi ?

b. Quels traits de caractère vous semblent-elles révéler ?

2. Rédigez en quelques lignes le discours intérieur que Julien peut se tenir pour préparer chacune de ces répliques.

3. Quelles indications sur l'attitude et/ou l'expression de son visage le narrateur peut-il nous donner ?

4. Articulez entre elles les différentes parties du travail ci-dessus, en ayant soin d'intégrer, à l'endroit propice, les deux répliques du film.

Balzac (1799-1890) présente dans ce roman l'histoire de Madame d'Aiglemont dont Charles de Vandenesse est épris. Mais celle-ci, blessée par ses amours passées, ne semble songer qu'à une simple amitié. À la sortie d'une visite chez elle, Charles échafaude des projets amoureux.

Hortense Haudebourt-Lescot (1784-1845), *Portrait d'Hortense Baller*, musée du Louvre, Paris.

« Elle était plus forte que lui »

Vandenesse sortit après avoir éprouvé dans cette conversation des délices inconnues ; mais il demeura convaincu que la marquise était de ces femmes dont la conquête coûte trop cher pour qu'on puisse entreprendre de les aimer. « Ce serait, dit-il en s'en allant, du sentiment à perte de vue, une correspondance à fatiguer, un sous-chef ambitieux ! Cependant, si je le voulais bien… ». Ce fatal – *Si je voulais bien !* a constamment perdu les entêtés. En France l'amour-propre mène à la passion. Charles revint chez Mme d'Aiglemont et crut s'apercevoir qu'elle prenait plaisir à sa conversation. Au lieu de se livrer avec naïveté au bonheur d'aimer, il voulut alors jouer un double rôle. Il essaya de paraître passionné, puis d'analyser froidement la marche de cette intrigue, d'être amant et diplomate ; mais il est généreux et jeune, cet examen devait le conduire à un amour sans bornes ; car, artificieuse ou naturelle, la marquise était toujours plus forte que lui. Chaque fois qu'il sortait de chez Mme d'Aiglemont, Charles persistait dans sa méfiance et soumettait les situations progressives par lesquelles passait son âme à une sévère analyse, qui tuait ses propres émotions.

« Aujourd'hui, se disait-il à la troisième visite, elle m'a fait comprendre qu'elle était très malheureuse et seule dans la vie, que sans sa fille elle désirerait ardemment la mort. Elle a été d'une résignation parfaite. Or, je ne suis ni son frère ni son confesseur, pourquoi m'a-t-elle confié ses chagrins ? Elle m'aime. »

Honoré de BALZAC, *La Femme de trente ans*, 1832.

Lire et comprendre

Dans les mots du narrateur

1. En quoi la première phrase met-elle en évidence les contradictions du personnage ?

2. Comment le personnage envisage-t-il la relation amoureuse ? Relevez les expressions dont il use pour la représenter.

3. Qui prend en charge l'énonciation dans cette présentation du personnage (l. 1 à 3) ? Quels indices nous permettent de pressentir le jugement de l'énonciateur ? À quelle focalisation avons-nous affaire ?

Les points de vue ➤ p. 286

4. Quel est le type de discours aux lignes 4 et 5 ? En quoi ces propos confirment-ils ce que la narration avait déjà mis en évidence ?

Aimer ou ne pas aimer

5. Quelle est la valeur de la tournure « crut s'apercevoir » (l. 8) ? Quelle nuance nous indique-t-elle de plus que *s'aperçut* ?

6. Quelles sont les indications qui éclairent l'analyse du narrateur, lignes 9 à 15 ?

7. À quelle mise en scène de soi-même procède le personnage ? Parvient-il à rester maître de la situation ?

Le narrateur et la parole du personnage

8. Pourquoi le texte passe-t-il à l'imparfait, ligne 11 ? Relevez les marques de la parole du narrateur et indiquez son point de vue.

9. Qu'est-ce qui, dans les paroles de Charles, vient confirmer ce qu'en a dit le narrateur ? (l. 16 à 20) Autour de quelles articulations logiques s'organise son propos ?

Retenons

Les analyses du narrateur

Dans le roman, le narrateur peut compléter les renseignements que fournissent les pensées intérieures des personnages par des analyses. **Il en sait alors plus que le personnage**, puisqu'il est capable d'exposer au lecteur les raisons qui poussent le personnage à agir, que celui-ci ne se formule pas clairement.

Lire et maîtriser la langue

Du style direct au style indirect

1. Transposez au style indirect les lignes 16 à 20 :

a. Quelles sont les modifications que vous devez effectuer ? Sur quels éléments de la phrase interviennent-elles ? Expliquez pourquoi.

Les paroles rapportées ➤ p. 302

b. Quels sont les verbes qui ne changent pas ? Pourquoi ?

2. La transposition des deux dernières phrases du texte est-elle directement possible ? Quelles sont les difficultés qu'il faut résoudre ? Comment conserver la valeur de l'articulation logique « or » ligne 18 ?

3. Quelle différence peut-on faire entre : « Elle a été d'une résignation parfaite » (l. 18) et *elle était parfaitement résignée* ? En fonction de votre réponse, quel verbe introducteur utiliseriez-vous pour mettre cette phrase au style indirect ?

L'expression du temps

4. a. Relevez les différents compléments circonstanciels de temps dans l'ensemble du texte et indiquez leur nature.

b. Relevez et classez les divers temps verbaux puis justifiez leur emploi.

Les connecteurs

5. Dans les lignes 8 à 15, relevez les connecteurs logiques. Comment pouvez-vous expliquer leur fréquence ?

Lire et écrire

Raconter une scène en changeant de point de vue

1. Après avoir confronté les pensées du personnage et le point de vue du narrateur, racontez, en quelques lignes, le comportement que peut avoir Charles devant madame d'Aiglemont.

2. En vous fondant sur les indications de l'introduction, racontez la scène du point de vue de madame d'Aiglemont.

La parole intérieure des personnages

Gustave Flaubert (1821-1880) peint, dans son roman Madame Bovary, *la vie médiocre de la province où s'ennuie son personnage : Emma. Elle vit à Tostes, étroit milieu provincial ; elle a été invitée à un bal d'où elle a rapporté un porte-cigares…*

Franz Xaver Winterhalter (1806-1873), *Portrait de Carmen Ida Aguado*, Château de Versailles et du Trianon (France).

Entre Tostes et Paris

Souvent, lorsque Charles était sorti, elle allait prendre dans l'armoire, entre les plis du linge où elle l'avait laissé, le porte-cigares en soie verte.

Elle le regardait, l'ouvrait, et même elle flairait l'odeur de sa doublure, mêlée de verveine et de tabac. À qui appartenait-il ?… Au Vicomte. C'était peut-être un cadeau de sa maîtresse. On avait brodé cela sur quelque métier de palissandre[1], meuble mignon que l'on cachait à tous les yeux, qui avait occupé bien des heures et où s'étaient penchées les boucles molles de la travailleuse pensive. Un souffle d'amour avait passé parmi les mailles du canevas ; chaque coup d'aiguille avait fixé là une espérance ou un souvenir, et tous ces fils de soie entrelacés n'étaient que la continuité de la même passion silencieuse. Et puis le Vicomte, un matin, l'avait emporté avec lui. De quoi avait-on parlé, lorsqu'il restait sur les cheminées à large chambranle[2], entre les vases de fleurs et les pendules Pompadour ? Elle était à Tostes. Lui, il était à Paris, maintenant ; là-bas ! Comment était ce Paris ? Quel nom démesuré ! Elle se le répétait à demi-voix, pour se faire plaisir ; il sonnait à ses oreilles comme un bourdon[3] de cathédrale, il flamboyait à ses yeux jusque sur l'étiquette de ses pots de pommade.

Gustave Flaubert, *Madame Bovary*, 1856.

1. **palissandre** : bois précieux.
2. **chambranle** : encadrement.
3. **bourdon** : grosse cloche.

Lire et comprendre

Rêver d'amour

1. Quelles sont les circonstances privilégiées qui permettent à Emma de se livrer à la rêverie ? En quoi les indications circonstancielles des lignes 1 et 2 sont-elles importantes pour éclairer le caractère du personnage ? Qui nous donne ces indications ?

2. Expliquez la progression du choix des verbes lignes 3 et 4. Quelle importance faut-il accorder à l'expression « et même » ?

3. a. Quelle est la différence entre :
– Elle se demandait à qui il appartenait.
– À qui appartenait-il ?
– À qui appartient-il ?
Précisez le type de phrase, le choix des temps. Que pouvez-vous conclure du type de discours utilisé ?
b. Qui se pose cette question ? Quel changement de point de vue s'est produit entre les lignes 3-4 et cette question ?

Les points de vue ➤ p. 286

4. Où la rêverie d'Emma l'entraîne-t-elle ? Vers quel lieu ? Sur quels objets, quels personnages ? Relevez les expressions utilisées pour les décrire. Quelle interprétation pouvez-vous en faire ?

5. Quel est le rôle des points de suspension ligne 4 ? Pourquoi, selon vous, le Vicomte est-il au cœur de sa rêverie ?

6. Comment l'hypothèse initiale : « C'était peut-être un cadeau de sa maîtresse ? » se développe-t-elle à l'intérieur du passage ? Sur quels détails la description de la broderie s'attarde-t-elle ?

7. Quel est le champ lexical dominant lignes 8 à 10 ? Avec quel autre champ lexical est-il alterné ? Comment chaque phrase contribue-t-elle à construire la valeur symbolique de l'objet ?

Être ailleurs

8. Pourquoi la rêverie d'Emma l'entraîne-t-elle à imaginer la confection du porte-cigares ?

9. Que symbolise Paris pour Emma ? Appuyez-vous sur le texte pour répondre.

10. Qui parle lignes 14 à 17 ? Sur quels indices peut-on s'appuyer pour confirmer la réponse ? Quelle impression le rapprochement de « flamboyer » et de « pots de pommade » suscite-t-il chez le lecteur ?

Retenons

La parole intérieure des personnages

Quand un personnage de roman réfléchit ou analyse une situation, c'est un peu comme s'il se parlait à lui-même. C'est souvent sur le mode du **style indirect libre** qu'est rapportée sa pensée. Ce procédé rapproche le personnage et du narrateur, et du lecteur.

Lire et maîtriser la langue

Le style indirect libre

1. a. Qui parle dans les lignes 5 à 11 ? Quels indices vous ont permis de répondre ?
b. A quel temps sont les verbes ? à quelle personne ?
c. Transposez ce passage au style direct : quels changements avez-vous effectués ?

2. Transposez les lignes 11 à 14 au style indirect en y ajoutant un verbe introducteur (*Emma se demandait…*). Quels changements avez-vous effectués ?

Lire et écrire

Écrire la scène selon un autre point de vue

1. Le discours intérieur d'Emma n'est pas accessible à un spectateur de la scène. À supposer que son mari l'observe à son insu, que voit-il ? Qu'entend-il ? Reprenez les gestes rapportés par le narrateur dans le texte.

2. Comment Charles Bovary peut-il interpréter l'attitude d'Emma, lui qui est prêt à tout pour elle, même avec la plus grande maladresse ?

3. Charles Bovary observe la scène et analyse intérieurement, sur le mode du style indirect libre, les faits et gestes de sa femme. Vous rédigerez quelques lignes où il exprimera ses interrogations, ses inquiétudes.

Dans un court roman, Marguerite Duras (1914-1996) raconte l'aventure survenue à Maria, sur la route des vacances.
Un orage a contraint Maria et son mari à s'arrêter pour la nuit dans une petite ville. Alors que son couple donne des signes de crise, Maria croit identifier, sur les toits, un criminel qui a tué sa femme par amour. Elle est saisie alors du projet fou de sauver cet homme, qui est comme l'image d'une rencontre amoureuse possible.

Y a-t-il vraiment quelqu'un ?

Le toit à deux versants, en face d'elle, reçoit la pluie. C'est à son faîte, autour d'une cheminée carrée, sur l'arête qui sépare les deux versants, que se trouve cette chose dont la forme reste identique à elle-même depuis dix heures et demie, lorsque Maria l'a vue à la faveur d'un éclair. Cette chose est enveloppée de noir. Il pleut sur elle comme sur le toit. Puis cela cesse. Et la forme est là. Elle épouse si parfaitement la forme de la cheminée que l'on doute parfois, à la regarder longtemps, qu'elle soit humaine. C'est peut-être du ciment, se dit-on, un étayage de la cheminée, noirci par le temps. Et dans le même temps, lorsqu'un éclair illumine le toit, c'est une forme d'homme.

– Quel mauvais temps, dit Maria. Elle a parlé comme si elle l'eût dit à Pierre[1]. Puis elle attend.

La forme reste identique à elle-même. Une chance dans une vie entière que ce soit l'homme. Les policiers passent dans la rue, silencieux, fatigués, dans le clapotement de leurs bottes. Ils sont passés.

Maria cette fois appelle.

– Rodrigo Paestra.

La seule supposition qu'il puisse répondre, bouger, sortir de cette pose inhumaine fait déborder l'imagination de joie.

– Hé, appelle Maria. Elle fait un geste dans la direction du toit.

[...]

– Hé là, crie de nouveau Maria.

Il faut attendre. Pourquoi serait-ce un homme cette forme ? C'est envisageable une fois dans une existence entière que ce soit lui, un homme. Mais c'est envisageable. Pourquoi se refuser, ce soir, à cette supposition ?

– Hé, crie de nouveau Maria.

Voici les policiers au pas lent et mou, qui s'approchent de l'aurore. Maria se tait. Serait-ce Rodrigo Paestra ? Moins de chances encore que l'amour, mais cependant, quelques chances. Il est dans les choses possibles que ce soit lui. Du moment que c'est elle, Maria. Il est dans les choses possibles qu'il soit justement tombé sur elle. – Maria, et ce soir. La preuve n'en est-elle pas, là, sous les yeux ? La preuve en est pressante. Maria vient d'inventer que c'est Rodrigo Paestra. Personne d'autre ne le sait que celle-ci qui est à onze mètres de lui, de cet homme si recherché dans la ville, l'assassin de l'orage, ce trésor, ce monument de douleur.

1. le mari de Maria.

La pluie, mollement, de nouveau tombe sur lui. Sur le reste aussi, les autres toits, le blé, les rues. La forme n'a pas bougé. Elle attend d'être prise, la mort pour l'aube du prochain jour. À l'aube, peu à peu, les toits s'éclaireront. Lorsque l'orage aura quitté ces champs de blé et ce pays, elle sera rose.

– Rodrigo Paestra, Rodrigo Paestra, appelle Maria.

Il veut mourir alors ? Voici les polices. Respectueuses du sommeil des habitants de la ville, elles tournent en rond sans parler, sans s'appeler, sûres d'elles. Elles ont tourné dans le marécage des rues, à droite, et leur pas s'écrase sans écho. Maria appelle un peu plus fort.

– Répondez, Rodrigo Paestra. Répondez-moi. Elle est contre la rampe en fer du balcon. La rampe bat. C'est le cœur de Maria. Il n'a pas répondu. L'espoir s'amincit, devient minuscule et disparaît. Elle le saura à l'aurore si c'est lui. Mais alors ce sera trop tard.

– Je vous en supplie, Rodrigo Paestra, répondez-moi.

Ce n'est pas lui ? Rien n'est sûr. Sauf que Maria le veut.

Marguerite DURAS, *Dix heures et demie du soir en été*, © Éditions Gallimard, 1960.

Edward Hopper (1882-1967), *Chambre à Brooklyn*, musée des Beaux-Arts, Boston (Massachusetts, États-Unis).

Lire et comprendre

Est-ce vraiment un homme ?

1. Qui voit ? Que voit cet observateur ? Selon quel point de vue ? Relevez les termes ou expressions qui montrent que le lecteur n'en sait pas plus que le personnage.

2. Comment sont choisis les termes qui désignent ce qu'on peut voir sur le toit ? Quelle impression les incertitudes de l'éclairage peuvent-elles créer chez le lecteur ?

3. Quel est le type de phrase, lignes 4 à 6 ? Quels sont les mots choisis pour créer l'incertitude sur l'existence de cet homme ?

4. Dans ce premier paragraphe, y a-t-il des indices précis pour différencier la voix de Maria et celle du narrateur ?

5. Relevez les modalisateurs des lignes 6 et 7 : quelle est leur utilité ?

Sauver un criminel

6. Quels sont les sens sollicités, lignes 13-14 ? Que marque le changement de temps de « passent » à « sont passés », lignes 13-14 ? Retrouvez le même procédé lignes 40-41 et 43-44.

7. Comment expliquer le passage de « Maria se tait » (l. 25-26) à « Maria appelle un peu plus fort » (l. 42) ?

Il existe puisque je le veux

8. Que désire Maria ? Relevez des expressions du texte pour appuyer votre réponse.

9. Dans les lignes 30 à 34, relevez les expressions qui caractérisent Rodrigo. Rapprochez ces expressions de la ligne 27 : en quoi nous éclairent-elles sur le rêve de Maria ?

10. Quels sont les éléments décrits, lignes 34 à 37 ? Pourquoi, selon vous ? Quelle est la valeur de l'aube à ce moment du texte ?

Lire et maîtriser la langue

Les paroles rapportées

1. Quel est le temps dominant employé dans le récit ? En quoi est-ce différent d'un récit traditionnel ? Transposez le début du texte au passé, lignes 1 à 6 : qu'advient-il des verbes ? Comparez le texte ainsi transformé avec les règles constitutives du style indirect libre : que remarquez-vous ?

2. Quelle est la seule chose qui changerait si l'on mettait au style direct le texte des lignes 6 à 9 ?

3. Qu'est-ce qui caractérise les formes des phrases lignes 21 à 23 ? Étudiez les formes verbales : qu'est-ce qui les rapproche ? Quel effet cela contribue-t-il à créer ? Quelles modifications introduirait le style direct ? Trouvez, dans la suite du texte, des procédés du même type.

Lire et écrire

Écrire un monologue intérieur

Rodrigo est bien réfugié sur le toit. Imaginez son cheminement intérieur en voyant le manège de Maria.

1. Reprenez les étapes du texte étudié et imaginez, pour chacune d'elle, des attitudes ou des gestes de Maria que peut percevoir Rodrigo, dans son immobilité.

2. À chacune de ces étapes, demandez-vous ce qui peut se produire dans la tête d'un homme traqué, tandis que la police rôde.

3. Rédigez un texte où vous ferez alterner ce qu'il voit et ce qu'il pense, au style indirect libre. Vous utiliserez le présent et, comme Marguerite Duras, de brèves phrases simples, juxtaposées.

Retenons

La parole intérieure dans un récit au présent

Dans les récits contemporains au présent, la parole intérieure est souvent rapportée selon un mode particulier : on y retrouve le temps présent propre au style direct, qui indique **la simultanéité du récit et de la pensée intérieure**. Mais les pronoms de la troisième personne ou l'utilisation de l'indéfini « on » indiquent une forme particulière du style indirect libre. **La superposition des voix du narrateur et du personnage** est telle que l'on ne sait plus lequel des deux parle.

Pablo Picasso (1881-1973), *Femme couchée lisant*, musée Picasso, Paris.

Milan Kundera, romancier contemporain (né en 1929) d'origine tchèque, a écrit ses derniers romans en langue française.
Son personnage, Chantal, craint de vieillir et de perdre son pouvoir de séduction. Or, un jour, arrive une lettre anonyme, bientôt suivie d'autres lettres. Amoureuse de son mari, elle est cependant intriguée et flattée de l'hommage d'un admirateur inconnu.

Encore séduisante ?

Le lendemain matin, elle trouva une enveloppe dans la boîte, avec la même écriture de l'inconnu. La lettre n'avait plus aucune légèreté laconique[1]. Elle ressemblait à un long procès verbal. « Samedi dernier, écrit son correspondant, il était 9 heures 25, vous êtes sortie de votre maison plus tôt que les autres jours. J'ai l'habitude de vous suivre sur votre trajet vers l'autobus, mais cette fois vous avez pris la direction opposée. Vous portiez une valise et vous êtes entrée dans une teinturerie. La patronne doit bien vous connaître et peut-être vous aimer. Je l'ai observée de la rue : comme réveillée d'une somnolence, son visage est devenu rayonnant, vous avez certainement plaisanté, j'ai entendu son rire, rire que vous avez provoqué et dans lequel j'ai cru voir le reflet de votre visage. Puis, vous êtes sortie, la valise pleine. Étaient-ce vos pull-overs ou des nappes ou du linge ? En tout cas, votre valise me donnait l'impression de quelque chose d'artificiellement ajouté à votre vie. » Il décrit sa robe et les perles autour de son cou. « Ces perles, je ne les ai jamais vues avant. Elles sont belles. Leur couleur rouge vous va bien. Elle vous illumine. »

1. laconique : concis.

Cette lettre est signée : C.D.B. Cela l'intrigue. La première n'avait pas de signature et elle a pu penser que cet anonymat était, pour ainsi dire, sincère. Un inconnu qui lui fait un salut pour disparaître aussitôt. Mais une signature, même abrégée, témoigne de l'intention de se faire reconnaître, pas à pas, lentement, mais inévitablement. C.D.B., se répète-t-elle en souriant : Cyrille-Didier Bourguiba[2]. Charles-David Barberousse[3].

Elle réfléchit sur le texte : cet homme a dû la suivre dans la rue ; « je vous suis comme un espion », a-t-il écrit dans sa première lettre ; elle aurait donc dû le voir. Mais elle regarde le monde autour d'elle avec peu d'intérêt, et ce jour-là encore moins puisque Jean-Marc était avec elle. D'ailleurs c'est lui et non pas elle qui a fait rire la patronne de la teinturerie et qui a porté la valise. Elle relit encore ces mots : « votre valise me donnait l'impression de quelque chose d'artificiellement ajouté à votre vie ». Comment la valise était-elle « ajoutée à sa vie », si Chantal ne la portait pas ? Cette chose « ajoutée à sa vie », n'est-ce pas Jean-Marc lui-même ? Son correspondant a-t-il voulu attaquer ainsi, de façon détournée, son bien-aimé ? Puis, amusée, elle se rend compte du comique de sa réaction : elle est capable de défendre Jean-Marc auprès d'un amant imaginaire.

Comme la première fois, elle ne savait que faire de la lettre et le ballet de l'hésitation se répétait avec toutes ses phrases : elle contempla la cuvette des W.-C. où elle s'apprêta à la jeter ; elle déchira l'enveloppe en petits morceaux qu'elle fit disparaître avec l'eau ; elle plia ensuite la lettre, l'emporta dans sa chambre et la glissa sous ses soutiens-gorge. En se penchant vers l'étagère de linge, elle entendit la porte s'ouvrir. Elle ferma vite l'armoire et se retourna : Jean-Marc est sur le seuil.

Milan Kundera, *L'Identité*, © Éditions Gallimard, 1997.

2. **Bourguiba :** Habib Ben Ali Bourguiba, ancien Président de la République tunisienne.
3. **Barberousse :** surnom attribué à Frédéric Ier de Prusse.

Lire et comprendre

▸ La lettre : des paroles écrites

1. Quelles réactions successives la lettre suscite-t-elle de la part de Chantal ?

2. Qu'est-ce qu'un procès-verbal ? Relevez, dans la lettre, ce qui peut justifier le choix de cette appellation.

3. Qu'est-ce qui, dans la lettre, témoigne de l'implication personnelle du scripteur ? Qu'est-ce qui, dans ses propos, peut flatter l'amour-propre de Chantal ?

4. La lecture de la lettre est abrégée ligne 13 : pourquoi ? Comment justifier que l'on retrouve une transcription fidèle dans les dernières lignes ?

▸ L'imagination autour d'une signature

5. Que signifie, pour Chantal, « un anonymat sincère » (l. 17) ? Qui parle ici ?

6. De quoi témoigne l'hypothèse formulée aux lignes 18 à 20 ?

▸ De la signature au texte

7. Comment les extraits de lettre sont-ils inclus à la réflexion, lignes 22 à 33 ? Comment passe-t-on de l'un à l'autre ?

8. Relevez les articulations logiques qui marquent la progression et l'organisation de la réflexion, lignes 23 à 26.

Les connecteurs ➤ p. 322

9. Quelles informations la remarque des lignes 23 à 25 peut-elle nous apporter sur l'état d'esprit de Chantal ? Est-elle indifférente à cette admiration insistante ?

Le regard du narrateur

10. Où le narrateur reprend-il la parole ? Qu'est-ce qui permet de l'affirmer ?

11. Expliquez le retour au présent dans la dernière phrase.

Lire et maîtriser la langue

L'emploi des temps

1. À quel temps est le premier verbe du passage ? Où le retrouvez-vous dans la suite du texte ?

2. Introduisez les phrases 2 et 3 par la proposition *Elle pensa que…* et faites les changements nécessaires.

3. Dans la lettre, quel est le temps dominant employé pour décrire les actions de Chantal ? pourquoi ?

Georges Simonka (1916-) *L'Attente*, 1975.

4. Expliquez les emplois respectifs de l'imparfait et du passé composé, ligne 6. Pourquoi, à la suite de ces temps du passé, trouve-t-on, ligne 7, le présent ?

La parole intérieure

5. Quel est le temps de la narration à la ligne 16 ? Quelle est la valeur de ce temps ? Mettez des guillemets après « Cela l'intrigue. » et transformez ce qui suit au style direct : à quels changements devez-vous procéder ? Qu'est-ce qui ne change pas ?

6. Écrivez l'expression « cela l'intrigue » et poursuivez au style indirect libre : quelles sont les différences avec la version originale du texte ?

7. Retrouvez, de la ligne 22 à la ligne 33, des anomalies du même genre.

Retenons

Le discours intérieur dans le roman moderne

Le roman moderne s'efforce de reproduire la brièveté et la rapidité des pensées et des sentiments qui se succèdent dans l'esprit des personnages, afin de nous en faire suivre le cheminement. Ainsi, certains romanciers imitent la langue orale pour donner **l'impression du naturel de la parole intérieure**.

Lire et écrire

Rédiger une suite de récit

1. La lettre a été rédigée par le mari de Chantal, soucieux de la rassurer sur son charme : imaginez ses réactions lorsqu'il ouvre la porte. À la place du narrateur, décrivez les réactions intérieures du personnage.

2. Chantal et son mari sont-ils dans le même état d'esprit ? pourquoi ?

3. En quelques lignes rédigez la suite de ce récit :
– échange de paroles entre les personnages, au style direct ;
– intervention du commentaire du narrateur sur chacun des personnages ;
– discours intérieur de chacun des personnages entre les différentes répliques.

Bilan de séquence
vers le brevet

Jean Giono (1895-1970) présente ici l'histoire d'Angelo, qui tente d'échapper à la contagion du choléra peu après les guerres napoléoniennes. Il s'est glissé par les toits dans une maison qu'il croyait abandonnée. Il y a trouvé une jeune femme, déterminée et courageuse, qui l'a accueilli et restauré. Après l'avoir quittée, il réfléchit…

Gustave Jacquet (1846-1909), *Jeune rêveuse*, Galerie Nataf, Paris.

Le danger de la contagion

« Il est vrai qu'elle court bien d'autres dangers et on ne peut pas tirer de coups de pistolet sur les petites mouches qui transportent le choléra. »

Il fut alors envahi d'une pensée si effrayante qu'il se redressa du divan où il s'était couché.

« Et si je lui avais porté moi-même la contagion ! » Ce *moi-même* le glaça de terreur. Il répondait toujours aux générosités les plus minuscules par des débauches de générosité. L'idée d'avoir sans doute porté la mort à cette jeune femme si courageuse et si belle, et qui lui avait fait du thé, lui était insupportable. « J'ai fréquenté ; non seulement j'ai fréquenté, mais j'ai touché, j'ai soigné des cholériques. Je suis certainement couvert de miasmes qui ne m'attaquent pas, ou peut-être ne m'attaquent pas encore, mais peuvent attaquer et faire mourir cette femme. Elle se tenait fort sagement à l'abri, enfermée dans sa maison et j'ai forcé sa porte, elle m'a reçu noblement et elle mourra peut-être de cette noblesse, de ce dévouement dont j'ai eu tout le bénéfice. »

Il était atterré.

« J'ai fouillé de fond en comble la maison où le choléra sec avait étendu entre deux portes cette femme aux beaux cheveux d'or. Celle-ci est plus brune que la nuit mais le choléra sec est terriblement foudroyant et l'on n'a même pas le temps d'appeler. Et, est-ce que je suis fou ou bien, que peut faire la couleur d'une chevelure dans un cas de choléra sec ? »

Il écouta avec une farouche attention. Toute la maison était silencieuse.

Jean GIONO, *Le Hussard sur le toit*, © Éditions Gallimard, 1951.

Comprendre le texte

La parole intérieure

1 Qui parle ligne 5 ? Que reflète l'exclamation ?

2 Que reflète la parole intérieure du personnage ? De quoi se sent-il coupable ? Pourquoi ?

3 Comment son propos résume-t-il son passé proche et les conséquences qui peuvent en découler (l. 9 à 14) ? Que nous indique la tournure « Non seulement,… mais… » (l. 9) ?

4 Quelle image le personnage donne-t-il de lui même, dans sa façon de se remémorer les événements qu'il vient de vivre ? (l. 9 à 14)

Les commentaires du narrateur

5 Quels sont les temps employés dans le premier paragraphe ? Quel est le temps à la ligne 3 ? Justifiez ce changement.

6 Où trouvons-nous des interventions du narrateur ? Quelles sont les marques qui informent du changement de locuteur ?

7 Quelle image le narrateur donne-t-il de son personnage ? Relevez dans ses propos des indices d'énonciation qui permettent de percevoir sa façon de le juger.

8 Quelle représentation nous est donnée de la jeune femme ? Quels adjectifs sont retenus pour la caractériser, ligne 8 ? Qui assume cette énonciation ? À quel point de vue cela renvoie-t-il ?

Progression et cohérence

10 Quels sont les différents temps dans la phrase, lignes 12 à 14 ? Justifiez-les. Expliquez la cohérence du propos.

11 À quelle façon de rapporter les paroles avons-nous à faire, lignes 16 à 20 ? Justifiez votre réponse en vous fondant sur le relevé des marques caractéristiques de ce style.

12 Comment se fait la progression logique entre la première et la deuxième phrase, lignes 16 à 19 ?

13 Justifiez le passage de la première à la deuxième proposition, lignes 17 et 18. Quel est le rôle de la conjonction « mais » ?

Vocabulaire

14 **a.** Relevez dans le texte les termes qui relèvent du champ lexical de la peur. Qui les utilise ? À qui se réfèrent-ils ? Ces indications nous sont-elles confirmées par d'autres indices dans le texte ?
b. Quel est le sens du mot « farouche » (l. 21) ? Quelle est l'intention du narrateur dans l'emploi de ce mot ?

Orthographe

15 Transposez au style indirect les lignes 5 à 9 : « Il se disait que… » Quels sont les changements que vous devez effectuer ?

16 Quels sont les propos du texte au style direct qui ne peuvent être transposés au style indirect ? Pourquoi ? Transposez-les alors sur le mode de propos rapportés qui vous semble convenir.

Étudier la langue

Le style direct

9 **a.** Quelle est la valeur du choix des verbes, lignes 9 à 12 ? Quelle est la nature de la phrase qui suit ? Quel lien logique implicite rattache les deux phrases entre elles ?

b. Relevez les modalisateurs dans la phrase, lignes 10 à 12 : en quoi permettent-ils de comprendre ce qui se passe dans la tête d'Angelo ?

Écrire

17 Tandis qu'Angelo se préoccupe des risques qu'il a fait courir à son hôtesse, celle-ci, de son côté, s'inquiète de l'avoir laissé repartir à travers la contagion : racontez. Vous ferez alterner le discours intérieur et les commentaires du narrateur.

18 Vous pensez avoir mis dans l'embarras, par votre imprudence, une personne que vous aimez bien : racontez, sur le mode du discours intérieur, vos inquiétudes. Vous ferez alterner l'évocation au passé des circonstances qui vous préoccupent, et leur analyse au présent.

Jeune fille écrivant son journal.

SÉQUENCE 5

L'écriture de soi

Le texte autobiographique

Nombreux sont ceux, écrivains ou non, qui éprouvent le besoin d'écrire à propos d'eux-mêmes. Peut-être vous arrive-t-il, à vous aussi, de vous exprimer ainsi par écrit, dans un journal intime par exemple ?

Cette séquence a pour objectif de définir les **caractéristiques de l'écriture de soi**. Elle étudie les marques de la présence de l'énonciateur, le regard qu'il porte sur lui et son passé, la combinaison des différentes formes de discours qu'il utilise. Vous verrez ainsi **les fonctions** et **les enjeux de l'écriture de soi** à travers différents genres comme l'autobiographie, le journal intime, le roman autobiographique. Vous pourrez aussi vous exercer à ce type d'écriture.

- *Retrouver le passé*
- *Se connaître*
- *Agir sur le lecteur*

Retrouver le passé

Deux écrivains contemporains, Simone de Beauvoir (1908-1986) et Nathalie Sarraute (1902-1999), ont évoqué leur enfance dans des autobiographies dont sont tirés les deux extraits qui suivent. Raconter le passé implique d'avoir des souvenirs, des images de l'enfance, voire de la toute petite enfance, comme le montrent ces textes. Dans le premier, la narratrice commence par sa naissance. Dans le second, la narratrice évoque une maladie d'enfant.

Coll. Kharbine-Tapabor.

Les beaux souvenirs

Je suis née à quatre heures du matin, le 9 janvier 1908, dans une chambre aux meubles laqués de blanc, qui donnait sur le boulevard Raspail. Sur les photos de famille prises l'été suivant, on voit de jeunes dames en robes longues, aux chapeaux empanachés de plumes d'autruche, des messieurs coiffés de canotiers et de panamas qui sourient à un bébé : ce sont mes parents, mon grand-père, des oncles, des tantes, et c'est moi. Mon père avait trente ans, ma mère vingt et un, et j'étais leur premier enfant. Je tourne une page de l'album ; maman tient dans ses bras un bébé qui n'est pas moi ; je porte une jupe plissée, un béret, j'ai deux ans et demi, et ma sœur vient de naître. J'en fus, paraît-il, jalouse, mais pendant peu de temps. Aussi loin que je me souvienne, j'étais fière d'être l'aînée : la première. Déguisée en chaperon rouge, portant dans mon panier galette et pot de beurre, je me sentais plus intéressante qu'un nourrisson cloué dans son berceau. J'avais une petite sœur : ce poupon ne m'avait pas.

Simone DE BEAUVOIR, *Mémoires d'une jeune fille rangée*, © Éditions Gallimard, 1958.

J'ai été malade… une de ces maladies sans gravité, mais contagieuse… était-ce la varicelle ? la rubéole ? Dans ma chambre, un peu assombrie par un grand arbre, avec une porte ouvrant sur celle de maman, je suis couchée dans mon petit lit contre le mur du fond, je reconnais que j'ai beaucoup de fièvre à la présence… ils ne manquent jamais d'être là quand mon corps, ma tête brûlent… des petits bonshommes déversant sans fin des sacs de sable, le sable coule, se répand partout, ils en déversent encore et encore, je ne sais pas pourquoi ces monceaux de sable et l'agitation de ces petits gnomes me font si peur, je veux les arrêter, je veux crier, mais ils ne m'entendent pas, je n'arrive pas à pousser de vrais cris.

Quand la fièvre est tombée, je peux m'asseoir dans mon lit… Une femme de chambre envoyée par ma tante fait le ménage, refait mon lit, me lave, me coiffe, me donne à boire, me nourrit…

Maman est là aussi, mais je ne la vois qu'assise à la table en train d'écrire sur d'énormes pages blanches qu'elle numérote avec de gros chiffres, qu'elle couvre de sa grande écriture, qu'elle jette par terre à mesure qu'elle les a remplies. Ou alors maman est dans un fauteuil en train de lire…

Nathalie SARRAUTE, *Enfance*, © Éditions Gallimard, 1983.

Lire et comprendre

Qui parle ? La situation d'énonciation

1. À quelle personne grammaticale sont écrits les deux textes ? De qui s'agit-il ? Relevez dans chaque texte les marques d'accord qui renvoient à l'énonciateur.

2. Sur quelle partie de l'axe du temps porte chaque texte ? Pourquoi ? Essayez de préciser la situation d'énonciation qui caractérise chacun des deux textes.

Énonciation et énoncés ➤ p. 260

3. Utilisez vos réponses précédentes pour justifier le titre de chacune des œuvres. Comparez les renseignements que vous donne chacun d'eux.

Retenons

L'autobiographie

Les textes autobiographiques sont écrits à la première personne du singulier : l'auteur est lui-même le **narrateur** et le **personnage** principal. Il raconte sa vie et les événements qui l'ont marqué dans un récit qui porte sur le passé.
Son ambition est la **reconstitution sincère** de sa vie personnelle.

L'évocation du souvenir

4. Quel procédé Simone de Beauvoir choisit-elle pour présenter sa famille ? Pourquoi ?

5. Relevez et classez les détails qui donnent à l'évocation du passé un caractère précis dans chacun des textes.

6. Quel est le temps dominant dans le texte de Nathalie Sarraute ? Quelle valeur donne-t-il à l'évocation du souvenir ?

7. Dans les deux textes, quels éléments montrent néanmoins un certain flou dans le souvenir ? En quoi cela correspond-il au propre même de l'autobiographie ? Quel effet produisent ces hésitations ?

8. Comment Simone de Beauvoir compense-t-elle cela ?

La perception et les sentiments de l'enfance

9. Comment la fièvre se manifeste-t-elle dans le texte de Nathalie Sarraute ? Pourquoi a-t-elle choisi cette image ?

10. Comment la syntaxe de la phrase imite-t-elle le déferlement de la fièvre ? Quel changement remarquez-vous dans le deuxième paragraphe ?

11. Quels sont les sentiments exprimés par Simone de Beauvoir ?

12. « Maman tient dans ses bras un bébé qui n'est pas moi » (l. 7-8) : remplacez l'expression COD par un nom commun. Pourquoi avoir utilisé une périphrase ?

Les figures de style ➤ p. 376

13. Expliquez la dernière phrase du texte de Simone de Beauvoir.

Lire et maîtriser la langue

La formation des mots

Cherchez dans un dictionnaire la formation du mot *autobiographie*. Quel est le sens de chaque élément ? Quelle différence de sens faites-vous entre *autobiographie* et *biographie* ? Cherchez d'autres mots formés avec chacun des éléments et donnez leur sens.

Histoire et formation des mots ➤ p. 370

Lire et écrire

Se présenter par écrit

Rédigez une présentation de vous sur le modèle du texte de Simone de Beauvoir :

Je suis né(e) à…, le…, dans… Sur les photos de famille… on voit… Mon père avait… ma mère…, et j'étais leur… enfant. Je tourne une page de l'album… je porte… Aussi loin que je me souvienne…

Jules Vallès, romancier et journaliste de la fin du XIXe siècle (1832-1885), raconte dans L'Enfant, Le Bachelier, *et* L'Insurgé *l'histoire de Jacques Vingtras, enfant maltraité dans sa famille. Il transpose ainsi dans une trame romanesque ses propres souvenirs d'enfance.*

Un nez bien clarifié

« Plus fort, mon enfant ! »

C'est ma mère qui parle, elle a bien de la douceur aujourd'hui ! « Plus fort » est dit comme par une sœur d'hôpital à un malade dont on tient le front brûlant : « plus fort ! là ! du courage ! C'est bien ! »

Je retombe exténué sur un fauteuil, les bras pendants et mous comme un lapin mort ; j'ai même, comme le lapin assassiné, une goutte de sang au bout du museau : puis, tout autour, la peau est rougeâtre et lisse comme une pelure d'oignon, lisse, lisse !... Si j'avais quelques petits poils qui faisaient les fous, ils sont partis, noyés, tant il m'a passé d'eau dans les narines depuis ce matin !

Harold Copping (1863-1932), *Le Cancre* (1886), galerie d'art Russel - Cotes et musée, Bournemouth, Grande-Bretagne.

C'est qu'aujourd'hui on compose en *récitation classique et débit*, et ma mère veut que j'aie le prix.

Pour cela, il faut non seulement savoir, mais *bien dire* ; et un nez vigoureusement clarifié permet d'avoir la voix claire.

On m'a clarifié le nez.

Ma mère l'a pris et l'a mis dans l'eau ; il est resté là longtemps, longtemps ! oh ! les minutes étaient des siècles. Enfin elle l'a retiré bien proprement et m'a dit :

« Renifle, mon enfant ! renifle ! »

Je ne pouvais plus.

« Fais un effort, Jacques ! »

Je l'ai fait.

Seringue molle, mon nez a tiré et craché l'eau pendant une demi-heure, peut-être plus, et il me semble qu'on m'a vidé et que ma tête tient à mon cou comme un ballon rose à un fil ; le vent la balance. J'y porte la main. « Où est-elle ? – Ah ! la voilà ! »

Il n'y a que le nez qui compte ; il me cuit comme tout et il flambe comme un bouchon de carafe.

Je m'y attache, je le prends par le bout, moi-même, et je me conduis comme cela, sans me brusquer, jusqu'à mon pupitre, où je repasse ma leçon.

Quelquefois le but est manqué, mon nez dégoutte dans tous les sens, il en tombe des perles d'eau comme d'un torchon pendu, et je dis : « Baban. »

BABAN pour appeler celle qui m'a donné le jour ! *Oh ! baban, ba bère !* pour dire : Maman, ma mère.

En classe, quand je récite le premier chant de l'*Iliade*, je dis : *Benin, aeïde ! – atchiou ! theia Beleiadeo, – atchiou !*

Je traîne dans le ridicule le vieil Hobère ! Atchoum ! Atchoum ! Zim, mala ya, boum, boum !

Jules VALLÈS, *L'Enfant*, 1879.

Retenons

Le roman autobiographique

Certains romans **mêlent la fiction à l'autobiographie** en organisant un récit autour d'un personnage inventé, mais qui présente cependant de nombreuses similitudes avec l'auteur.

Lire et comprendre

▸ Un entraînement musclé

1. a. Est-ce parce qu'il est enrhumé que l'enfant doit se moucher, puis renifler ?
b. Le résultat correspond-il à ce qui était escompté ? Quel est l'effet produit ?

2. Sait-on tout de suite de quoi il est question ? Où se situe l'explication ? Quel est l'effet recherché par ce procédé ?

3. À quels temps dominants sont conjugués les verbes des passages de narration ? Pourquoi ?

4. a. Peut-on supprimer les paroles ? Quel rôle jouent-elles dans la narration ?
b. Montrez que ce récit s'apparente à une petite scène de théâtre.

▸ Recréer la voix de l'enfance

5. Distinguez les différentes voix qui parlent dans les trois premières phrases, puis lignes 16 à 19.

6. Comment le narrateur parle-t-il de son nez ? Quelle relation cherche-t-il à établir avec son lecteur ? De quelle façon ?

▸ La figure de la mère

7. Comment apparaît la mère d'après ses paroles ? Et d'après les commentaires du narrateur ?

▸ Les caractéristiques du genre

8. Comparez ce texte avec les deux extraits précédents : y a-t-il identité entre l'auteur, le narrateur et le personnage ?

9. Quels sont les éléments qui montrent la transformation du souvenir réel en saynète amusante ?

Lire et parler

Jouer une scène d'enfance

1. Transformez le récit en scène de théâtre. Pour cela, reprenez l'ordre chronologique du déroulement des actions. Rédigez les répliques de la mère pour présenter l'exercice et les répliques de l'enfant pour exprimer ses douleurs.

2. Imaginez, à partir des passages de narration, les gestes et les expressions des protagonistes.

3. Jouez la scène à deux en prévoyant un récipient pour y tremper le nez.

Lire et maîtriser la langue

▸ Les figures de style

1. a. Relevez les différentes comparaisons du texte et dites quel effet elles produisent.
b. Relevez les hyperboles et dites leur effet.

▸ Les mots de la famille de « clair »

2. a. Cherchez dans le texte un autre mot de la famille de « clair » dont vous donnerez la nature.

b. Quels sont les deux sens de ce mot ?

c. Cherchez d'autres mots de la même famille en précisant leur nature.

Romain Gary (1914-1980), d'origine lituanienne, raconte, dans La Promesse de l'aube, *les premières années de sa vie avec sa mère qui l'élève seule et voit en lui un génie. À Nice, alors qu'il a treize ans, il découvre qu'elle se prive de viande afin de mieux le gâter.*

Louis Valtat (1869-1952), *Madame Doubrere et son fils* (1895), Petit palais, Genève.

Ma première pensée d'adulte

– Tu as écrit, aujourd'hui ?

Depuis plus d'un an, « j'écrivais ». J'avais déjà noirci de mes poèmes plusieurs cahiers d'écolier. Pour me donner l'illusion d'être publié, je les recopiais lettre par lettre en caractères d'imprimerie.

– Oui. J'ai commencé un grand poème philosophique sur la réincarnation et la migration des âmes[1].

Elle fit « bien » de la tête.

– Et au lycée ?

– J'ai eu un zéro en math.

Ma mère réfléchit.

– Ils ne te comprennent pas, dit-elle.

J'étais assez de son avis. L'obstination avec laquelle mes professeurs de sciences me donnaient des zéros me faisait l'effet d'une ignorance crasse de leur part.

– Ils le regretteront, dit ma mère. Ils seront confondus. Ton nom sera un jour gravé en lettres d'or sur les murs du lycée. Je vais aller les voir demain et leur dire…

Je frémis.

– Maman, je te le défends ! Tu vas encore me ridiculiser.

– Je vais leur lire tes derniers poèmes. J'ai été une grande actrice, je sais dire des vers. Tu seras d'Annunzio ! Tu seras Victor Hugo, Prix Nobel !

– Maman, je te défends d'aller leur parler.

Elle ne m'écoutait pas. Son regard se perdit dans l'espace et un sourire heureux vint à ses lèvres, naïf et confiant à la fois, comme si ses yeux, perçant

1. **réincarnation et migration des âmes :** allusion à des croyances orientales sur la vie après la mort.

les brumes de l'avenir, avaient soudain vu son fils, à l'âge d'homme, monter lentement les marches du Panthéon*, en grande tenue, couvert de gloire, de succès et d'honneurs.

– Tu auras toutes les femmes à tes pieds, conclut-elle catégoriquement, en balayant le ciel de sa cigarette.

Le midi cinquante de Vintimille[1] passa dans un nuage de fumée. Aux fenêtres, les voyageurs devaient se demander ce que cette dame aux cheveux gris et cet enfant triste qui essuyait encore ses larmes pouvaient bien regarder dans le ciel avec tant d'attention.

Ma mère parut soudain préoccupée.

– Il faut trouver un pseudonyme[2], dit-elle avec fermeté. Un grand écrivain français ne peut pas porter un nom russe. Si tu étais un virtuose violoniste, ce serait très bien, mais pour un titan de la littérature française, ça ne va pas…

Le « titan de la littérature française » approuva cette fois entièrement. Depuis six mois, je passais des heures entières chaque jour à « essayer » des pseudonymes. Je les calligraphiais[3] à l'encre rouge dans un cahier spécial. Ce matin même, j'avais fixé mon choix sur « Hubert de la Vallée », mais une demi-heure plus tard je cédais au charme nostalgique de « Romain de Roncevaux ». Mon vrai prénom, Romain, me paraissait assez satisfaisant. Malheureusement, il y avait déjà Romain Rolland, et je n'étais disposé à partager ma gloire avec personne. Tout cela était bien difficile. L'ennui, avec un pseudonyme, c'est qu'il ne peut jamais exprimer tout ce que vous sentez en vous. J'en arrivais presque à conclure qu'un pseudonyme ne suffisait pas, comme moyen d'expression littéraire, et qu'il fallait encore écrire des livres.

Romain GARY, *La Promesse de l'aube*, © Éditions Gallimard, 1960.

* Oui, je sais. [note de l'auteur]

1. **le midi cinquante de Vintimille :** un train.
2. **pseudonyme :** un nom que l'on s'invente.
3. **calligraphier :** écrire avec soin, en veillant à la beauté des lettres.

Lire et comprendre

Les composantes du texte

1. a. Délimitez les grandes étapes du texte et donnez-leur un titre.
b. Reconstituez l'ordre chronologique des événements. Présente-t-il des retours en arrière ? Pourquoi ?

2. Quelle place le dialogue occupe-t-il ? Que montre-t-il ?

3. Observez les lignes 1 à 7 : quel lien s'établit entre les paroles et la narration ? Pourquoi le verbe « j'écrivais » est-il entre guillemets ?

4. Dans le texte, quel effet la combinaison de la narration et des paroles produit-elle ?

L'agencement des discours dans le texte ➤ p. 310

Les relations entre une mère et son fils

5. a. Relevez les renseignements fournis par le texte sur la mère du narrateur. Où ces indications apparaissent-elles ?
b. Pourquoi expliquent-elles son attitude vis à vis de son fils ?

6. a. Quels jugements la mère émet-elle sur les professeurs de son fils ? Pourquoi, selon vous ?
b. Que pensez-vous des prédictions de la mère, ligne 25 ? Se sont-elles réalisées ?

7. En vous appuyant sur des éléments du texte, caractérisez les relations entre le narrateur et sa mère.

Le *Je* du moment de l'écriture et le *Je* du passé

8. Qui parle dans le texte ? Le récit se situe-t-il en même temps que la vie vécue ? Justifiez votre réponse par des passages précis.

9. a. Commentez la formulation : « Le "titan de la langue française" approuva cette fois entièrement. » (l. 42). Que révèle cette façon de parler de soi à la troisième personne ?
b. Que pensez-vous de la préoccupation du pseudonyme ? Quel est le ton utilisé dans tout le paragraphe, lignes 42 à 52 ?

10. a. Quelle était la réaction du fils, à l'époque, face au comportement de sa mère ? Appuyez-vous sur le texte pour répondre.
b. Le regard d'adulte qu'il porte sur la scène passée vous semble-t-il exprimer les mêmes sentiments ?

Retenons

Le Je présent et le Je passé

Dans le récit autobiographique, le pronom *Je* recouvre **deux valeurs de la première personne** : le *Je* narrant, qui se situe au moment de l'écriture et le *Je* narré, qui se situe dans le passé.
Le *Je* du présent de l'écriture porte sur le *Je* passé un regard distancié, parfois attendri et nostalgique, parfois ironique, ou encore critique.

Fernand Léger (1881-1955), *La Mère et l'enfant* (1951), Menil Collection, Houston.

Lire et maîtriser la langue

Les figures de style

1. Qu'est-ce qui caractérise le discours de la mère lorsqu'elle parle des qualités intellectuelles de son fils et de sa gloire future des lignes 19 à 41 ? Quelle figure de style utilise-t-elle ?

La modalisation

2. a. Relevez les indices de jugement dans les propos de la mère lignes 32 à 41.
b. Que révèlent-ils sur la mère ?
c. Écrivez la présentation que la mère fait de son fils à ses professeurs en utilisant des modalisations (*Il me semble que mon fils, que voici, présente des dons pour la littérature…*)

La modalisation ➤ p. 276

Style direct, indirect

3. Relevez un exemple de chaque style dans le texte et confrontez-les du point de vue de la ponctuation, des pronoms employés, des temps verbaux, du mot subordonnant, des mots qui renvoient à la situation d'énonciation. Vous pouvez présenter votre étude sous forme de tableau.

Le champ lexical de la gloire

4. a. Relevez tous les mots du texte appartenant au champ lexical de la gloire. Donnez pour chacun quelques mots de la même famille.
b. À l'aide de certains de ces termes, rédigez une plaquette biographique de l'écrivain Romain Gary faisant l'éloge de sa gloire littéraire. Vous pouvez vous aider de la présentation donnée de lui dans un dictionnaire des noms propres ou un dictionnaire des auteurs.

La formation des mots

5. a. Décomposez les mots « pseudonyme », « calligraphier » en isolant le préfixe du radical, puis expliquez le sens des mots.
b. Cherchez d'autres mots formés avec les mêmes radicaux et donnez leur sens.

Se connaître

Anne Frank (1929-1945), jeune fille juive allemande émigrée en Hollande, a rédigé son journal de 1942 à 1944, date à laquelle elle et sa famille furent dénoncées à la Gestapo et déportées à Bergen-Belsen. Anne Frank n'en reviendra pas et c'est son père, survivant des camps nazis, qui fit publier son journal.

Qui d'autre me consolera ?

Samedi 30 octobre 1943.

Chère Kitty,

Maman est extrêmement nerveuse et c'est toujours très dangereux pour moi. Serait-ce un hasard si Maman et Papa ne grondent jamais Margot et que tout retombe toujours sur moi ? Hier soir, par exemple : Margot lisait un livre où il y avait de magnifiques illustrations, elle s'est levée, est montée et a mis le livre de côté pour le reprendre un peu plus tard. Je n'avais rien à faire à ce moment-là, je l'ai pris pour regarder les images. Margot est revenue, a vu son livre entre mes mains, a froncé les sourcils et l'a redemandé sur un ton de colère. Je voulais seulement continuer à regarder un peu. Margot s'énervait de plus en plus, Maman s'en est mêlée et a dit : « C'est Margot qui lit ce livre, alors donne-le-lui. » Papa est entré dans la pièce, il ne savait même pas de quoi il retournait, il a vu qu'on faisait du tort à Margot et m'a lancé : « J'aimerais bien t'y voir si Margot se permettait de feuilleter ton livre ! »

J'ai cédé immédiatement, posé le livre et j'ai quitté la pièce, d'un air « offensé », d'après eux. Je n'étais ni offensée ni fâchée, mais seulement triste.

Ce n'est pas juste de la part de Papa de juger avant de connaître l'objet de la discorde. J'aurais rendu de moi-même le livre à Margot, et bien plus vite même, si Papa et Maman ne s'en étaient pas mêlés et n'avaient pas pris aussitôt la défense de Margot comme s'il s'agissait de la pire des injustices.

Que Maman prenne la défense de Margot, cela va de soi, elles se défendent toujours mutuellement, j'y suis si habituée que je suis devenue totalement indifférente aux réprimandes de Maman et à l'humeur irritable de Margot.

Je les aime uniquement parce que c'est Maman et Margot, en tant que personnes elles peuvent aller au diable. Avec Papa, c'est différent, s'il favorise Margot, s'il fait l'éloge de Margot et s'il cajole Margot, je me sens rongée de l'intérieur car je suis folle de Papa, il est mon grand exemple, et je n'aime personne d'autre au monde que Papa.

Il ne se rend pas compte qu'il traite Margot autrement que moi : Margot n'est-elle pas la plus intelligente, la plus gentille, la plus belle et la meilleure ? Mais j'ai tout de même droit à être un peu prise au sérieux ; j'ai toujours été le clown et le vaurien de la famille, j'ai toujours dû payer double pour tout ce que j'ai fait ; une fois en réprimandes et une fois en désespoir au fond de moi. Aujourd'hui, ces caresses superficielles ne me suffisent plus, pas plus que les conversations prétendument sérieuses, j'attends de Papa quelque chose qu'il n'est pas en état de me donner.

Je ne suis pas jalouse de Margot, ne l'ai jamais été, je n'envie pas son intelligence ni sa beauté, je voudrais seulement sentir que Papa m'aime vraiment, pas seulement comme son enfant, mais pour moi-même, Anne. Je me raccroche à Papa parce que je considère Maman chaque jour avec plus de mépris, et qu'il est le seul à retenir mes derniers restes de sentiments familiaux. Papa ne comprend pas que de temps en temps j'ai besoin de soulager mon cœur à propos de Maman, il refuse d'en parler, il évite tout ce qui a trait au comportement de Maman. Et pourtant, c'est Maman, avec tous ses défauts, qui me pèse le plus lourdement sur le cœur. Je ne sais plus sur quel pied danser, je ne peux pas lui montrer du doigt sa négligence, son esprit sarcastique et sa dureté, mais je ne peux pas non plus m'attribuer toujours toutes les fautes.

Je suis en tout à l'opposé d'elle et les heurts sont inévitables. Je ne juge pas le caractère de Maman car ce n'est pas à moi de le faire, je la considère seulement en tant que mère. Pour moi, Maman n'est pas une mère. Je dois moi-même me tenir lieu de mère. Je me suis séparée d'eux, je navigue en solitaire et je verrai bien où j'accoste. Cela vient surtout du fait que je vois en moi-même un très grand exemple de ce que doit être une mère et une femme, et que je n'en retrouve rien chez elle à qui je dois donner le nom de mère.

Je prends toujours la résolution de ne plus regarder les mauvais exemples de Maman, je ne veux voir que ses bons côtés et chercher en moi ce que je ne trouve pas chez elle. Mais je n'y arrive pas et le pire, c'est que ni Papa ni Maman ne comprennent qu'ils ne répondent pas à mon attente et que je les condamne pour cela. Existe-t-il des parents pour satisfaire totalement leurs enfants ? Parfois, je crois que Dieu veut me mette à l'épreuve maintenant et à l'avenir ; je dois devenir bonne toute seule, sans exemples et sans discours – pour être un jour la plus forte possible ?

Qui d'autre que moi lira un jour ces lettres ? Qui d'autre que moi me consolera ? Car j'ai souvent besoin de consolation, je manque si souvent de force et j'ai plus souvent des raisons d'être mécontente de moi que satisfaite. Je le sais et je ne renonce pas à essayer chaque jour de m'améliorer.

Il n'y a pas de cohérence dans la façon dont on me traite, un jour Anne est très raisonnable et peut tout entendre et le lendemain, Anne n'est encore qu'une petite bécasse qui ne connaît rien à rien et s'imagine avoir appris monts et merveilles dans les livres ! Je ne suis plus le bébé et la petite dernière, qui en plus fait rire tout le monde à chacun de ses actes. J'ai mes idéaux, mes idées et mes projets, mais je n'arrive pas encore à les exprimer clairement.

Ah, tant de choses remontent à la surface quand je suis seule comme d'ailleurs dans la journée, quand je dois supporter les gens qui me portent sur les nerfs ou qui me comprennent toujours de travers. C'est pourquoi en dernier ressort j'en reviens toujours à mon journal, c'est mon point de départ et d'arrivée, car Kitty est toujours patiente, je vais lui promettre de persévérer malgré tout, de me frayer ma propre voie et de ravaler mes larmes. Seulement, j'aimerais tant voir les résultats de mes efforts ou être encouragée, ne serait-ce qu'une fois, par quelqu'un qui m'aime.

Ne me juge pas mal, mais considère-moi plutôt comme quelqu'un qui de temps en temps a le cœur trop lourd.

Bien à toi,

Anne

Anne Frank, *Journal*, traduit du néerlandais par Philippe Noble et Isabelle Rosselin-Bobulesco, © Éditions Calmann-Lévy, 1999-2001.

Pierre Bonnard (1867-1947), *Jeune Fille écrivant* (1867), fondation Barnes, Merion, Pennsylvanie (États-Unis).

Lire et comprendre

Le journal

1. Quelles sont les marques qui caractérisent un journal ? À quelle autre forme s'apparente-t-il ?

2. Qui parle ? Quels sont les termes qui désignent les autres personnes ?

3. Qui est Kitty ? Quel est son rôle ? Relevez dans la fin du texte un passage où ce nom apparaît.

4. Pourquoi Anne écrit-elle ? Peut-elle dire à ses proches ce qu'elle écrit ? Justifiez votre réponse.

Retenons

Le journal intime

Dans le journal intime, l'auteur est aussi le narrateur et le personnage principal. De plus, il en est lui-même le premier ou le seul destinataire. Le journal s'écrit au jour le jour, mais de façon discontinue. Il permet de se confier, de s'épancher, de s'analyser.

Un sentiment d'injustice

5. Observez les temps des verbes lignes 3 à 15. À quelle forme de discours renvoient-ils ? Quel rôle ce début joue-t-il ?

6. À quels temps sont les verbes de la suite du texte ? Pourquoi ?

7. Que reproche la narratrice à sa mère ?

8. Quels sont ses sentiments à l'égard de son père ?

9. Quelle ponctuation traduit son mal-être ?

Les différentes Anne

10. Quels sont les différents regards portés sur la narratrice ? Relevez les expressions qui la désignent et montrez pourquoi elle considère cela comme un problème pour elle.

11. Comment la narratrice s'affirme-t-elle ? Quels sont les procédés d'écriture qui le montrent à partir de la ligne 66 ?

Lire et maîtriser la langue

Les figures de style

1. Quel est le procédé de style qui consiste à identifier un journal à un être vivant ?

Les figures de style ➤ p. 376

2. Analysez les répétitions des lignes 28 et 29. Quel effet produisent-elles ? En quoi peut-on parler ici de reprises anaphoriques ?

3. Lignes 50-51 : à quoi s'identifie la narratrice ? Pourquoi cela rend-il bien compte de sa situation ? Nommez ce procédé de style, ainsi que sa poursuite sur trois propositions.

La modalisation

4. Relevez les marques de modalisation dans les phrases : « Margot n'est-elle pas la plus intelligente, la plus gentille, la plus belle et la meilleure ? Mais j'ai tout de même droit à être un peu prise au sérieux » (l. 28 à 30).

La modalisation ➤ p. 276

Lire et écrire

Commencer son journal

À la façon d'Anne Frank, vous vous adressez à votre journal pour analyser votre situation actuelle.

Triple autoportrait

Norman ROCKWELL, *Triple autoportrait*, 1960, Collection of the Norman Rockwell Art Collection Trust.

Les peintres se sont souvent représentés eux-mêmes dans leurs tableaux : au Moyen Âge, ils signent leur toile en se peignant dans la foule des personnages. À partir de la Renaissance, l'artiste lui-même devient le sujet principal du tableau. Voici celui de Norman Rockwell (1894-1978), peintre américain contemporain rendu célèbre par les couvertures de magazines qu'il a réalisées.

Lire et comprendre l'image

Un autoportrait

1. Qui est représenté ? Comment le sait-on ?

2. Décrivez l'attitude et les gestes de l'artiste. Pourquoi choisit-il de se représenter ainsi ?

3. Recensez toutes les représentations de lui-même figurant dans le tableau. Quels sont leurs points communs et leurs différences ?

4. Dans ce tableau, qu'est-ce qui reste néanmoins masqué ? Comment l'interprétez-vous ?

Humour et réflexion sur l'art

5. Pourquoi le peintre a-t-il représenté des éléments du domaine militaire ? Dans quel genre de tableaux les trouve-t-on en général ? En quoi sont-ils humoristiques ici ?

6. Pourquoi l'artiste a-t-il accroché à son tableau les autoportraits de peintres célèbres ? Que suggère-t-il ainsi ? Quel effet vise-t-il sur le spectateur ?

Vincent Van Gogh (1853-1890), *autoportrait au chevalet*, Rijksmuseum, Amsterdam.

Retenons

L'autoportrait

L'autoportrait est le portrait que l'écrivain ou le peintre fait de lui-même. C'est **une image** que l'artiste fixe sur le vif de sa personnalité **physique**, **psychologique** et **morale**.
Il porte donc sur **le présent**, à la différence de l'autobiographie qui porte souvent sur le passé.

Lire et explorer

Comparer des autoportraits en peinture

1. Cherchez au CDI des autoportraits de Rembrandt, Van Gogh, Picasso, Bacon. Comment se sont-ils représentés ? Que cherchent-ils à montrer d'eux ?

2. Quelle évolution ces tableaux montrent-ils, selon vous, dans la représentation de l'artiste ?

3. a. Quelles sont les différentes raisons qui poussent les peintres, selon vous, à se représenter ?
b. Quelles sont les difficultés de cette entreprise ?
c. En quoi l'autoportait est-il différent d'une photographie ?

4. Faites un exposé :
– un groupe fera des recherches sur la représentation de l'homme dans la peinture de la Renaissance en illustrant son propos de la présentation de deux ou trois tableaux ;
– un autre groupe travaillera sur le culte du Moi dans le courant romantique en présentant quelques textes et tableaux représentatifs.

Vous observerez le thème, la façon dont le corps est représenté, le mouvement, l'expression du visage et les sentiments exprimés.

L'écrivain contemporain Michel Leiris (1901-1990) évoque l'un de ses comportements d'enfance dans L'Âge d'homme, *son premier récit autobiographique.*

Amedeo Modigliani (1884-1920), *Jeune garçon à la blouse*, coll. Barney Burstein.

La comédie des larmes

Il paraît que je fus un enfant docile et plutôt gai, mais je n'en ai gardé presque aucun souvenir et, sans le témoignage formel de ma mère et de ma sœur, je me refuserais aujourd'hui à y croire. De très bonne heure, je sais que j'eus le goût des larmes, joint à celui d'une certaine comédie. Il me serait à peu près impossible de dire à quels moments, même très jeune, j'étais vraiment naturel, à quels moments j'incarnais un personnage, non pas, en vérité, dans un but concerté d'hypocrisie (car, bien souvent, j'étais ma première dupe) mais par besoin instinctif de me grandir aux yeux des autres ou à mes propres yeux. Dans ma famille on considérait volontiers la sensibilité comme une vertu particulière aux membres de la maisonnée ; « de fines natures », des « sensitifs », pensait-on plus ou moins de mes frères et de moi. Aussi aimais-je m'abîmer dans les larmes ou encore m'adonner à des manèges propres à mettre en évidence cette sensibilité, tels que (ainsi que cela m'arriva une ou deux fois) me jeter exprès à bas de mon lit, d'une part pour qu'on vînt tendrement m'y remettre, d'autre part pour être plaint de mon sommeil agité. Lorsque mon second frère – qui était réellement doué pour la musique – jouait au violon quelque longue sonate ou autre morceau le plus souvent classique, je me suggestionnais jusqu'à pleurer, afin de m'acquérir une réputation de précoce mélomane et parce que je trouvais dans ces pleurs une volupté positive. Vers le début de la guerre, ma sœur – qu'on avait expédiée à Biarritz avec moi – me trouva une nuit tout en larmes, la face enfouie dans l'oreiller ; elle n'eut aucun mal à m'en faire avouer la raison : mon amour, à moi qui n'avais guère plus de treize ans, pour une femme qui avait dépassé la trentaine ; toutefois, dans ce cas particulier, je crois pouvoir affirmer que mon chagrin n'était pas entièrement simulé.

En règle générale, chaque fois que j'avais convenablement sangloté, j'éprouvais un sentiment de calme, de détente, et je m'endormais baigné d'une espèce d'euphorie, comme si toutes choses se trouvaient clarifiées et comme si (tant pis pour les grands mots) *mes pleurs m'avaient régénéré.*

Michel Leiris, *L'Âge d'homme*, © Éditions Gallimard, 1939.

Lire et comprendre

Un récit autobiographique

1. Quelles marques du récit autobiographique rencontrez-vous dans cette page ?

2. Relevez les deux temps de base dans les deux premières phrases. En quoi cette double temporalité est-elle nécessaire ici ?

3. Relevez toutes les indications de temps : sont-elles précises ? Que révèlent-elles du rapport au temps du narrateur ?

4. Quelles sont pour le narrateur les différentes sources de souvenirs ? Quelle distinction établit-il entre ces différentes sources ? Observez le verbe principal des deux premières phrases.

La représentation de la famille

5. Quel rôle joue sa famille pour le narrateur ? Relevez la phrase qui le montre. Qui désigne le pronom « on » (l. 16) ? Quel effet produit-il ?

6. Pourquoi les expressions « de fines natures », des « sensitifs » (l. 18 et 19) sont-elles entre guillemets ?

7. Pour quelles raisons le narrateur a-t-il « le goût des larmes » (l. 6) ? Dans la dernière anecdote qu'il rapporte (l. 31 à 36), cela a-t-il le même sens ? Que traduit-elle de l'évolution du narrateur ?

La distance ironique

8. Pourquoi l'expression avoir « le goût des larmes » est-elle inattendue ?

9. Montrez que l'enfant qu'il était échappe parfois à l'adulte qui analyse le passé. En quoi est-ce révélateur des difficultés de l'autobiographie ?

10. Expliquez l'emploi de l'expression « je me suggestionnais jusqu'à pleurer » (l. 29). Quels sont les liens logiques établis entre cette proposition principale et les deux subordonnées qui suivent ?

11. Quel effet produit le dernier paragraphe ? Qu'est-ce qui montre la lucidité du narrateur ?

Retenons

Distanciation et implication

Dans l'autobiographie, le *Je* du moment de l'écriture peut s'identifier au *Je* passé en éprouvant les mêmes sensations et sentiments qu'autrefois. Au contraire, il peut prendre une **distance critique** ou ironique et se moquer de lui-même.

La modalisation, marque de la subjectivité du narrateur et de son jugement, ou certaines figures de style comme l'antiphrase ou l'hyperbole, permettent de reconnaître l'ironie du regard porté sur soi.

Lire et maîtriser la langue

Les figures de style

1. a. Quel est le sens de l'expression : « Aussi aimais-je m'abîmer dans les larmes » (l. 20-21) ? Nommez la figure de style utilisée et expliquez l'effet produit.

b. Expliquez la dernière comparaison. Pourquoi le narrateur utilise-t-il une parenthèse ?

2. « Mon chagrin n'était pas entièrement simulé » ligne 36 : quel est en fait le sens de cette proposition ?

La modalisation

3. a. Relevez et classez, dans les lignes 1 à 15, tous les moyens utilisés par le narrateur pour nuancer son propos et exprimer son sentiment personnel.

b. Relevez les emplois du conditionnel et dites leur effet.

c. Pourquoi le narrateur prend-il toutes ces précautions dans son texte ?

Lire et écrire

Raconter un souvenir avec ironie

1. Cherchez une attitude qui vous était habituelle dans votre petite enfance : bouderie, cérémonie du coucher, besoin d'un objet pour s'endormir (doudou, peluche, poupée...), d'une lumière...

2. Rédigez en quelques lignes ce souvenir à l'imparfait d'habitude. Ajoutez à votre récit des commentaires sur le modèle de Michel Leiris : *je sais que... Dans ma famille, on considérait... Aussi aimais-je...*

Agir sur le lecteur

Les Mots *constituent l'autobiographie de Jean-Paul Sartre (1905-1980), ouvrage dans lequel il raconte comment ses origines sociales et familiales l'ont amené à devenir écrivain. Élevé par sa mère et son grand-père, il compense sa solitude en se réfugiant dans ses rêves et ses lectures. Il évoque ses promenades au jardin du Luxembourg avec sa mère.*

Sur les terrasses du Luxembourg

Il y avait une autre vérité. Sur les terrasses du Luxembourg, des enfants jouaient, je m'approchais d'eux, ils me frôlaient sans me voir, je les regardais avec des yeux de pauvre : comme ils étaient forts et rapides ! comme ils étaient beaux ! Devant ces héros de chair et d'os, je perdais mon intelligence prodigieuse, mon savoir universel, ma musculature athlétique, mon adresse spadassine[1] ; je m'accotais à un arbre, j'attendais. Sur un mot du chef de la bande, brutalement jeté : « Avance, Pardaillan, c'est toi qui feras le prisonnier », j'aurais abandonné mes privilèges. Même un rôle muet m'eût comblé ; j'aurais accepté dans l'enthousiasme de faire un blessé sur une civière, un mort. L'occasion ne m'en fut pas donnée : j'avais rencontré mes vrais juges, mes contemporains, mes pairs, et leur indifférence me condamnait. Je n'en revenais pas de me découvrir par eux : ni merveille ni méduse, un gringalet qui n'intéressait personne. Ma mère cachait mal son indignation : cette grande et belle femme s'arrangeait fort bien de ma courte taille, elle n'y voyait rien que de naturel : les Schweitzer sont grands et les Sartre petits, je tenais de mon père, voilà tout. Elle aimait que je fusse, à huit ans, resté portatif et d'un maniement aisé : mon format réduit passait à ses yeux pour un premier âge prolongé. Mais, voyant que nul ne m'invitait à jouer, elle poussait l'amour jusqu'à deviner que je risquais de me prendre pour un nain – ce que je ne suis pas tout à fait – et d'en souffrir. Pour me sauver du désespoir elle feignait l'impatience : « Qu'est-ce que tu attends, gros benêt ? Demande-leur s'ils veulent jouer avec toi. » Je secouais la tête : j'aurais accepté les besognes les plus basses, je mettais mon orgueil à ne pas les solliciter. Elle désignait des dames qui tricotaient sur des fauteuils de fer : « Veux-tu que je parle à leur maman ? » Je la suppliais de n'en rien faire ; elle prenait ma main, nous repartions, nous allions d'arbre en arbre et de groupe en groupe, toujours implorants, toujours exclus. Au crépuscule, je retrouvais mon perchoir, les hauts lieux où soufflait l'esprit, mes songes : je me vengeais de mes déconvenues par six mots d'enfant et le massacre de cent reîtres[2]. N'importe : ça ne tournait pas rond.

Jean-Paul SARTRE, *Les Mots*, © Éditions Gallimard, 1964.

Paul Mathey (1844-1929), *Enfant et femme dans un intérieur* (1902), musée d'Orsay, Paris.

1. **spadassin** : homme d'épée.
2. **reître** : soldat brutal.

Lire et comprendre

Le récit d'un souvenir d'enfance

1. Quels sont les éléments du texte qui évoquent l'enfance (lieu, temps, âge du narrateur, situation) ?

2. Quel est le temps dominant du texte ? Le souvenir évoqué est-il un moment unique ? Quelle est donc la valeur de ce temps et que traduit-il de l'enfance du narrateur ?

3. Délimitez les grandes étapes du texte et donnez-leur un titre.

4. Relevez les verbes qui marquent les actions du narrateur dans la première étape. Quelle évolution remarquez-vous ?

5. Analysez l'attitude de la mère : aide-t-elle son fils ?

6. Que traduit la phrase des lignes 26 à 28 ?

7. Comment le narrateur compense-t-il son échec ?

8. Délimitez dans le récit les passages de commentaire. Qui parle alors ? Quelle est la fonction de ces commentaires ?

L'épreuve du regard des autres

9. Quels sont les différents regards posés sur le narrateur enfant ? Justifiez votre réponse.

10. Quel sens a, pour le narrateur, le regard et l'absence de regard des autres enfants sur lui ?

11. Quels sont les traits physiques et psychologiques qui caractérisent le narrateur enfant ?

12. Comment voit-il les autres enfants ? Expliquez l'expression : « je les regardais avec des yeux de pauvre : comme ils étaient forts et rapides ! comme ils étaient beaux ! » (l. 2 à 4).

13. Qu'exprime la dernière phrase du texte ?

La démystification de l'enfance

14. Pour qui se prend l'enfant ? Expliquez en quoi la phrase des lignes 4 à 6 témoigne du regard à distance du narrateur adulte sur l'enfant qu'il était. Quel en est le ton ?

15. Quelles sont les concessions qu'il est prêt à faire ? À quel mode sont-elle exprimées ? En quoi sont-elles comiques ?

16. Comment parle-t-il de sa taille ?

17. Quelles sont les causes expliquant l'échec de l'enfant ?

Retenons

La fonction critique de l'écriture de soi

L'entreprise autobiographique cherche à porter un regard lucide sur soi et sur son milieu. Elle permet ainsi de régler ses comptes avec son passé et témoigne alors du besoin du narrateur de **donner une image** de lui **choisie** et non plus imposée ou subie.
Elle reste quête de soi, quête d'identité, mais elle vise aussi à donner au lecteur un point de vue sur sa personnalité et son œuvre.

Lire et parler

Confronter différentes images de soi

1. Quel enfant étiez-vous à huit ans ? Notez quelques éléments vous caractérisant physiquement et moralement.

2. Demandez à vos parents comment ils vous voyaient à cet âge. Demandez-le ensuite à un frère, une sœur ou un(e) ami(e).

3. Présentez deux ou trois points de vue différents sur l'enfant que vous étiez. Vous pouvez suivre par exemple la structure : *D'après…, selon… Pour moi, cependant j'étais…*

Lire et écrire

Raconter un souvenir

1. Notez les grandes étapes du souvenir.

2. Rédigez le récit du souvenir ponctué de commentaires datant du moment de l'écriture et montrant que ce souvenir reste toujours aussi douloureux, malgré le temps.

3. Rédigez le même souvenir, mais en insérant des commentaires ironiques, marquant un jugement critique sur le *Je* passé.

Au début de L'Enfant, *le narrateur écrit : « Mon premier souvenir date donc d'une fessée. Mon second est plein d'étonnement et de larmes. » Voici le récit du deuxième : il est d'autant plus émouvant que l'épisode le met en scène alors qu'il est âgé de quelques années seulement.*

« C'est ta faute ! »

C'est au coin d'un feu de fagots, sous le manteau d'une vieille cheminée ; ma mère tricote dans un coin ; une cousine à moi, qui sert de bonne dans la maison pauvre, range, sur des planches rongées, quelques assiettes de grosse faïence avec des coqs à crête rouge, et à queue bleue.

Mon père a un couteau à la main et taille un morceau de sapin ; les copeaux tombent jaunes et soyeux comme des brins de rubans. Il me fait un chariot avec des languettes de bois frais. Les roues sont déjà taillées ; ce sont des ronds de pommes de terre avec leur cercle de peau brune qui imite le fer... Le chariot va être fini ; j'attends tout ému et les yeux grands ouverts, quand mon père pousse un cri et lève sa main pleine de sang. Il s'est enfoncé le couteau dans le doigt. Je deviens tout pâle et je m'avance vers lui ; un coup violent m'arrête ; c'est ma mère qui me l'a donné, l'écume aux lèvres, les poings crispés.

« C'est ta faute si ton père s'est fait mal ! »

Et elle me chasse sur l'escalier noir, en me cognant encore le front contre la porte.

Je crie, je demande grâce, et j'appelle mon père : je vois, avec ma terreur d'enfant, sa main qui pend toute hachée ; c'est moi qui en suis cause ! Pourquoi ne me laisse-t-on pas entrer pour savoir ? On me battra après si l'on veut. Je crie, on ne me répond pas. J'entends qu'on remue des carafes, qu'on ouvre un tiroir ; on met des compresses.

« Ce n'est rien », vient me dire ma cousine, en pliant une bande de linge tachée de rouge.

Je sanglote, j'étouffe : ma mère reparaît et me pousse dans le cabinet où je couche, où j'ai peur tous les soirs.

Je puis avoir cinq ans et me crois un parricide.

Ce n'est pas ma faute, pourtant !

Est-ce que j'ai forcé mon père à faire ce chariot ? Est-ce que je n'aurais pas mieux aimé saigner, moi, et qu'il n'eût point mal ?

Oui – et je m'égratigne les mains pour avoir mal aussi.

C'est que maman aime tant mon père ! Voilà pourquoi elle s'est emportée.

On me fait apprendre à lire dans un livre où il y a écrit, en grosses lettres, qu'il faut obéir à ses pères et mères : ma mère a bien fait de me battre.

Jules Vallès, *L'Enfant*, 1879.

Christian Bérard (1902-1949), *Portrait d'un jeune garçon*, Fondation Ex-Edward James, Sussex (Grande-Bretagne).

Lire et comprendre

▸ Souvenir vécu et transposition

1. Quels sont les éléments qui renvoient à la réalité vécue (cadre spatio-temporel, détails, voix du narrateur…) ?

2. À quel temps le récit est-il écrit ? Que permet ce choix ?

3. Qui parle : l'enfant ou l'adulte ? Observez les sensations et les sentiments exprimés lignes 16 à 29 : que montrent-ils ?

4. Délimitez les différentes étapes du récit et donnez-leur un titre. Quel sens a cette scène pour l'enfant ? A-t-elle le même sens pour le narrateur adulte ?

▸ Les relations entre l'enfant et ses parents

5. Comment apparaît le père d'après le récit ? Quelle est sa relation à son fils ? Pourquoi ne parle-t-il pas ?

6. Pourquoi la mère n'apparaît-elle pas au début ? Comment se comporte-t-elle ensuite ?

▸ Souvenir et visée dénonciatrice

7. Quelle est votre réaction à ce récit ?

8. Quelle est la valeur du pronom « on » dans les lignes 18 à 20 ?

9. Quels sont les types de phrase utilisés dans les lignes 27 -28 ? Quelle est leur fonction ?

Retenons

Récit autobiographique et visée implicite

Le récit des souvenirs peut constituer une dénonciation du monde adulte. Le narrateur donne alors une voix à l'enfant d'autrefois pour protester et l'autobiographie devient un **réquisitoire implicite**. Le lecteur est ainsi érigé en juge.

Lire et explorer

Faire une lecture cursive de *L'Enfant*

1. La structure du texte : comment le texte est-il construit ? Y a-t-il une intrigue ? Quel est le fil directeur du récit ?

2. Les personnages :
a. Quelle est l'attitude de la mère de Jacques Vingtras par rapport à son fils ? Quels sont ses sentiments à son égard ? Comment expliquer cela ?
b. Comment réagit l'enfant face aux vexations dont il est l'objet ? Quel est l'effet produit sur le lecteur ?
c. Étudiez la figure du père : comment apparaît-il ? Quelles sont ses relations avec son fils ? avec sa femme ?
d. Classez les différents personnages qui apparaissent par rapport à leur attitude envers l'enfant : aide, compassion, rejet, indifférence…

3. Voici la dédicace de *L'Enfant* : « *À tous ceux qui crevèrent d'ennui au collège ou qu'on fit pleurer dans la famille, qui, pendant leur enfance, furent tyrannisés par leurs maîtres ou rossés par leurs parents, Je dédie ce livre.* » Cherchez la définition du mot « dédicace ». Sous quel signe place-t-elle l'œuvre ? En quoi correspond-elle à votre lecture de *L'Enfant* ?

4. Avez-vous aimé ce livre ? Proposez des arguments en sa faveur, puis donnez des raisons qui rendent votre jugement moins positif, éventuellement.

Jean-Jacques Rousseau (1712-1778) écrit Les Confessions *entre 1763 et 1770. C'est la première autobiographie moderne, œuvre dans laquelle il retrace son histoire pour se défendre des accusations portées contre lui par ses contemporains et se présenter « dans toute la vérité de la nature ». Orphelin de mère, il est placé en apprentissage à l'âge de quatorze ans à Genève chez un graveur, « jeune homme rustre et violent ». À cette époque, les apprentis mangent à la table de leur maître, sans avoir droit au dessert…*

La chasse aux pommes

J'appris ainsi qu'il n'était pas si terrible de voler que je l'avais cru, et je tirai bientôt si bon parti de ma science, que rien de ce que je convoitais n'était à ma portée en sûreté. Je n'étais pas absolument mal nourri chez mon maître et la sobriété ne m'était pénible qu'en la lui voyant si mal garder. L'usage de faire sortir de table les jeunes gens quand on y sert ce qui les tente le plus, me paraît très bien entendu pour les rendre aussi friands que fripons. Je devins en peu de temps l'un et l'autre ; et je m'en trouvais fort bien pour l'ordinaire, quelquefois fort mal quand j'étais surpris.

Un souvenir qui me fait frémir encore et rire tout à la fois, est celui d'une chasse aux pommes qui me coûta cher. Ces pommes étaient au fond d'une dépense[1] qui, par une jalousie[2] élevée recevait du jour de la cuisine. Un jour que j'étais seul dans la maison, je montai sur la maie[3] pour regarder dans le jardin des Hespérides[4] ce précieux fruit dont je ne pouvais approcher. J'allai chercher la broche pour voir si elle pourrait y atteindre : elle était trop courte. Je l'allongeai par une autre petite broche qui servait pour le menu gibier ; car mon maître aimait la chasse. Je piquai plusieurs fois sans succès ; enfin je sentis avec transport que j'amenais une pomme. Je tirai très doucement : déjà la pomme touchait à la jalousie : j'étais prêt à la saisir. Qui dira ma douleur ? La pomme était trop grosse, elle ne put passer par le trou. Que d'inventions ne mis-je point en usage pour la tirer ! Il fallut trouver des supports pour tenir la broche en état, un couteau assez long pour fendre la pomme, une latte pour la soutenir. À force d'adresse et de temps je parvins à la partager, espérant tirer ensuite les pièces l'une après l'autre ; mais à peine furent-elles séparées, qu'elles tombèrent toutes deux dans la dépense. Lecteur pitoyable, partagez mon affliction.

Je ne perdis point courage ; mais j'avais perdu beaucoup de temps. Je craignais d'être surpris ; je renvoie au lendemain une tentative plus heureuse, et je me remets à l'ouvrage tout aussi tranquillement que si je n'avais rien fait, sans songer aux deux témoins indiscrets qui déposaient contre moi dans la dépense.

Le lendemain, retrouvant l'occasion belle, je tente un nouvel essai. Je monte sur mes tréteaux, j'allonge la broche, je l'ajuste ; j'étais prêt à piquer… Malheureusement le dragon ne dormait pas ; tout à coup la porte de la dépense s'ouvre : mon maître en sort, croise les bras, me regarde et me dit : Courage !… La plume me tombe des mains.

Jean-Jacques Rousseau, *Les Confessions*, Livre I, publication posthume, 1781.

1. **dépense :** pièce où l'on range les provisions.
2. **jalousie :** fenêtre grillagée.
3. **maie :** huche à pain.
4. **Hespérides :** nymphes de la mythologie grecque. Elles gardaient avec l'aide d'un dragon le jardin des dieux où poussaient des arbres aux pommes d'or.

Francis Cotes (1726-1770), *Portrait de Maître White, trésorier*, Fondation Coram, Londres, (Grande-Bretagne).

Lire et comprendre

Le souvenir et l'art du récit

1. Quels sont les indices du récit autobiographique ?

2. Quelles sont les grandes étapes du récit ? Donnez-leur un titre.

3. Quels sont les obstacles rencontrés par le narrateur ? Pourquoi la progression est-elle bien ménagée et quel effet crée-t-elle sur le lecteur ?

4. Observez les temps des verbes : quel changement notez-vous dans le troisième paragraphe ? Quel est l'effet ainsi produit ?

5. Dans les lignes 17 à 19 et 29 à 33, quelle remarque faites-vous sur la longueur des phrases ainsi que sur les liens syntaxiques entre les propositions ? Pourquoi ce choix d'écriture ?

6. Montrez que la première phrase du deuxième paragraphe annonce des sentiments mêlés. Classez les mots qui se rapportent à chacun de ces sentiments dans la suite du texte en deux champs lexicaux opposés. En quoi contribuent-ils à soutenir l'intérêt pour la narration ?

Le souvenir et sa réécriture

7. Pourquoi Rousseau évoque-t-il le jardin des Hespérides (l. 13) ? En faisant référence à ce récit mythique, à qui s'assimile-t-il ? Quel est l'effet recherché ?

8. À quoi est associée la pomme dans la Bible ? Quel lien peut-on alors établir entre l'épisode de la Bible et le texte de Jean-Jacques Rousseau ?

Le souvenir et sa visée

9. Jean-Jacques Rousseau se présente-t-il comme un voleur ici ? Quelle est l'image de lui qu'il donne ? Quelles sont ses qualités ? ses défauts ?

10. Quelle image donne-t-il de son maître ? Comment ce dernier le traite-t-il ? Expliquez : « et la sobriété [...] si mal garder » (l. 4).

11. Observez le début et la fin du texte : quel rôle jouent-ils par rapport au récit du souvenir ?

12. Relevez les passages où Rousseau s'adresse à son lecteur : selon quelle modalité le fait-il ? Quelle relation cherche-t-il ainsi à établir avec lui ?

Retenons

La visée argumentative du pacte autobiographique

Dans le récit autobiographique, l'auteur établit avec son lecteur une relation particulière : un **pacte**, le prenant à témoin de sa sincérité et allant jusqu'à faire l'aveu de ses défauts et de ses faiblesses.

Lire et écrire

Raconter un souvenir dans une visée argumentative

1. Rédigez un texte racontant une bêtise d'enfant au moment où vous l'avez vécue. Votre récit présentera les faits et sera rédigé au présent.

2. Racontez l'événement de votre point de vue actuel d'adolescent.

a. Le récit sera au passé.

b. Vous y mêlerez des commentaires au présent de l'écriture.

c. Vous ferez des paragraphes : le premier sera consacré aux circonstances, le second au récit de la bêtise, le troisième paragraphe évoquera les conséquences, la découverte de la bêtise et la réaction des autres. Pour conclure, vous vous interrogerez sur le rôle de la punition dans l'éducation.

Bilan de séquence
vers le brevet

Romain Gary (1914-1980) et sa mère sont maintenant installés à Wilno (Pologne). Celle-ci façonne des chapeaux pour les grandes dames de la ville. Considérée avec méfiance, parce qu'étrangère, par ses voisins petits-bourgeois, elle est accusée de recel d'objets volés. De colère, elle fait le tour de l'immeuble…

August Macke (1887-1914), *Mère et enfant dans le parc* (1914). Hamburg Kunsthalle, Hambourg (Allemagne).

Ambassadeur de France !

Ma mère allait de porte en porte, sonnant, frappant et invitant tous les locataires à sortir sur le palier. Les premières insultes à peine échangées – là, ma mère avait toujours et incontestablement le dessus – elle m'attira contre elle et, me désignant à l'assistance, elle annonça, hautement et fièrement, d'une voix qui retentit encore en ce moment à mes oreilles :

– Sales petites punaises bourgeoises ! Vous ne savez pas à qui vous avez l'honneur de parler ! Mon fils sera ambassadeur de France, chevalier de la Légion d'honneur, grand auteur dramatique, Ibsen, Gabriele d'Annunzio ! Il…

Elle chercha quelque chose de tout à fait écrasant, une démonstration suprême et définitive de réussite terrestre :

– Il s'habillera à Londres !

J'entends encore le bon gros rire des « punaises bourgeoises » à mes oreilles. Je rougis encore, en écrivant ces lignes. Je les entends clairement et je vois les visages moqueurs, haineux, méprisants – je les vois sans haine : ce sont des visages humains, on connaît ça. Il vaut peut-être mieux dire tout de suite, pour la clarté de ce récit, que je suis aujourd'hui Consul Général de France, compagnon de la Libération, officier de la Légion d'honneur et que si je ne suis devenu ni Ibsen, ni d'Annunzio, ce n'est pas faute d'avoir essayé.

Et qu'on ne s'y trompe pas : je m'habille à Londres. J'ai horreur de la coupe anglaise, mais je n'ai pas le choix.

Je crois qu'aucun événement n'a joué un rôle plus important dans ma vie que cet éclat de rire qui vint se jeter sur moi, dans l'escalier d'un vieil immeuble de Wilno, au n° 16 de la Grande-Pohulanka. Je lui dois ce que je suis : pour le meilleur comme pour le pire, ce rire est devenu moi.

Romain Gary, *La Promesse de l'aube* © Éditions Gallimard, 1960.

Comprendre le texte

Une mère déterminée

1 **a.** Quelle est la fonction grammaticale des participes présents de la première phrase du texte, lignes 1 et 2 ?
b. Que montre l'accumulation des trois participes présents en ce qui concerne l'attitude de la mère ?
c. Remplacez-les par trois propositions indépendantes.

2 « Sales petites punaises bourgeoises ! » (l. 6) : Quel est le ton utilisé ? Sur quel niveau de langue repose-t-il ? Caractérisez le lexique.

3 **a.** Relevez les termes qui désignent le ton qu'elle prend pour parler de son fils (l. 1 à 5). Précisez leur nature grammaticale.
b. Transformez la phrase en son contraire en modifiant le verbe introducteur et en donnant des antonymes.

4 Quels sont les traits de caractère de cette femme ? Justifiez votre réponse en vous appuyant sur des éléments du texte.

Un souvenir décisif

5 Pourquoi le narrateur décline-t-il ses titres ? Sur quel ton le fait-il ?

6 Expliquez la dernière phrase.

7 Quel regard le narrateur porte-t-il sur ce souvenir ?

8 Quel est le temps employé des lignes 12 à 15 ? Quelles sont ses différentes valeurs ici ?

9 Quelle est la figure de style utilisée dans la phrase : « Je crois qu'aucun événement n'a joué un rôle plus important dans ma vie que cet éclat de rire qui vint se jeter sur moi… » (l. 21-22) ?

Étudier la langue

10 Récrivez les lignes 1 à 5 en commençant par « Sa mère » et en mettant les verbes au présent de l'indicatif.

11 **a.** Quels sont les temps verbaux du premier paragraphe ? Justifiez leur emploi.
b. Quels sont les temps employés dans les paroles de la mère ? Justifiez leur emploi.
c. Transformez le passage « Sales petites punaises bourgeoises… Gabriele d'Annunzio » (l. 6 à 8) en le faisant précéder d'un verbe introducteur.

Écrire

12 Le narrateur écrit à sa mère des années plus tard pour lui rappeler cet événement déterminant et l'exemple qu'elle lui a montré ; il lui explique pourquoi et comment il est devenu quelqu'un. Votre texte sera rédigé à la 1re personne du présent du moment de l'écriture et aux temps du passé pour évoquer les souvenirs. Vous conclurez en élargissant la réflexion au rôle de l'éducation dans le devenir d'un enfant.

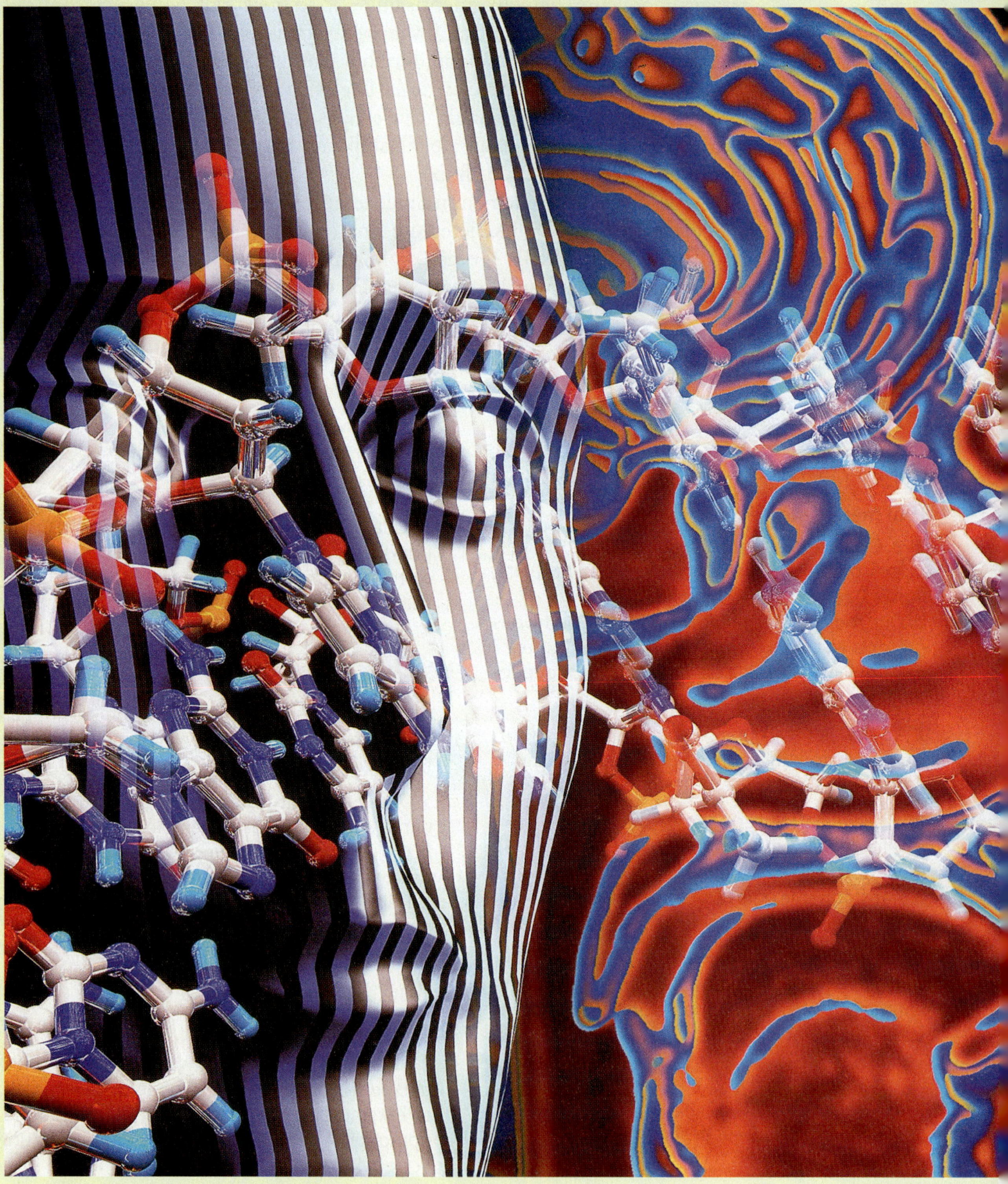

Clonage humain. © Alfred Pasieka.

La science en question

Les composantes du discours argumentatif

Aujourd'hui les progrès de la science sont tels que rien ne semble plus impossible à l'homme. Des voix s'élèvent cependant pour mettre en garde contre une utilisation abusive de ses découvertes, notamment en matière de manipulations génétiques.

Dans cette séquence, vous réfléchirez aux questions morales soulevées par les récentes découvertes scientifiques. Pour cela, vous apprendrez à **construire une argumentation** après en avoir repéré les éléments principaux.

- *Poser le problème*
- *Les moyens argumentatifs*
- *La dimension argumentative des récits*

Poser le problème

Les magazines à destination des jeunes se font l'écho des grands débats de société, et en particulier des questions liées aux découvertes de la science et de ses applications à l'homme. Voici deux « unes » de magazines consacrées à ces sujets d'actualité.

Deux « Unes »

Phosphore, n° 237, mars 2001.

L'Actu, le quotidien d'actualité dès 14 ans. Tél. 01 53 01 23 60 ou www.lactu.com.

L'Actu, n° 1051, jeudi 5 septembre 2002.

Lire et maîtriser la langue

Les familles de mots

1. Cherchez le sens du mot « génétique ». Puis donnez des mots de la même famille en expliquant leur sens, en particulier le terme « transgénique ». Employez-les ensuite dans une phrase de votre choix. Quel est le sens du sigle OGM ?

2. Cherchez le sens du mot « manipulation ». Sur quel mot est-il formé ? Donnez des mots de la même famille.

3. Cherchez le sens du mot « débat ». Sur quel mot est-il formé ? Donnez des mots de la même famille.

Histoire et formation des mots ➤ p. 370

Lire et comprendre

Identifier les documents

1. a. Quels sont les points communs et les différences entre les deux documents ?
b. D'après leur titre, leur vocabulaire et leur ton, les sujets qu'ils se proposent de traiter, à quel public s'adressent-ils, selon vous ?
c. Qu'en déduisez-vous sur leur visée ?

Présenter un problème

2. a. Où apparaît le sujet principal abordé dans chaque document ? Comment est-il mis en valeur ? Comment est-il formulé ?
b. Quelle est la fonction de cette présentation ?

3. Quel est le rôle du texte écrit en caractères plus petits sous la question ? À quoi correspond chacune des phrases ?

La science en question

4. Quel problème soulèvent selon vous les OGM et les manipulations génétiques ?

5. Quel problème lié à la recherche scientifique ces deux « unes » font-elles ressortir ?

6. Formulez dans une phrase complète chacune des deux réponses possibles à la question posée par le magazine *Phosphore*.

Étudier les relations entre texte et image

7. Qu'a de particulier la photographie du document 1 ? En quoi illustre-t-elle le problème posé ?

8. Que représente la photographie du document 2 ? Quel rôle joue-t-elle par rapport au texte ?

9. Laquelle vous semble le mieux suggérer le problème posé par la « une » ? Justifiez votre réponse.

Retenons

Poser le problème avant d'argumenter

Pour argumenter, on transforme en questionnement le sujet donné afin d'en **dégager le problème** : l'interrogation permet souvent d'ouvrir le thème d'un débat et donne une dynamique à la réflexion.

Lire et écrire

Formuler un sujet de débat

1. Formulez des questions à partir des thèmes suivants : science et bonheur, recherche et maladie, nature et industrie, planète et écologie, etc. (ex. : pollution et énergie : Comment protéger la planète des déchets nucléaires ?)

2. Choisissez l'un des sujets ci-dessus et composez la « une » capable d'attirer l'attention des lecteurs. Vous pouvez utiliser le collage de photographies, le dessin, la caricature…

Lire et parler

Argumenter à l'oral

1. Faites une recherche au CDI ou sur Internet à propos du clonage humain : cherchez des renseignements sur Dolly, la première brebis clonée, sur le médecin italien Severino Antinori à l'origine de l'implantation d'embryons conçus selon la pratique du clonage.

2. À partir de ces renseignements, notez des idées en faveur du clonage et des idées contre cette pratique.

3. Un élève est chargé de présenter la question à partir d'un exemple concret (Dolly, les pratiques de clonage humain du professeur Severino Antinori). Un autre élève est le secrétaire de séance, il note au tableau les arguments pour ou contre présentés par les autres élèves.

Des débats ont lieu depuis quelques temps sur les organismes génétiquement modifiés (OGM) essentiellement utilisés pour améliorer les produits de l'agriculture. On évoque souvent le maïs transgénique, non sans polémique.

OGM, mode d'emploi

Du maïs au gène de scorpion ?

À l'énoncé du sigle OGM, le profane, intrigué, s'interroge. Que sont ces organismes que l'on dit « génétiquement modifiés » ? D'où viennent-ils ? Sont-ils vraiment partout… y compris dans notre assiette ? Telle est finalement LA question que chacun se pose, avec une expression plus ou moins perplexe, selon son degré de connaissances dans le domaine scientifique. Le terme OGM désigne un organisme vivant dont le patrimoine génétique a été modifié par l'introduction d'un ou plusieurs gènes[1], étrangers à son espèce. Cette manipulation génétique, effectuée en laboratoire, porte le nom de transgénèse, d'où la mention d'organismes transgéniques, fréquemment utilisée pour qualifier les OGM.

Tout ce qui vit est un organisme vivant. Cette lapalissade est cependant d'une immense portée, car elle signifie qu'en matière de manipulation génétique et de transfert de gènes, tous les organismes vivants sont concernés : bactéries, virus, plantes, animaux (précisons au passage que la biologie classe l'homme dans le règne animal). Les organismes transgéniques obtenus sont dotés de caractères nouveaux et héréditaires, puisqu'ils ont la possibilité de les transmettre à leur descendance. Ils sont fabriqués par le génie génétique[2], une science toute récente sur l'échelle de l'humanité, qui aboutit à des aliments et des produits nouveaux, présents aux quatre coins de la planète. Depuis la naissance de l'agriculture, l'homme n'a cessé de modifier les plantes pour les cultiver. Les nouveautés ne lui font donc pas peur. Pourtant, avec la transgénèse, les sélections et autres croisements dus à l'hybridation[3] se retrouvent très loin derrière nous, à des années-lumière ! En effet, pour la première fois depuis le début de son histoire, l'homme est capable de fabriquer un être vivant avec des gènes d'espèces appartenant à un ordre ou à un règne totalement différents. Les portes de l'impossible se sont entrouvertes. Au sein des laboratoires, les scénarios les plus incroyables prennent forme : un gène de chien, de bactérie ou de scorpion est transféré dans du maïs ; un gène d'araignée dans une chèvre et celui de l'hormone de croissance humaine dans un poisson…

« Les OGM richesses et servitudes »,
TDC (Textes et documents pour la classe), n° 829, © CNDP, 2002.

1. **gène** : nom donné à des unités définies, localisées sur les chromosomes et responsables de la production des caractères héréditaires.
2. **génie génétique** : ensemble des technologies qui consiste à modifier l'ADN des êtres vivants.
3. **hybridation** : croisement d'animaux ou de plantes de races ou de variétés différentes.

Lire et comprendre

Identifier le texte

1. a. Quel rôle joue le titre « Du maïs au gène de scorpion ? » Expliquez pourquoi ce titre suscite la curiosité et peut-être l'inquiétude du lecteur.
b. Quel rôle jouent les phrases interrogatives dans le début du passage ?
c. Observez le titre de la revue dont ce texte est extrait et dites alors quelle en est la visée.

Expliquer le mécanisme scientifique

2. a. À quel temps le texte est-il principalement écrit ? Quelle est sa valeur ?
b. Relevez les marques de l'énonciation. Qui parle ?

3. Expliquez le mot « lapalissade », ligne 11. Pourquoi le second paragraphe s'appuie-t-il sur une telle affirmation ?

4. De quel genre de texte s'agit-il ? Quel est le ton adopté par le locuteur ?

Des éléments de réponse

5. a. Relevez tous les connecteurs du texte.
b. Relevez maintenant tous les procédés servant à expliquer et classez-les. Pourquoi est-il nécessaire de donner ces explications ?

6. a. Quel rôle jouent les dernières lignes ? Que montrent-elles ?
b. D'après ces dernières lignes, quel vous semble le problème posé par le texte en ce qui concerne les OGM ? Justifiez votre réponse.

Recherche sur le maïs génétiquement modifié / OGM.

Retenons

Donner des explications avant d'argumenter

Pour argumenter et défendre un point de vue, il est fréquent de recourir à des explications qui apportent des éléments objectifs sur le sujet.
Le discours explicatif répond aux questions : **Comment ? Pourquoi ?** Il se caractérise par une énonciation neutre au **présent de vérité générale** et par l'emploi d'un **lexique spécialisé**. L'expression de la cause et de la conséquence y est particulièrement présente.

Lire et maîtriser la langue

Le sens des mots

1. a. Quel est le sens du mot « profane » (l. 1) ? Cherchez dans le dictionnaire son sens étymologique et expliquez comment le mot a évolué jusqu'à son sens actuel.
b. Cherchez des mots de la même famille. À quel sens se rapportent-ils ?
c. Cherchez des antonymes du mot « profane ».

2. Expliquez les mots du texte : « génétique », « génétiquement modifiés », « transgéniques », « transgenèse ».

3. Que signifie le mot « hybride » ? Employez-le dans des phrases comme nom puis comme adjectif.

L'expression de la cause et de la conséquence

4. Quelle circonstance est exprimée par les mots « d'où » et « car » dans les passages : « Cette manipulation génétique, effectuée en laboratoire, porte le nom de transgenèse, d'où la mention… pour qualifier les OGM » (l. 7 à 10) ; « Cette lapalissade est cependant d'une immense portée, car elle signifie qu'en matière de manipulation génétique et de transfert de gènes, tous les organismes vivants sont concernés : … descendance » (l. 11 à 17) ?

5. a. Quelle est la valeur de la proposition subordonnée relative lignes 18-19 ?

Les subordonnées ➤ p. 330

b. Transformez la phrase en propositions indépendantes de même sens.

6. Quel est le lien entre les deux propositions indépendantes suivantes lignes 19 à 21 ?

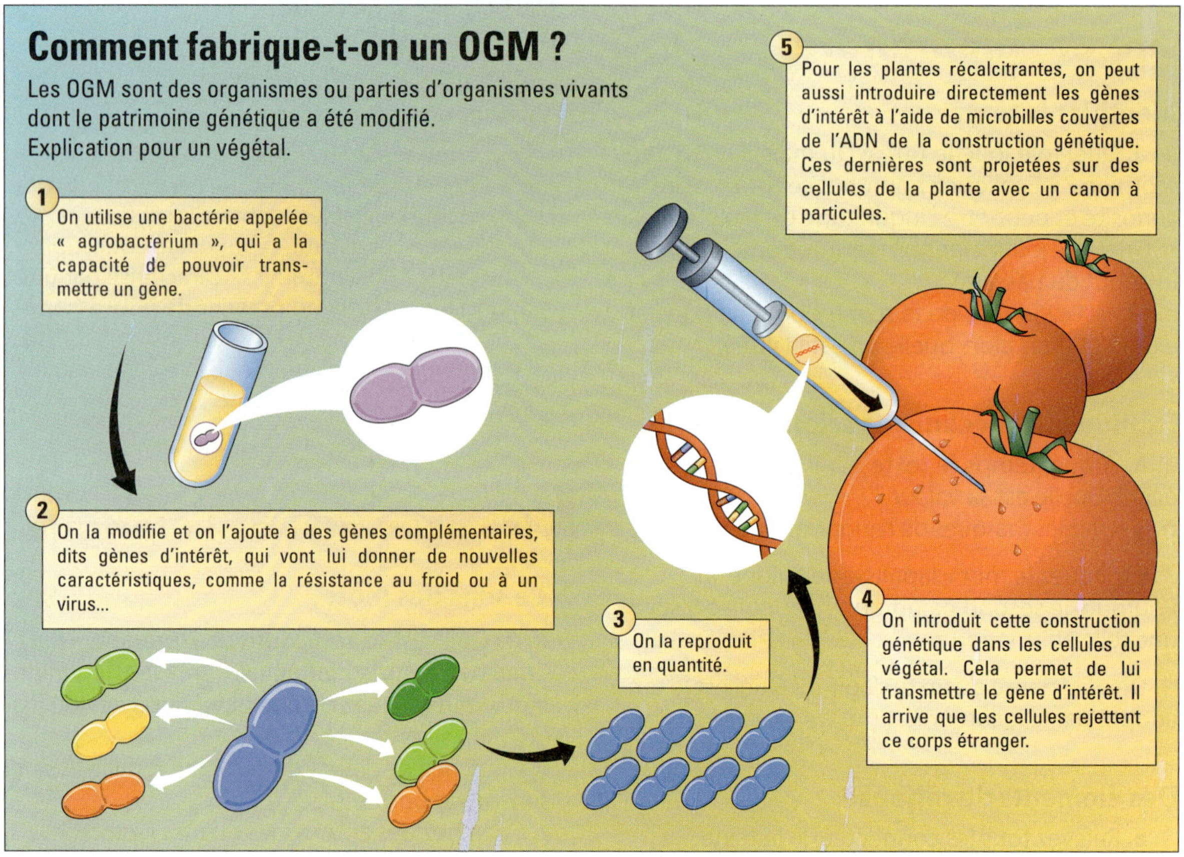

L'Actu, n° 1051, jeudi 5 septembre 2002

Lire l'image

Comprendre un schéma

1. Que montre le schéma ? À quoi sert-il ?

2. Quel est le rapport entre texte et image ?

3. Quel rôle jouent les flèches et les numéros ?

4. En quoi ce schéma complète-t-il le texte précédent ?

Lire et parler

Organiser une explication

1. Vous reproduirez ce schéma que l'un d'entre vous reportera au tableau. Vous présenterez oralement les différentes étapes de la fabrication des OGM en veillant à utiliser un vocabulaire précis.

2. Puis vous suggérerez différentes applications des OGM qu'un secrétaire de séance viendra noter au tableau.

Lire et écrire

Rédiger une explication

À partir des notes prises, vous rédigerez une explication en deux parties : comment fabrique-t-on les OGM ? Pourquoi ?

– Vous utiliserez des connecteurs pour mettre en lumière les différentes étapes de la fabrication d'un OGM, comme : *enfin, ensuite, premièrement, puis, en dernière étape, tout d'abord*, etc.

– Vous pouvez développer la deuxième partie de votre explication en l'introduisant, par : *un tel procédé permet, trouve une application, donne lieu à …*

Retenons

Le rôle du schéma dans l'explication

Le schéma explicatif permet de visualiser les différentes étapes d'un processus, donnant à l'explication un caractère plus concret qu'un texte seul n'a pas toujours.

La famine, fléau de l'Afrique, a constitué l'un des sujets abordés au Sommet de la Terre qui a eu lieu en 2002 en Afrique du Sud. Voici comment un numéro de presse pour la jeunesse en rend compte.

Une question débattue au Sommet de la Terre

« La nourriture issue d'organismes génétiquement modifiés est saine pour la consommation humaine », a déclaré récemment Gro Harlem Brundtland, directrice générale de l'OMS[1]. « Et elle devrait être utilisée pour lutter contre la famine menaçant l'Afrique australe. » Dans cette région, 13 millions de personnes sont confrontées au risque de famine et au moins 300 000 pourraient mourir de faim ou de maladie dans les six prochains mois si aucune mesure d'urgence n'est prise. La solution OGM a été adoptée par l'Afrique du Sud. En 2000, 350 000 hectares de cultures transgéniques (patates douces, tomates, colza…) étaient déjà plantés. Le Zimbabwe (pays le plus concerné avec 6 millions de personnes menacées) et le Mozambique, réticents au départ, ont fini par accepter cette aide humanitaire, mais seulement sous forme de farine, pour éviter les semis. Seule la Zambie résiste.

À la FAO[2], on explique : « C'est au pays bénéficiaire de l'aide d'accepter ou non les produits transgéniques. » Selon la FAO, en l'état actuel des connaissances scientifiques, « les OGM ne présentent pas de risque pour la santé ». Mais ce sont les pays producteurs qui certifient la conformité de ces aliments avec la sécurité sanitaire. Pour Éric Galle, de l'association écologiste Greenpeace, « sous couvert d'aide alimentaire, ces pays riches tentent de justifier l'utilisation des OGM, notamment aux yeux des Européens qui les refusent pour l'instant ». Derrière la lutte contre la famine, se cacheraient donc des intérêts économiques. « La planète produit suffisamment pour nourrir tout le monde, affirme Éric Galle. C'est la répartition des terres cultivables et des richesses qui pose problème. Dans certains pays pauvres, les paysans ont moins de terres que les producteurs qui exportent. 80 % des enfants souffrant de malnutrition vivent dans des pays qui exportent des denrées alimentaires ! »

Article de S. LELONG, dans *L'Actu*, n° 1051, jeudi 5 septembre 2002.

1. **l'OMS** : l'Organisation mondiale de la santé.
2. **la FAO** : organisme de l'ONU chargé des questions liées à l'agriculture et à l'alimentation.

Lire et comprendre

Identifier le texte

1. À qui s'adresse ce texte ? Dans quel but ?

2. Quelles sont les caractéristiques de ce genre de texte ? Pour répondre, observez les citations proposées et les informations.

Exposer les faits et expliquer

3. Quel rôle joue le premier paragraphe ? Pourquoi des chiffres y sont-ils cités ?

4. Relevez dans le second paragraphe un procédé utilisé pour expliquer.

5. Relevez un moyen utilisé pour exprimer la conséquence dans le même paragraphe.

Débattre et argumenter

6. D'après ce texte, les OGM constituent-ils une « solution anti-famine » ? Pourquoi ?

7. Formulez les deux thèses qui s'opposent dans le texte. De qui émane chacune d'elles ?

8. Quel est l'argument et l'exemple donnés en faveur de la thèse proposée ?

9. Quels sont les deux arguments qui s'y opposent dans le texte ? Quel connecteur logique annonce la réfutation ?

10. Relevez les différentes citations dans le texte, ainsi que les verbes introducteurs. Quel est l'effet recherché par ce procédé ?

Retenons

Les éléments du discours argumentatif

Le discours argumentatif est constitué d'une **thèse** qui énonce l'idée ou l'opinion défendue. Cette opinion est étayée par des **arguments** (preuves ou raisons en faveur de la thèse), eux-mêmes illustrés par des **exemples** concrets.
L'argumentation a souvent pour visée de réfuter une thèse, explicite ou implicite.

Lire et maîtriser la langue

Le sens des mots

1. a. Quel est le sens de « certifier » dans la phrase : « Ce sont les pays producteurs qui certifient la conformité de ces aliments avec la sécurité sanitaire » (l. 16 à 17) ?
b. Donnez deux mots de la même famille.

2. a. Quel est le sens du verbe « exporter » (l. 25) ?
b. Donnez deux mots formés avec le même préfixe, puis précisez le sens de ce préfixe.
c. Donnez l'antonyme de ce verbe.

La modalisation

3. a. Quels sont les procédés de modalisation utilisés dans le second paragraphe ? Quel est leur rôle ici ?
b. Transformez le texte en supprimant la modalisation. Quel est l'effet produit ?

4. Quel est le type de phrase employé à la fin du texte ? Pourquoi ?

Lire et écrire

Rédiger des arguments

À partir du texte, rédigez trois arguments en faveur des OGM en terminant par le plus important. Vous illustrerez chacun de ces arguments d'un exemple précis.

Lire et parler

Présenter des arguments pour défendre une thèse

Constituez deux groupes afin de conduire un débat sur les grandes inventions scientifiques et leurs enjeux.
L'un cherchera des arguments en faveur de la thèse suivante : « La science a fait accomplir à l'homme de grands progrès » ; l'autre groupe défendra la thèse inverse : « Les découvertes scientifiques peuvent faire courir des risques à l'humanité ». Chacun des groupes préparera un exposé oral, avec des exemples illustrant sa thèse.

Les moyens argumentatifs

Les conséquences de l'utilisation des organismes génétiquement modifiés sont aujourd'hui objet de débat : sont-ils bénéfiques ou au contraire nuisibles à l'homme ? Les scientifiques avancent des arguments contraires. Faisons le point à partir de ce texte documentaire.

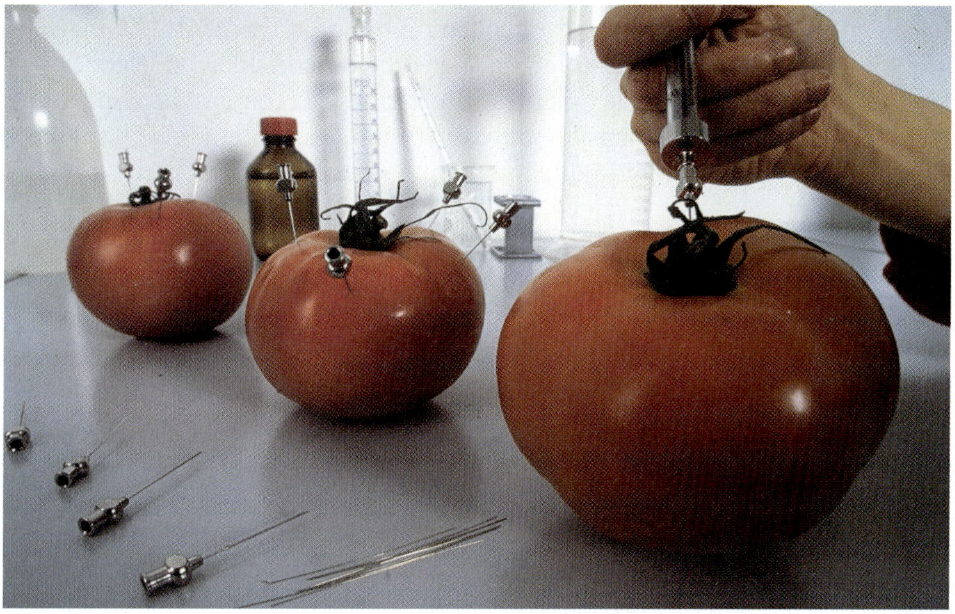

Recherche sur les plantes génétiquement modifiées. (Université de Hambourg).

OGM : pour ou contre ?

Ceux qui sont pour

D'OGM en OGM, nous voici au centre du débat et face à la véritable question qui le provoque. Pourquoi modifier les plantes qui constituent la base de notre alimentation ?

Comme dans toutes les affaires compliquées, c'est très simple : il y a ceux qui sont pour et ceux qui sont contre. Et les deux camps de citer une liste de scientifiques, associations, experts ou chercheurs de renom ayant effectué des travaux dont les résultats prouvent une chose, puis son contraire. La somme de documents que l'on peut trouver sur le sujet est significative. Trier une telle quantité d'informations, c'est excellent pour l'intellect, tous les chercheurs vous le diront !

Le pour est donc appelé à la barre. Premier argument : l'homme modifie l'agriculture depuis sa sédentarisation, les OGM n'étant qu'une étape nouvelle à franchir sur la voie de la recherche ou de la commercialisation. Ce qui implique leur dissémination[1] volontaire dans l'environnement : les essais en plein champ sont indispensables pour évaluer les risques liés aux cultures OGM.

1. **dissémination :** dispersion.

Deuxième argument : les cultures transgéniques permettront d'augmenter la productivité et, par conséquent, d'enrayer la famine dans les pays en voie de développement. En outre, il est possible de fabriquer des aliments enrichis en ferritine ou en bêta-carotène (précurseur de la vitamine A). C'est le cas du « riz doré ».

Troisième argument : l'amélioration des plantes ouvre des perspectives au niveau de la protection de l'environnement. Par exemple, on utilise un désherbant total pour éliminer rapidement l'ensemble des adventices[2] du champ où sont cultivés les OGM. La quantité d'herbicides à répandre est alors diminuée, ainsi que le nombre de traitements. Le maïs, le soja et le colza ont été rendus tolérants à ce type d'herbicide, dit sélectif.

Pour les plantes-insecticides, le traitement contre le ravageur étant déjà inclus dans le nouveau végétal, les traitements chimiques extérieurs, particulièrement polluants, sont à nouveau réduits.

Ceux qui sont contre

Présentée ainsi, la richesse des plantes génétiquement modifiées saute aux yeux. « Mais il y a un *mais* », rétorquent ceux qui ne sont pas vraiment pour… Le contre est appelé à répondre.

Tout d'abord, si la nature et les plantes cultivées ont subi bien des modifications du fait de l'homme, avec la transgénèse, les barrières entre espèces sont franchies. Il faut réfléchir à cet acte et à ses conséquences. C'est une question d'éthique[3].

Le génie génétique est une science nouvelle, et comme telle, il est nécessaire d'appliquer le principe de précaution : évaluer tous les risques liés aux OGM avant leur dissémination volontaire dans l'environnement. Les expérimentations peuvent se poursuivre en milieu confiné, non en plein champ, car il existe un risque de pollution génétique qui ferait alors peser une menace sur la biodiversité[4]. Les variétés OGM pourraient se croiser avec les espèces sauvages et les éradiquer[5] selon le processus de la bio-invasion.

Ensuite, ni la productivité liée à l'agriculture intensive, ni les OGM-alicaments[6] ne sauraient résoudre le problème de la faim dans le monde. Les agriculteurs des pays pauvres n'ont pas besoin de techniques sophistiquées, inadaptées à leurs besoins, ni de riz aux vitamines. Il existe, un peu partout dans le monde, plusieurs variétés de plantes indigènes, riches en vitamine A ou en fer, qu'il conviendrait de développer. La diversification alimentaire est la meilleure des solutions. Enfin, les OGM-herbicides sont conçus pour favoriser l'agriculture intensive, source de pollution avérée[7] des sols et des eaux. En admettant qu'au début, un seul désherbant en remplace deux ou trois, les mauvaises herbes apparentées qui repoussent deviendront ensuite résistantes à ce désherbant. Il faudra alors déverser d'autres herbicides pour les supprimer.

Le même phénomène est à craindre vis-à-vis des plantes-insecticides qui sécrètent des toxines tout au long de leur vie. Les insectes qui en meurent, dans un premier temps, deviennent résistants à moyen terme.

Article de **Cécile Carbona**, « Les OGM richesses et servitudes »,
TDC (Textes et documents pour la classe), n° 829, © CNDP, 2002.

2. **adventices :** plantes qui poussent sans avoir été semées.
3. **éthique :** ensemble des problèmes de morale.
4. **biodiversité :** diversité du monde vivant.
5. **éradiquer :** détruire.
6. **alicament :** aliment fabriqué pour remplir une fonction alimentaire et médicamenteuse.
7. **avérée :** vérifiée, certaine.

Fixation de l'azote sur des céréales (Institut Pasteur).

Lire et maîtriser la langue

La composition des mots

1. a. Quel est le sens du mot « herbicide » ?

b. Décomposez-le, puis cherchez des mots construits avec le même suffixe. Donnez leur sens.

c. Cherchez des mots de la famille d'« herbicide » dans le texte. Comment sont-ils formés ?

L'expression de la cause et de la conséquence

2. a. Quelle est la circonstance exprimée dans la proposition : « car il existe un risque de pollution génétique qui ferait alors peser une menace sur la biodiversité » (l. 41 à 43) ?

b. Transformez la phrase de manière à utiliser un participe présent de même sens que la proposition initiale.

Lire et comprendre

L'organisation du texte

1. a. Comment le texte est-il construit ? Distinguez les sous-parties de chacune des deux grandes parties découpées par les intertitres.

b. En quoi la disposition typographique aide-t-elle à lire l'argumentation ?

2. a. Expliquez l'effet produit par la phrase : « Le pour est donc appelé à la barre » (l. 11). Dans quel domaine emploie-t-on ce genre d'expression ?

b. Relevez dans la suite du texte une phrase qui utilise le même procédé.

3. a. Quel est le rôle des deux premiers paragraphes ?

b. Quel rôle le premier paragraphe de la deuxième partie (l. 31 à 33) joue-t-il dans la construction de l'argumentation ?

4. Relevez les mots qui introduisent les différents arguments. Quel est leur rôle ?

L'argumentation et sa logique

5. a. À quels domaines appartiennent les arguments en faveur des OGM ?

b. À quels domaines appartiennent les arguments contre les OGM ?

c. Qu'est-ce qui semble l'emporter ? Pourquoi ?

6. En vous appuyant sur le lexique ainsi que sur certaines tournures grammaticales, montrez comment le premier argument contre les OGM reprend, en le réfutant, l'argument pour.

Retenons

La logique du texte argumentatif

Le texte argumentatif suit un ordre logique : les arguments s'enchaînent à l'aide de **connecteurs** qui organisent le propos et aident le destinataire à suivre le cheminement de l'énonciateur.
Ainsi, on peut :
– défendre une thèse à l'aide d'une série d'arguments en gardant le plus fort pour la fin ;
– confronter des arguments contraires afin d'en évaluer la pertinence avant de prendre position à la fin.

Lire et écrire

Résumer un texte argumentatif

1. Reformulez chaque argument en une phrase.

2. Quel lien logique établissez-vous entre chaque paragraphe ? Mettez un connecteur logique entre chaque idée reformulée.

3. Résumez le texte en 190 mots environ.

Melon transgénique (ENSAT, Toulouse).

Lire et parler

Organiser un débat oral

1. a. Voici une liste d'arguments concernant la recherche génétique. Classez-les selon qu'ils sont pour ou contre la recherche génétique :
– La recherche génétique ouvre la perspective de nouveaux traitements, grâce à la production à volonté de cellules choisies. Ces greffes cellulaires concernent les maladies cardiovasculaires, les maladies de Parkinson et d'Alzheimer, les leucémies, le diabète, la sclérose en plaques ou les brûlures graves.
– Les recherches sur l'embryon permettent de pratiquer l'eugénisme. En détectant la moindre anomalie, on peut sélectionner le bébé idéal, ou répondant à tel critère désiré par les parents.
– La recherche sur l'embryon a fait progresser la procréation médicalement assistée : en écartant les embryons porteurs d'anomalies majeures, on favorise le taux de réussite des fécondations *in vitro*.
– Des lois trop restrictives risquent d'empêcher les biologistes français de participer à la recherche mondiale et d'avancer dans la recherche.
– Utiliser des embryons comme un moyen ou un matériel de laboratoire, c'est transformer en objets des individus à venir.
- La recherche sur l'embryon peut déboucher sur le clonage reproductif.
b. Complétez la liste avec vos propres arguments et exemples.

2. En classe, disposez la salle en carré de façon à pouvoir communiquer. Désignez un modérateur, élève chargé de conduire le débat et de distribuer la parole, un secrétaire de séance chargé de prendre en note les différentes interventions, un observateur chargé de noter la façon dont la parole circule, les difficultés liées à l'écoute, aux coupures… Intervenez à tour de rôle en respectant la parole de l'autre ; écoutez-le jusqu'au bout et répondez-lui avec courtoisie.

3. À l'issue du débat, faites un bilan des qualités requises pour un débat réussi : faites un tableau reprenant tous les critères à prendre en compte pour la mise en place et la réalisation d'un débat productif. Ce document vous servira de grille d'évaluation pour vos débats ultérieurs.

Professeur de médecine, spécialiste de recherche en cancérologie et ancien ministre, engagé aux côtés des plus démunis, le professeur Léon Schwartzenberg développe, dans un essai intitulé Face à la détresse, *le rôle de l'« éthique », c'est-à-dire des principes de la moralité en ce qui concerne la recherche scientifique.*

Éthique

Tableau d'Albert G. Edelfelt (1854-1905), *Louis Pasteur (1822-1895) chimiste et biologiste français*, Musée d'Orsay, Paris (1885).

La science, cela n'a rien d'éthique, prétendent d'aucuns. Si : la vraie science est toujours éthique. Dans son domaine, tout comportement qui s'écarte si peu que ce soit d'une véritable approche scientifique, de l'approfondissement des connaissances, de la découverte de nouvelles données est un comportement antiscientifique et, par là même, non éthique. L'éthique définit la spécificité d'un comportement en rapport avec son objet.

L'attitude des médecins nazis dans les camps de concentration était doublement monstrueuse, humainement et scientifiquement : aucune de leurs prétendues « expériences » n'a fait faire le moindre progrès aux connaissances. Ce n'étaient pas des hommes de science, c'étaient des acteurs du génocide.

Lorsque, pendant l'Inquisition, des évêques soumettaient à la question[1] des hérétiques, ils se mettaient hors la religion : ce n'étaient pas des prêtres, c'étaient des tortionnaires.

Lorsqu'un praticien assiste dans une prison aux sévices infligés à un détenu ou à une exécution capitale, ce n'est pas un médecin, c'est un valet de bourreau.

Lorsque vous traitez des malades avec des produits qui n'ont fait aucune preuve de leur action thérapeutique, vous n'êtes pas un soignant, vous êtes un charlatan.

Lorsque, pour gagner un tournoi sportif, vous achetez les meilleurs joueurs, que vous ne faites pas jouer mais dont vous empêchez d'autres clubs de profiter, vous ne faites pas du sport, vous faites des affaires.

Lorsque vous détenez une information que vous ne publiez pas ou que vous « arrangez », vous n'êtes pas un journaliste, vous êtes un censeur, un faussaire ou un courtisan.

Lorsque, dans la vie publique, vous vous attachez plus à votre carrière qu'à l'intérêt des citoyens par lesquels et pour lesquels vous avez été élu, vous n'êtes pas un homme politique, vous êtes un imposteur.

Quand on s'écarte du chemin de sa vie, on triche. Chaque métier, chaque type d'activité s'accompagne d'une attitude de rigueur qui lui est propre : c'est sur elle que repose la morale d'une conduite, ou (pour reprendre un mot un peu vieux jeu, lui aussi) son honneur.

Léon SCHWARTZENBERG, *Face à la détresse*,

1. **question :** torture.

Lire et comprendre

La thèse et le raisonnement

1. Quelle est la thèse défendue ? Où est-elle présentée ?

2. a. Selon quel ordre la thèse est-elle développée dans le texte ?
b. Observez les temps des verbes : que constatez-vous ? Pourquoi le locuteur procède-t-il ainsi ?

3. Quel est le rapport entre les diverses personnes évoquées dans les lignes 9 à 21 ? S'agit-il, selon vous, d'arguments ou d'exemples ? Justifiez votre réponse.

Énonciation et prise en compte d'autrui

4. a. Qui parle dans la première phrase ? Et dans la seconde ? Quel est l'effet produit par cette présentation ?
b. Retrouvez-vous ce procédé à d'autres moments du texte ?
c. Relevez des expressions qui donnent l'impression d'une parole orale.

Retenons

La stratégie argumentative

Pour défendre une position, on élabore un **raisonnement** destiné à emporter l'adhésion du destinataire. Pour cela l'énonciateur choisit de s'impliquer dans l'énoncé.

Le registre polémique

5. Confrontez les indices d'énonciation des paragraphes 1 à 4 aux indices d'énonciation des paragraphes 5 à 8 : en quoi ce changement participe-t-il de la visée du texte ? Quel est l'effet produit sur le lecteur ?

6. a. Par quels mots commencent les paragraphes 3 à 8 ? Comment appelle-t-on cette figure de style ? Quel est son effet ?
b. Montrez que chacun de ces paragraphes repose sur un même procédé de définition.

7. Quel est le ton employé par l'auteur dans les paragraphes 5 à 8 ?

8. Observez la longueur des phrases dans le dernier paragraphe : quel est l'effet créé ?

9. Quelle réaction l'auteur veut-il provoquer chez le lecteur ?

Retenons

Convaincre et persuader

Au cours de l'argumentation, l'énonciateur cherche à **convaincre** en usant d'un raisonnement logique. Mais il peut aussi faire appel à des moyens d'expression qui visent à toucher le destinataire pour le **persuader** ; par exemple la prise à parti, les interrogations oratoires, les accumulations, les anaphores…

Lire et maîtriser la langue

La modalisation

1. a. Relevez toutes les marques de subjectivité dans les deux premières phrases, ainsi que dans le deuxième paragraphe.
b. À quelles classes grammaticales appartiennent-elles ?

2. De la même façon, utilisez, dans un court texte, au moins trois marques de modalisation pour marquer votre désaccord avec la pratique du dopage dans le sport.

Les champs lexicaux antithétiques

3. a. Relevez les termes utilisés pour désigner les médecins dans les paragraphes 2, 4 et 5.
b. Relevez également la façon dont sont désignées d'autres catégories professionnelles.
c. Quelle est la connotation de ces termes ?

Lire et écrire

Convaincre et persuader

1. Présentez deux arguments en faveur de la thèse suivante : « Il est souhaitable d'aider les plus pauvres. »

2. Rédigez ensuite quelques lignes cherchant à persuader votre lecteur en agissant sur ses émotions.

Une image pour convaincre

Affiche pour l'Établissement français du sang (EFS). Site de Necker-Lecourbe : 01 45 66 97 17 - 20, rue Lecourbe - 75015 Paris.

Lire et comprendre l'image

▸ Rouge sang

1. a. Relevez dans l'affiche toutes les utilisations du rouge, dans les textes, dessins, photographies.
b. Comment cette couleur est-elle répartie ?

2. Relevez les renseignements qui vous sont donnés sur l'organisme en question.

▸ La visée de l'affiche

3. a. Expliquez le changement d'énonciation dans les trois phrases en rouge. Qui s'adresse à qui ?
b. De quoi veut-on nous convaincre ?

4. a. Qui est désigné par le pronom « elle » ?
b. Justifiez le choix du personnage photographié. Décrivez son habillement et son attitude.
c. Pourquoi ce choix peut-il nous persuader ?

▸ L'explication

5. a. Sur quoi porte l'explication rédigée en noir ?
b. À quelles parties des messages en rouge cette explication renvoie-t-elle ?

La dimension argumentative des récits

Voici quelques événements d'actualité rassemblés et commentés dans un petit ouvrage sur les problèmes éthiques soulevés par les récentes applications médicales des recherches sur l'embryon.

Deux histoires polémiques

Régulièrement, les journaux s'alarment de situations extrêmes : une femme d'un certain âge peut concevoir un enfant, [...] un tri d'embryons est pratiqué pour éviter une maladie grave à un enfant à naître. Autant de cas spectaculaires qui démontrent combien les garde-fous des lois sont nécessaires. Médecins, législateurs, scientifiques doivent établir des limites entre le possible et l'admissible.

Enfanter à 63 ans

L'Italienne Rossana Della Corte, âgée de 63 ans, accouche d'un enfant en juin 1994. C'est à la suite de l'implantation d'un œuf humain étranger qu'elle devient ainsi la mère la plus vieille du monde. Environ 180 femmes âgées et ménopausées, c'est-à-dire ne produisant plus d'ovules, ont bénéficié, depuis 1988, d'interventions médicales pour avoir un enfant. Le docteur romain Severino Antinori est l'un des médecins les plus actifs en ce domaine : il se fait remarquer dès 1988 en provoquant la naissance de triplés chez une quinquagénaire ! Il insémine aussi une Sicilienne de 62 ans avec le sperme congelé de son mari décédé. En Italie, la loi ne donne aucun cadre pour l'aide à la procréation. Les adversaires de ces grossesses tardives soulignent qu'il y a des risques, notamment cardiovasculaires, pour une femme âgée enceinte. Ils rappellent souvent l'accident d'une femme de 51 ans, restée paralysée après un accouchement. « Avoir des parents très vieux n'est pas un cadeau pour l'enfant à naître », ajoutent-ils.

[...]

Un tri d'embryons en Angleterre

Pour la première fois dans le monde, en 1994, une équipe anglaise fait la sélection du « bon embryon non malade » lors d'une fécondation *in vitro*. Il s'agit d'analyser les gènes des œufs humains fécondés *in vitro* afin de choisir l'embryon à réimplanter. Cette démarche, appelée diagnostic pré-implantatoire (DPI), est pratiquée pour éviter la mucoviscidose pour le descendant d'un couple « à risque » ayant déjà eu un enfant atteint.

Cette première, menée par Alan H. Handyside, du Hammersmith Hospital de Londres, réussit : l'enfant « obtenu » est indemne de la maladie. Acceptable pour des pathologies graves, ce genre de recours pourrait cependant se banaliser et devenir alors scandaleux. Dans dix ans, pourquoi ne demanderait-on pas ces techniques pour avoir un enfant « du bon sexe », non diabétique, non asthmatique ou non daltonien ?

Dorothée BENOIT-BROWAYS, *La Bioéthique*, « Les essentiels », © Éditions Milan, 1995.

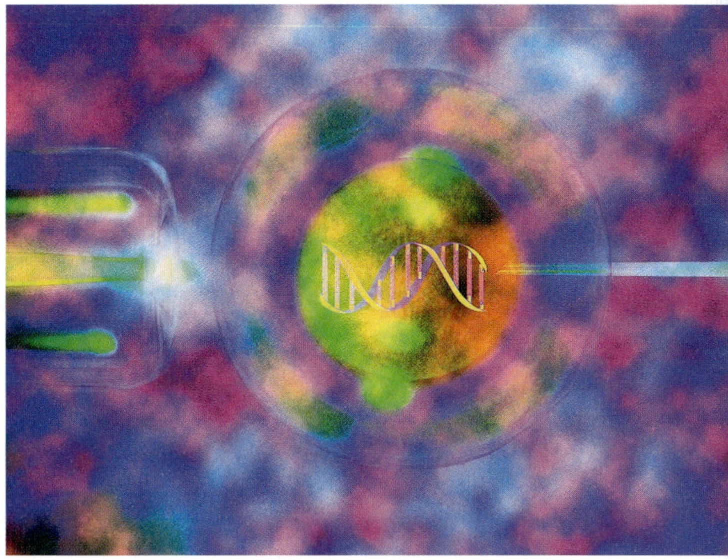
Fécondation *in vitro*.

Lire et comprendre

Deux exemples

1. D'après leur titre commun, à quelle forme de discours dominante les deux textes appartiennent-ils ? Quelles en sont les marques ?

2. a. Quel est le point commun entre les faits qu'ils évoquent ? Justifiez le choix des deux titres.
b. En quoi ces histoires peuvent-elles être choquantes ? À quelles valeurs morales et religieuses s'opposent-elles ?

La polémique

3. En quoi peut-on dire que ces histoires sont « polémiques » ?

4. Délimitez dans chaque histoire les passages porteurs de cette dimension polémique. Quelles en sont les caractéristiques ?

5. Relevez les marques de subjectivité dans les deux textes. Que montrent-elles en ce qui concerne la position du locuteur ?

La visée des histoires

6. Quel est le problème posé par ces deux histoires ? Quelle thèse vous semble pouvoir être illustrée par elles ?

7. Quel rôle joue le premier paragraphe par rapport à l'ensemble des textes ? Comment est-il organisé ?

Retenons

Argumenter en racontant

Pour prendre position sur un sujet, on peut s'appuyer sur des événements qui, racontés, servent alors d'exemples d'où l'on tire une opinion, une thèse, explicite ou implicite. **L'exemple narratif a ainsi une valeur argumentative.**

Lire et parler

Débattre oralement

1. Par groupe de deux, cherchez chacun un argument et un exemple :
a. l'un pour défendre la thèse du « droit des femmes à avoir des enfants quand elles veulent », l'autre pour défendre la thèse qu'une femme trop âgée ne doit plus avoir d'enfants ;
b. ou l'un pour défendre la thèse du droit à choisir d'avoir une fille ou un garçon, et l'autre pour défendre la thèse de la nécessité de suivre la nature.

2. Organisez l'échange en veillant à construire votre argumentation.

Lire et écrire

Justifier une opinion

1. Défendre une idée en racontant une histoire vous paraît-il un moyen efficace pour convaincre votre interlocuteur ? Pour quelles raisons ?

2. Cherchez des exemples où la narration sert l'argumentation, comme dans *les Fables de La Fontaine* ou d'autres récits.

3. Rédigez un paragraphe dans lequel vous énoncerez votre opinion en invoquant une raison pour la justifier et un ou deux exemples littéraires de la question précédente qui l'illustrent.

L'Anglaise Mary Shelley (1797-1851) écrit en 1816 un roman qui connaîtra un succès non démenti et donnera lieu à de nombreuses adaptations au cinéma. Victor Frankenstein, passionné de science, veut pénétrer les secrets de la vie et créer un être vivant à partir de la matière inerte. Il raconte sa terrible expérience à Robert Walton, un explorateur qui l'a recueilli à bord de son bateau.

« Apprenez [...] combien il est dangereux d'acquérir la science »

Apprenez de moi, sinon par mes préceptes, du moins par mon exemple, combien il est dangereux d'acquérir la science, et combien plus heureux est l'homme qui prend sa ville natale pour l'univers, que celui qui aspire à une grandeur supérieure à ce que lui permet sa nature.

Lorsque je vis entre mes mains une puissance aussi étonnante, j'hésitai longtemps sur la manière dont je devrais l'employer. Bien que possédant le pouvoir d'animer la matière, préparer un corps pour recevoir la vie, réaliser l'entrelacement délicat de ses fibres, de ses muscles et de ses veines, restait toujours une œuvre d'une difficulté et d'une longueur inconcevables. Je ne savais d'abord si j'essaierais de créer un être semblable à moi ou un organisme plus simple ; mais mon imagination était par trop exaltée par mon premier succès pour me laisser mettre en doute la possibilité pour moi de donner la vie à un animal aussi complexe et aussi merveilleux que l'homme. Les matériaux que j'avais alors à ma disposition ne paraissaient guère suffisants pour une entreprise aussi ardue, mais je ne doutais point de ma réussite finale. Je préparai mon esprit à une quantité de revers ; mes tentatives pourraient échouer sans cesse et mon œuvre se trouver enfin imparfaite ; pourtant, quand je considérais chaque jour les progrès de la science et de la mécanique, j'arrivais à espérer que mes essais actuels poseraient au moins les bases du succès à venir ; je ne regardais d'ailleurs pas l'immensité et la complexité de mon projet comme une preuve qu'il fût impraticable. C'est dans ces sentiments que je me mis à créer un être humain. Comme la petitesse de ses diverses parties constituait un grave obstacle à la rapidité de mon travail, je résolus, contrairement à mon intention première, de lui donner une stature gigantesque, c'est-à-dire d'environ huit pieds[1] de hauteur, et d'une largeur proportionnée. Après avoir pris cette décision, et passé plusieurs mois à rassembler et disposer convenablement mes matériaux, je commençai mon œuvre.

Nul ne peut concevoir les sentiments variés qui me poussaient en avant, tel un ouragan, dans le premier enthousiasme du succès. La vie et la mort m'apparaissaient comme des limites idéales que je devrais d'abord franchir pour déverser sur notre monde ténébreux un torrent de lumière. Une espèce nouvelle bénirait en moi son créateur et sa source ; c'est à moi que devraient l'existence des quantités de natures heureuses et bonnes : nul père ne pourrait mériter la reconnaissance de son enfant comme je mériterais la leur. Poursuivant ces réflexions, je me disais que s'il m'était donné d'animer la matière inerte, je

1. **huit pieds :** environ 2,60 m.

Illustration de Lorenzo Mattotti pour l'album *Doctor Nefasto*.

pourrais avec le temps (bien que cela me semblât encore impossible), renouveler la vie lorsque la mort avait apparemment livré le corps à la corruption.

Ces pensées soutenaient mon courage, tandis que je poursuivais mon entreprise avec une ardeur sans défaillance. L'étude avait pâli ma joue, l'absence d'exercice avait amaigri mon corps. Parfois, au bord même de la certitude, je n'aboutissais pas ; et pourtant je n'abandonnais pas un espoir que le jour ou l'heure suivante réaliserait peut-être. L'unique secret que seul je possédais était l'espoir auquel je m'étais consacré ; et la lune contemplait mes labeurs nocturnes, tandis que, dans la constance et l'essoufflement de l'impatience, je poursuivais la nature jusque dans ses cachettes. Qui concevra les horreurs de mon travail secret, tandis que je tâtonnais, profanant l'humidité des tombes, ou torturais l'animal vivant pour animer l'argile inerte ? Ce souvenir fait aujourd'hui trembler mes membres et trouble mon regard ; mais alors une impulsion irrésistible et presque frénétique me poussait en avant ; toute mon âme, toutes mes sensations ne semblaient plus exister que pour cette seule recherche. Celle-ci n'était plus, à vrai dire, qu'une extase isolée, qui ne faisait que renouveler l'intensité de mes sentiments dès qu'en l'absence de ce stimulant étrange je reprenais mes anciennes habitudes. Je ramassais des ossements dans les charniers, et mes doigts profanes troublaient les mystères de l'édifice humain. C'était dans une pièce, ou plutôt dans une cellule solitaire, en haut de la maison, et séparée de tous les autres appartements par une galerie et un escalier, que j'avais établi mon atelier d'immonde création ; mes yeux sortaient de leurs orbites devant les détails de mon œuvre. La salle de dissection et l'abattoir me fournissaient une grande partie de mes matériaux ; et maintes fois mon humanité se détourna avec écœurement de mon œuvre, au moment même où sous l'aiguillon d'une curiosité sans cesse croissante, j'étais sur le point d'aboutir.

Mary W. Shelley, *Frankenstein ou le Prométhée moderne*, traduction française de Germain d'Hangest, © Éditions Garnier-Flammarion, 1979.

Lire et comprendre

Les affres du créateur

1. Quelles sont les grandes étapes de la création telle que l'évoque le personnage ? Faites un plan précis du texte en ce sens, et donnez un titre à chaque partie.

2. Quelles sont les difficultés auxquelles doit faire face Frankenstein ? Relevez des exemples précis.

3. Par quels sentiments successifs passe-t-il ? Pourquoi persévère-t-il dans son entreprise ? Relevez des expressions précises du texte.

4. a. Pourquoi la création de Frankenstein est-elle contre nature ?
b. Expliquez et justifiez l'expression « mes doigts profanes », ligne 73.

L'enthousiasme du créateur

5. a. Relevez des expressions expliquant cette « impulsion irrésistible et presque frénétique » (l. 67-68) qui le « poussait en avant ».
b. Cherchez des renseignements sur le mythe de Prométhée. Quelles ressemblances lui trouvez-vous avec Frankenstein ?

6. a. D'après le texte, expliquez pourquoi l'homme de science est tenté de créer un être humain.
b. Relisez le premier paragraphe. En quoi l'histoire de Frankenstein est-elle exemplaire ?

Un jugement a posteriori

7. Précisez quelle est la situation d'énonciation : à quel moment se situe le récit ? Relevez-en les marques.

8. a. Quelle est l'opinion du narrateur sur son expérience au moment où il la raconte à son compagnon ? Relevez les passages où elle apparaît.
b. Que veut-il prouver à son interlocuteur ?

9. Quelle est la visée de son récit ? Quel effet produit-il sur le lecteur ? Quelle thèse illustre-t-il selon vous ?

Retenons

Le récit à visée argumentative

Beaucoup de romans, de contes, de films, posent des problèmes importants dans l'histoire qu'ils racontent. Au fil du récit, sont soulevés des arguments permettant au lecteur de se faire une opinion sur ce problème : soit directement par l'intermédiaire des paroles des personnages, soit indirectement par l'évolution et le dénouement de l'histoire qui illustre alors **une thèse implicite**.

Lire et écrire

Utiliser un exemple littéraire pour argumenter

1. Cherchez des exemples de mise en garde contre les risques de dérive de la science dans un roman ou un film de votre choix, par exemple *Le Meilleur des mondes* de A. Huxley, *1984* de G. Orwell, ou *L'Île du docteur Moreau* de H. G. Wells.
Choisissez parmi les thèses suivantes celles qui illustrent l'œuvre choisie :
a. Le progrès scientifique est au service de l'humain.
b. Les progrès de la science constituent un sérieux risque pour l'homme.
c. Les progrès scientifiques non contrôlés peuvent mettre en danger la survie de l'homme.
d. Les progrès scientifiques non contrôlés peuvent mener au totalitarisme.

2. Utilisez l'œuvre comme exemple à l'appui de la thèse selon laquelle la science doit être contrôlée parce que sa dérive est toujours possible… ou parce que l'homme peut se mettre en danger lui-même en ne contrôlant pas le progrès scientifique.

Lire et écrire

Rédiger une argumentation contradictoire

1. a. Cherchez des arguments défendant l'expérimentation de Frankenstein.
b. Cherchez des arguments opposés.

2. Frankenstein est traduit en justice pour ses recherches et sa création. Rédigez la plaidoirie de son avocat au tribunal pour le défendre. Puis rédigez le réquisitoire du procureur qui vise à le faire condamner.

Lire et maîtriser la langue

La modalisation

1. a. Relevez les moyens utilisés dans le second paragraphe pour exprimer la certitude, le doute.
b. Que révèle cette dualité ?

2. Que traduit l'emploi du conditionnel dans le troisième paragraphe ?

Le verbe : les modes ➤ p. 364

L'expression de la cause

3. « Comme la petitesse de ses diverses parties… d'une largeur proportionnée » (l. 22 à 25) :
a. Quelle est la fonction grammaticale de la proposition subordonnée ? Remplacez-la par une autre proposition participiale de même sens.
b. Inversez le rapport de manière à exprimer la conséquence.

Les compléments de phrase ➤ p. 346 et 352

Les images

4. a. Sur quelle opposition repose la phrase des lignes 29 à 31 ? À quoi Frankenstein associe-t-il l'expression « un torrent de lumière » ?
b. Quelles sont les figures de style présentes dans cette expression et quel est l'effet produit ?

5. Quelle est l'image présente dans la phrase des lignes 31 à 34 ? À quoi s'apparente Frankenstein ?

6. a. Quelle est la figure de style utilisée lignes 28 à 29 ? Sur quoi insiste-t-elle ?
b. Utilisez la même image en une métaphore que vous filerez sur deux phrases pour exprimer l'enthousiasme du narrateur.

Les figures de style ➤ p. 376

Lire et explorer

Lecture cursive de *L'Île du docteur Moreau*, de H.G. Wells

1. Le récit :
Quel est le sujet de ce roman ? Où se déroule-t-il ? Quels en sont les personnages principaux ?

2. Le sens de l'expérience :
Expliquez ce que fait le docteur Moreau. Qu'est-ce qui est à l'origine du bouleversement de l'île ?

3. Vos réactions de lecteur :
Quel est votre jugement sur le docteur ? Présentez-le en donnant plusieurs arguments appuyés d'exemples précis tirés du roman.

4. En quoi ce roman illustre-t-il le débat sur la science ?

Plan du film de Fritz Lang, *Métropolis* (1927).

Bilan de séquence
vers le brevet

Clonage de la brebis Dolly.

Comme cette séquence vous l'a montré, les enjeux du clonage constituent un thème de société important. Jacques Attali, éditorialiste au magazine L'Express, *donne son point de vue dans un article polémique.*

Les enjeux du clonage

La course de vitesse en vue de produire le premier bébé cloné révèle l'un des plus grands dévoiements de la science moderne : alors que l'on fait tout pour découvrir des moyens techniques afin d'interdire la copie libre des marchandises, qu'il s'agisse de disques, de livres ou de montres de marque, la communauté internationale est incapable de s'entendre sur l'interdiction universelle du clonage humain.

Pour l'instant, le clonage des animaux, en utilisant la technique du transfert nucléaire, connaît des taux d'échec très importants et conduit à des malformations congénitales, des difformités physiques, des déficiences du système immunitaire des embryons et à un vieillissement prématuré des rares animaux clonés ayant survécu. De surcroît, pour l'instant, on n'a pas réussi à cloner des animaux proches de l'homme : par exemple, toutes les tentatives de cloner des singes ont échoué. Pourtant, rien n'est fait pour interdire le clonage humain. Malgré la demande formulée par une commission des Nations unies – édicter une convention internationale, universelle et contraignante, qui ferait du clonage reproductif un « crime contre l'humanité » – rien n'annonce la mise sur pied d'une police mondiale du clonage, réellement capable de l'interdire. Selon le gynécologue italien Severino Antinori, trois femmes seraient actuellement enceintes d'embryons clonés, deux dans des républiques de l'ex-URSS et une dans un pays islamique. On parle d'autres essais en cours en Chine et aux États-Unis. Ces premières tentatives échoueront sans doute, mais d'autres suivront et l'on ne pourra sans doute pas interdire le clonage par le droit.

Seule, peut-être, la science pourrait constituer une réponse à la science. Au lieu de la laisser aller dans une direction qui menace l'intégrité de l'homme, on pourrait imaginer la mettre au service de la défense de cette intégrité : il ne serait pas plus difficile de chercher à découvrir les mécanismes permettant d'empêcher le clonage que de trouver ceux qui le rendent possible. La solution consisterait à mettre en place un mécanisme génétique permettant à chacun de protéger son unicité, de telle façon que toute tentative de le cloner échouerait, soit parce que l'embryon cloné ne pourrait se développer, soit parce que son développement conduirait à la production de différences telles que le clone ne ressemblerait pas à son original. Les sophistes répondraient qu'une telle manipulation reviendrait à modifier l'identité individuelle, pour en rendre la copie impossible, et que celui qui serait ainsi protégé ne serait plus l'être d'origine. Autrement dit, pour eux, si l'homme est clonable, c'est qu'il s'agit de sa nature, et il ne faut pas s'y opposer.

Mais pourquoi, alors, la science chercherait-elle à protéger la propriété privée des marques et non la propriété privée des corps ? Doit-on interdire les faux en art et se résigner à voir surgir les faux, les copies pirates de la plus belle œuvre d'art dont nous puissions disposer ? Telle est sans doute l'une des plus grandes questions des temps à venir.

Article de **Jacques Attali** paru dans *L'Express*, 6 juin 2002.

Comprendre le texte

Une argumentation

1 Quelle est la thèse que défend Jacques Attali ?

2 Quel est l'argument qu'il invoque dans le premier paragraphe ? Quel est le raisonnement mis en œuvre ici ? Où retrouve-t-on dans la suite du texte la même idée ?

3 Que cherche à montrer le second paragraphe ? Quels rôles jouent les différents exemples dans ce paragraphe ?

4 Quel argument développe le paragraphe suivant ? Expliquez la première phrase.

5 Cherchez le sens du mot « sophiste ». Pourquoi Jacques Attali fait-il intervenir « les sophistes » à la fin de ce paragraphe ?

Les moyens de l'argumentation

6 **a.** Quel rôle joue le double point dans la première phrase du texte ?
b. Remplacez la juxtaposition par la coordination.

7 **a.** Expliquez le titre de l'article.
b. Quels sont les mots du texte qui reprennent cette idée ?
c. Sur quelle figure de style est construit le lien avec le clonage ?

8 Relevez un passage exprimant la cause et un passage exprimant la conséquence.

Étudier la langue

9 **a.** Décomposez le mot « dévoiement ». Que signifie-t-il ?
b. En quoi ce terme indique-t-il la position de l'énonciateur à l'égard du clonage ?

10 Relevez d'autres marques de jugement dans le premier paragraphe.

11 Relevez les procédés de modalisation dans le troisième paragraphe. Justifiez leur emploi.

12 Quel moyen utilise le locuteur pour emporter l'adhésion de son lecteur dans le dernier paragraphe ?

Écrire

13 Reformulez en une phrase la thèse et chaque argument du texte en les reliant par des connecteurs logiques.

14 Résumez le texte en 100 mots environ.

15 Rédigez une argumentation sur le sujet suivant : faut-il interdire le clonage d'embryons humains ? Développez d'abord les arguments à l'appui de cette thèse, puis, dans une deuxième partie, les arguments contre cette thèse. Reliez chaque argument au suivant à l'aide de connecteurs logiques.

Le mouton noir.

Pour la tolérance

Persuader et convaincre

Tolérer quelqu'un, est-ce l'accepter tel qu'il est ou supporter difficilement ses différences ? C'est entre ces deux attitudes qu'hésite l'idée de tolérance à partir du XVIIIe siècle.

Vous allez apprendre par quels **procédés argumentatifs** les défenseurs de la tolérance tentent de persuader ou de convaincre leurs lecteurs que l'autre peut être différent, et, par ses différences, source d'enrichissement.

- *Définir la tolérance*
- *Persuader*
- *Convaincre*

Définir la tolérance

Un dictionnaire peut suivre deux méthodes pour définir un mot : il peut retracer son histoire et l'évolution de ses sens dans l'ordre chronologique ; il peut également partir de son sens d'aujourd'hui et proposer les sens qui ont disparu ou évolué. Le Grand Robert de la langue française *choisit cette dernière méthode pour le mot « tolérance », notion qui sera centrale tout au long de cette séquence.*

Une définition de la tolérance

TOLÉRANCE, nom féminin – 1561.

1. Fait de tolérer quelque chose, de ne pas interdire ou exiger, alors qu'on le pourrait ; liberté qui résulte de cette abstention. *Ce n'est pas un droit, c'est une tolérance. – Tolérance orthographique, grammaticale* : liberté de ne pas appliquer la règle stricte, dans certains cas. [...]

2. Attitude qui consiste à admettre chez autrui une manière de penser ou d'agir différente de celle qu'on adopte soi-même. ⇒ Compréhension, indulgence, libéralisme. *Tolérance réciproque* (→ paix). *Faire preuve d'intelligence et de tolérance* (→ Avoir l'esprit large). [...]

3. a. (fin XVIe). Histoire religieuse. *Tolérance théologique, ecclésiastique, religieuse* : indulgence à l'égard de l'opinion d'autrui sur les points de dogme que l'Église ne considère pas comme essentiels. – *Tolérance civile* : liberté, accordée par le pouvoir, de pratiquer une religion autre que la religion officielle. – Histoire. *Édit de tolérance*, qui accordait aux protestants le libre exercice de leur culte (1652).

b. (1681). Fait de respecter la liberté d'autrui en matière de religion, d'opinions philosophiques, politiques, etc. *Tolérance mutuelle entre les diverses confessions d'un pays.* [...]

Contraire : Défense ; despotisme, intolérance, sectarisme.

Composé : Intolérance.

Extrait de l'article « Tolérance », *Grand Robert de la langue française.*

Ron Waddams (peintre contemporain), *Tous les hommes sont nés libres et égaux en dignité et en droits*, 1998, coll. privée.

Lire et comprendre

Expliquer

1. Relevez les éléments de présentation et de composition qui font de ce texte un article de dictionnaire.

2. a. Quelle est la première date donnée dans l'article du *Grand Robert* ? Qu'indique-t-elle ? Où retrouvez-vous une indication de date semblable dans l'article ?
b. Que pouvez-vous en déduire sur l'origine du mot ?

Ordonner les définitions

3. Relisez les articles 1 et 3a.
a. Quelle(s) différence(s) voyez-vous entre ces deux définitions ?
b. Laquelle de ces deux définitions précède l'autre chronologiquement ? L'ordre chronologique a-t-il été conservé ? Pourquoi ? Justifiez votre réponse.

4. Relisez les articles 2 et 3b, puis répondez aux mêmes questions.

Une seule définition ?

5. Relisez attentivement les définitions 1 et 2 du *Grand Robert*.
a. Relevez les verbes et les noms équivalents de « tolérer » et « tolérance ». Y a-t-il une évolution de la définition 1 à la définition 2 ?
b. Quelle attitude vous semble la plus bienveillante à l'égard d'autrui : celle qui est définie en 1 ou celle qui est définie en 2 ?

6. Appliquez ces mêmes questions aux points a et b de la définition 3 du *Grand Robert*.

Retenons

La définition pour expliquer

Un dictionnaire de la langue présente les mots dans l'ordre alphabétique. Les définitions données sont objectives : elles expliquent les mots.
Les **définitions actuelles** d'un mot sont présentées en premier lieu dans l'article. Le dictionnaire peut donner aussi des **sens anciens** qui permettent au lecteur de mesurer l'**évolution du mot** d'hier à aujourd'hui.

Lire et écrire

Rédiger un article de dictionnaire

1. Choisissez dans l'article du *Grand Robert* un synonyme de « tolérance ». Vous allez écrire un bref article de dictionnaire en distinguant deux ou trois sens possibles de ce mot.

2. Rédigez le premier point de l'article sur le sens du mot qui vous paraît le plus important et le plus actuel.

3. Rédigez ensuite une autre définition qui vous paraît moins importante.

4. Consultez un dictionnaire pour vous informer des anciens sens du mot. Si le mot a connu une évolution de sens qui vous semble intéressante, vous pouvez insérer dans votre article un sens ancien du mot. Veillez à le placer de façon pertinente dans votre article.

Lire et maîtriser la langue

L'opposition

1. a. Repérez dans le point 1 de l'article du *Grand Robert* une proposition subordonnée d'opposition.
b. Quel est le mot subordonnant ?
c. Remplacez le subordonnant par un adverbe : vous devez obtenir une proposition indépendante.

2. L'article du *Grand Robert* propose, pour exemple de la première définition, une citation dont le début est : « Il faisait le mort une fois la semaine sans que l'administration, bonne bête, eût l'air de s'en apercevoir… »
a. Repérez la proposition subordonnée d'opposition. Quel est le subordonnant ? Quel est le mode employé dans la subordonnée ?
b. Remplacez la proposition subordonnée par une proposition indépendante. Quel mot l'introduit ? Quel mode verbal devez-vous employer ?

Synonymes et antonymes

3. L'article du *Grand Robert* présente un certain nombre de synonymes et d'antonymes du mot « tolérance ». Relevez-les, choisissez deux synonymes et deux antonymes et employez chacun d'eux dans une phrase de votre choix.

Le sens des mots ➤ p. 372

Au XVIIIe siècle, Voltaire (1694-1778) s'est engagé dans plusieurs procès qui manifestaient selon lui l'esprit d'injustice ou d'intolérance de son temps. Il met alors au service de la tolérance plusieurs formes d'écriture : narrations, essais, lettres. Dans son ouvrage intitulé Dictionnaire philosophique, *il définit la tolérance d'une façon particulière ; c'est l'écriture de l'essai, et non celle d'un article de dictionnaire, qu'il adopte ici.*

La foi, origine de l'intolérance ?

Qu'est-ce que la tolérance ? c'est l'apanage[1] de l'humanité. Nous sommes tous pétris de faiblesses et d'erreurs : pardonnons-nous réciproquement nos sottises, c'est la première loi de la nature.

Qu'à la bourse d'Amsterdam, de Londres, ou de Surate, ou de Bassora, le guèbre[2], le banian[2], le juif, le mahométan, le déicole[2] chinois, le bramin[2], le chrétien grec, le chrétien romain, le chrétien protestant, le chrétien quaker[2], trafiquent ensemble, ils ne lèveront pas le poignard les uns sur les autres pour gagner des âmes à leur religion. Pourquoi donc nous sommes-nous égorgés presque sans interruption depuis le premier concile de Nicée[3] ?

Constantin commença par donner un édit qui permettait toutes les religions ; il finit par persécuter. Avant lui on ne s'éleva contre les chrétiens que parce qu'ils commençaient à faire un parti dans l'État. Les Romains permettaient tous les cultes, jusqu'à celui des Juifs, jusqu'à celui des Égyptiens, pour lesquels ils avaient tant de mépris. Pourquoi Rome tolérait-elle ces cultes ? C'est que ni les Égyptiens, ni même les Juifs ne cherchaient à exterminer l'ancienne religion de l'empire, ne couraient point la terre et les mers pour faire des prosélytes[4] ; ils ne songeaient qu'à gagner de l'argent : mais il est incontestable que les chrétiens voulaient que leur religion fût la dominante. Les Juifs ne voulaient pas que la statue de Jupiter fût à Jérusalem ; mais les chrétiens ne voulaient pas qu'elle fût au Capitole[5]. Saint Thomas a la bonne foi d'avouer que si les chrétiens ne détrônèrent pas les empereurs, c'est qu'ils ne le pouvaient pas. Leur opinion était que toute la terre doit être chrétienne. Ils étaient donc nécessairement ennemis de toute la terre, jusqu'à ce qu'elle fût convertie.

VOLTAIRE, *Dictionnaire philosophique*, 1764.

1. **apanage :** propriété exclusive.
2. Voltaire énumère ici plusieurs types de croyants.
3. **concile de Nicée :** convoquée par Constantin en 325, cette assemblée d'évêques chrétiens condamna l'arianisme, religion inspirée par l'évêque Arius qui niait la divinité de Jésus-Christ.
4. **prosélyte :** personne gagnée à une foi religieuse.
5. le **Capitole** est l'une des sept collines de Rome.

Lire et comprendre

Définir, expliquer

1. Relisez le premier paragraphe.

a. Quelles phrases vous font penser à un article de dictionnaire ? Répondez en vous référant précisément aux mots employés.

b. « Nous sommes tous pétris de faiblesses et d'erreurs » : cette phrase est-elle une définition ou une explication ? Quel lien a-t-elle avec la question initiale du texte ?

c. Ajoutez des liens logiques entre les phrases du premier paragraphe.

Argumenter

2. Quelles différences voyez-vous entre les paragraphes 2 et 3 d'une part et le premier paragraphe d'autre part ? Répondez en vous référant précisément au texte.

Retenons

La définition pour argumenter

Dans le *Dictionnaire philosophique*, Voltaire utilise le modèle du dictionnaire pour défendre ses idées. Ainsi, il propose des définitions orientées par **une visée argumentative** : l'ordre du texte, le choix et le traitement des exemples sont au service d'une thèse que l'auteur veut illustrer.

3. Dans quel domaine se situe la réflexion de Voltaire ? Constituez un champ lexical qui confirmera votre réponse.

4. Selon Voltaire, les religions antiques ont-elles eu la même attitude ou l'une d'entre elles s'est-elle singularisée ? Répondez en choisissant certaines phrases du texte qui vous paraissent significatives.

5. Déduisez de la réponse à la question précédente la thèse que défend Voltaire dans son texte.

Lire et écrire

Rédiger un exemple argumentatif

Relevez dans la presse un fait divers qui manifeste clairement pour vous un cas d'intolérance.
Après un bref premier paragraphe où vous définissez la tolérance, vous rédigez un second paragraphe où le fait divers constitue l'exemple argumentatif. Vous veillerez à employer des procédés appropriés : le lexique de l'injustice, la présentation objective du fait, la force des mots devront convaincre vos camarades-lecteurs de la justesse de votre position.

Retenons

Argumenter par les exemples

Pour convaincre le lecteur de la thèse qu'il défend, l'auteur peut utiliser des exemples. Ceux-ci sont de deux sortes :
- **l'exemple illustratif**, souvent bref, suit l'argument longuement développé, et sa force de conviction est limitée ;
- **l'exemple argumentatif** s'étend sur un ou plusieurs paragraphes, il contient ou constitue l'argument, il exerce une forte influence sur le lecteur qui se laisse plus facilement convaincre par un cas concret que par un raisonnement général.

Lire et maîtriser la langue

L'opposition

1. a. Repérez dans le troisième paragraphe de l'article du *Dictionnaire philosophique* un signe de ponctuation qui a une valeur d'opposition.

b. Remplacez-le par un connecteur logique.

c. Reformulez les deux phrases liées par l'opposition afin que l'une soit une proposition subordonnée d'opposition et l'autre la proposition principale.

Les connecteurs ➤ p. 322

La concession

2. Relisez le début du troisième paragraphe du *Dictionnaire philosophique* : « Constantin commença par donner un édit qui permettait toutes les religions ; il finit par persécuter; » La phrase 1 implique-t-elle la phrase 2 ? Quel lien les relie ?

L'histoire des mots

3. Cherchez dans un dictionnaire le sens exact et l'étymologie des mots suivants : *tolérer, persécuter, culte, exterminer, religion*. Employez-les tous dans un petit texte qui expliquera ce que l'on entend par tolérance.

Persuader

Au XVIIIe siècle, Jean Calas, de religion protestante, est accusé d'avoir tué son fils. Il est torturé, condamné à mort et exécuté. Convaincu de son innocence, Voltaire écrit sa version des faits.

L'affaire Calas

Jean Calas, âgé de soixante-huit ans, exerçait la profession de négociant à Toulouse depuis plus de quarante années, et était reconnu de tous ceux qui ont vécu avec lui pour un bon père. Il était protestant, ainsi que sa femme et tous ses enfants, excepté un, qui avait abjuré l'hérésie[1], et à qui le père faisait une petite pension. Il paraissait si éloigné de cet absurde fanatisme qui rompt tous les liens de la société qu'il approuva la conversion de son fils Louis Calas, et qu'il avait depuis trente ans chez lui une servante zélée catholique, laquelle avait élevé tous ses enfants.

Un des fils de Jean Calas, nommé Marc-Antoine, était un homme de lettres : il passait pour un esprit inquiet, sombre, et violent. Ce jeune homme, ne pouvant réussir ni à entrer dans le négoce, auquel il n'était pas propre, ni à être reçu avocat, parce qu'il fallait des certificats de catholicité qu'il ne put obtenir, résolut de finir sa vie, et fit pressentir ce dessein à un de ses amis ; il se confirma dans sa résolution par la lecture de tout ce qu'on a jamais écrit sur le suicide.

Enfin, un jour, ayant perdu son argent au jeu, il choisit ce jour-là même pour exécuter son dessein. Un ami de sa famille et le sien, nommé Lavaisse, jeune homme de dix-neuf ans, connu par la candeur[2] et la douceur de ses mœurs, fils d'un avocat célèbre de Toulouse, était arrivé de Bordeaux la veille ; il soupa par hasard chez les Calas. Le père, la mère, Marc-Antoine leur fils aîné, Pierre leur second fils, mangèrent ensemble. Après le souper on se retira dans un petit salon : Marc-Antoine disparut ; enfin, lorsque le jeune Lavaisse voulut partir, Pierre Calas et lui, étant descendus, trouvèrent en bas, auprès du magasin, Marc-Antoine en chemise, pendu à une porte, et son habit plié sur le comptoir ; sa chemise n'était pas seulement dérangée[3], ses cheveux étaient bien peignés : il n'avait sur son corps aucune plaie, aucune meurtrissure.

On passe ici tous les détails dont les avocats ont rendu compte : on ne décrira point la douleur et le désespoir du père et de la mère ; leurs cris furent entendus des voisins. Lavaisse et Pierre Calas, hors d'eux-mêmes, coururent chercher des chirurgiens et la justice.

Pendant qu'ils s'acquittaient de ce devoir, pendant que le père et la mère étaient dans les sanglots et dans les larmes, le peuple de Toulouse s'attroupe autour de la maison. Ce peuple est superstitieux et emporté ; il regarde comme des monstres ses frères qui ne sont pas de la même religion que lui. C'est à

1. **abjurer l'hérésie :** renoncer à des croyances contraires aux vérités d'une religion. Pour les catholiques, les protestants étaient des hérétiques.
2. **candeur :** innocence.
3. **pas seulement dérangée :** pas du tout dérangée.

Toulouse qu'on remercia Dieu solennellement de la mort de Henri III, et qu'on fit serment d'égorger le premier qui parlerait de reconnaître le grand, le bon Henri IV[4]. Cette ville solennise encore tous les ans, par une procession et par des feux de joie, le jour où elle massacra quatre mille citoyens hérétiques, il y a deux siècles[5]. En vain six arrêts du conseil ont défendu cette odieuse fête, les Toulousains l'ont toujours célébrée comme les jeux floraux.

Quelque fanatique de la populace s'écria que Jean Calas avait pendu son propre fils Marc-Antoine. Ce cri, répété, fut unanime en un moment ; d'autres ajoutèrent que le mort devait le lendemain faire abjuration ; que sa famille et le jeune Lavaisse l'avaient étranglé par haine contre la religion catholique : le moment d'après on n'en douta plus ; toute la ville fut persuadée que c'est un point de religion chez les protestants qu'un père et une mère doivent assassiner leur fils dès qu'il veut se convertir.

Les esprits une fois émus ne s'arrêtent point. On imagina que les protestants du Languedoc s'étaient assemblés la veille ; qu'ils avaient choisi, à la pluralité des voix, un bourreau de la secte[6] ; que le choix était tombé sur le jeune Lavaisse ; que ce jeune homme, en vingt-quatre heures, avait reçu la nouvelle de son élection[7], et était arrivé de Bordeaux pour aider Jean Calas, sa femme, et leur fils Pierre, à étrangler un ami, un fils, un frère.

Le sieur David, capitoul de Toulouse, excité par ces rumeurs et voulant se faire valoir par une prompte exécution, fit une procédure contre les règles et les ordonnances. La famille Calas, la servante catholique, Lavaisse, furent mis aux fers.

VOLTAIRE, *L'Affaire Calas*, Traité sur la tolérance, 1762.

4. Henri IV, que Voltaire juge grand et bon, fut d'abord un prince protestant ; plus de deux siècles après son règne, certains catholiques refusent de le reconnaître pour roi catholique.
5. Le jour de la Saint-Barthélemy, en 1572.
6. **la secte :** les protestants, aux yeux des catholiques.
7. **élection :** choix ; ici, désignation par la famille pour aider à tuer Marc-Antoine.

École française du XVIIIe siècle, *La Famille Calas implorant Voltaire*, musée Antoine Lécuyer, Saint-Quentin (France).

Lire et comprendre

Une famille ordinaire

1. Présentez les membres de la famille Calas.

2. Quelle place occupent les portraits ? Quelle est leur fonction ?

3. Repérez les causes du suicide de Marc-Antoine. Ont-elles toutes la même importance ? Justifiez précisément votre réponse.

La société et le peuple

4. Relevez les expressions qui évoquent la présence de la société toulousaine. Est-elle vue favorablement ou défavorablement ? Justifiez votre réponse.

5. Que signifie le mot « peuple », ligne 31 ? Et le mot « populace », ligne 40 ? En vous référant précisément au texte, dites quel caractère Voltaire attribue à cette dernière.

6. En quoi le comportement du peuple est-il contraire au bon fonctionnement de la société ?

7. En quoi le dernier paragraphe est-il important ? Quel effet produit-il ?

Une narration orientée

8. Où commence la narration ? Quels en sont les indices ?

9. Quelles sont les étapes du récit ? Repérez-les et donnez à chacune d'elles un titre précis.

10. Qu'est-ce qui interrompt la narration ? Répondez en vous référant précisément au texte et en justifiant ces interruptions.

11. a. Le rythme de la narration est-il constant ? Justifiez votre réponse.
b. Observez la phrase : « On ne décrira point la douleur et le désespoir du père et de la mère » (l. 26-27). Selon vous, quels effets produit-elle ? Quelle est donc la visée de Voltaire ?
c. Repérez dans la suite du texte un ou des passages où le rythme de la narration s'accélère. Par quels moyens et, selon vous, pour quelle raison ?

La présence de Voltaire

12. a. Relevez les mots et expressions du texte qui montrent que Voltaire prend parti dans ce qu'il raconte.
b. Classez-les selon qu'ils sont péjoratifs ou mélioratifs.

13. a. Repérez dans le premier paragraphe un mot qui montre que la voix de Voltaire n'est pas la seule à s'y exprimer. Identifiez cette voix.
b. Relevez dans la suite du texte la reprise de ce mot.

14. Dans les paragraphes 6 et 7, par quel style sont rapportés les propos du peuple ? Justifiez ce choix.

15. a. Repérez dans le texte les expressions suivantes : « âgé de soixante-huit ans » ; « depuis plus de quarante années » ; « depuis trente ans » ; « … et fit pressentir ce dessein » ; « par hasard » ; « en vingt-quatre heures ».
b. Quelle(s) intention(s) de Voltaire pouvez-vous deviner à la lecture de ces expressions ? Formulez vos hypothèses de façon claire et précise.

Retenons

Persuader

L'auteur qui veut persuader s'adresse à la sensibilité de son lecteur. Il utilise le lexique des sentiments ; il argumente en vue de toucher le cœur ; il suggère des moments forts (préférant alors l'**implicite** à l'explicite). Il joue des sonorités de la langue pour amener le lecteur à porter le même regard que le sien sur l'événement qu'il rapporte ou l'idée qu'il défend.
La **persuasion** est au service de l'**argumentation** par l'**émotion** qu'elle crée chez le lecteur.

Lire et écrire

Récrire en explicitant

Relisez le paragraphe 4 du texte : « On passe ici tous les détails… » Vous allez récrire ce paragraphe en l'explicitant. Décrivez « la douleur et le désespoir du père et de la mère » sans perdre de vue que cette description doit persuader le lecteur de l'innocence des parents. Vous utiliserez notamment un lexique et une tonalité appropriés.

Lire et maîtriser la langue

La concession

1. Relisez la phrase suivante : « En vain six arrêts du Conseil ont défendu cette odieuse fête, les Toulousains l'ont toujours célébrée comme les jeux floraux » (l. 38-39).

a. Quelles propositions constituent cette phrase ?

b. Quelle relation y a-t-il entre elles ?

c. Supprimez l'adverbe « en vain » et trouvez une expression verbale qui traduise la même relation et qui permette de garder les deux mêmes propositions.

d. Remplacez la première proposition par une proposition subordonnée de concession.

Les temps verbaux

2. a. Quel temps domine dans le premier paragraphe ?

b. Dans la dernière phrase du premier paragraphe, repérez les temps verbaux et justifiez leur emploi.

3. Justifiez l'emploi des temps du passé dans le deuxième paragraphe.

4. Relisez les phrases suivantes : « On passe ici tous les détails… » (l. 26), «… le peuple de Toulouse s'attroupe autour de la maison. Ce peuple est superstitieux et emporté ; il regarde comme des monstres ses frères qui ne sont pas de la même religion que lui » (l. 31 à 33) ; « Cette ville solennise encore tous les ans… » (l. 36 à 38) ; « les esprits une fois émus ne s'arrêtent point » (l. 47).

a. Justifiez les valeurs que prennent les présents de l'indicatif.

b. Y a-t-il un ou des cas sur le(s) quel(s) vous pouvez hésiter ? Faites un choix et justifiez-le.

Le vocabulaire

5. Cherchez dans un dictionnaire le sens des mots suivants : « fanatisme », « zélée », « superstitieux », « secte ».

6. Répartissez en deux catégories les mots du texte qui appartiennent au champ lexical de la religion, selon qu'ils ont un sens objectif ou qu'ils portent la marque d'un jugement.

Lire et explorer

Découvrir Voltaire, avocat de la tolérance

Jean Calas n'est pas la seule victime de l'intolérance dont Voltaire ait pris la défense. Vous allez vous documenter pour répondre aux questions suivantes et constituer une fiche intitulée « Voltaire avocat des victimes de l'intolérance ». Un conseil : il serait très utile que vous vous procuriez Voltaire, *L'Affaire Calas*, éditions Gallimard, coll. « Folio classique ».

1. Dans quelles autres affaires célèbres Voltaire est-il intervenu ? Pour chacune d'elles, vous ferez un résumé qui précise les circonstances, le procès, le sort de l'accusé.

2. En quoi chacune de ces affaires pose-t-elle le problème de l'intolérance et de la tolérance ? Rédigez un paragraphe argumentatif par affaire en montrant son lien avec les notions d'intolérance et de tolérance.

3. Sous quelles formes de textes Voltaire est-il intervenu ? Vous pourriez pour chaque affaire choisir un texte ou un extrait, en veillant à varier les genres. Renvoyez de façon précise aux textes et commentez-les sur votre fiche : que ressentez-vous à leur lecture ? Êtes-vous convaincu ? Argumentez votre réponse.

Jean Perrissin, *Le Temple de Lyon nommé Paradis* (1565), Bibliothèque universitaire et publique, Genève, (Suisse).

Dans ce conte publié en 1748, Voltaire présente l'ange Ituriel, venu sur terre interroger le sage Babouc : la ville orientale de Persépolis et ses habitants méritent-ils d'être punis ? Babouc observe les mœurs de la ville et ne cesse d'hésiter, d'un chapitre à l'autre. Voici les passages où il découvre les pratiques religieuses de ces Perses, puis leur façon d'appliquer la morale.

Albert Girard (1839-1920), *La Cour du harem*, Galerie d'art et musée Towneley Hall, Burnley (Grande-Bretagne).

Faut-il ou non détruire Persépolis ?

Babouc se mêla dans la foule d'un peuple composé de ce qu'il y avait de plus sale et de plus laid dans les deux sexes. Cette foule se précipitait d'un air hébété dans un enclos vaste et sombre. Au bourdonnement continuel, au mouvement qu'il y remarqua, à l'argent que quelques personnes donnaient à d'autres pour avoir droit de s'asseoir, il crut être dans un marché où l'on vendait des chaises de paille ; mais bientôt, voyant que plusieurs femmes se mettaient à genoux, en faisant semblant de regarder fixement devant elles et en regardant les hommes de côté, il s'aperçut qu'il était dans un temple. Des voix aigres, rauques, sauvages, discordantes, faisaient retentir la voûte de sons mal articulés, qui faisaient le même effet que les voix des onagres[1] quand elles répondent, dans les plaines des Pictaves, au cornet à bouquin[2] qui les appelle. Il se bouchait les oreilles ; mais il fut prêt de se boucher encore les yeux et le nez, quand il vit entrer dans ce temple des ouvriers avec des pinces et des pelles. Ils remuèrent une large pierre, et jetèrent à droite et à gauche une terre dont s'exhalait une odeur empestée ; ensuite, on vint poser un mort dans cette ouverture, et on remit la pierre par-dessus.

« Quoi ? s'écria Babouc, ces peuples enterrent leurs morts dans les mêmes lieux où ils adorent la Divinité ! Quoi ! leurs temples sont pavés de cadavres ! Je ne m'étonne plus de ces maladies pestilentielles qui désolent souvent Persépolis. La pourriture des morts, et celle de tant de vivants rassemblés et pressés dans le même lieu, est capable d'empoisonner le globe terrestre. Ah ! la vilaine ville que Persépolis ! Apparemment que les anges veulent la détruire pour en rebâtir une plus belle, et pour la peupler d'habitants moins malpropres et qui chantent mieux. La Providence peut avoir ses raisons ; laissons-la faire. »

Cependant le soleil approchait du haut de sa carrière. Babouc devait aller dîner à l'autre bout de la ville chez une dame pour laquelle son mari, officier de l'armée, lui avait donné des lettres. Il fit d'abord plusieurs tours dans Persépolis ; il vit d'autres temples mieux bâtis et mieux ornés, remplis d'un peuple poli, et retentissants d'une musique harmonieuse ; il remarqua des fontaines publiques, lesquelles, quoique mal placées, frappaient les yeux par leur beauté ; des places où semblaient respirer en bronze les meilleurs rois qui avaient gouverné la Perse ; d'autres places où il entendait le peuple s'écrier : « Quand verrons-nous ici le maître que nous chérissons ? » Il admira les ponts magnifiques élevés sur le fleuve, les quais superbes et commodes, les palais bâtis à droite et à gauche, une maison immense où des milliers de vieux soldats blessés et vainqueurs rendaient chaque jour grâce au Dieu des armées. Il entra enfin chez la dame qui l'attendait à dîner avec une compagnie d'honnêtes gens. La maison était propre et ornée, le repas délicieux, la dame jeune, belle, spirituelle, engageante, la compagnie digne d'elle ; et Babouc disait en lui-même à tout moment : « L'ange Ituriel se moque du monde de vouloir détruire une ville si charmante. »

Cependant il s'aperçut que la dame, qui avait commencé par lui demander tendrement des nouvelles de son mari, parlait plus tendrement encore, sur la fin du repas, à un jeune mage. [...]

Alors Babouc commença à craindre que le génie Ituriel n'eût raison. Le talent qu'il avait d'attirer la confiance le mit dès le jour même dans les secrets de la dame ; elle lui confia son goût pour le jeune mage, et l'assura que dans toutes les maisons de Persépolis il trouverait l'équivalent de ce qu'il avait vu dans la sienne. Babouc conclut qu'une telle société ne pouvait subsister ; que la jalousie, la discorde, la vengeance, devaient désoler toutes les maisons ; que les larmes et le sang devaient couler tous les jours ; que certainement les maris tueraient les galants de leurs femmes, ou en seraient tués ; et qu'enfin Ituriel faisait fort bien de détruire tout d'un coup une ville abandonnée à de continuels désastres.

VOLTAIRE, *Le Monde comme il va*, 1748, chapitres 2 à 4.

1. **onagre :** âne de grande taille.
2. **cornet à bouquin :** cor.

Lire et comprendre

Du contre au pour et du pour au contre

1. a. Repérez dans le paragraphe 1 les mots qui montrent l'identification progressive par Babouc du lieu où il se trouve.
b. Quelles sont les causes de la méprise puis de l'identification du lieu ? Repérez-les dans le texte et dites quels sont les effets obtenus.

2. Quelle conclusion Babouc tire-t-il de ce qu'il observe ?

3. a. Quel rapport y a-t-il entre la scène de l'église et l'arrivée chez la dame ? À l'appui de votre réponse, vous pouvez relever dans le paragraphe des mots que vous rapprocherez d'autres mots choisis dans les paragraphes précédents.
b. À quelle conclusion Babouc est-il conduit après le dîner ? Quel est le rapport entre cette conclusion et la conclusion précédente ? Quel effet est ainsi produit sur le lecteur ?

4. Quel connecteur logique relie les paragraphes 3 et 4 ? Quelle est sa signification ? Justifiez-en l'emploi.

5. Quelles sont les relations du mage avec la dame, selon vous ? Pourquoi le narrateur laisse-t-il cette information implicite ?

6. Complétez le plan suivant :
a. Thèse : « Il faut détruire Persépolis. » Argument 1. Exemple(s). Argument 2. Exemple(s).
b. Thèse opposée : « Il faut sauver Persépolis. » Argument 1. Exemple(s). Argument 2. Exemple(s). Argument 3. Exemple(s).

Babouc : un personnage de conte philosophique

7. a. Relevez dans les trois épisodes de l'extrait les verbes qui précisent les réactions de Babouc à ce qu'il voit.
b. Babouc réagit-il suivant son esprit ou sa sensibilité ? Répondez de façon précise en vous aidant des verbes que vous avez relevés.

8. Les réactions de Babouc que rapportent les passages au style direct (l. 17 à 24) et la fin du texte au style indirect (l. 49 à 54) vous paraissent-elles nuancées ou tranchées ? Justifiez votre réponse en examinant les mots employés et la tonalité.

9. « Apparemment que les anges veulent la détruire… pour la peupler d'habitants moins malpropres et qui chantent mieux » (l. 22 à 24) : les deux raisons ont-elles la même importance ? Quel est l'effet obtenu par leur rapprochement ?

10. Selon vous, Voltaire partage-t-il la position de Babouc à la dernière ligne ? Argumentez votre réponse en choisissant des indices à la fin du texte.

11. En quoi consisterait une attitude pleinement tolérante ? Répondez de façon précise en choisissant des éléments du texte.

Retenons

La persuasion dans le conte philosophique

L'auteur du conte philosophique donne à son personnage principal une psychologie simple : le personnage a des réactions entières et tranchées, souvent contradictoires.
L'auteur exerce donc son **ironie** à l'égard de son personnage dont il souligne la naïveté et l'inexpérience par les réflexions qu'il lui prête : ainsi un décalage se crée auquel le lecteur est sensible.
Auteur et lecteur, liés par l'ironie, s'amusent alors du personnage. Ainsi, l'auteur persuade d'autant mieux de sa thèse.

Lire et écrire

Mettre au style direct

1. a. Relisez les trois conclusions contradictoires auxquelles aboutit Babouc.
b. Repérez dans la première les indices du discours direct : l'usage de la première personne, celui du présent de l'indicatif, la tonalité, les marques de vivacité.

2. Transformez la dernière conclusion de Babouc ligne 49 (« Babouc conclut que… ») en discours direct en respectant les consignes suivantes :
a. Utilisez un verbe introducteur ou un verbe en incise qui traduise l'état d'esprit de Babouc à ce moment.
b. Utilisez des interjections et des exclamations qui rendent vivant le discours direct.
c. À partir d'un mot du texte (« jalousie », « discorde », « vengeance », « larmes », « sang ») développez en peu de lignes ce que Babouc peut imaginer, ayant la force d'un argument qui conduise à la conclusion qu'« Ituriel [ferait] fort bien de détruire tout d'un coup une ville abandonnée à de continuels désastres ». Cette conclusion doit être insérée dans le discours direct.

Lire et maîtriser la langue

L'opposition et la concession

1. Recherchez dans le texte les mots qui permettent d'exprimer l'opposition et la concession et classez-les selon leur nature.

Les compléments de phrase (2) ➤ p. 352

2. Relisez la phrase suivante : « il remarqua des fontaines publiques, lesquelles, quoique mal placées, frappaient les yeux par leur beauté ». (l. 29 à 31).

a. Quelle est la nature grammaticale de « quoique » ?

b. Quel type de relation construit-il ?

Mots péjoratifs et mélioratifs

3. a. Dans les lignes 1 à 41, relevez les mots péjoratifs et mélioratifs que vous rencontrez.

b. Classez-les selon leur nature grammaticale et leur sens (péjoratif ou mélioratif).

c. Récrivez le premier paragraphe en remplaçant les mots que vous avez inscrits sur votre liste par des synonymes, puis par des antonymes. Attention : ce travail peut imposer des changements autres que celui qui consiste à remplacer un mot par un mot de sens contraire.

John Frederick Lewis (1805-1876), *Conversation dans un intérieur au Caire* (1873), Galerie d'art Whitworth, université de Manchester (Grande-Bretagne).

Lire et explorer

Lecture cursive de *Le monde comme il va* de Voltaire (1748)

1. a. Quelle est la situation initiale du conte ?

b. L'ignorance de Babouc est-elle un obstacle à sa mission ? Justifiez votre réponse.

2. a. Qui Babouc rencontre-t-il en premier lieu ?

b. À quoi tient l'absurdité de la guerre ?

c. La guerre n'est-elle qu'absurde ou le récit nous propose-t-il un autre jugement à son sujet ?

d. Le jugement de Babouc est-il uniforme ou hésitant ? Justifiez votre réponse.

3. En quoi le jugement que se fait Babouc sur la guerre détermine-t-il son attitude dans la suite du conte ?

4. a. Établissez dans l'ordre du conte la liste des personnages que Babouc rencontre.

b. Ces personnages ont-ils une psychologie précise ou sont-ils des échantillons de la société ? Justifiez précisément votre réponse.

5. Le jugement négatif que porte Babouc sur les personnages qu'il rencontre est-il définitif ? À quelle condition le jugement peut-il être modifié ou nuancé ? Observez, pour répondre, la composition du conte.

6. Quelle est la fonction de la statue à la fin du texte ?

7. Quelle est la situation finale ?

8. a. Quel est selon vous le jugement de Voltaire sur le monde que perçoit son personnage ?

b. Quels en sont les signes ? Répondez en vous référant précisément au conte.

9. a. Comment le titre se retrouve-t-il à la fin du texte ? Quel sens lui donnez-vous ?

b. Y a-t-il un lien entre le titre, sa présence à la fin du conte et un message de tolérance que Voltaire voudrait faire passer ? Justifiez votre réponse en vous référant précisément au texte.

10. Choisissez deux ou trois phrases du récit qui rendent compte fidèlement, selon vous, de la visée argumentative de Voltaire.

L'œuvre de l'écrivain italien contemporain Claudio Magris tourne autour de sa ville, Trieste. Cette ville-frontière est désormais italienne, mais sa réalité est complexe au terme d'une histoire mouvementée. Claudio Magris répond ici aux questions de l'hebdomadaire Télérama.

« Le métissage est en chacun de nous »

Télérama : Votre œuvre entière, conçue à Trieste, est construite autour de la frontière. Aujourd'hui, vous en êtes à déplorer la disparition des frontières.

Claudio Magris : La frontière est une réalité qu'il faut défendre à condition de la voir toujours flexible, pas comme une idole pour laquelle on devrait se sacrifier. C'est pour cela que la situation des pays de frontière comme Trieste, est à la fois heureuse et malheureuse : la frontière est barrière autant que pont, elle permet le passage pour rencontrer l'autre, mais aussi elle exaspère le caractère compact des identités, justifie que l'on haïsse la diversité. Quand on grandit dans une ville de frontière, on s'aperçoit très bien de ces contradictions.

La frontière, on l'a en soi, mais on découvre toujours qu'elle est heureusement fragile : ma femme, qui est morte il y a cinq ans, était née à Fiume, aujourd'hui Rijeka en Croatie. C'est une ville que se sont disputée les Italiens et les Yougoslaves à la fin de la Première Guerre mondiale. Investie par Gabriele D'Annunzio en 1919, elle a été annexée par Tito en 1947. Avec chaque fois les exactions qui s'ensuivent, des Italiens contre les Slaves d'abord – l'oppression fasciste contre eux a été brutale – puis, après la Seconde Guerre mondiale, des Slaves contre les Italiens. La famille de ma femme a donc dû

Georg Braun (1541-1622) et Frans Hogenberg (1535-1590), *Carte de Trieste*, coll. privée.

fuir son pays, a vécu dans un camp de réfugiés. Ma femme a écrit un livre pour reconstruire cette odyssée, qui est une page très obscure et oubliée de l'histoire italienne et, chemin faisant, elle a découvert les racines cachées slaves et hongroises de sa famille. Elle a appris qu'elle faisait partie de ce monde qui l'avait menacée. C'est vraiment une histoire que l'on devrait méditer, avant d'idolâtrer nos racines quelles qu'elles soient ! Car on finit toujours par découvrir que l'on est aussi « de l'autre côté ». Des racines, surtout quand elles sont bien enracinées, vont forcément dans toutes les directions. Le métissage est en chacun de nous. Je plaide pour la diversité, pour les différences, mais dès que l'on se retrouve à défendre, célébrer ou dénigrer une particularité, c'est un signe dangereux. Parce que la particularité n'est pas une valeur en soi.

Télérama : Plutôt qu'une « identité compacte » ou une « identité fuyante », vous défendez une identité fluide ?

Claudio Magris : Flexible plutôt, parce que « fluide » donne un sentiment un peu flou, un peu soluble. Or, on a intérêt à se sentir une identité précise : j'ai mes goûts, mon histoire, mes amis, mes valeurs... Le dialogue n'est jamais destiné à effacer les différences, au contraire : on dialogue dans la diversité, c'est-à-dire avec la frontière. En sachant que la vie est mouvement, et que la frontière peut bouger. Je ne voudrais rien changer à ce que j'ai vécu, ni oublier aucun livre que j'ai aimé, je téléphone encore à mes camarades de l'école maternelle. Mais cette fidélité n'est pas rigide ! Et je peux me souvenir de mon école maternelle justement parce que j'en suis sorti.

Interview de **Claudio Magris** réalisée par Catherine Portevin,
Télérama, n° 2712, 5 janvier 2002.

Lire et comprendre

La forme de l'entretien

1. Quelles sont les marques de l'entretien ?

2. a. Repérez dans la première réponse de Magris l'expression qui permet à *Télérama* de parler d'une « identité compacte » et justifiez cette dernière image.
b. Repérez dans la première réponse de Magris l'expression qui lui permet ensuite de parler d'une frontière « flexible ».
c. Repérez dans l'entretien les expressions « identité compacte », « identité fuyante », « identité fluide », « identité flexible ». Qui les emploie et comment se font les enchaînements entre ces expressions ?

La thèse de Claudio Magris

3. a. Relevez dans la première réponse de Magris les mots (noms ou adjectifs) qui s'opposent.
b. Relevez la comparaison et les deux images par lesquelles Magris exprime la thèse qu'il défend.

4. À l'aide de deux mots opposés ou des deux images, formulez en une phrase la thèse de Magris.

Les exemples

5. a. Repérez dans chaque réponse de Magris un exemple.
b. Quels sont les points communs aux deux exemples qu'il donne ? Précisez quels sont les indices qui vous permettent de répondre.

6. Le premier exemple est-il illustratif ou argumentatif ? illustratif puis argumentatif ? Justifiez votre réponse.

7. Le deuxième exemple est-il illustratif ou argumentatif ? Justifiez votre réponse.

Les arguments

8. a. Repérez à la fin de la première réponse la phrase qui constitue le premier argument.
b. Sous quelle forme se présente-t-il ? Comment justifier le mot « mais » à la ligne 26 ?

9. a. Repérez dans la deuxième réponse le deuxième argument.
b. Qu'ajoute-t-il au premier ?
c. Qu'est-ce qui le précède ? Qu'en concluez-vous ?

Les images

10. Relevez les emplois successifs du mot « frontière » au cours du texte. Quand cet emploi est-il métaphorique ?

11. Expliquez l'expression de la ligne 34 : « On dialogue dans la diversité, c'est-à-dire avec la frontière. »

Retenons

Persuader par les figures de style

La figure de style est **un moyen de persuasion :** pour défendre son idée, l'auteur choisit une réalité sensible. Ainsi, pour dire les relations entre les hommes, il utilisera l'image du pont ou du fleuve ; pour dire l'incompréhension, il utilisera l'image du mur. Le lecteur saisit la justesse de la métaphore ou de la comparaison, il est séduit, il adhère à l'idée que l'auteur défend.

Lire et écrire

Convaincre par un argument imagé

1. a. Vous écrivez à un ami pour le convaincre de ce que Claudio Magris dit dans la suite de l'interview : « Moi, je veux pouvoir aimer ce petit monde (c'est-à-dire Trieste, sa ville) mais comme un théâtre du grand monde. » Vous allez argumenter la thèse suivante : l'attachement au lieu où vous vivez ne vous prive pas de la curiosité à l'égard d'autres lieux (villes ou pays).
b. Cherchez une image qui vous permette d'argumenter cette thèse de façon convaincante.

2. a. Rédigez un paragraphe comprenant la thèse et l'argument sous une forme imagée.
b. Veillez à vous impliquer dans le propos. N'oubliez pas que vous cherchez à convaincre un ami.

Lire et maîtriser la langue

L'opposition et la concession

1. Relisez la phrase « Flexible plutôt, parce que "fluide" donne un sentiment un peu flou, un peu soluble » (l. 31-32). Quelle relation y a-t-il entre « flexible » et « fluide » dans la phrase ?

2. a. Quelle conjonction de coordination marquant l'opposition revient le plus fréquemment ? Relevez toutes les phrases où elle figure.
b. Indiquez à chaque fois les éléments qu'elle oppose.

3. Dans la phrase « Elle a appris qu'elle faisait partie de ce monde qui l'avait menacée » (l. 21), quel lien établit la proposition subordonnée relative avec la proposition subordonnée qui la précède ?

Les compléments de la phrase (2) ➤ p. 352

Les connecteurs

4. a. Relevez dans la première réponse de Claudio Magris tous les connecteurs logiques.
b. Précisez le sens de chacun d'eux.

5. a. Quels autres connecteurs organisent les lignes 11 à 23 (de « Ma femme… » à « quelles qu'elles soient ») ? Relevez-les.
b. Quel lien y a-t-il entre ces connecteurs et les connecteurs logiques ? Répondez en vous référant précisément au texte.

Les connecteurs ➤ p. 322

Des champs lexicaux opposés

6. a. Relevez dans le texte tous les mots et expressions qui constituent le champ lexical de l'immobilité.
b. Faites le même relevé pour le champ lexical du mouvement.
c. À l'aide des deux relevés constituez des paires d'expressions et de mots opposés.

Soi/soit

7. Relisez les phrases suivantes : « La frontière, on l'a en soi » (l. 10) ; « C'est vraiment une histoire que l'on devrait méditer, avant d'idolâtrer nos racines quelles qu'elles soient. » (l. 22)
a. Dans la première phrase, à quel mot renvoie « soi » ? Quelle est sa nature grammaticale ? Son orthographe peut-elle varier ?
b. Dans la deuxième phrase, quelle est la nature grammaticale de « soient » ? De quel mot dépend-il ? Son orthographe peut-elle varier ? Construisez une phrase qui appuie votre réponse.

Convaincre

Des hommes égaux en droits

Lire et comprendre l'image

Égaux en droits

1. Quel objet le peintre a-t-il choisi pour illustrer la notion d'égalité des hommes entre eux ? Que pensez-vous de ce choix ?
2. Combien de personnages figurent sur chacun des plateaux ? Que remarquez-vous quant à la couleur de leur visage ?

Le choix de la simplicité

3. Commentez les couleurs. Pourquoi, d'après vous, le peintre a-t-il choisi ces couleurs ?
4. Peut-on parler de réalisme ou plutôt de stylisation ? Pour répondre, observez le dessin de l'objet principal et des vêtements, ainsi que l'attitude des personnages. Justifiez ce choix.
5. Observez maintenant la forme générale de l'objet dessiné : à quoi vous fait-il penser ? Pouvez-vous préciser votre commentaire des formes et des couleurs ?
6. Quelle idée cette forme d'ensemble ajoute-t-elle à l'idée de la pesée ?

Pour écrire

7. Rédigez un slogan en faveur de la tolérance, directement inspiré de votre étude d'image. Comment le disposeriez-vous dans l'image pour réaliser une affiche d'appel à la tolérance ?

Selon l'écrivain libanais contemporain Amin Maalouf, toute personne est unique. Pourtant, toute tentative pour définir notre identité en tant que personne nous met aussitôt en relation avec un grand nombre d'autres personnes. L'examen de son identité conduit donc chacun à la tolérance.

Paul Klee (1879-1940), *Jeu*, Kunsthalle de Hambourg, (Allemagne).

L'examen d'identité

Il m'arrive de faire quelquefois ce que j'appellerais « mon examen d'identité », comme d'autres font leur examen de conscience. Mon but n'étant pas – on l'aura compris – de retrouver en moi-même une quelconque appartenance « essentielle » dans laquelle je puisse me reconnaître, c'est l'attitude inverse que j'adopte : je fouille ma mémoire pour débusquer le plus grand nombre d'éléments de mon identité, je les assemble, je les aligne, je n'en renie aucun.

Je viens d'une famille originaire du sud arabique, implantée dans la montagne libanaise depuis des siècles, et qui s'est répandue depuis, par migrations successives, dans divers coins du globe, de l'Égypte au Brésil, et de Cuba à l'Australie. Elle s'enorgueillit d'avoir toujours été à la fois arabe et chrétienne, probablement depuis le IIe ou le IIIe siècle, c'est-à-dire bien avant l'émergence de l'islam et avant même que l'Occident ne se soit converti au christianisme.

Le fait d'être chrétien et d'avoir pour langue maternelle l'arabe, qui est la langue sacrée de l'islam, est l'un des paradoxes[1] fondamentaux qui ont forgé mon identité. Parler cette langue tisse pour moi des liens avec tous ceux qui l'utilisent chaque jour dans leurs prières et qui, dans leur très grande majorité,

1. **paradoxe** : pensée, opinion contraire à l'opinion commune.

la connaissent moins bien que moi ; lorsqu'on se trouve en Asie centrale, et qu'on rencontre un vieil érudit au seuil d'une medersa timuride[2], il suffit de s'adresser à lui en arabe pour qu'il se sente en terre amie, et pour qu'il parle avec le cœur comme il ne se hasarderait jamais à le faire en russe ou en anglais.

Cette langue, elle nous est commune, à lui, à moi, et à plus d'un milliard d'autres personnes. Par ailleurs, mon appartenance au christianisme – qu'elle soit profondément religieuse ou seulement sociologique[3], là n'est pas la question – crée elle aussi un lien significatif entre moi et les quelque deux milliards de chrétiens dans le monde. Bien des choses me séparent de chaque chrétien, comme de chaque Arabe et de chaque musulman, mais il y a aussi avec chacun d'eux une parenté indéniable, dans un cas religieuse et intellectuelle, dans l'autre linguistique et culturelle.

Cela dit, le fait d'être à la fois arabe et chrétien est une situation fort spécifique, très minoritaire, et pas toujours facile à assumer ; elle marque profondément et durablement la personne ; s'agissant de moi, je ne nierai pas qu'elle a été déterminante dans la plupart des décisions que j'ai dû prendre au cours de ma vie, y compris celle d'écrire ce livre.

Ainsi, en considérant séparément ces deux éléments de mon identité, je me sens proche, soit par la langue soit par la religion, d'une bonne moitié de l'humanité ; en prenant ces deux mêmes critères simultanément, je me retrouve confronté à ma spécificité.

Je pourrais reprendre la même observation avec d'autres appartenances : le fait d'être français, je le partage avec une soixantaine de millions de personnes ; le fait d'être libanais, je le partage avec huit à dix millions de personnes, en comptant la diaspora[4] ; mais le fait d'être à la fois français et libanais, avec combien de personnes est-ce que je le partage ? Quelques milliers, tout au plus.

Chacune de mes appartenances me relie à un grand nombre de personnes ; cependant, plus les appartenances que je prends en compte sont nombreuses, plus mon identité s'avère spécifique.

[...]

Je me contenterai de dire ici qu'il y avait, dans notre famille, deux traditions religieuses rivales, et que je fus, tout au long de mon enfance, témoin de ces tiraillements : témoin, et parfois même enjeu : si je fus inscrit à l'école française, celle des pères jésuites, c'est parce que ma mère, résolument catholique, tenait à me soustraire à l'influence protestante qui prévalait alors dans ma famille paternelle où l'on dirigeait traditionnellement les enfants vers les écoles américaines ou anglaises ; c'est à cause de ce conflit que je me retrouve francophone, c'est en conséquence de cela que je suis venu m'installer, pendant la guerre du Liban, à Paris plutôt qu'à New York, à Vancouver ou à Londres, et que je me suis mis à écrire en français.

Vais-je aligner d'autres détails encore de mon identité ? Parlerai-je de ma grand-mère turque, de son époux maronite d'Égypte, et de cet autre grand-père, mort bien avant ma naissance, et dont on me dit qu'il fut poète, libre-penseur, peut-être franc-maçon, et en tout cas violemment anticlérical ? Remonterai-je

2. **medersa timuride :** la medersa est une école musulmane ; les Timurides résidaient en Asie centrale, autour de la ville de Samarkande.

3. **sociologique :** en rapport avec les sociétés humaines.

4. **diaspora :** dispersion d'un peuple à travers le monde.

jusqu'à cet arrière-arrière-grand-oncle qui fut le premier à traduire Molière en arabe et à le faire jouer en 1848 sur les planches d'un théâtre ottoman ?

Non, cela suffit, je m'arrête là, pour demander : ces quelques éléments disparates[5] qui ont façonné mon identité et esquissé, dans les grandes lignes, mon itinéraire, combien de mes semblables les partagent avec moi ? Bien peu. Peut-être même aucun. Et c'est bien sur cela que je voudrais insister : grâce à chacune de mes appartenances, prise séparément, j'ai une certaine parenté avec un grand nombre de mes semblables ; grâce aux mêmes critères, pris tous ensemble, j'ai mon identité propre, qui ne se confond avec aucune autre.

En extrapolant à peine, je dirai : avec chaque être humain, j'ai quelques appartenances communes ; mais aucune personne au monde ne partage toutes mes appartenances, ni même une grande partie de celles-ci ; sur les dizaines de critères que je pourrais aligner, il suffirait d'une poignée pour que mon identité spécifique soit nettement établie, différente de celle d'un autre, fût-il mon propre fils ou mon père.

Amin Maalouf, *Les Identités meurtrières*, © Éditions Grasset, 1998.

5. **disparate :** qui forme un ensemble sans unité.

Lire et comprendre

L'identité

1. a. Relevez dans le texte les adjectifs qui qualifient le mot « identité ».
b. Quels adjectifs et quels verbes l'accompagnent ? Qu'ont-ils en commun ? Qu'en concluez-vous ?

2. a. Relevez les nombres et les indications de quantité qui sont donnés quand il est question de l'identité. Sur quels aspects de l'identité l'auteur insiste-t-il ?
b. Qu'est-ce qui, selon lui, permet l'ouverture aux autres ? Répondez en vous référant précisément au texte.
c. À quelle condition l'identité de l'auteur l'isolerait-elle ?

3. Formulez donc en une phrase la thèse de l'auteur en ce qui concerne l'identité de chaque être humain.

Les appartenances

4. Pourquoi l'identité de l'auteur n'est-elle pas un facteur d'isolement ?

5. Relevez les nombres et les indications de quantité qui sont donnés quand il est question des appartenances. Qu'en concluez-vous ?

6. Établissez la liste des appartenances de l'auteur. Classez-les selon des critères clairement définis. Quel critère revient le plus souvent ?

7. a. Que signifie être arabe pour Amin Maalouf ?
b. Quel intérêt présente sa définition en ce qui concerne le rapport avec les autres ?

Exprimer et surmonter les contradictions

8. Relevez les connecteurs logiques qui marquent le rapport entre l'identité de l'auteur et chacune de ses appartenances. Caractérisez ce rapport.

9. Quels sentiments l'auteur éprouve-t-il à l'égard de son identité ? Répondez en vous référant précisément au texte.

10. La préférence de l'auteur va-t-elle à son identité ou à ses appartenances prises séparément ? Justifiez votre réponse.

Retenons

Convaincre

Pour convaincre, l'auteur s'adresse à la raison de son lecteur. Il défend sa thèse ou son idée par des **arguments** soigneusement ordonnés et liés par les **connecteurs logiques** qui signalent l'opposition (mais), la conséquence (donc), l'addition d'un argument (de plus). Il est fréquent qu'un ou des **exemples** appuient les arguments. Tous ces moyens concourent à convaincre le lecteur du bien fondé de l'idée que l'auteur défend.

Lire et parler

Réaliser une enquête

1. Comme Amin Maalouf, vous allez faire votre examen d'identité.

a. Enquêtez auprès de vos parents et d'autres membres de votre famille afin d'établir les composantes de votre identité.

b. Procédez avec ordre, définissez les critères qui vous guident dans l'enquête : géographiques (pays, région), linguistiques, religieux, culturels.

2. À partir des réponses obtenues, définissez votre identité d'une double façon :

a. par l'addition des composantes, vous êtes unique, vous ne ressemblez à personne ;

b. par chaque composante prise à part, vous êtes en relation avec un grand nombre, de vos camarades notamment.

3. Chacun lit son examen d'identité à ses camarades qui prennent des notes, établissant les ressemblances et les différences avec les résultats de leur enquête.

Cet examen d'identité peut aboutir à un livre de la classe qui comprendra l'examen d'identité de tous, accompagné d'un dessin en étoile qui, à partir de chacun, rayonnera vers d'autres grâce aux composantes communes.

Richard Waniowski (né en 1939), *L'Espoir*, 1997, coll. privée.

Lire et maîtriser la langue

L'opposition et la concession

1. a. Quel signe de ponctuation permet de signifier dans le texte une opposition ? Relevez cinq exemples dans le texte.

b. Précisez à chaque fois les termes de l'opposition.

c. À trois reprises, l'opposition est redoublée par l'emploi d'une conjonction ou d'un adverbe. Repérez-les.

2. a. Relevez dans le texte les emplois de la conjonction mais.

b. Précisez à chaque fois les termes qu'elle oppose.

3. a. Dans la phrase « c'est l'attitude inverse que j'adopte » (l. 4-5), quel mot crée l'opposition ?

b. Quels sont les termes de l'opposition ? Relisez le premier paragraphe pour les définir.

4. a. Dans la phrase « Cela dit, le fait d'être à la foi arabe et chrétien est une situation fort spécifique, très minoritaire » (l. 29), à quoi renvoie « cela dit » ? Répondez en vous référant précisément au texte.

b. Quelle relation crée l'expression « cela dit » entre ce qui la précède et ce qu'elle introduit ? Remplacez-la par une conjonction qui précise le sens du texte.

Le vocabulaire de l'identité

5. En relisant le texte, constituez deux listes de mots (une liste de noms et une liste de verbes) qui ont trait à l'identité, c'est-à-dire à ce qui définit une personne, ses origines ethniques, religieuses, familiales.

-ai / -ais

6. Relevez dans le texte les verbes terminés par *-ai* et *-ais*.

a. Précisez le mode et le temps de chaque verbe.

b. Justifiez-les en relisant les phrases dans lesquelles les verbes s'insèrent.

c. Y a-t-il des cas où l'autre mode aurait pu être utilisé ? Justifiez votre réponse.

Bilan de séquence
vers le brevet

*Beaucoup d'écrivains du XVIII*e *siècle ont collaboré à la rédaction de l'*Encyclopédie, *énorme ouvrage qui fait le point sur les connaissances de l'époque en tous domaines mais aussi qui lutte pour les idées de justice et de progrès. Dans l'article « Conscience », Voltaire fait dialoguer un moine et un anabaptiste (de la famille des protestants qui voulait que le baptême soit donné à l'âge adulte, et non dès la naissance) : le moine menace le vieil anabaptiste d'être pendu s'il n'abjure pas sa foi.*

– Et si monseigneur fait pendre tes deux cents ouvriers et ta famille ? reprit l'aumônier ; et s'il donne ta manufacture[1] à de bons catholiques ?

– Je l'en défie, dit le vieillard ; on ne donne pas une manufacture comme une métairie[2], parce qu'on ne donne pas l'industrie[3]. Cela serait beaucoup plus fou que s'il faisait tuer tous ses chevaux parce que l'un d'eux t'aura jeté par terre, et que tu es un mauvais écuyer. L'intérêt de monseigneur n'est pas que je mange du pain sans levain ou levé[4] : il est que je procure à ses sujets de quoi manger, et que j'augmente ses revenus par mon travail. Je suis un honnête homme ; et quand[5] j'aurais le malheur de n'être pas né tel, ma profession me forcerait à le devenir, car dans les entreprises de négoce, ce n'est pas comme dans celles de cour et dans les tiennes : point de succès sans probité[6]. Que t'importe que j'aie été baptisé dans l'âge qu'on appelle de raison, tandis que tu l'as été sans le savoir ? Que t'importe que j'adore Dieu à la manière de mes pères ? Si tu suivais tes belles maximes, si tu avais la force en main, tu irais donc d'un bout de l'univers à l'autre, faisant pendre à ton plaisir le Grec, qui ne croit pas que l'esprit procède du père et du fils[7] ; tous les Anglais, tous les Hollandais, Danois, Suédois, Islandais, Prussiens, Hanovriens, Saxons, Holstenois, Hessois, Wurtembergeois, Bernois, Hambourgeois, Cosaques, Valaques, Russes, qui ne croient pas le Pape infaillible ; tous les Musulmans qui croient un seul Dieu, et les Indiens, dont la religion est plus ancienne que la juive, et les lettrés chinois, qui depuis quatre mille ans servent un dieu unique sans superstition et sans fanatisme ? Voilà ce que tu ferais si tu étais le maître ?

– Assurément, dit le moine ; car je suis dévoré du zèle de la maison du seigneur.

VOLTAIRE, article « Conscience » in L'*Encyclopédie*.

1. **manufacture :** établissement industriel qui, sous l'Ancien Régime, bénéficiait de privilèges royaux.
2. **métairie :** domaine agricole loué en échange d'une partie de la récolte.
3. **l'industrie :** le travail.
4. **pain sans levain ou levé :** la façon de cuire le pain varie selon les religions et les cultures.
5. **quand :** même si.
6. **probité :** honnêteté.
7. **l'esprit procède du père et du fils :** il s'agit de la Sainte Trinité, le dogme chrétien qui considère un seul Dieu en trois, le Père, le Fils, le Saint-Esprit.

Maurice Quentin de La Tour (1704-1788), *François Marie Arouet, dit Voltaire*, (1694-1778) musée du château de Versailles.

Comprendre le texte

4 Expliquez ce que sous-entend l'aumônier aux lignes 1 et 2.

5 Relisez attentivement la longue intervention du vieillard (lignes 3 à 22).
a. Quelle est la thèse qu'il réfute ? Où se trouve-t-elle exprimée exactement ?
b. Quelle est la thèse défendue ? Relevez précisément la phrase qui l'exprime.
c. Quels sont les arguments ? Reformulez chacun d'eux par une phrase brève.

6 **a.** Quel est le rôle des précisions « [tous les Musulmans] qui croient un seul Dieu » (l. 19) et « [les lettrés chinois qui depuis quatre mille ans] servent un dieu unique » (l. 20) ?
b. Quel effet produisent-elles sur l'image que Voltaire veut nous donner de l'aumônier ?

7 **a.** Quelle image de l'Église la dernière réplique de l'aumônier (l. 23-24) donne-t-elle ?
b. Sur le plan du raisonnement, quel défaut souligne-t-il ?

8 Recopiez les phrases qui comportent un subjonctif en remplaçant « je » par « nous ».

Étudier la langue

Vocabulaire

1 Expliquez le sens des mots « fanatisme », ligne 22 et « zèle », ligne 23.

Grammaire : l'opposition et la concession

2 Repérez dans le texte les conjonctions de subordination qui introduisent une subordonnée ayant une valeur d'opposition ou de concession.

Orthographe

3 Justifiez la terminaison des verbes dans les lignes 13 à 15.

Écrire

9 Vous écrivez une lettre à un ami dans laquelle vous cherchez à le convaincre de la nécessité de la tolérance envers les hommes. Après avoir exposé vos arguments et donné quelques exemples, vous arrivez à la fin de votre argumentation. Vous cherchez une image développée sur une dizaine de lignes, qui persuadera définitivement votre ami de la justesse de votre position.
Rédigez votre lettre en veillant ainsi à convaincre votre destinataire par l'expression de la thèse, des arguments et des exemples et en cherchant à le persuader par l'image.

10 Les termes dans lesquels Voltaire analyse la tolérance et l'intolérance restent-ils actuels ? ou bien ont-ils changé ? Avez-vous des objections, des réserves à formuler ?

Combat de cerfs. © Photographie de John Cancalosi.

SÉQUENCE 8

La raison du plus fort

L'argumentation dans les récits

Raconter une histoire, ce n'est pas seulement chercher à distraire le lecteur ; ce peut être aussi chercher à le convaincre et à le persuader.

Dans cette séquence, vous lirez des formes variées de récit mettant en scène des animaux dans des conflits qui ressemblent aux nôtres. Vous apprendrez ainsi **comment le récit permet souvent une véritable argumentation**. Il peut en effet, par une forme plaisante et vivante, susciter la réflexion du lecteur. Enfin, vous verrez que la construction même du récit peut être au service d'une argumentation.

- *Le pouvoir des fables*
- *Les moyens argumentatifs du récit*
- *Raconter pour argumenter*

Le pouvoir des fables

Poète et écrivain classique, Jean de La Fontaine (1621-1695) a renouvelé le genre antique de la fable, qui comporte un récit et une « morale » que ce récit aide à comprendre. Souvent amusante, la fable critique un défaut de caractère ou un comportement social et nous y fait réfléchir.

Le loup et l'agneau

La raison du plus fort est toujours la meilleure :
Nous l'allons montrer tout à l'heure.

Un agneau se désaltérait
Dans le courant d'une onde pure.
Un loup survient à jeun qui cherchait aventure,
Et que la faim en ces lieux attirait.
« Qui te rend si hardi de troubler mon breuvage ?
Dit cet animal plein de rage :
Tu seras châtié de ta témérité.
– Sire, répond l'agneau, que Votre Majesté
Ne se mette pas en colère ;
Mais plutôt qu'elle considère
Que je me vas désaltérant
Dans le courant,
Plus de vingt pas au-dessous d'Elle,
Et que par conséquent, en aucune façon,
Je ne puis troubler sa boisson.
– Tu la troubles, reprit cette bête cruelle,
Et je sais que de moi tu médis l'an passé.
– Comment l'aurais-je fait si je n'étais pas né ?
Reprit l'agneau, je tette encor ma mère.
– Si ce n'est toi, c'est donc ton frère.
– Je n'en ai point. – C'est donc quelqu'un des tiens :
Car vous ne m'épargnez guère,
Vous, vos bergers, et vos chiens.
On me l'a dit : il faut que je me venge. »
Là-dessus, au fond des forêts
Le loup l'emporte, et puis le mange,
Sans autre forme de procès.

Jean DE LA FONTAINE, *Fables*, I, X.

Jean-Baptiste Oudry (1686-1755), *Le loup et l'agneau*, Chateau de Versailles et de Trianon.

Lire et comprendre

Les composantes de la fable

1. Délimitez les différents discours et nommez-les. Quel est le plus important ? pourquoi ?

2. Les deux premiers vers relèvent-ils du récit ? Par rapport à l'ensemble de la fable, quel rôle jouent-ils ?

3. Qu'est-ce qui occupe le plus de place dans cette fable ? Pourquoi ?

4. À quel type de discours appartiennent les propos du loup et de l'agneau ?

Les discours : visées et effets ➤ p. 266
Expliquer et argumenter ➤ p. 296

Parole de loup, parole d'agneau

5. Par rapport aux premières paroles du loup, la réponse de l'agneau aux vers 10-17 occupe une large place. Qu'est-ce qui, selon vous, justifie ce déséquilibre ?

6. Relevez dans cette réplique de l'agneau les termes qui marquent un raisonnement et qui donnent au propos un caractère logique. Pourquoi l'agneau raisonne-t-il ?

7. Aux vers 18 et 19, la réponse du loup est double. Quel effet produit la première réponse ? Y a-t-il un rapport entre cette première réponse et la suivante ?

8. Montrez que le dialogue s'accélère dans les vers 20 à 26. Pourquoi ce changement de rythme ?

9. Quelle évolution pouvez-vous constater de « ton frère » à « quelqu'un des tiens » et à « vous, vos bergers et vos chiens » dans les vers 22 à 25 ?

10. Commentez la rime entre « venge » et « mange » aux vers 26 et 28. Quelle valeur a la précision apportée par le dernier vers ?

La raison de la fable

11. Du point de vue des arguments qui nourrissent le dialogue des deux personnages, qui des deux l'emporte ? Justifiez votre réponse.

12. Pourquoi, selon vous, le plus fort cherche-t-il à justifier la violence qu'il exerce ?

13. Commentez le premier vers de la fable : quelle relation y a-t-il entre le mot « raison » et l'expression « le plus fort » ? Comment faut-il comprendre : « la meilleure » ?

14. Dans les passages de récit qui encadrent le dialogue, trouvez deux vers qui démentent les « raisons » du loup.

15. Quel est l'enseignement de cette fable ? Justifiez l'emploi du verbe « montrer » au vers 2. Pourquoi ce mot est-il ambigu ?

Retenons

La fable, un récit à visée argumentative

La fable est un petit **récit qui illustre une idée morale**, le plus souvent formulée au début ou à la fin du texte. Le récit donne vie à cette réflexion et la rend plus concrète grâce à l'exemple. Par sa composition et sa progression, par les rapports entre les protagonistes, par la succession des propos, le récit peut avoir un caractère argumentatif.

Lire et maîtriser la langue

La cause et de la conséquence

1. Récrivez le vers 7 de manière à mettre en évidence le lien de conséquence qui unit l'adjectif « hardi » et l'infinitif « troubler ». Quelle est la nature du mot « si » ?

2. Introduisez dans le vers 9 une locution prépositionnelle qui explicite le lien causal entre « châtié » et « témérité ».

3. Dans le vers 20, quelle est la nature de « si » ? Remplacez ce mot par une conjonction de subordination exprimant l'idée d'une cause évidente.

Les compléments circonstanciels ➤ p. 346 et 352

Auteur britannique de romans d'aventures comme L'Île au trésor *(1883) et de récits fantastiques comme* Docteur Jekyll et Mister Hyde *(1886), Robert-Louis Stevenson (1850-1894) a aussi écrit de courtes fables humoristiques. Dans* Le singe de science, *il imagine qu'un de ces animaux, après avoir réussi à s'échapper du laboratoire d'un savant qui se livre sur les singes à de cruelles expériences de vivisection, propose à ses congénères de pratiquer la même expérience sur les hommes.*

Jean-Baptiste S. Chardin (1699-1779), *Le Singe antiquaire*, musée du Louvre, Paris.

Le bébé du vivisecteur

– C'est tout de même un peu dur pour les hommes, dit le singe qui n'avait qu'une oreille.

– D'abord, dit le docteur[1], ils prétendent que nous ne souffrons pas, parce que, disent-ils, nous ne sommes que des automates ; j'ai donc tout à fait le droit d'en dire autant d'eux.

– Ça n'a pas de sens, dit le chicaneur[2], et de plus ça ne nous mène à rien. S'ils ne sont que des automates, ils ne peuvent rien nous apprendre sur nous-mêmes ; et s'ils peuvent nous apprendre quelque chose sur nous-mêmes, alors, par la noix de coco, ils doivent souffrir.

– Admettons qu'ils souffrent, répondit le docteur. Eh bien, ils souffrent dans l'intérêt d'une race inférieure qui a besoin de soutien ; voilà qui est parfaitement légitime. D'autre part, nous allons sans doute faire des découvertes qui se révéleront en fin de compte utiles à eux aussi.

– Mais comment faire des découvertes quand nous ne savons pas ce que nous cherchons ? intervint le chicaneur.

– Le diable emporte ma queue ! s'écria le docteur, à qui l'irritation commençait à faire perdre contenance. Je crois bien que tu as l'esprit le moins scientifique de tous les singes des Indes occidentales. Savoir ce que nous cherchons, il s'agit bien de cela ! La science véritable est ailleurs ; il suffit de pratiquer la vivisection comme elle vient, et tant mieux si on découvre par hasard quelque chose.

– J'aimerais encore soulever une objection, dit le chicaneur, même si je suis loin de nier que ce serait drôle à en mourir. Mais les hommes sont si forts et ils possèdent des armes à feu…

– Voilà pourquoi nous prendrons des bébés, conclut le docteur.

Ce même après-midi, celui-ci retourna dans le jardin du vivisecteur et déroba un rasoir en passant la main à travers la fenêtre entrouverte du cabinet de toilette. Au cours d'un second voyage, il pénétra dans la chambre du bébé et l'enleva de son berceau.

L'agitation fut grande au faîte des arbres. Le singe qui n'avait qu'une oreille, un gaillard au grand cœur, berçait le bébé dans ses bras tandis qu'un de ses congénères essayait de lui fourrer des noix dans la bouche et s'attristait qu'il n'en voulût point.

– C'est absurde, disait-il.

– Et si seulement il s'arrêtait de pleurer, disait le singe qui n'avait qu'une oreille. Il a tellement l'air d'un macaque !

– Cessez ces enfantillages, coupa soudain le docteur, et donnez-moi le rasoir.

Alors le cœur manqua au singe qui n'avait qu'une oreille. Crachant sur le docteur, il s'enfuit avec le bébé sur l'arbre voisin.

– Yaah, rugit-il, éventre-toi toi-même !

Aussitôt tous les singes de la troupe se mirent à bondir de ci de là en hurlant, jusqu'à ce que le chef qui s'épouillait sur un arbre voisin fût mis au courant de la situation.

– Par la grande noix de coco, s'écria-t-il, qu'est-ce que c'est que cette barbarie ? Le singe peut-il descendre si bas ? Rapportez immédiatement cet enfant-là où vous l'avez pris !

– Vous n'avez pas l'esprit scientifique, protesta le docteur.

– Je ne sais pas si j'ai l'esprit scientifique, répliqua le chef, mais j'ai un très gros bâton, et si tu poses une seule patte sur ce bébé, je te le casse sur la tête.

Le bébé fut alors ramené dans le jardin du vivisecteur. En digne père de famille, celui-ci fut transporté de joie et, rasséréné, réalisa trois nouvelles expériences dans son laboratoire avant que le jour fût revenu.

Robert Louis Stevenson (1850-1894), « Le singe de science », *Fables*,
traduction de l'anglais de Pierre-Alain Legendre, © Éditions José Corti, 1985.

1. **le docteur** : le « singe de science » qui, prisonnier du docteur humain a assisté à ses terribles expériences sur les singes.
2. **le chicaneur** : celui qui fait des histoires sur des détails.

Lire et comprendre

Le récit

1. Faites un plan du texte en repérant les principales étapes et donnez un titre à chacune de ses parties.

2. Quels sont les différents personnages? Expliquez rapidement ce qui caractérise chacun d'entre eux et définissez son rôle dans le débat.

3. Quelle position vous paraît la meilleure? Expliquez pourquoi.

4. Quel nouveau personnage apparaît ligne 42? Pourquoi n'intervient-il qu'à ce moment-là dans le récit ?

L'esprit scientifique

5. Du chicaneur ou du docteur, qui vous paraît avoir raison concernant l'esprit scientifique? Justifiez votre réponse.

6. Quels arguments du singe docteur sont habituellement employés par les hommes à propos des expériences sur les animaux de laboratoire ?

7. Comment pouvez-vous qualifier le raisonnement auquel se livre le chicaneur dans sa première réplique ? Justifiez votre réponse.

8. Dans une argumentation, comment appelle-t-on ce que fait le docteur au début de la réplique ligne 10 ? Pour vous aider, récrivez le début de cette réplique en faisant apparaître une proposition subordonnée commençant par *quoique* ou par *bien que*. Quelle est la nature et la fonction de cette proposition subordonnée ?

9. Montrez que l'on retrouve dans ce texte les attitudes qui correspondent aux verbes *persuader* et *convaincre*. À quel moment de texte retrouve-t-on également un «argument d'autorité» ?

De l'humour à la thèse implicite

10. Cherchez dans le dictionnaire le sens du verbe *singer*. Quelles expressions employées par les singes du texte rappellent des expressions humaines? Quel ton contribuent-elles à donner au texte?

11. Le lecteur a-t-il peur pour le sort du bébé? Justifiez votre réponse. Aurait-il eu peur s'il s'était agi d'une discussion entre hommes à propos d'un jeune singe?

12. a. Observez les deux répliques du chef des singes. Expliquez ses expressions : «descendre si bas» et «barbarie» lignes 44-45.
b. Pourquoi le chef des singes refuse-t-il d'argumenter et préfère-t-il se saisir d'un bâton ?

13. Comparez l'attitude du chef des singes et celle du père du bébé. Qui a l'avantage moral dans cette comparaison ?

14. Formulez en quelques mots la leçon de cette fable.

Retenons

La force persuasive de l'humour

Pour éviter de recourir à une argumentation directe et pesante, le récit, lorsque qu'il veut faire réfléchir, gagne souvent à amuser son lecteur. Le détour comique, par exemple le renversement des rôles, nous fait voir de manière plaisante et efficace les défauts que l'auteur veut dénoncer. **Le rire** est ici **au service d'une véritable réflexion.**

Lire et écrire

Persuader et convaincre

Imaginez que le singe qui n'avait qu'une oreille, échappé lui aussi du laboratoire, s'emploie à persuader les autres singes de ne pas faire de mal au bébé. Vous pourrez lui opposer les arguments du singe docteur qui chercherait à les convaincre de l'intérêt de l'expérience.

Lire et maîtriser la langue

Le récit et les paroles rapportées

1. Dans la deuxième moitié du texte, à partir de la ligne 26, quels sont les temps du récit ? Justifiez leur emploi.

2. Relevez les connecteurs temporels.

3. Comment les paroles des singes sont-elles rapportées ? Décrivez le procédé auquel a recours le narrateur.

Les paroles rapportées ➤ p. 302

Les moyens argumentatifs du récit

Scarabée (*Macrodontia cervicornis*), Guyane française.

Jean-Henri Fabre (1823-1915) a étudié la vie des insectes et a laissé un recueil de souvenirs à leur sujet. Mais il n'y parle pas seulement des mœurs sociales des insectes…

L'abattoir du carabe doré

En écrivant les premières lignes de ce chapitre, je songe aux abattoirs de Chicago, les horribles usines à viande où se dépècent dans l'année un million quatre-vingt mille bœufs, un million sept cent cinquante mille porcs, qui, entrés vivants dans la machine, sortent de l'autre bout changés en boîtes de conserves, saindoux, saucisses, jambons roulés ; j'y songe parce que le Carabe va nous montrer, en tuerie, semblable célérité[1].

Dans une ample volière vitrée, j'ai vingt-cinq Carabes dorés […]. Maintenant ils sont immobiles, tapis sous une planchette que je leur ai donnée pour abri. Le ventre au frais dans le sable, le dos au chaud contre la planchette que visite le soleil, ils somnolent et digèrent. La bonne fortune me vaut, à l'improviste, une procession de la chenille du pin qui, descendue de son arbre, cherche un lieu favorable à l'ensevelissement, prélude du cocon souterrain. Voilà un excellent troupeau pour l'abattoir des Carabes.

Je le cueille et le mets dans la volière. Bientôt la procession se reforme ; les chenilles, au nombre de cent cinquante environ, cheminent en série onduleuse. Elles passent à proximité de la planchette, à la queue-leu-leu comme les porcs de Chicago. C'est le bon moment. Je lâche alors mes fauves, c'est-à-dire que j'enlève leur abri.

Les dormeurs aussitôt s'éveillent, sentant la riche proie qui défile à côté. Un accourt ; trois, quatre autres suivent, mettent l'assemblée en émoi ; les enterrés émergent ; toute la bande d'égorgeurs se rue sur le troupeau passant. C'est alors spectacle inoubliable. Coups de mandibules de-ci, de-là, en avant, en arrière, au milieu de la procession, sur le dos, sur le ventre, au hasard. Les peaux hirsutes se déchirent, le contenu s'épanche en coulée d'entrailles verdies par la nourriture, les aiguilles de pin ; les chenilles se convulsent, luttent de la croupe brusquement ouverte ou refermée, se cramponnent des pattes, crachent et mordillent. Les indemnes désespérément piochent pour se réfugier sous terre. Pas une n'y parvient. À peine sont-elles descendues à mi-corps que le Carabe accourt, les extirpe, leur crève le ventre.

1. **célérité :** rapidité.

Si la tuerie ne s'accomplissait dans un monde muet, nous aurions ici l'épouvantable vacarme de l'égorgement de Chicago. Il faut l'oreille de l'imagination pour entendre les lamentations hurlantes des étripées. Cette oreille, je l'ai, et le remords me gagne d'avoir provoqué telles misères.

Or, de partout, dans le tas des mortes et des mourantes, chacun tiraille, chacun déchire, emporte un morceau qu'il va déglutir à l'écart, loin des envieux. Après cette bouchée, une autre est taillée à la hâte sur la pièce, et puis d'autres encore, tant qu'il reste des éventrées. En quelques minutes, la procession est réduite en charcuterie de loques pantelantes.

Les chenilles étaient cent cinquante ; les tueurs sont vingt-cinq. Cela fait six victimes par Carabe. Si l'insecte n'avait qu'à tuer indéfiniment, comme les ouvriers des usines à viande, et si l'équipe était de cent éventreurs, nombre bien modeste par rapport à celui des manipulateurs de jambons roulés, le total des victimes, dans une journée de dix heures, serait de trente-six mille. Jamais atelier de Chicago n'a obtenu pareil rendement.

La célérité de la mise à mort est plus frappante encore si l'on considère les difficultés de l'attaque. Le Carabe n'a pas la roue tournante qui saisit le porc par une patte, le soulève et le présente au couteau de l'égorgeur ; il n'a pas le plancher mobile qui met le front du bœuf sous le maillet de l'assommeur ; il doit courir sus à la bête, la maîtriser, se garer de ses harpons et de ses crocs. De plus, à mesure qu'il étripe, il consomme sur place. Que serait le massacre si l'insecte n'avait qu'à tuer !

Que nous apprennent les abattoirs de Chicago et les ripailles du Carabe ? Voici. L'homme de haute moralité est, pour le moment, exception assez rare. Sous l'épiderme du civilisé, presque toujours se trouve l'ancêtre, le sauvage contemporain de l'Ours des cavernes. La véritable humanité n'est pas encore ; elle se fait petit à petit, travaillée par le ferment des siècles et les leçons de la conscience ; elle progresse vers le mieux avec une désespérante lenteur.

Jean-Henri Fabre, *Souvenirs entomologiques*, tome 2, © Éditions Robert Laffont, 1989.

Chenille (*Setora fletcheri*), parc national de Tam Dao (Vietnam).

Lire et comprendre

Le carabe doré et le carabe de Chicago

1. Résumez en quelques phrases ce que raconte ce texte. Dites ensuite de quel genre de texte il s'agit en vous aidant du titre de l'ouvrage.

2. Quels sont les deux thèmes de ce texte ? Lequel des deux vous paraît le thème principal ? Justifiez votre réponse.

3. Quelle sorte de relation le premier paragraphe établit-il entre les deux thèmes ? D'après ce premier paragraphe, quel est l'élément comparé et quel est l'élément comparant ?

4. Relevez dans les deuxième et troisième paragraphes deux expressions qui maintiennent le lien entre ces deux réalités. Qu'ont-elles en commun ? Qu'est-ce qui les différencie ?

5. Quelle forme grammaticale et logique prend la relation entre les deux éléments du texte dans le cinquième paragraphe ?

6. Que signifie l'expression : « une charcuterie de loques pantelantes » ligne 44 ? Justifiez-en l'emploi.

Le sens de la comparaison animalière

7. Montrez que dans le septième paragraphe, la comparaison est le support d'un raisonnement de l'auteur. Comment pourriez-vous qualifier ce raisonnement ? Que vise-t-il à produire chez le lecteur ?

8. Quelle conclusion le lecteur peut-il tirer quant aux capacités du carabe dans le huitième paragraphe ? Qu'y a-t-il de commun entre le carabe et l'homme ? En quoi diffèrent-ils, selon le texte ?

9. Justifiez le fait que le premier et le dernier paragraphe de ce texte portent sur le comportement de l'homme. La suite du texte portera-t-elle selon vous sur le carabe ou sur l'homme ?

De la comparaison à l'analogie

10. Quel effet produisent sur vous les quatrième, cinquième et sixième paragraphes ? Justifiez votre réponse en vous appuyant sur des expressions et des images que vous expliquerez.

11. Si le carabe est un tueur plus efficace que l'homme dans ses abattoirs, que peut-on dire de l'homme, réciproquement ?

12. Pourquoi l'auteur affirme-t-il que « la véritable humanité n'est pas encore » (l. 61) ? Expliquez l'expression sous « l'épiderme du civilisé » (l. 60).

Retenons

L'analogie dans l'argumentation

Dans un récit à caractère argumentatif, l'auteur peut s'appuyer, pour mieux se faire comprendre, sur une relation d'analogie, c'est-à-dire de **ressemblance entre deux idées ou deux situations**. Cette relation ne dépend pas seulement du raisonnement, mais aussi de figures de style (comparaisons et métaphores par exemple), qui font appel à l'imaginaire du lecteur. L'argumentation s'enrichit ainsi de rapports implicites.

Lire et maîtriser la langue

Hypothèse et condition

1. Dans la phrase : « Si la tuerie ne s'accomplissait dans un monde muet, nous aurions ici l'épouvantable vacarme de l'égorgement de Chicago » (l. 36-37), justifiez l'emploi du conditionnel dans la proposition principale.

2. Pour exprimer la même idée, terminez la phrase suivante : « C'est parce que la tuerie s'accomplit dans un monde muet… ». Quelle relation logique s'établit alors entre les deux membres de la phrase ?

3. « La célérité de la mise à mort est plus frappante encore si l'on considère les difficultés de l'attaque » (l. 51-52) : quelle est la nature de la proposition subordonnée ? Pourquoi les deux verbes sont-ils au présent de l'indicatif ?

Les complément circonstanciels ➤ p.346 et 352

Lire et écrire

Contester

Imaginez que l'un des ouvriers qui travaillent aux abattoirs de Chicago, choqué par la comparaison que fait J.H. Fabre entre les hommes et les carabes dorés, écrive à l'auteur pour lui faire part de ses objections. Vous imaginerez sa lettre.

Dans ce conte philosophique datant de 1726, l'écrivain irlandais Jonathan Swift (1667-1745) raconte les aventures d'un savant, Gulliver, qui visite divers pays imaginaires. C'est lui le narrateur. Après un naufrage, le voici parvenu sur une île où des chevaux appelés Houymns dominent toutes les autres créatures par leur sagesse et leur raison. Les hommes, appelés Yahoos, sont en revanche des êtres sales et d'une répugnante bestialité. Gulliver, parlant avec son maître, un Houymn, lui décrit le monde d'où il vient, où les hommes ne sont pas des Yahoos. Quoique…

Des animaux doués de raison

« Ce que vous venez de me dire sur la guerre », repartit mon maître, « révèle, bien sûr, de façon admirable, de quels effets est capable la raison que vous prétendez avoir. Il est heureux pourtant que ce soient là des choses plus déshonorantes que réellement dangereuses, et que la Nature vous ait faits totalement incapables de blesser gravement qui que ce soit. Car, avec cette mâchoire qui n'est pas proéminente, vous ne pouvez guère vous mordre, à moins que l'autre ne se laisse faire. Quant à vos griffes, celles des pattes de devant comme celles des pattes de derrière, elles sont si courtes et si molles qu'un seul de nos Yahoos mettrait une douzaine des vôtres en fuite.

Ainsi donc, quand vous m'avez donné ces chiffres, pour ceux qui avaient été tués au combat, je suis forcé de croire que vous m'avez dit *la-chose-qui-n'est-pas*[1]. » Je ne pus m'empêcher de hocher la tête et de sourire un peu de son ignorance. Et comme je n'étais pas profane en l'art de la guerre, je lui donnai une description des canons, couleuvrines[2], mousquets, carabines, pistolets, balles, poudre, épées, baïonnettes, sièges, retraites, attaques, fourneaux de mines, contre-mines, bombardements, combats navals ; des bateaux sombrant avec un millier d'hommes à bord ; des morts faits à chaque camp par vingtaines de milliers ; des râles des moribonds ; des membres volant en l'air ; et là-dessus la fumée, le bruit, la confusion, les corps déchiquetés par les sabots des chevaux, la fuite, la poursuite, la victoire, les champs jonchés de cadavres qu'on abandonne aux chiens, aux loups, et aux oiseaux de proie ; les pillages, les rapines, les viols, les incendies, les destructions. Et pour mettre en relief la vaillance de mes chers compatriotes, j'affirmai les avoir vus faire sauter en l'air, d'un seul coup, une centaine d'ennemis lors d'un siège, et autant sur un bateau ; j'avais pu contempler les corps déchiquetés qui pleuvaient du ciel, au grand divertissement de tous les spectateurs. J'allais donner encore d'autres détails quand mon maître m'imposa le silence. « Quiconque, m'assura-t-il, a bien compris la nature des Yahoos n'aura aucune peine à admettre qu'un si vil[3] animal est capable de toutes ces actions que vous avez énumérées, pour peu que sa force et son astuce égalent sa méchanceté. Mais, en même temps qu'elles ont accru mon horreur pour toute cette engeance[4], je crois que vos paroles ont produit dans mon esprit un trouble auquel j'étais jusqu'ici complètement étranger : ne puis-je penser, qu'à force d'entendre ces mots abominables, mes oreilles vont peut-être les admettre avec moins de détestation ? Car, malgré mon dégoût pour les Yahoos de mon pays, je ne saurais pas plus leur repro-

1. **« la-chose -qui-n'est-pas » :** le mot « mensonge » n'existe pas dans la langue des Houymns.
2. **couleuvrine :** ancien canon au tube long et effilé.
3. **vil :** méprisable, bas.
4. **engeance :** espèce.

cher leurs côtés odieux, que taxer de cruauté un *gnnayh* (sorte d'oiseau de proie) ou blâmer une pierre pointue qui a entaillé mon sabot. Mais puisqu'une créature se prétendant douée de raison peut commettre de telles abominations, il faut craindre que la corruption de cette faculté ne soit pire que l'animalité elle-même. Je crois donc pouvoir affirmer que ce que vous appelez raison n'est en réalité qu'une sorte de qualité naturelle, servant à décupler vos vices. Ainsi l'image que renvoie une eau courante est celle d'un corps grotesque[5], non pas agrandi seulement, mais encore déformé. »

5. **grotesque** : d'une forme monstrueuse.

Jonathan SWIFT, *Voyages de Gulliver*, traduction française de Jacques Pons, © Éditions Gallimard, 1976.

Franz Marc (1881-1916), *Petit cheval bleu*, musée de la Sarre, Sarrebruck (Allemagne).

Lire et comprendre

Le jeu des perspectives

1. a. Comment le cheval considère-t-il les hommes dans le premier paragraphe du texte ?
b. Qu'a de surprenant pour le lecteur le commentaire fait sur la forme de la mâchoire humaine, ou sur la dureté des griffes ?

2. a. Dans l'évocation que le narrateur fait de l'art de la guerre, quels sont les éléments qui peuvent justifier le sentiment de fierté dont il semble animé ?
b. En quoi ces éléments contredisent-ils le propos du Houymn ? En quoi les hommes sont-ils supérieurs aux Yahoos du pays des chevaux ?

Formes et niveaux de discours

3. a. Dans ce texte, quels sont les passages de style direct ? Quelles en sont les marques ?
b. Délimitez le passage de récit. Ce passage rapporte-t-il des paroles ? Sous quelle forme ?

Les paroles rapportées ➤ p. 302

4. Dans l'évocation de l'art de la guerre, lignes 13 à 26, relevez les expressions qui présentent cette évocation comme un tableau.

5. a. Pourquoi ce que dit le Houymn aux lignes 27 à 44 est-il rapporté au style direct ?

Les discours : visées et effets ➤ p. 266

b. Des propos du Houymn et du narrateur, quel est le discours dominant ? Justifiez votre réponse en vous fondant sur des éléments précis empruntés au texte.

6. La description à laquelle se livre le narrateur vous paraît-elle neutre ? Pourquoi peut-on dire que ses propos portent en eux-mêmes leur propre condamnation ? Appuyez-vous sur des éléments précis pour justifier votre réponse.

La perversion de la raison

7. Quelle sorte de supériorité de l'homme le tableau de l'art de la guerre démontre-t-il ? Pourquoi peut-on dire que cet art témoigne de l'usage d'une sorte de raison ?

8. a. Pourquoi le Houymn ne saurait-il reprocher aux Yahoos leurs côtés odieux ?
b. Pourquoi est-il indigné par ce que révèle chez les hommes le tableau qu'a fait Gulliver des guerres qu'ils se livrent ?
c. Pourquoi le Houymn parle-t-il d'une « corruption » de la raison ligne 39 ? Comment, selon lui, devrait se comporter un animal doué de raison ?

9. Présentez en quelques phrases les trois étapes du raisonnement qui se développe dans ce texte.

10. Pouvez-vous donner un exemple emprunté à votre programme d'Histoire qui montre que la raison, au sens de faculté d'organisation, peut aller à l'encontre de la raison telle que la conçoit ici le Houymn ?

Théodore Gudin (1802-1880), *Attaque par Jean Bart de la flotte anglaise*, musée du château de Versailles et de Trianon.

Retenons

Argumenter à travers les personnages

Dans les fables ou les contes philosophiques, **l'argumentation est souvent portée par les personnages.** Mais les thèses en présence ne sont pas toujours à égalité : l'auteur peut ainsi dévaloriser une thèse en la rendant ridicule, odieuse, absurde ou révoltante. Cette forme d'ironie est souvent plus efficace qu'une démonstration laborieuse.

Lire et écrire

Rédiger un dialogue argumentatif

Imaginez entre un homme et un animal de votre choix un dialogue où l'homme, croyant démontrer sa supériorité, révélerait au contraire la déraison de certains comportements humains.

1. Vous situerez le contexte : l'époque, le lieu de l'échange entre l'homme et l'animal. Vous caractériserez vos deux personnages.

2. Vous définirez ensuite le sujet de leur dialogue. Vous pourrez, par exemple, choisir l'écologie et le développement, ou la science et les techniques et les risques que peut entraîner leur développement inconsidéré.

3. Vous chercherez quelques arguments et exemples pour la thèse de l'un et de l'autre. Vous pourrez vous inspirer du texte de Swift.

4. Rédigez maintenant leur dialogue en leur donnant la parole à tour de rôle et en veillant à enchaîner logiquement leurs arguments.

Dans ce roman, l'écrivain contemporain Vercors (1902-1991) imagine qu'au cours d'une expédition scientifique en Afrique, des savants, accompagnés d'un journaliste, Douglas, découvrent des créatures qui constituent le chaînon manquant entre les grands singes et les hommes. Très vite, se pose la question : sont-ce encore des animaux ou déjà des êtres humains ?

La découverte des tropis

Le premier moment d'émoi passé, l'esprit scientifique tout aussitôt prit le dessus, c'est-à-dire l'esprit d'observation, c'est-à-dire encore l'esprit pratique : comment mettre à profit cette chance incroyable, en tirer le meilleur parti pour la science ?

Pour commencer, le camp se transporta dans le fameux cirque « dallé de lave comme une salle de bain », afin de se rapprocher des tropis. On découvrit bientôt que ce dallage était artificiel ; on vit que chaque dalle recouvrait une poche naturelle plus ou moins grande – la lave en cet endroit apparut grêlée comme un gruyère – et que la plupart des trous était remplis d'ossements.

Pop[1] et les époux Greame eurent tôt fait d'en assembler les éléments. Cela donna des squelettes parfaitement constitués de quadrumanes ; mais plus proches, dans l'ensemble, du squelette humain qu'aucun des singes fossiles trouvés jusqu'à ce jour, même le Sinanthrope. Sans toutefois pouvoir s'identifier encore à celui qu'on appelle – malgré la disproportion des membres, la plantation avancée du crâne encore exigu sur l'échine fléchie – non plus le singe mais déjà l'homme de Neanderthal, à cause des divers objets, façonnés à la main, qui furent découverts près de lui.

Pendant plus de huit jours, on ne put apercevoir de tropis vivants. Sans doute cette intrusion les avait-elle effarouchés. On en profita pour explorer leurs grottes désertées. On y trouva partout des traces de feu, des litières de feuilles, et une quantité incroyable de « coups-de-poing »[2]. Toutefois les parois étaient vierges : ni dessins, ni signes d'aucune sorte.

Contrairement aux grands singes qui vivent de racines et de fruits (parfois d'insectes), de nombreux restes montrèrent que les tropis étaient quelque peu carnivores. On put constater que leurs feux ne leur servaient pas à cuire la viande, mais à la fumer grossièrement. On découvrit ainsi fumés, et cachés sous des quartiers de roc, quelques morceaux abandonnés de tapir et de porc-épic, qu'ils n'avaient pu sans doute emporter dans leur fuite.

– Des êtres capables de tout cela sont sûrement des hommes ! s'était exclamé Douglas.

– Ne vous emballez pas, dit Sybil. Vous n'avez pas vu les castors construire leurs digues, changer le cours des rivières, transformer des marais nauséabonds[3] en cités plus salubres que Bruges ou Venise ? Savez-vous que les fourmis font des conserves de champignons, qu'elles élèvent du cheptel[4] ? Et qu'elles ont

1. **Pop :** l'un des membres de l'expédition, savant et prêtre.
2. **coup-de-poing :** silex taillé pour servir d'arme.
3. **nauséabond :** qui sent mauvais.
4. **cheptel :** bétail.

aussi leurs nécropoles[5] ? Au-dessous d'un certain niveau d'industrie, il est difficile de savoir à première vue s'il s'agit d'instinct ou d'intelligence. Ce n'est pas sur ces choses-là que l'on peut asseoir un classement zoologique, réellement scientifique. Et d'ailleurs, quand bien même un cheval apprendrait à jouer du piano comme Braïlowsky, il n'en deviendrait pas un homme pour autant. Ce serait toujours un cheval.

– Mais vous ne l'enverriez pas à l'abattoir, dit Douglas.

– Vous mélangez tout, dit Sybil. Il ne s'agit pas de cela !

– Peut-être pas pour vos singes fossiles d'il y a un million d'années – et encore, Pop aurait son mot à dire là-dessus. Mais ces tropis sont vivants !

– Et alors ?

– Ah ! flûte ! fit Doug hors de lui. C'est à se demander si vous êtes vous-même un être humain, ou une table de logarithmes !

VERCORS, *Les Animaux dénaturés*, © Éditions Albin Michel, 1952.

5. **nécropoles** : lieux où étaient rassemblés les dépouilles des morts.

Abbé Henri Breuil (1877-1961), relevés de peintures pariétales (dessins), musée des Arts d'Afrique et d'Océanie, Paris.

Lire et comprendre

Le récit : indices et explications

1. Distinguez dans ce texte les deux parties qui le composent et justifiez votre découpage.

2. En quoi le premier paragraphe du texte oriente-t-il notre compréhension de ce qui suit ? Quelle sorte de contenu permet-il d'annoncer au lecteur ?

3. Au début des 2e, 3e et 4e paragraphes, relevez les phrases qui font progresser l'action et qui relèvent donc du récit. Relevez dans ces phrases les mots ou expressions qui renvoient à la volonté ou aux intentions des personnages.

4. Quelles conclusions peut-on tirer des indications que donne le deuxième paragraphe ?

5. De quel type de discours relève dans l'ensemble le troisième paragraphe ? Relevez-y les termes qui marquent un raisonnement logique.

6. Classez les informations que contient ce troisième paragraphe : quelles sont celles qui indiquent que les tropis sont proches des hommes ? Quelles sont celles qui indiquent qu'ils restent proches des grands singes ?

7. Pourquoi l'homme de Néanderthal est-il considéré comme un homme, malgré les caractères encore simiesques de son squelette ?

8. Quelle est l'information principale que nous apporte le quatrième paragraphe ? Que pourrions-nous en conclure ? Pourquoi peut-on dire que la dernière phrase de ce paragraphe oblige le lecteur à nuancer sa conclusion ?

9. De quoi le cinquième paragraphe nous donne-t-il des indices ? Commentez plus particulièrement le début de ce paragraphe.

Le dialogue : mise en débat des thèses en présence

10. Pourquoi peut-on dire que la première réplique de Douglas constitue une des conclusions possibles de ce qui vient d'être raconté ? À quoi renvoie l'expression : « capables de tout cela » (l. 29) ?

11. Dans la réponse de Sybil, où se trouvent les exemples ? En quoi ces exemples s'adaptent-ils aux données mises en évidence par les paragraphes précédents ? Repérez dans la réplique de Sybil la formulation de l'argument.

12. Dans la dernière partie de cette réplique, quelle idée se dégage de l'exemple du cheval qui jouerait du piano ? En quoi est-ce une réponse particulièrement nette à la réplique de Douglas ?

13. Pourquoi peut-on dire que Douglas déplace ensuite le problème ? Il était question jusqu'ici des indices de l'humanité des tropis ; sur quel terrain le journaliste se place-t-il maintenant ?

14. Pour des tropis vivants, la question reste-t-elle seulement théorique ? Quelles pourraient être les conséquences pratiques de la réponse à cette question : les tropis sont-ils ou non des hommes ?

15. Dans quel sens Douglas peut-il reprocher à Sybil de manquer elle-même d'humanité ?

Lire et explorer

Des découvertes anthropologiques récentes

Dans les journaux ou les revues scientifiques à l'usage de la jeunesse, cherchez des renseignements sur les récentes découvertes anthropologiques et présentez-les à vos camarades sous forme d'exposé. Vous pourrez par exemple vous reporter aux noms des savants Yves Coppens et Michel Brunet, de Lucy et de Toumaï, nos très lointains ancêtres.

Lire et écrire

Imaginez une suite

Imaginez une suite au dialogue entre Douglas et Sybil. Ils poursuivront leur discussion sur la nature des tropis. Vous pourrez imaginer qu'ils s'appuient l'un et l'autre sur des indices différents. Vous pourrez, si vous le désirez, introduire un troisième personnage qui prendrait part à la discussion.

Retenons

Indices, explications et dialogues

Pour transmettre des idées, le récit dispose de moyens très efficaces qui peuvent remplacer les arguments abstraits :
– en donnant des **indices** et **des éléments concrets à l'appui de sa thèse**, l'auteur pousse le lecteur à réfléchir et à conclure de lui-même en faveur de celle-ci ;
– en insérant des **éléments explicatifs**, le récit peut également éclairer le jugement du lecteur et lui fournir les informations qui nourrissent sa réflexion ;
– en opposant des personnages au sujet d'une thèse, le **dialogue** permet de la rendre plus vivante, de la mettre en débat et par là même d'approfondir l'argumentation.

Raconter pour argumenter

Dans La Ferme des animaux, *roman satirique de 1945, George Orwell (1903-1950) imagine que les animaux, ulcérés de l'exploitation que leur font subir les fermiers, M. et Mme Jones, parviennent un jour à les chasser et à établir une ferme qui leur appartient et où ils travaillent pour eux. La loi qu'ils se fixent est définie par sept commandements écrits sur un mur. Tout commence par un discours de Sage l'Ancien aux animaux rassemblés.*

Plan du film *Babe le cochon devenu berger*, de Chris Noonan, 1995.

De Sage l'Ancien à Napoléon

[I]

« Et même nos vies misérables s'éteignent avant le terme. Quant à moi, je n'ai pas de hargne, étant de ceux qui ont eu de la chance. Me voici dans ma treizième année, j'ai eu plus de quatre cents enfants. Telle est la vie normale chez les cochons, mais à la fin aucun animal n'échappe au couteau infâme. Vous autres, jeunes porcelets assis là et qui m'écoutez, dans les douze mois chacun de vous, sur le point d'être exécuté, hurlera d'atroce souffrance. Et à cette horreur et à cette fin, nous sommes tous astreints[1] – vaches et cochons, moutons et poules, et personne n'est exempté. Les chevaux eux-mêmes et les chiens n'ont pas un sort plus enviable. Toi, Malabar, le jour où tes muscles fameux n'auront plus leur force ni leur emploi, Jones te vendra à l'équarrisseur, et l'équarrisseur te tranchera la gorge ; il fera bouillir tes restes à petit feu, et il en nourrira la meute de ses chiens. Quant aux chiens eux-mêmes, une fois édentés et hors d'âge, Jones leur passe une grosse pierre au cou et les noie dans l'étang le plus proche.

1. **astreints** : soumis.

Camarades, est-ce que ce n'est pas clair comme de l'eau de roche ? Tous les maux de notre vie sont dus à l'Homme, notre tyran. Débarrassons-nous de l'Homme, et nôtre sera le produit de notre travail. C'est presque du jour au lendemain que nous pourrions devenir libres et riches. À cette fin, que faut-il ? Eh bien, travailler de jour et de nuit, corps et âme, à renverser la race des hommes. C'est là mon message, camarades. Soulevons-nous ! Quand aura lieu le soulèvement, cela je l'ignore : dans une semaine peut-être ou dans un siècle. Mais, aussi vrai que sous moi je sens de la paille, tôt ou tard justice sera faite. Ne perdez pas de vue l'objectif, camarades, dans le temps compté qui vous reste à vivre. Mais avant tout, faites part de mes convictions à ceux qui viendront après vous, afin que les générations à venir mènent la lutte jusqu'à la victoire finale.

Et souvenez-vous-en, camarades: votre résolution ne doit jamais se relâcher. Nul argument ne vous fera prendre des vessies pour des lanternes[2]. Ne prêtez pas l'oreille à ceux selon qui l'Homme et les animaux ont des intérêts communs, à croire vraiment que de la prospérité de l'un dépend celle des autres ? Ce ne sont que des mensonges. L'Homme ne connaît pas d'autres intérêts que les siens. Que donc prévalent[3], entre les animaux, au fil de la lutte, l'unité parfaite et la camaraderie sans faille. Tous les hommes sont des ennemis. Les animaux entre eux sont tous camarades. »

2. **prendre des vessies pour des lanternes :** être abusé.
3. **prévaloir :** l'emporter, dominer.

Vous trouverez ci-après un extrait de la fin du roman: c'est un autre cochon, Napoléon, qui est à la tête de cette ferme.

[II]

« Benjamin, les Sept Commandements sont-ils toujours comme autrefois ? »

Benjamin, pour une fois consentant à rompre avec ses principes, lui lut ce qui était écrit sur le mur. Il n'y avait plus maintenant qu'un seul Commandement. Il énonçait :

TOUS LES ANIMAUX
SONT ÉGAUX
MAIS CERTAINS SONT PLUS ÉGAUX
QUE D'AUTRES

Après quoi le lendemain il ne parut pas étrange de voir les cochons superviser le travail de la ferme le fouet à la patte. Il ne parut pas étrange d'apprendre qu'ils s'étaient procuré un poste de radio, faisaient installer le téléphone et s'étaient abonnés à des journaux – des hebdomadaires rigolos, et un quotidien populaire. Il ne parut pas étrange de rencontrer Napoléon faisant un tour de jardin la pipe à la bouche – non plus que de voir les cochons endosser les vêtements de Mr. Jones tirés de l'armoire. Napoléon lui-même se montra en veston noir, en culotte pour la chasse aux rats et guêtres de cuir, accompagné de sa truie favorite, dans une robe de soie moirée, celle que Mrs. Jones portait les dimanches.

Un après-midi de la semaine suivante, plusieurs charrettes anglaises se présentèrent à la ferme. Une délégation de fermiers du voisinage avait été invitée à visiter le domaine. On leur fit inspecter toute l'exploitation, et elle les trouva en tout admiratifs, mais le moulin fut ce qu'ils apprécièrent le plus.

Les animaux désherbaient un champ de navets. Ils travaillaient avec empressement, osant à peine lever la tête et ne sachant, des cochons ou des visiteurs, lesquels redouter le plus.

Ce soir-là on entendit, venus de la maison, des couplets braillés et des explosions de rire. Et, au tumulte de ces voix entremêlées, tout à coup les animaux furent saisis de curiosité. Que pouvait-il bien se passer là-bas, maintenant que pour la première fois hommes et animaux se rencontraient sur un pied d'égalité ? D'un commun accord, ils se glissèrent à pas feutrés vers le jardin.

Ils font halte à la barrière, un peu effrayés de leur propre audace, mais Douce montrait le chemin. Puis sur la pointe des pattes avancent vers la maison, et ceux qui d'entre eux sont assez grands pour ça hasardent, par la fenêtre de la salle à manger, un coup d'œil à l'intérieur. Et là, autour de la longue table, se tiennent une douzaine de fermiers et une demi-douzaine de cochons entre les plus éminents. Napoléon lui-même préside, il occupe la place d'honneur au haut bout de la table. Les cochons ont l'air assis tout à leur aise. On avait joué aux cartes, mais c'est fini maintenant. À l'évidence, un toast va être porté. On fait circuler un grand pichet de bière et chacun une nouvelle fois remplit sa chope. Personne n'a soupçonné l'ébahissement des animaux qui, de la fenêtre, voient ces choses.

George ORWELL, *La Ferme des animaux*, traduction de l'anglais par Jean Queval,

Plan du film *Babe le cochon devenu berger*, de Chris Noonan, 1995.

Lire et comprendre

Sage, un orateur

1. a. Dans le premier extrait, quelle est la forme des paroles rapportées ?

Les paroles rapportées ➤ p. 302

b. De quelle sorte de discours réels pouvez-vous rapprocher ces propos de Sage l'Ancien ? En quelle occasion peut-on les entendre ?

2. a. Sur quel thème pouvait porter selon vous la partie précédente du discours ? En quoi le début de ce texte marque-t-il une progression ? Justifiez votre réponse.

b. Pourquoi Sage l'Ancien précise-t-il qu'il n'a pas de hargne, ligne 2 ?

3. a. Quel effet Sage l'Ancien cherche-t-il à produire dans le passage où il s'adresse aux porcelets, lignes 4 à 6 ?
b. Pourquoi la prédiction qu'il fait aux chevaux et aux chiens est-elle particulièrement efficace ?
c. Est-il indifférent qu'il s'adresse ainsi à certains animaux en particulier ?

4. Dans ce premier paragraphe, Sage l'Ancien cherche-t-il d'abord à persuader ou à convaincre ?

Les arguments de Sage l'Ancien

5. a. Pourquoi Sage l'Ancien se livre-t-il, au début du deuxième paragraphe, à un raisonnement ?
b. Repérez l'objectif qu'il fixe aux animaux. Quel moyen met-il en évidence pour y parvenir ?

6. Pourquoi est-il indispensable de faire part de ces convictions aux générations suivantes ?

7. Contre quelle sorte de discours le vieux sage met-il en garde ses camarades dans le dernier paragraphe du texte ?

8. Pourquoi selon vous les animaux subissent-ils la domination des deux fermiers ? Que faudrait-il pour qu'ils osent se révolter et qu'ils puissent se libérer ?

Le dernier commandement

9. D'après le deuxième extrait, pensez-vous que le rêve de Sage l'Ancien ait réussi ? Quelles sont les causes de cet état de fait ?

10. a. Repérez les deux propositions qui constituent le commandement. Quel lien logique les réunit ? Quelle est sa valeur ? Quel effet ce commandement produit-il sur le lecteur ?
b. Expliquez le fait que les phrases qui viennent après le commandement commencent par « après quoi… il ne parut pas étrange » (II, l. 9).

11. a. Quels rapports Napoléon et les cochons qui le soutiennent entretiennent-ils avec les hommes ? Détaillez votre réponse en vous appuyant sur le texte.
b. Pourquoi les hommes qui visitent l'exploitation sont-ils admiratifs ?

12. a. Qu'est-ce qui caractérise l'attitude des animaux de la ferme à l'égard des cochons ?
b. De quel élément du premier texte pouvez-vous rapprocher le fait que les animaux se réunissent ici pour regarder par la fenêtre de la maison ?

13. Expliquez la dernière phrase de ce texte.

Composition du récit et thèse

14. Cherchez dans un dictionnaire les sens du mot « révolution ». Pourquoi peut-on dire que la comparaison de ces deux textes nous fait passer d'un sens à l'autre de ce mot ?

15. En quoi ce récit a-t-il selon vous un caractère démonstratif ?

Retenons

Argumentation et construction du récit

Le récit peut constituer à lui seul une argumentation. C'est son développement même qui amène le lecteur à comprendre la thèse qui sous-tend le récit et à en tirer des conclusions. La construction du récit prend ainsi **un caractère argumentatif ou démonstratif**.

Lire et explorer

Lecture cursive de *La Ferme des animaux* de G. Orwell

Présentez à vos camarades ce roman de George Orwell. Pour cela, préparez votre exposé :

– Présentez rapidement l'auteur et son œuvre.
– Résumez l'intrigue.
– Présentez les personnages.
– Expliquez quelle est la « leçon » que l'auteur veut faire entendre à ses lecteurs ; dites ce qu'il critique.
– Présentez plus particulièrement un passage et expliquez à vos camarades comment l'auteur fait réfléchir le lecteur à propos des idées ou des discours qu'il condamne.

Lire et écrire

Imaginer les étapes intermédiaires

Imaginez ce qui a pu se passer entre les deux textes que vous avez lus. Votre rédaction racontera d'une manière vivante et claire les étapes de cette évolution.

Dans Maus, *le narrateur dessine ce que lui raconte son père, Juif d'origine polonaise, qui a vécu les persécutions du nazisme et a survécu aux camps de concentration. Les protagonistes y sont représentés sous une forme animale : les Juifs comme des souris, les Polonais non juifs comme des cochons et les nazis comme des chats.*

Art Spiegelman, *Maus*, t.1, © éd. Flammarion 1987 et 1992, page 151.

Lire et comprendre

▸ Un récit

1. Montrez que cette planche a une unité.

2. Que représente la quatrième vignette ? À quel moment renvoie-t-elle ? Pourquoi est-elle située au centre de la page ?

3. Caractérisez l'expression du visage des mères dans la cinquième et dans la septième vignette. Que marque ce changement d'expression ?

▸ L'argumentation dans le récit

4. Que doit absolument faire le personnage s'il veut s'en sortir ?

5. Comment parvient-il à faire croire qu'il n'est pas juif ?

6. Est-ce que le personnage parvient ici à persuader ou à convaincre celles à qui il s'adresse ? Compte-t-il sur l'émotion qu'il peut susciter ou sur la logique de son attitude ?

▸ L'argumentation du récit

7. Que signifie le fait que le personnage principal porte un masque ? Quel effet produit sur le lecteur le contraste entre la figure masquée et sa véritable figure ?

8. Quel sentiment exprime le visage de l'enfant qui désigne le personnage dans la deuxième vignette ? Pourquoi, dans cette deuxième vignette, le visage du personnage principal est-il montré dans l'ombre et coupé par le cadre ?

9. Dans la troisième vignette, quel est le sentiment dominant chez les enfants ? Comment ce sentiment est-il traduit dans l'image ?

10. Les enfants peuvent-ils avoir reconnu un Juif ? Pourquoi la quatrième vignette est-elle indispensable à notre compréhension de l'histoire ?

11. Quel effet cette précision produit-elle sur le lecteur ? Que pensez-vous de ce que disent ces mères à leurs enfants au sujet des Juifs ?

12. Quel effet produit sur le lecteur le sourire avec lequel la mère dit « Heil Hitler » dans la septième vignette ?

13. Pourquoi le fait d'évoquer ici le nazisme et l'antisémitisme dans le cadre de la vie ordinaire et des relations entre les mères et les enfants rend-il ces attitudes particulièrement choquantes ?

Retenons

Le narrateur et l'argumentation

Le narrateur ordonne le récit : c'est lui qui dispose les événements de l'histoire les uns par rapport aux autres. De plus, il fournit des explications sur les personnages ou les péripéties. Il commente parfois ce qu'il rapporte. De ce fait, le narrateur témoigne souvent de ses intentions dans et par le récit. Il faut donc **prendre en compte la position du narrateur** pour évaluer l'argumentation dans le récit.

Lire et maîtriser la langue

▸ Les compléments de phrase

1. « Vite les mères sont sorties pour voir ce qui se passait » (vignette 3) : quelle est ici la fonction de « pour voir ce qui se passait » ?

2. Transformez cette phrase de manière à y introduire une proposition subordonnée de conséquence, puis de manière à y introduire une proposition subordonnée de cause.

3. « Si j'avais fui, elles auraient dit : "oui, c'est un Juif" » (vignette 5) : Quelle est la nature et la fonction de « si j'avais fui » ? Quel est le mode et le temps du verbe de la principale ? Quelle est la nuance de sens exprimée par ce verbe ?

Lire et écrire

Raconter et argumenter

Racontez à la première personne l'épisode que représente cette page. Le narrateur s'adressera à son fils. Vous développerez, dans le cadre du dialogue qui s'établira entre eux, le sens et la valeur de cet épisode.

Bilan de séquence
vers le brevet

Arrivé à la suite d'un voyage dans l'espace sur une planète où ce sont les singes qui dominent et les hommes qui sont les primates, Ulysse a été capturé lors d'une chasse à l'homme et transféré dans un laboratoire comme sujet d'expérience. Dans cet épisode, il se trouve en compagnie de deux savants chimpanzés, dont Cornélius, qui ont réussi à réveiller dans le cerveau d'une femme la mémoire inconsciente d'événements très anciens, autrefois vécus sur cette planète par l'espèce humaine.

Les voix de l'histoire ancienne

[…] L'autre chimpanzé préparait ses électrodes et les appliquait sur le cerveau de la femme. Celle-ci resta un certain temps inerte, comme l'avait fait l'homme, puis elle poussa un long soupir et commença à parler. Elle s'exprimait également en langage simien[1], d'une voix un peu étouffée quoique très distincte, et qui se modifiait souvent, comme si elle appartenait à des personnages divers. Toutes les phrases qu'elle prononça se sont gravées dans ma mémoire.

« Ces singes, tous ces singes, disait la voix avec une nuance d'inquiétude, depuis quelque temps, ils se multiplient sans cesse, alors que leur espèce semblait devoir s'éteindre à une certaine époque. Si cela continue, ils deviendront presque aussi nombreux que nous… Et il n'y a pas que cela. Ils deviennent arrogants. Ils soutiennent notre regard. Nous avons eu tort de les apprivoiser et de laisser une certaine liberté à ceux que nous utilisons comme domestiques. Ce sont ceux-là les plus insolents. L'autre jour, j'ai été bousculée dans la rue par un chimpanzé. Comme je levais la main, il m'a regardée d'un air si menaçant que je n'ai pas osé le battre.

« Anna, qui travaille au laboratoire, m'a dit que beaucoup de choses étaient changées, là aussi. Elle n'ose plus pénétrer seule dans les cages. Elle m'a affirmé que, le soir, on y entend comme des chuchotements et même des ricanements. Un des gorilles se moque du patron en imitant un de ses tics. »

La femme fit une pause, poussa plusieurs soupirs angoissés, puis reprit :

« Ça y est ! L'un d'eux a réussi à parler. C'est certain, je l'ai lu dans le *Journal de la Femme*. Il y a sa photographie. C'est un chimpanzé.

– Un chimpanzé, le premier ! J'en étais sûr, s'écria Cornélius.

– Il y en a d'autres. Le journal en signale tous les jours de nouveaux. Certains savants considèrent cela comme un grand succès scientifique. Ils ne voient donc pas où cela peut nous mener ? Il paraît qu'un de ces chimpanzés a proféré des injures grossières. Le premier usage qu'ils font de la parole, c'est pour protester quand on veut les faire obéir. »

La femme observa encore un silence et reprit d'une voix différente, une voix d'homme assez doctorale[2].

---

1. simien : adjectif formé sur le nom « singe ».
2. doctoral : digne d'un docteur, soucieuse d'enseigner.

Plan du film *Le Secret de la planète des singes* de Ted Post, 1970.

« Ce qui nous arrive était prévisible. Une paresse cérébrale s'est emparée de nous. Plus de livres ; les romans policiers sont même devenus une fatigue intellectuelle trop grande. Plus de jeux ; des réussites, à la rigueur. Même le cinéma enfantin ne nous tente plus. Pendant ce temps, les singes méditent en silence. Leur cerveau se développe dans la réflexion solitaire… et ils parlent. Oh ! peu, presque pas à nous, sauf pour quelque refus méprisant aux plus téméraires des hommes qui osent encore leur donner des ordres. Mais la nuit, quand nous ne sommes pas là, ils échangent des impressions et s'instruisent mutuellement. »

Après un autre silence, une voix de femme reprit angoissée.

« J'avais trop peur. Je ne pouvais plus vivre ainsi. J'ai préféré céder la place à mon gorille. Je me suis enfuie de ma propre maison. »

Pierre Boulle (1912-1994), *La Planète des singes*, © Éditions Julliard, 1963.

Comprendre le texte

Les étapes d'un processus

1 Comment est composé le texte ? Faites un plan en distinguant les différentes voix qui parlent ici.

2 Quel phénomène l'ensemble du texte permet-il de mettre en évidence ?

3 Montrez que les différentes parties du plan que vous avez découvertes constituent différentes étapes de ce phénomène.

4 Formulez en une ou deux phrases le sens de chacune de ces étapes.

Indices et explication : une argumentation

5 Qu'est-ce qui distingue des autres discours le paragraphe des lignes 31 à 45 ? Quelle est la personne qui parle à travers cette voix ? Quelle est l'utilité de ce passage par rapport à l'ensemble ?

6 Quel est pour le lecteur l'intérêt de ce dispositif des voix diverses ? Qu'est-ce qu'il permet d'éviter ?

7 **a.** Quel résultat le processus évoqué permet-il d'envisager ? La conclusion est-elle explicitement tirée ou reste-t-elle implicite ?
b. Formulez en quelques mots ou en quelques phrases la « morale » de cette histoire.

Étudier la langue

8 « Je me suis enfuie de ma propre maison » (l. 48) : à partir de cette phrase, développez une proposition subordonnée de cause et une proposition subordonnée de conséquence. Dans les deux cas vous vous attacherez à rendre explicite ce qui est implicitement contenu dans la proposition principale.

9 Transposez le dernier paragraphe au discours indirect.

Écrire

Vous traiterez au choix l'un de deux sujets suivants :
– Choisissez l'une des situations évoquées par l'une des voix que ce texte nous fait entendre et, en vous appuyant sur ce qui est raconté, développez le récit à la première personne en lui conservant son caractère démonstratif.
– En partant d'une des situations évoquées par le texte, développez votre rédaction en adoptant le point de vue d'un des singes qui s'affranchissent de la tutelle des hommes. Les événements n'auront pas la même valeur que si le récit était fait par un narrateur humain. Vous introduirez dans votre récit des explications et des dialogues.

De haut en bas et de gauche à droite :
Georges BRASSENS (chanteur et poète français, 1921-1981), Marina TSVETAÏEVA (poétesse russe, 1892-1941), Nâzim HIKMET (poète turc, 1902-1963), Léo FERRÉ (chanteur et poète français, 1916-1994), Abdellatif LAÂBI (poète marocain né en 1942), Federico GARCIA LORCA (poète espagnol, 1899-1936), Aimé CÉSAIRE (poète antillais né en 1915), Louis ARAGON (poète français, 1897-1982), Victor HUGO (poète français, 1802-1885), Pablo NERUDA (poète chilien, 1904-1973), Arthur RIMBAUD (poète français, 1854-1891), Pier Paolo PASOLINI (poète, romancier et cinéaste italien, 1922-1975), Agrippa d'AUBIGNÉ (poète français, 1552-1630), René CHAR (poète français, 1907-1988), Paul ÉLUARD (poète français, 1895-1952), Léopold Sédar SENGHOR (poète et homme d'Etat sénégalais, 1906-2001), Jacques PRÉVERT (poète français, 1900-1977), Wally Mongane SEROTE (poète sud-africain né en 1944), Alphonse de LAMARTINE (poète français, 1790-1869), Pauline JULIEN (chanteuse québécoise, 1928-1998), Rafaël ALBERTI (poète espagnol, 1902-1999), Wystan Hugh AUDEN (poète américain, 1907-1973), Lounès MATOUB (chanteur algérien, 1956-1998), Vladimir MAÏAKOVSKI (poète russe, 1893-1930).

Le poète et son temps

Poésie engagée et poésie lyrique

Écrite pour évoquer des émotions intimes, pour créer un monde où rêver, la poésie peut aussi **se mettre au service d'une cause** – sociale, historique ou politique – en faveur de laquelle le poète apporte une parole libre, de résistance au monde qui l'entoure. L'écriture poétique n'y perd pas pour autant sa visée principale : **créer de la beauté grâce aux mots**.

Vous allez découvrir des poèmes « engagés » dans leur temps, extraits d'œuvres des XIXe et XXe siècles, puis, à votre tour, vous vous exercerez à écrire des poèmes qui pourront défendre vos idées.

- *Des poèmes pour dénoncer*
- *Des poèmes pour résister*
- *Des poèmes pour chanter*

Des poèmes pour dénoncer

Victor Hugo écrit Les Châtiments *contre l'empereur Napoléon III. Dès le début de son recueil, le poète dénonce le coup d'État du 2 décembre 1851 par lequel Louis-Napoléon Bonaparte, président démocratiquement élu, prend le pouvoir absolu par un coup de force. Un an plus tard, il deviendra l'empereur Napoléon III.*
Voici le premier poème du recueil qui évoque cette nuit du 2 décembre au cours de laquelle Napoléon III confisque le pouvoir.

Napoléon III, vautour, « La Ménagerie Impériale » (vers 1870-1875).

Nox[1]

I

C'est la date choisie au fond de ta pensée,
Prince ! il faut en finir – Cette nuit est glacée,
Viens, lève-toi ! Flairant dans l'ombre les escrocs,
Le dogue Liberté gronde et montre ses crocs ;
Quoique mis par Carlier[2] à la chaîne, il aboie ;
N'attends pas plus longtemps ! c'est l'heure de la proie.
Vois, décembre épaissit son brouillard le plus noir.
Comme un baron voleur qui sort de son manoir,
Surprends, brusque assaillant, l'ennemi que tu cernes.
Debout ! les régiments sont là dans les casernes,
Sac au dos, abrutis de vin et de fureur,
N'attendant qu'un bandit pour faire un empereur.
Mets ta main sur ta lampe et viens d'un pas oblique ;
Prends ton couteau, l'instant est bon ; la République,
Confiante, et sans voir tes yeux sombres briller,
Dort, avec ton serment[3], prince, pour oreiller.

[...]

Que fait hors des maisons ce peuple ? Qu'il s'en aille !
Soldats, mitraillez-moi toute cette canaille !
Feu ! feu ! Tu voteras ensuite, ô peuple roi !
Sabrez l'honneur, sabrez le droit, sabrez la loi !
Que sur les boulevards le sang coule en rivières !
Du vin plein les bidons ! des morts plein les civières !
Qui veut de l'eau-de-vie ? En ce temps pluvieux
Il faut boire. Soldats, fusillez-moi ce vieux,
Tuez-moi cet enfant. Qu'est-ce que cette femme ?
C'est la mère ? tuez. Que tout ce peuple infâme
Tremble, et que les pavés rougissent ses talons !
Ce Paris odieux bouge et résiste. Allons !

[...]

Victor HUGO, extrait de « Nox », *Les Châtiments*, 1853, vers 1 à 16 et 29 à 46

1. **nox :** en latin, nuit. Il s'agit de celle du 2 décembre.
2. **Carlier :** préfet de police sous Napoléon III, il a créé un véritable réseau d'espionnage politique des opposants à l'Empire.
3. **ton serment :** lorsqu'il avait été élu président de la République en 1848, Louis-Napoléon avait porté serment sur la Constitution devant l'Assemblée. D'après le vers, il l'a trahi : il se couche dessus.

Lire et comprendre

Le Prince

1. a. Qui est le Prince ? Pourquoi est-il appelé « Prince » (v. 2) ?
b. Quel procédé poétique met ce titre en valeur ?
c. Repérez le vers où le mot « Prince » est de nouveau employé : comment est-il alors mis en valeur ?

2. Repérez les mots et expressions qui permettent de faire le portrait du Prince. Selon vous, quelles épithètes morales pourraient le qualifier ?

3. Quand se déroule la scène ? Relevez tous les indices temporels qui vous ont permis de répondre.

4. a. Dans les deux parties du texte, sur quel comportement des soldats le poète insiste-t-il ? Selon vous, que souhaite-t-il montrer ?
b. Relisez les phrases suivantes : « fusillez-moi ce vieux » (v. 24), « Tuez-moi cet enfant » (v. 25), « tuez » (v. 26). Quelle différence percevez-vous entre ces ordres ? Selon vous, que suggère-t-elle ?

Le peuple

5. a. Quel procédé poétique repérez-vous au vers 4 ?
b. Qui parle d'« escrocs » et de « dogue » ? Quelle intention pouvez-vous prêter au poète ?

6. Relisez les vers 14 à 16. Quel procédé est appliqué au terme « la République » ?

7. Relevez dans la deuxième partie du texte les mots et expressions qui désignent le peuple. Justifiez-les.

8. De qui est composé le peuple, d'après le texte ? Quel effet recherche le poète ?

Le poète

9. Dans les vers 1 à 16, qui parle au Prince ? Quel rôle joue-t-il auprès de lui ?

10. a. Qui parle dans la deuxième partie du texte ? Qu'est devenue la voix du poète ?
b. Le poète est-il favorable au Prince ? Justifiez précisément votre réponse.

11. Faites le bilan de votre lecture.
a. À la lecture de ces vers, quelle idée vous faites-vous du coup d'État de Louis-Napoléon ?
b. De quel côté se situe le poète ?

12. Quelles images nous donne-t-il du peuple ?

Retenons

Poésie et pamphlet

Un pamphlet est **un écrit violent**, en prose ou en vers, **dirigé contre une personne**. Comme le caricaturiste, le pamphlétaire amplifie et déforme les traits et le comportement de sa victime. La poésie a souvent servi l'écriture pamphlétaire à laquelle elle prête **une parole solennelle**.

Lire et maîtriser la langue

Mise en relief et formes de phrases

1. a. Quel mot la tournure du vers 1 met-elle en valeur ?
b. Reformulez le vers 1 afin que la personne à qui le poète s'adresse soit sujet grammatical. L'effet est-il le même ? Justifiez votre réponse.

2. a. Relisez le vers 5. À quelle forme est la proposition subordonnée ? Écrivez-la afin d'utiliser un verbe conjugué.
b. Pouvez-vous récrire la phrase entière du vers 5 en faisant de Carlier le sujet grammatical ? Justifiez votre réponse.
c. Qu'apporte au sens du vers le choix de cette forme ? Justifiez votre réponse.

3. a. Quelle particularité présente le pronom sujet « il » au vers 2 ?
b. Transformez l'infinitif en une proposition subordonnée. Quelle construction préférez-vous ? Pourquoi ?

Le lexique péjoratif et mélioratif

4. a. Quels qualificatifs ou quels déterminants accompagnent le mot « peuple » ? Relevez-les et dites si l'emploi de ce mot est objectif, mélioratif ou péjoratif.
b. Quels autres mots désignent le peuple ? Sont-ils objectifs, mélioratifs ou péjoratifs ?

Lire et écrire

Faire partager sa révolte

Vous avez été témoin d'une scène qui a heurté votre sens de la justice. Pour faire partager votre indignation à vos camarades, vous écrivez quelques vers dans lesquels vous utilisez, comme Victor Hugo, comparaisons, métaphores et personnifications.

Les Châtiments *comportent un certain nombre de chansons. Par elles, Victor Hugo veut s'adresser au peuple et le persuader des injustices politiques et sociales qu'il subit et contre lesquelles il doit réagir.*

Gravure de Faustin, dit Faustin Betbeder (1847-1947), *le Singe* (feuille volante vers 1870-71).

VI

Chanson

Sa grandeur éblouit l'histoire.
Quinze ans, il fut
Le dieu que traînait la victoire
Sur un affût ;
L'Europe sous la loi guerrière
Se débattit. –
Toi, son singe, marche derrière,
Petit, petit.

Napoléon dans la bataille,
Grave et serein,
Guidait à travers la mitraille
L'aigle d'airain.
Il entra sur le pont d'Arcole,
Il en sortit. –
Voici de l'or, viens, pille et vole,
Petit, petit.

Berlin, Vienne, étaient ses maîtresses ;
Il les forçait,
Leste, et prenant les forteresses
Par le corset.
Il triompha de cent bastilles
Qu'il investit. –
Voici pour toi, voici des filles,
Petit, petit.

Il passait les monts et les plaines,
Tenant en main
La palme, la foudre, et les rênes
Du genre humain ;
Il était ivre de sa gloire
Qui retentit. –
Voici du sang, accours, viens boire,
Petit, petit.

Quand il tomba, lâchant le monde,
L'immense mer
Ouvrit à sa chute profonde
Son gouffre amer ;
Il y plongea, sinistre archange,
Et s'engloutit.
Toi, tu te noieras dans la fange,
Petit, petit.

Victor Hugo, « Chanson », *Les Châtiments*, 1853.

Lire et comprendre

La chanson

1. Quels mètres Victor Hugo utilise-t-il dans son poème ? Quelle est leur caractéristique principale ?

2. Qui est désigné par l'expression « son singe » au vers 7 ? Aidez-vous de l'illustration pour répondre.

3. a. Combien de vers Victor Hugo consacre-t-il à Napoléon Ier dans chaque strophe ?
b. Combien de vers consacre-t-il à Napoléon III ? Qu'en concluez-vous ?

4. Comment se termine chaque strophe ?

5. À l'aide de vos réponses aux questions précédentes, réunissez les indices qui font de ce poème une chanson ?

L'éloge et le blâme

6. a. Relevez dans le poème les mots et expressions qui rendent compte de l'ampleur des actions entreprises par Napoléon Ier.
b. Pouvez-vous faire le même travail pour Napoléon III ? Qu'en concluez-vous ?

7. Quel pronom personnel Victor Hugo utilise-t-il pour désigner Napoléon Ier ? Quel est l'effet obtenu ?

8. Quel pronom personnel Victor Hugo utilise-t-il pour Napoléon III ? Quel est l'effet obtenu ?

Retenons

Poème et chanson

Le poème-chanson respecte des règles : la présence d'un **refrain**, l'emploi de **vers** (ou mètres) courts, souvent l'alternance de **rimes**. Ces règles visent à créer un rythme propice à la mémorisation du poème et à sa mise en musique.
Le XIXe siècle a été le siècle d'or de la chanson poétique : celle-ci, souvent engagée, commente les événements historiques et révolutionnaires du siècle.

Lire et maîtriser la langue

Modes et temps verbaux

1. Relisez les six premiers vers de chaque strophe (à l'exception de la dernière). Quels sont les temps employés ? Justifiez leur emploi.

2. Relisez les six premiers vers de la dernière strophe. Quel est le temps employé ? Pourquoi Victor Hugo n'a-t-il pas utilisé l'autre temps du passé ? Justifiez votre réponse.

3. À quel temps est conjugué le premier verbe du poème ? À quel temps est conjugué le dernier verbe du texte ? Quel effet résulte de leur rapprochement ?

Le verbe ➤ p. 358 et p. 364

Lire et explorer

Découvrir la chanson engagée au XIXe siècle

Vous allez explorer la chanson engagée dans l'Histoire, selon les choix politiques ou sociaux de ses auteurs, poètes ou chansonniers. (voir aussi p. 220).

1. En consultant votre manuel d'histoire ou d'autres ouvrages que vous pouvez trouver au CDI, qui retracent l'histoire du XIXe siècle, cherchez les événements qui ont marqué en France les années 1830, 1831, 1848 et 1871.

2. À l'aide d'un dictionnaire des noms propres ou de la chanson, ou par Internet, rédigez une notice sur les chansonniers suivants :
- Béranger
- Eugène Pottier
- Aristide Bruant
- Jean-Baptiste Clément.

Toute notice comportera nom, dates et chansons datées.

3. Mettez en relation ces chansonniers et leurs chansons avec les années 1830, 1831, 1848 et 1871. Que remarquez-vous ? Qu'en déduisez-vous ?

4. Connaissez-vous un enfant de la rue qui, dans un roman célèbre du XIXe siècle, meurt en chantant dans le Paris révolutionnaire des années 1830 ? Vous retrouverez sans mal ces pages-là.

Des poèmes pour résister

En 1936, la guerre civile éclate en Espagne, opposant le général Franco et ses troupes aux Républicains. En 1937, les bombardiers allemands appelés par Franco anéantissent Guernica, ville située au Pays Basque espagnol. Picasso jette sa colère sur l'immense toile de « Guernica ». Le poète Paul Éluard la voit et écrit La victoire de Guernica.

Guernica

Pablo Picasso (1881-1973), *Guernica*, 1937, musée national de la reine Sophie, Madrid.

Lire et comprendre l'image

« Monde des masures »

1. a. Quel lieu le peintre a-t-il choisi de représenter ? Énumérez les éléments qui le composent.
b. Selon vous, quel effet produisent-ils ?

2. À quelles forces contraires ce lieu est-il soumis ?

« La mort cœur renversé »

3. Décrivez en peu de mots les victimes humaines : la place qu'elles occupent dans le tableau, leurs corps, leurs attitudes.

4. Observez les animaux. Classez-les selon des critères précisément définis.

« Le bourgeon de l'avenir »

5. Quelles sources de lumière distinguez-vous dans le tableau ?

6. L'ampoule au plafond et la lampe éclairent-elles ? Quelle interprétation votre réponse engage-t-elle ? Quel mot du poème d'Éluard ci-contre pourrait la résumer ?

7. Que distinguez-vous sur le corps du cheval ? À quoi cela peut-il vous faire penser ?

8. Outre l'épée brisée, qu'est-ce qui sort de la main de l'homme terrassé ? Commentez.

9. Quelles sont les couleurs dominantes du tableau ? À quels mots du poème vous font-elles penser ?

La victoire de Guernica

1

Beau monde des masures
De la mine et des champs

2

Visages bons au feu visages bons au froid
Aux refus à la nuit aux injures aux coups

3

Visages bons à tout
Voici le vide qui vous fixe
Votre mort va servir d'exemple

4

La mort cœur renversé

5

Ils vous ont fait payer le pain
Le ciel la terre l'eau le sommeil
Et la misère
De votre vie

6

Ils disaient désirer la bonne intelligence
Ils rationnaient les forts jugeaient les fous
Faisaient l'aumône partageaient un sou en deux
Ils saluaient les cadavres
Ils s'accablaient de politesses

7

Ils persévèrent ils exagèrent ils ne sont pas de notre monde

8

Les femmes les enfants ont le même trésor
De feuilles vertes de printemps et de lait pur
Et de durée
Dans leurs yeux purs

9

Les femmes les enfants ont le même trésor
Dans les yeux
Les hommes le défendent comme ils peuvent

10

Les femmes les enfants ont les mêmes roses rouges
Dans les yeux
Chacun montre son sang

11

La peur et le courage de vivre et de mourir
La mort si difficile et si facile

12

Hommes pour qui ce trésor fut chanté
Hommes pour qui ce trésor fut gâché

13

Hommes réels pour qui le désespoir
Alimente le feu dévorant de l'espoir
Ouvrons ensemble le dernier bourgeon de l'avenir

14

Parias[1] la mort la terre et la hideur
De nos ennemis ont la couleur
Monotone de notre nuit
Nous en aurons raison.

Paul Éluard, « La victoire de Guernica », dans *Au rendez-vous allemand*,

1. **parias :** personnes mises à l'écart.

Lire et comprendre

« Notre monde »

1. À qui s'adresse le poète ? Relevez et classez les indices qui vous permettent de répondre.

2. Relevez les vers qui permettent de caractériser les victimes.
a. Qui sont-elles ? À quelle classe de la société appartiennent-elles ?
b. Quel est leur rapport à la vie et à la nature ? Donnez des indices précis pour chacune de vos réponses.

3. Quel(s) sens pouvez-vous donner à la strophe 10 ?

« Ils »

4. **a.** Qui est désigné par « ils » ?
b. Le pronom a-t-il un référent dans le texte ? Quel mot permet de l'identifier à la fin du poème ?

5. Caractérisez par des noms ou des épithètes le comportement de « ils » que présente la strophe 6.

« Hommes »

6. **a.** Qui sont les hommes auxquels le poète s'adresse ?
b. Vous paraît-il important qu'il s'adresse à eux à la fin du texte ? Justifiez votre réponse.

7. Relisez la strophe 14. Qui est désigné par l'apostrophe « Parias » ? Quel est le sens de ce mot ici ?

8. **a.** Quelle place occupe le poète dans les deux dernières strophes ? Sur quels indices vous appuyez-vous pour répondre ?
b. Y a-t-il une évolution de la place du poète dans le texte ? Répondez précisément en vous référant au poème.

9. Est-ce l'espoir ou le désespoir qui a le dernier mot ?

10. Comment comprenez-vous le titre du poème ?

Retenons

Peinture et poésie de résistance

Peinture et poésie peuvent se mettre au service d'une cause pour **témoigner**, **émouvoir**, **dénoncer**, chacune avec ses moyens d'expression propres. La première organise l'espace, dispose les lignes et les couleurs de manière suggestive ; la seconde construit un sens grâce aux sonorités, au rythme, aux images.
Mais les deux arts présentent des points communs : la poésie, elle aussi, compose l'espace de la page ; le tableau peut également raconter une histoire et se « lire » comme un texte.

Pablo Picasso (1881-1973) *La Guerre et la Paix* (1952), Vallauris (France).

Lire et parler

Réciter un poème

1. Le poème d'Éluard n'est pas ponctué. Lisez-le à voix haute en marquant les pauses (à la fin des vers, à l'intérieur des vers) qui vous paraissent nécessaires, ou au contraire en liant les vers qui vous semblent devoir être lus en continuité.

2. Vous veillerez à faire une lecture expressive qui respectera la variété des tonalités. Vous essaierez de rendre les sentiments qui animent le poète : sa compassion, sa révolte, sa détermination.

3. Vous serez attentif au nombre de syllabes par vers (souvent 6, 8, 10 et 12 syllabes). Pour respecter le choix du poète, vous devez prononcer distinctement certaines syllabes (« De feuillEs vertEs de printemps et de lait pur », v. 20). Vous aurez parfois à faire un choix : « les femmEs les enfants ont les mêm (es) rosEs rouges » ou « les femm (es) les enfants ont les mêmEs rosEs rouges » ?

4. Apprenez le poème.

5. Récitez-le devant vos camarades en n'oubliant aucune des exigences : que votre récitation soit juste (le respect des mètres poétiques), naturelle (les pauses), expressive (la variété des émotions).

Lire et maîtriser la langue

La mise en relief

1. a. À quel vers repérez-vous le premier verbe du poème ? Par quelle construction est-il introduit ?
b. Quelle fonction grammaticale ont les groupes nominaux qui le précèdent ? Quel effet produisent-ils ?

2. a. À partir de la strophe 5, quel mot répété assure la cohérence du texte ? Quelle est sa nature et sa fonction grammaticale ?
b. De combien de strophes du poème assure-t-il la cohérence ?

3. a. Quels mots créent une rupture et assurent à leur tour la cohérence ?
b. Jusqu'où ? Combien de strophes sont concernées ?

4. Récrivez les trois premières strophes du poème en marquant la ponctuation qui convient.

Le vocabulaire des éléments

5. a. Le poème présente les quatre éléments. Repérez-les.
b. Comment sont-ils répartis dans le poème ? Quel est l'effet produit par cette répartition ?

6. Prenez chacun des quatre éléments, faites-en le sujet grammatical de verbes qui auront l'homme pour COD. Veillez à trouver des verbes en conformité avec le sens du poème d'Éluard.

Le poète contemporain Louis Aragon (1897-1982) entre dans la Résistance en 1941 : son appartenance au parti communiste et sa conviction que la poésie est une arme l'engagent dans la lutte. À côté de ces poèmes issus de la guerre, il a publié de nombreux recueils de poésie et des romans.

Ballade de celui qui chanta dans les supplices

Et s'il était à refaire
Je referais ce chemin
Une voix monte des fers
Et parle des lendemains

On dit que dans sa cellule
Deux hommes cette nuit-là
Lui murmuraient Capitule
De cette vie es-tu las

Tu peux vivre tu peux vivre
Tu peux vivre comme nous
Dis le mot qui te délivre
Et tu peux vivre à genoux

Et s'il était à refaire
Je referais ce chemin
La voix qui monte des fers
Parle pour les lendemains

Rien qu'un mot la porte cède
S'ouvre et tu sors Rien qu'un mot
Le bourreau se dépossède
Sésame Finis tes maux

Rien qu'un mot rien qu'un mensonge
Pour transformer ton destin
Songe songe songe songe
À la douceur des matins

Et si c'était à refaire
Je referais ce chemin
La voix qui monte des fers
Parle aux hommes de demain

J'ai dit tout ce qu'on peut dire
L'exemple du Roi Henri
Un cheval pour mon empire
Une messe pour Paris

Rien à faire Alors qu'ils partent
Sur lui retombe son sang
C'était son unique carte
Périsse cet innocent

Et si c'était à refaire
Referait-il ce chemin
La voix qui monte des fers
Dit Je le ferai demain

Je meurs et France demeure
Mon amour et mon refus
Ô mes amis si je meurs
Vous saurez pour quoi ce fut

Ils sont venus pour le prendre
Ils parlent en allemand
L'un traduit Veux-tu te rendre
Il répète calmement

Et si c'était à refaire
Je referais ce chemin
Sous vos coups chargés de fers
Que chantent les lendemains

Il chantait lui sous les balles
Des mots *sanglant est levé*
D'une seconde rafale
Il a fallu l'achever

Une autre chanson française
À ses lèvres est montée
Finissant la Marseillaise
Pour toute l'humanité

Louis ARAGON, « Ballade de celui qui chanta dans les supplices », dans *La Diane française*, © Éditions Seghers, 1946.

Lire et comprendre

Les voix

1. a. Quelles strophes constituent un refrain ?
b. Relevez les variations dans ce refrain. Montrez-en la progression. Quels sont les effets produits ?
c. Qui parle dans le refrain ? Une seule voix s'y exprime-t-elle ? Justifiez votre réponse.

2. a. Observez maintenant les autres strophes et distinguez précisément les paroles du supplicié et celles de ses bourreaux. Que cherchent-ils à obtenir du supplicié ? Par quels arguments ?
b. Ces arguments sont-ils efficaces ? Référez-vous précisément au poème.

Le supplicié et l'humanité

3. a. Dans quelle partie de la ballade la voix du supplicié s'exprime-t-elle le plus ?
b. À partir de la dernière strophe de refrain et jusqu'à la fin du poème, constituez un champ lexical qui confirme votre réponse.
c. À quelle image du supplicié vous conduit-il ?

4. a. Quel effet le dernier mot du poème produit-il ?
b. En quoi le comportement du supplicié conduit-il à l'emploi de ce mot ? Répondez en vous référant précisément au poème.

Paul Klee (1879-1940), *On emmène un prisonnier*, 1939, coll. privée.

Ballade et lyrisme

5. Quelles observations pouvez-vous faire sur la longueur des vers, celle des strophes, sur la disposition des rimes ?

6. D'après ce poème, qu'appelle-t-on une ballade ?

7. Pourquoi peut-on parler ici de lyrisme du poète ?

8. Dans la strophe 11, quelles expressions et quels effets de rythme soulignent le lyrisme de cette voix ?

Retenons

Le pathétique

Le poète évoque peines et souffrances de telle manière qu'il provoque chez son lecteur des émotions violentes. La force des mots, le choix précis des sonorités, la présentation contrastée des situations visent à **bouleverser le lecteur**. C'est le propre de la tonalité pathétique.

Lire et maîtriser la langue

Les formes de phrases

1. Relisez les deux premiers vers.

a. À quel groupe nominal renvoie le pronom « il » du vers1 ?

b. Quelle particularité syntaxique présentent les vers 1 et 2 ? De quelle forme de phrase s'agit-il ?

2. Repérez une négation répétée dans le poème.

a. Remplacez-la par une affirmation restreinte. Quelle version préférez-vous ?

b. Remplacez-la par un verbe impersonnel qui introduise une proposition subordonnée. Quelle version préférez-vous ?

La phrase ➤ p. 324

3. Repérez à la fin du poème un verbe impersonnel.

a. De quoi est-il suivi ? Quelle est la fonction grammaticale des mots qui le suivent ?

b. Remplacez le verbe impersonnel par un verbe de même sens dont le sujet sera un pronom personnel. Quelle version préférez-vous ? Justifiez votre réponse.

Les sens figurés d'un mot

4. Lisez les phrases suivantes :

– Il avait les fers aux pieds et aux mains.
– Il gémit dans les fers.
– Rompez vos fers, tribus captives !
– Trop content de mes fers, j'irai avec vous au bout de l'univers.

a. Remplacez dans chaque phrase le mot « fers » par un synonyme ou une expression.

b. Comparez au mot « fers » les mots et expressions que vous avez trouvés. Sont-ils plus concrets ? plus abstraits ? Quel rapport y a-t-il exactement entre eux et le mot « fers » qui les représente ?

5. Quels vers du poème d'Aragon contiennent le mot « fers » ?

a. De quel(s) emploi(s) du mot dans les phrases ci-dessus se rapprochent-ils ?

b. Dans les vers « Sous vos coups chargés de fers / Que chantent les lendemains », à quel mot se rapporte « chargés de fers » ? Justifiez votre réponse.

Le sens des mots ➤ p. 372

Lire et parler

Trouver les intonations justes

1. Relisez le poème en indiquant en marge de chaque strophe quelle voix s'exprime : celle du poète, celle du supplicié, celle des « deux hommes ».

2. Choisissez pour chacune de ces voix l'intonation qui vous semble convenir. En marge de chaque strophe, vous pouvez préciser l'intonation par une épithète ou un nom.

3. Avant de lire le poème à vos camarades, justifiez brièvement les intonations que vous avez choisies.

4. Lisez le poème. Veillez aussi à respecter les mètres et les pauses.

Fernand Léger (1881-1955), *Liberté j'écris ton nom* d'après le poème de Paul Éluard, musée Fernand Léger, Biot (France).

Lire et comprendre l'image

Le dessin

1. Quelle forme est dessinée en noir au centre du tableau ?

2. Cherchez un portrait du poète Paul Eluard : ressemble-t-il à ce dessin ?

Le texte

3. a. Le peintre illustre un poème intitulé *Liberté j'écris ton nom*. Comment les mots sont-ils disposés sur le tableau ?

b. Comment est écrit le mot « liberté » ? Pourquoi ?

Les couleurs

4. a. Quelles valeurs peut-on accorder aux couleurs utilisées ?

b. Comment sont-elles disposées dans le tableau ?

Le rapport texte / image

5. a. Qui dit « je » dans le tableau ?

b. Où est-il inscrit : « j'écris » ?

6. Pourquoi peut-on dire que les mots sont en liberté dans le tableau ?

Parmi les grands noms de la poésie de la Résistance, Éluard et Aragon ont été des poètes considérables. Mais d'autres hommes et femmes qui n'avaient pas consacré leur vie à la poésie ont éprouvé le besoin d'écrire des vers dans les camps de la mort. Ainsi, Mosche Schulstein écrit ce poème à Auschwitz.

Une poupée à Auschwitz

Sur un tas de cendre humaine une poupée est assise
C'est l'unique reliquat, l'unique trace de vie.
Toute seule elle est assise, orpheline de l'enfant
Qui l'aima de toute son âme. Elle est assise
Comme autrefois elle l'était parmi ses jouets
Auprès du lit de l'enfant sur une petite table.
Elle reste assise ainsi, sa crinoline défaite,
Avec ses grands yeux tout bleus et ses tresses toutes blondes,
Avec des yeux comme en ont toutes les poupées du monde
Qui du haut du tas de cendre ont un regard étonné
Et regardent comme font toutes les poupées du monde.

Pourtant tout est différent, leur étonnement diffère
De celui qu'ont dans les yeux toutes les poupées du monde
Un étrange étonnement qui n'appartient qu'à eux seuls.
Car les yeux de la poupée sont l'unique paire d'yeux
Qui de tant et tant d'yeux subsiste encore en ce lieu,
Les seuls qui aient resurgi de ce tas de cendre humaine,
Seuls sont demeurés des yeux les yeux de cette poupée
Qui nous contemple à présent, vue éteinte sous la cendre,
Et jusqu'à ce qu'il nous soit terriblement difficile
De la regarder dans les yeux.

Dans ses mains, il y a peu, l'enfant tenait la poupée,
Dans ses bras, il y a peu, la mère portait l'enfant,
La mère tenait l'enfant comme l'enfant la poupée,
Et se tenant tous les trois c'est à trois qu'ils succombèrent
Dans une chambre de mort, dans son enfer étouffant.
La mère, l'enfant, la poupée,
La poupée, l'enfant, la mère.
Parce qu'elle était poupée, la poupée eut de la chance.
Quel bonheur d'être poupée et de n'être pas enfant !
Comme elle y était entrée elle est sortie de la chambre,
Mais l'enfant n'était plus là pour la serrer contre lui,
Comme pour serrer l'enfant il n'y avait plus de mère.
Alors elle est restée là, juchée sur un tas de cendre,
Et l'on dirait qu'alentour elle scrute et qu'elle cherche
Les mains, les petites mains qui voici peu la tenaient.

De la chambre de la mort la poupée est ressortie
Entière avec sa forme et avec son ossature,
Ressortie avec sa robe et avec ses tresses blondes.
Et avec ses grands yeux bleus qui tout pleins d'étonnement
Nous regardent dans les yeux, nous regardent, nous regardent.

Mosche Schulstein, dans *Ces voix toujours présentes – Anthologie de la poésie contemporaine européenne concentrationnaire*, préparée et commentée par Henri Pouzol, © Presses Universitaires de Reims et FNDIRP, 1995.

Anonyme, 1946, *Rescapé d'un camp de concentration*, ex-voto, Santa Anastasia, Naples (Italie).

Lire et comprendre

▸ Le poème de la répétition

1. Qu'est-ce qui justifie la composition du poème en trois strophes ? Répondez précisément en observant le début des strophes 2 et 3.

2. a. Quels mots reviennent le plus souvent ? Établissez-en la liste.
b. Pourquoi ces mots-là sont-ils répétés ?
c. Quel(s) effet(s) produisent ces répétitions ? Justifiez votre réponse.

▸ Un lieu particulier

3. a. Quels mots évoquent ce lieu ? Faites-en le relevé complet.
b. Comment sont-ils distribués dans le poème ?
c. L'un de ces mots a un sens quotidien : repérez le vers où il est employé.

4. a. Qui désigne le pronom « nous » ? Relevez-en les occurrences.
b. Quelle hypothèse pouvez-vous faire ? Appuyez-vous précisément sur le poème pour l'étayer.

▸ Une poupée ?

5. a. Quels mots et expressions servent à décrire la poupée ?
b. Quel effet produisent-ils ?

6. a. Dans quelle partie du poème la poupée vous semble-t-elle la plus vivante ? Justifiez votre réponse.
b. Dans quelle partie du poème la poupée vous semble-t-elle le plus un objet ? Repérez précisément les vers.

7. À la fin du poème, selon vous, la poupée est-elle plus un objet ou un être vivant ? Justifiez votre réponse.

8. En quoi ce poème dit-il une logique impitoyable ? Marquez-en nettement les étapes.

Retenons

La personnification

Par la personnification, le poète prête les traits et le comportement d'une personne à un objet ou à un élément vivant mais non humain. La personnification n'est jamais gratuite : elle peut répondre à la volonté de l'auteur de **communiquer une émotion**, d'**emporter l'adhésion**.

Lire et écrire

Rendre vivant un objet

Vous avez vu à la télévision des images qui vous ont montré la dureté ou la cruauté dont l'homme est capable à l'égard de son semblable.
Vous imaginez qu'un objet quotidien ayant appartenu à une victime témoigne par sa seule présence. En une dizaine de lignes, rendez-le vivant par la personnification.

Lire et maîtriser la langue

La mise en relief

1. a. Quel groupe de mots est mis en relief dans le premier vers ? Par quel procédé ?

b. Donnez un exemple du même procédé dans la suite du poème.

2. Relisez le deuxième vers.

a. Comment les groupes nominaux sont-ils mis en relief ?

b. Transformez-les en groupes apposés.

3. a. Repérez dans la troisième strophe une forme d'insistance.

b. Quel mot met-elle en valeur ?

c. Ce mot est-il important pour le sens que vous pouvez dégager du poème ? Argumentez votre réponse.

4. « il n'y avait plus de mère » (vers 33).

a. Quelle est la forme de phrase choisie ici ?

b. En vous inspirant du vers précédent, récrivez ce vers en utilisant « elle » comme pronom sujet.

c. Quelle version préférez-vous ? Justifiez votre choix et la forme de phrase choisie par le poète.

Lire et explorer

La poésie dans les camps

La scène se passe dans le camp de Gandersheim. Le narrateur raconte l'épouvantable vie quotidienne des prisonniers ; un soir, une fête est improvisée dans le block, à la suite de laquelle l'un des « copains » chantera Le temps des cerises.

Gaston qui était descendu du tréteau y remonta pour annoncer que des copains allaient chanter et dire des poésies. Il annonça d'abord Francis.
Francis monta sur la planche. Il était petit, beaucoup moins massif que Gaston. Il avait, lui aussi, enlevé son calot. Son crâne était plus blanc que celui de Gaston, et sa figure plus maigre encore. Il tenait son calot dans sa main et paraissait intimidé. Il resta un instant ainsi, attendant que le silence se fasse, mais dans le fond du block les conversations continuaient. Alors il s'est tout de même décidé à commencer.
Heureux qui comme Ulysse a fait un beau voyage...
Il disait très lentement, d'une voix monocorde et faible.
– Plus fort ! criaient des types au fond de la chambre.
... Et puis est retourné plein d'usage et raison...
Francis essayait de dire plus fort, mais il n'y parvenait pas. Sa figure était immobile, triste, ses yeux étaient fixes. L'hiver du zaun-kommando était imprégné dessus ; sur sa voix aussi qui était épuisée. Il mettait toute son application à bien détacher les mots et à garder le même rythme dans sa diction. Jusqu'au bout il se tint raide, angoissé comme s'il avait eu à dire l'une des choses les plus rares, les plus secrètes qu'il lui fût jamais arrivé d'exprimer ; comme s'il avait eu peur que, brutalement, le poème ne se brise dans sa bouche.

Robert ANTELME, *L'Espèce humaine*,
© éd. Gallimard, 1957.

1. Cherchez dans un livre sur la poésie du XVIe siècle le poème de Du Bellay que récite Francis. Quel lien voyez-vous entre ce poème et la situation des prisonniers ?

2. Cette tentative de récitation est-elle une réussite ou un échec ? Justifiez votre réponse en vous référant au texte.

3. Qu'est-ce qui permet de dire que la poésie est nécessaire dans les camps ? Répondez en vous référant précisément au texte.

4. a. Cherchez dans un dictionnaire le sens des mots suivants : *échappatoire, cordial, viatique*.
b. Quel mot vous semble le plus approprié pour définir la place et la fonction de la poésie dans les camps ? Justifiez votre réponse.

5. Recherchez des textes d'anciens déportés qui soulignent le rôle de la poésie dans les camps. Vous pouvez aussi demander à votre CDI d'acquérir l'anthologie *Paroles de déportés* et en lire quelques poèmes.

Des poèmes pour chanter

Cette chanson de Jean-Baptiste Clément est une chanson d'amour antérieure à la Commune de Paris. Mais, après la terrible répression de cette insurrection durant la « Semaine sanglante » de mai 1871, elle deviendra le symbole de la Commune et des immenses espoirs qu'elle avait engendrés.

Le temps des cerises

Quand nous en serons au temps des cerises,
Et gai rossignol, et merle moqueur
Seront tous en fête.
Les belles auront la folie en tête,
Et les amoureux le soleil au cœur.
Quand nous en serons au temps des cerises,
Sifflera bien mieux le merle moqueur.

Mais il est bien court le temps des cerises,
Où l'on s'en va deux cueillir en rêvant
Des pendants d'oreilles.
Cerises d'amour, aux robes pareilles,
Tombant sous la feuille en gouttes de sang.
Mais il est bien court le temps des cerises,
Pendants de corail qu'on cueille en rêvant.

Quand vous en serez au temps des cerises,
Si vous avez peur des chagrins d'amour
Évitez les belles.
Moi qui ne crains pas les peines cruelles,
Je ne vivrai pas sans souffrir un jour.
Quand vous en serez au temps des cerises,
Vous aurez aussi des chagrins d'amour.

J'aimerai toujours le temps des cerises :
C'est de ce temps-là que je garde au cœur
Une plaie ouverte.
Et dame Fortune, en m'étant offerte,
Ne saura jamais calmer ma douleur.
J'aimerai toujours le temps des cerises
Et le souvenir que je garde au cœur.

Jean-Baptiste CLÉMENT et **Antoine RENARD** (1866-1868).

Gravure. *La Commune de Paris, mai 1871 : barricade de la place Blanche défendue par des femmes.*

Lire et comprendre

Une romance d'amour

1. D'une strophe à l'autre, relevez les éléments qui font de ce poème une histoire d'amour.

2. Relevez les termes qui évoquent la nature : s'agit-il de la décrire ? Comment ces termes sont-ils choisis ?

3. Relevez les marques du temps : adverbes, compléments circonstanciels, temps des verbes. Que remarquez-vous ?

Une chanson facile à retenir

4. Les strophes ont-elles toutes le même nombre de vers ? Quelle est leur longueur ?

5. Sur combien de rimes chaque strophe est-elle composée ? Comment sont-elles disposées ?

6. a. Dans chacune des strophes, quelles expressions sont répétées ? Quel vers ?
b. Observez les deux derniers vers de chaque strophe : que remarquez-vous ?

7. Quelle remarque pouvez-vous faire sur la syntaxe, dans l'ensemble de la chanson ?

8. Rassemblez toutes ces remarques afin d'expliquer pourquoi *Le temps des cerises* est devenu une chanson populaire.

L'amour et la Commune

9. Pourquoi le titre de la chanson peut-il suggérer l'épisode de la Commune ?

10. Observez la deuxième strophe : quelles expressions peuvent évoquer la répression de l'insurrection ? Et dans la quatrième ?

11. Quels sentiments, en amour et en politique, cette chanson évoque-t-elle ?

Retenons

Le symbole

Par le symbole, le poète utilise un objet concret, chose ou animal, pour **représenter une idée abstraite**. Par exemple, la colombe symbolise la paix, la neige symbolise la pureté. Grâce au symbole, le poète incite ses lecteurs à réfléchir sur une idée ou un comportement.

Lire et écrire

Écrire les paroles d'une chanson

1. Un événement récent, qui s'est déroulé dans votre ville ou votre village, vous a touché. Il vous semble que la mémoire collective doit le retenir.

2. Composez une strophe de sept vers sur trois rimes pour chanter de façon poétique cet événement et dire les sentiments qu'il vous inspire, qu'ils soient de joie, de liberté, de révolte, de tristesse ou de chagrin.

Lire et explorer

Découvrir la chanson engagée au XXe siècle

Vous allez maintenant explorer la chanson engagée dans l'Histoire du XXe siècle et suivant les choix politiques ou sociaux de ses auteurs, poètes ou chansonniers. Cherchez vos renseignements sur Internet, au CDI.

1. a. 1943 : Quel chant célèbre est alors créé ? Qui en sont les auteurs ? Écoutez-le. Selon vous, qu'ajoute l'écoute à la lecture du chant ?
b. Certains poèmes engagés ont été mis en musique et interprétés plusieurs années après leur écriture. Aragon écrit *L'Affiche rouge* pendant l'Occupation : qui le mettra en musique et le chantera ? Prévert écrit *Barbara* pendant la deuxième guerre : plusieurs interprètes le chanteront. Qui ? Écoutez les différentes versions. Laquelle préférez-vous ? Dites pourquoi.
c. Parfois, enfin, un artiste crée le poème, la musique et l'interprète. Il emprunte le thème de sa chanson à l'Histoire. Ainsi Jean Ferrat écrit et chante *Nuit et brouillard* en 1963. À quoi se réfère le titre ? Pourquoi cette chanson a-t-elle été écrite vingt ans après les événements qu'elle relate ? Argumentez votre réponse.

2. Si cette période vous paraît lointaine, vous pouvez mener une enquête sur le rap.
a. Quelle est son origine ?
b. En quoi le rap est-il de la poésie ?
c. En quoi est-il de la poésie engagée ?
d. En quoi la musique lui est-elle nécessaire ?

3. Jean Ferrat écrit dans *Nuit et brouillard* : « Je twisterais les mots s'il fallait les twister ». Pourquoi ne « raperiez »-vous pas un poème de la séquence ?

Léopold Sédar Senghor, poète sénégalais et premier président de la République du Sénégal, a inventé le terme de « négritude », qui signifie conscience et fierté d'être noir. En 1945, le rapport de forces entre l'Europe coloniale et l'Afrique colonisée s'inverse : l'Europe est en ruines et l'Afrique, pleine de vitalité, attend et espère sa libération. Voici l'un des poèmes qu'il composa alors, pour chanter la beauté du monde africain. Il choisit la forme du verset, plus ample que le vers.

Masque africain
de la République du Congo
(coll. Barbier-Mueller, Genève).

Prière aux masques

Masques ! Ô Masques !
Masque noir masque rouge, vous masques blanc-et-noir
Masques aux quatre points d'où souffle l'Esprit
Je vous salue dans le silence !
Et pas toi le dernier, Ancêtre à tête de lion.
Vous gardez ce lieu forclos[1] à tout rire de femme, à tout sourire qui se fane
Vous distillez cet air d'éternité où je respire l'air de mes Pères.
Masques aux visages sans masque, dépouillés de toute fossette comme de toute ride
Qui avez composé ce portrait, ce visage mien penché sur l'autel de papier blanc
À votre image, écoutez-moi !
Voici que meurt l'Afrique des empires — c'est l'agonie d'une princesse pitoyable
Et aussi l'Europe à qui nous sommes liés par le nombril.
Fixez vos yeux immuables sur vos enfants que l'on commande
Qui donnent leur vie comme le pauvre son dernier vêtement.
Que nous répondions présents à la renaissance du Monde
Ainsi le levain qui est nécessaire à la farine blanche.
Car qui apprendrait le rythme au monde défunt des machines et des canons ?
Qui pousserait le cri de joie pour réveiller morts et orphelins à l'aurore ?
Dites, qui rendrait la mémoire de vie à l'homme aux espoirs éventrés ?
Ils nous disent les hommes du coton du café de l'huile
Ils nous disent les hommes de la mort.
Nous sommes les hommes de la danse, dont les pieds reprennent vigueur en frappant [le sol dur.

Léopold Sédar SENGHOR, « Prière aux masques », *Chants d'ombre* (1945) dans *Œuvre Poétique*, © Éditions du Seuil, 1964.

1. **forclos** : fermé.

Lire et Comprendre

L'ancien et le nouveau monde

1. Que fait le poète dans les dix premiers versets ?

2. Quelle qualité le poète reconnaît-il aux masques au verset 8 ?

3. a. Que peut désigner « l'Afrique des empires » (verset 11) ?
b. Pourquoi « l'Afrique des empires » et « aussi l'Europe » sont-elles coordonnées ? Justifiez votre réponse.

4. Quelle réalité historique le verset 12 peut-il évoquer ?

5. a. Quel procédé repérez-vous au verset 16 ?
b. Pourquoi le poète précise-t-il que la farine est « blanche » ?
c. Relevez les mots qualifiés par cette couleur. Quel effet de sens est ainsi produit ?

6. a. Aux versets 17-19, qui est désigné par le « monde défunt des machines et des canons », « morts et orphelins à l'Aurore » et « l'homme aux espoirs éventrés » ?
b. Quel champ lexical ces expressions permettent-elles d'établir ?
c. Quelle réponse le poète attend-il aux trois questions qu'il pose ?
d. Que peut apporter le monde nouveau au monde moribond ? Relevez les mots qu'emploie le poète. À quels arts peuvent-ils faire penser ?

Masque du Nigéria
(musée des Arts d'Afrique et d'Océanie, Paris).

Retenons

Vers et verset

Les vers (ou mètres) peuvent avoir de 2 à 12 syllabes ; dans ce dernier cas, on parle d'alexandrins. Le verset désigne, quant à lui, une unité rythmique qui dépasse les vers traditionnels. Il convient à une poésie ample et généreuse qui célèbre l'homme, la nature.

L'enthousiasme

7. Comment le poème commence-t-il ? Pour répondre, distinguez « Masques » et « Ô Masques ! »

8. Repérez jusqu'au verset 10 les éléments qui organisent le poème comme une prière. De quel type de prière s'agit-t-il ?

9. Repérez les emplois de la première personne. Est-elle présente tout au long du poème ? Quel lien voyez-vous entre la première personne et la prière ?

Retenons

La poésie lyrique

À l'origine, la poésie se chantait et le poète s'accompagnait d'une lyre, qui a donné le mot *lyrisme*. Puis le sens s'est élargi (notamment au XIXe siècle) et a désigné **une poésie où le poète exprime ses émotions, ses sentiments** grâce à la musicalité de son poème.

10. a. Que désigne « l'autel de papier blanc » (verset 9) ? Quel est ici le procédé poétique employé ?
b. À quel lieu évoqué précédemment dans le poème le mot « autel » renvoie-t-il ? Quelle atmosphère est ainsi créée ?

11. a. Quels mots l'expression « À votre image » complète-t-elle (verset 10) ?
b. Quelle peut être ici la référence religieuse ?

12. À quel événement religieux le verset 18 peut-il faire penser ? Répondez en observant attentivement les mots qui le composent.

13. a. Repérez les diverses répétitions que le poème fait entendre : répétitions de mots et d'expressions, anaphores.
b. Choisissez un verset remarquable par une assonance, un autre par une allitération.

Les figures de style ➤ p. 376

Engagement et lyrisme

14. Quelle cause Senghor défend-il dans ce poème ? Quel est son principal argument ?

15. Quels sont les indices qui vous permettent de parler de lyrisme ?

Masque du Gabon
(musée des Arts d'Afrique et d'Océanie, Paris).

Lire et maîtriser la langue

Les formes de phrases

1. a. Repérez deux constructions de phrase par insistance.
b. Quels mots mettent-elles en valeur ?

2. a. Repérez une phrase construite au passif.
b. Reformulez-la à l'actif.
c. Pourquoi le poète a-t-il choisi la construction passive ? Répondez en observant le sens du vers que vous avez repéré.

Les mises en relief ➤ p. 282

Des champs lexicaux opposés

3. a. Disposez dans deux colonnes les mots appartenant aux champs lexicaux opposés du changement et de l'éternité.
b. Faites le même travail pour les mots opposés de la mort et de la renaissance.
c. Montrez que les oppositions de mots organisent certains vers ou versets entiers.

Le sens des mots ➤ p. 372

Les vers

4. a. Repérez les unités rythmiques traditionnelles (8, 10, 12 syllabes).
b. Observez la ligne 8 qui constitue ce que l'on appelle un verset. De combien de syllabes se compose-t-il ?

Lire et parler

Lire en respectant les mètres

1. Repérez les unités de vers qui dépassent 12 syllabes.

2. Vous pouvez y reconnaître la combinaison de mètres traditionnels de 8, 10 et 12 syllabes. C'est en faisant des choix et en marquant des pauses par la respiration que vous retrouverez les unités de vers que vous connaissez. Par exemple, le verset 6 peut se lire ainsi : Vous gardez ce lieu forclos à tout rir(e) de femm(e) (12), à tout sourirE qui se fan(e) (8). Vous pouvez aussi insister sur les mots « femme » et « fane » qui sont à l'oreille des quasi homophones.
Menez ce travail de repérage, de choix de lecture et de respiration pour tous les vers qui dépassent 12 syllabes.

3. Lisez le poème devant vos camarades, en veillant à marquer aussi une pause à la fin de chaque vers qui vous paraît se conformer à un mètre traditionnel.

Masque de Côte d'Ivoire (musée national, Abidjan).

Poète chilien, Pablo Neruda (1904-1973) s'engagea dans toutes les luttes de son pays, jusqu'à la chute et la mort de son ami le Président de la république Salvador Allende renversé en 1973. Mais Neruda embrasse dans sa poésie tous les peuples, anciens et modernes, de l'Amérique latine. Ici, il s'adresse aux paysans anonymes grâce à qui rayonna la civilisation inca sur les hauteurs vertigineuses du Macchu Picchu, au Pérou.

« Monte ! Et nais avec moi, Frère ! »

MONTE ! Et nais avec moi, frère !

Donne-moi la main, du fond
De ta douleur éparse.
Tu ne reviendras pas de l'épaisseur des pierres,
Tu ne reviendras pas du temps souterrain,
Ni ne reviendra ta voix rauque,
Ni ne reviendront tes yeux perforés.

Regarde-moi depuis le fond de la terre
Laboureur, tisserand, pasteur taciturne :
Dompteur des vigognes[1] tutélaires :
Maçon du traître échafaudage :
Porteur d'eau chargé des larmes des Andes :
Joaillier aux doigts broyés :
Semeur tremblant dans sa semence :
Potier répandu dans sa glaise.

Apportez à la coupe de la vie nouvelle
Vos vieilles douleurs ensevelies.
Montrez-moi votre sang, votre sillon
Dites-moi : ici, je fus puni
Parce que la gemme[2] fut sans éclat, parce que le sol
Ne donna pas à temps la pierre ou le grain.
Désignez-moi la pierre où vous êtes tombés,
Le bois où vous fûtes crucifiés
Éclairez pour moi les antiques silex,
Les vieilles lampes, les fouets collés
Aux plaies à longueur de siècles
Et les haches brillantes sous le sang.

1. **vigogne :** lama.

2. **gemme :** pierre précieuse.

Cristina Rodriguez,
L'Espoir, 1996,
coll. privée.

Moi, je viens parler par votre bouche morte.
Unissez à travers la terre toutes vos
Silencieuses lèvres dispersées
Et depuis votre abîme, durant toute
Cette longue nuit, parlez-moi
Comme si j'étais retenu par la même ancre que vous,
Racontez-moi tout, chaîne après chaîne,
Maillon après maillon, pas à pas,
Affilez les couteaux que vous avez conservés
Mettez-les-moi dans la poitrine et dans les mains
Comme fleuve d'éclairs jaunes
Comme fleuve de tigres enterrés
Et laissez-moi pleurer, des heures, des jours, des ans
Des âges aveugles, des siècles sidéraux.

Donnez-moi le silence, l'eau, l'espérance

Donnez-moi la lutte, le fer, les volcans.

Comme autant d'aimants, suspendez à moi vos corps.

Envahissez mes veines et ma bouche.

Parlez par mes mots, parlez par mon sang.

Pablo NERUDA, *Hauteurs de Macchu Picchu*,
traduit de l'espagnol par Roger Caillois, © Éditions Seghers, Paris, 1978.

Lire et comprendre

Les frères souffrants

1. Qui sont-ils ? Relevez dans la strophe 3 les mots qui désignent ceux à qui le poète s'adresse.

2. a. Repérez les vers qui disent la souffrance des hommes. L'évoquent-ils d'une façon générale ou la disent-ils avec précision ? Répondez en vous référant aux vers.
b. Quelle autre souffrance la strophe 4 présente-t-elle ? Quels mots précis peuvent vous aider à répondre ?

3. a. Les responsables de ces souffrances sont-ils désignés ?
b. En espagnol, le vers 23 se traduit littéralement par « Et le bois où ils vous crucifièrent ». Quel choix a fait le traducteur ? Justifiez-le.

Entre résurrection et mémoire

4. a. Commentez l'emploi du verbe « naître » dans le vers1.
b. Recherchez dans la suite du poème des mots et des expressions qui prolongent l'effet de ce verbe.

5. Relisez les vers 4 à 7.
a. S'accordent-ils au vers 1 ?
b. Quel procédé d'écriture présentent ces vers ? Quel est l'effet produit ?
c. Recherchez dans la suite du poème des mots et des expressions qui confirment votre commentaire des vers 4 à 7.

6. Relevez les impératifs tout au long du poème. Que remarquez-vous ?

7. a. Relevez dans le poème toutes les indications de parole et de silence.
b. Sont-elles compatibles ? Rapprochez-les des réponses données aux questions 4 et 5.
c. Quelle signification pouvez-vous donner au poème ?

Le poète

8. Quelles fonctions le poète se donne-t-il ? Répondez en observant la place qu'occupent dans le texte les occurrences de première personne.

9. Confrontez et commentez les vers « Donnez-moi le silence, l'eau, l'espérance » et « Envahissez mes veines et ma bouche ».

10. En quoi le dernier vers est-il, selon vous, un vers de conclusion ?

Retenons

Le lyrisme au service d'une cause

Dans un poème lyrique, **l'implication personnelle** du poète est entière : elle est repérable à l'usage de la première personne, au lexique affectif qui nourrit les images, aux sonorités et aux rythmes qui traduisent les émotions et par lesquels le poète célèbre la nature, les hommes ou la personne aimée.
Le poème lyrique devient un chant auquel le lecteur est appelé à joindre sa propre voix.

Lire et maîtriser la langue

Mise en relief et formes de phrases

1. a. Repérez dans le poème un ou des exemples de mise en relief par une apostrophe, une anaphore, une inversion.
b. Précisez pour chaque exemple donné l'effet obtenu.

2. a. Repérez deux constructions passives.
b. Transformez-les en constructions actives.
c. Justifiez le choix du passif.

Les indices de personnes

3. Relevez dans le poème tous les indices de première et de deuxième personne.
4. Observez les personnes grammaticales employées : leur place dans le vers, leur proximité, enfin l'évolution de leur emploi dans le poème. Que pouvez-vous en déduire sur le sens de leur emploi ?

Lire et écrire

Écrire une strophe

1. Choisissez une civilisation qui vous passionne, une période de son histoire et une cause qu'il vous semble important d'avoir défendue alors.

2. Écrivez une strophe sur ce sujet en utilisant les procédés poétiques utilisés dans cette séquence.

Lire et explorer

Lecture cursive du recueil *Paroles* de Prévert (1945)

Vous venez de refermer *Paroles*. Vous l'avez lu dans l'ordre du recueil. Les questions qui suivent souhaitent vous orienter dans une nouvelle lecture sélective (on ne relit pas tous les poèmes, on les choisit) et ordonnée, sans que disparaissent vos premières impressions et votre étonnement.

1. *Paroles* rassemble des poèmes épars écrits entre 1930 et 1945. Le recueil présente-t-il une évolution ? Pour répondre, vous pouvez :
– parcourir la table des matières et relever les quelques dates qui y figurent ;
– relire le premier poème et le dernier. Quelle unité présente le premier poème ? Quel en est le ton ? Le dernier poème est-il différent ? Est-il plus ambitieux, par exemple ?
– repérer un poème central dans le recueil : essayez de justifier la place qu'il occupe.

2. Les poèmes couvrent les années 30 et la guerre. Ils portent donc les traces de leur époque et manifestent des formes d'engagement de la part de Prévert.

a. Quelles critiques Prévert adresse-t-il à la guerre et à ses fauteurs ? Quel rôle joue l'amour, que peut-il faire contre la guerre ? Vous pouvez constituer une brève anthologie où seraient groupés par paires certains poèmes fortement opposés selon vous.

b. À quelles institutions Prévert s'en prend-il ? (une institution est une composante importante de la société, qui peut aller jusqu'à la diriger ; la famille en est une, ou encore l'Église). Quelle classe sociale leur oppose-t-il ? Vous pouvez aboutir à une nouvelle anthologie composée sur le modèle précédent.

3. La diversité des poèmes, de leurs formes, de leur longueur, vous a surpris sans doute.

– Vous pouvez choisir et classer certains poèmes selon leurs tonalités qui traduisent les sentiments éprouvés par le poète : la colère, l'indignation, la tendresse, la sympathie, etc.

– Vous pouvez retenir certains poèmes, voire des vers isolés, remarquables par leurs sonorités.

– Vous pouvez aussi constituer une liste de jeux de mots, si nombreux dans le recueil, qui vous ont étonné, fait sourire ou réfléchir.

Gérard Fromanger (né en 1939), *Jacques* (portrait de Jacques Prévert), coll. particulière.

Bilan de séquence
vers le brevet

Poète et auteur de dialogues de cinéma, Jacques Prévert (1900-1970) s'intéresse à la réalité quotidienne et compose des textes à la fois simples et riches de jeux sur le langage.

Préparatifs d'une fête, collage.

Étranges étrangers

Kabyles de la Chapelle et des quais de Javel
hommes des pays lointains
cobayes des colonies
Doux petits musiciens
soleils adolescents de la porte d'Italie
Boumians de la porte de Saint-Ouen
Apatrides d'Aubervilliers
brûleurs des grandes ordures de la ville de Paris
ébouillanteurs des bêtes trouvées mortes sur pied
au beau milieu des rues
Tunisiens de Grenelle
embauchés débauchés
manœuvres désœuvrés
Polacks du Marais du Temple des Rosiers
Cordonniers de Cordoue soutiers de Barcelone
pêcheurs des Baléares ou du cap Finisterre
rescapés de Franco
et déportés de France et de Navarre
pour avoir défendu en souvenir de la vôtre
la liberté des autres

Esclaves noirs de Fréjus
tiraillés et parqués
au bord d'une petite mer
où peu vous vous baignez
Esclaves noirs de Fréjus
qui évoquez chaque soir
dans les locaux disciplinaires
avec une vieille boîte à cigares
et quelques bouts de fil de fer
tous les échos de vos villages
tous les oiseaux de vos forêts
et ne venez dans la capitale
que pour fêter au pas cadencé
la prise de la Bastille le quatorze juillet
Enfants du Sénégal
dépatriés expatriés et naturalisés

Enfants indochinois
jongleurs aux innocents couteaux
qui vendiez autrefois aux terrasses des cafés
de jolis dragons d'or faits de papier plié
Enfants trop tôt grandis et si vite en allés
qui dormez aujourd'hui de retour au pays
le visage dans la terre
et des bombes incendiaires labourant vos rizières
On vous a renvoyé
la monnaie de vos papiers dorés
on vous a retourné
vos petits couteaux dans le dos

Étranges étrangers

Vous êtes de la ville
vous êtes de sa vie
même si mal en vivez
même si vous en mourez.

Jacques PRÉVERT, « Étranges étrangers »,
dans *La Pluie et le Beau Temps*,

Comprendre le texte

La composition

1 À la lecture du poème, quel sens donnez-vous au titre ? Référez-vous précisément à certains vers pour répondre.

2 **a.** Où retrouvez-vous le titre à l'intérieur du poème ?
b. Relevez toutes les nationalités et catégories d'étrangers présentes dans le poème. Par rapport à elles, quelle fonction a le titre quand vous le rencontrez pour la première fois dans le poème ?
c. Quelle est sa fonction quand il apparaît pour la deuxième fois ?

3 Quelle est l'unité des strophes ? Répondez en vous référant précisément au contenu de chacune d'elles.

4 Donnez la composition du poème en repérant précisément la structure de phrase employée par Prévert.

Les étrangers et le poète

5 **a.** Relevez les métiers que le poète énumère dans la première strophe.
b. Quel est leur point commun ?
c. Quelle différence voyez-vous entre « Polacks du Marais du Temple des Rosiers » et « Cordonniers de Cordoue soutiers de Barcelone » (v. 14-15) ?

6 Selon vous, quels sentiments le poète éprouve-t-il à l'égard des étrangers ? Répondez de façon précise par le choix et le commentaire d'un vers correspondant à chacun des sentiments que vous prêtez au poète.

7 **a.** Dans la quatrième strophe (v. 37 à 48), quels sentiments le poète éprouve-t-il ?
b. Que présente de particulier l'ordre des mots du vers 38 « jongleurs aux innocents couteaux » ?
c. « On vous a renvoyé / la monnaie de vos papiers dorés » (v. 45-46). À quel vers précédent de la même strophe ces vers renvoient-ils ? Quel est ici le ton ? Justifiez votre réponse.
d. « On vous a retourné / vos petits couteaux dans le dos » (v. 47-48). À quel vers précédent de la même strophe ces vers renvoient-ils ? Quelle accusation le poète porte-t-il ici ? Contre qui ?

Étudier la langue

La mise en relief

8 **a.** À l'échelle du poème entier, quel procédé met en valeur les « étranges étrangers » ?

b. Quelles répétitions (de sons, de mots, d'expressions) permettent la mise en relief ? Que mettent-elles en relief ? Soyez précis dans vos réponses.

9 « où peu vous vous baignez », « même si mal en vivez » : quels mots sont mis en valeur dans ces vers 24 et 52 ? Par quel procédé ?

Le vers

10 **a.** Quel est le mètre le plus court qu'utilise Prévert ? Quel est l'effet obtenu ?
b. Repérez des vers dont les mètres sont traditionnels. Donnez un exemple pour chacun d'eux. Quel(s) effet(s) produisent-ils ?

Les figures de style

11 **a.** « embauchés débauchés » (v. 12), « manœuvres désœuvrés » (v. 13) : quel est ici le procédé ? N'est-ce qu'un procédé ? Justifiez précisément votre réponse.
b. Quelle figure de style rencontrez-vous dans les mots « Enfants… qui dormez… le visage dans la terre » (v. 41 à 43) ? Quel sentiment peut-elle traduire ?

Écrire

12 Choisissez, dans le monde d'aujourd'hui, une cause qui vous tient particulièrement à cœur, par exemple une injustice qui vous scandalise.

13 Notez quelques arguments en faveur de la thèse que vous voulez défendre, à ce sujet.

14 Cherchez quelques figures de style qui vont viser à persuader votre lecteur.

15 Composez un texte en vers, libres ou comptés, rimés ou non, où vous utiliserez une écriture poétique pour convaincre et persuader votre lecteur du fait qu'il faut combattre cette injustice.

La Surprise de l'amour de Marivaux. Mise en scène de Christian Rist, maison de la Culture de Bourges, 2001, avec Olivier Dutilloy (Arlequin) et Stéphanie Grosjean (Colombine).

SÉQUENCE 10

La séduction au théâtre

Agir sur autrui

Séduire, c'est souvent être capable de se montrer sous son meilleur jour et d'**agir sur autrui**, en particulier **par la parole**. Le séducteur est un peu comédien, parfois même un peu menteur : c'est pourquoi il apparaît souvent dans les pièces de théâtre.

Cette séquence vous propose d'étudier plusieurs scènes, où la séduction réussit ou échoue selon que le personnage est capable ou non de s'adapter à l'autre. Vous verrez d'ailleurs que l'émotion sincère est souvent plus efficace pour emporter le cœur de l'être aimé que les tactiques les plus subtiles !

- *Les effets de la parole*
- *Les dessous du dialogue*
- *Les mots vrais*

Les effets de la parole

Dans cette célèbre pièce, Edmond Rostand (1868-1918) raconte l'histoire d'un poète du XVIIe siècle, Cyrano de Bergerac, qui a réellement existé. Il l'imagine plein d'esprit mais affublé d'un nez horrible et n'osant donc avouer l'amour qu'il éprouve pour Roxane. Christian, charmant jeune homme, aime aussi la jeune femme habituée aux traits d'esprit des poètes qu'elle rencontre dans les salons. Il l'aime, et même il l'adore, mais c'est… un peu court.

Parlez-moi d'amour

ROXANE. […]
Asseyons-nous. Parlez. J'écoute.

CHRISTIAN *s'assied près d'elle, sur le banc. Un silence.*
Je vous aime.

ROXANE, *fermant les yeux.*
Oui, parlez-moi d'amour.

CHRISTIAN. Je t'aime.

ROXANE. C'est le thème.
Brodez, brodez.

CHRISTIAN. Je vous...

ROXANE. Brodez !

CHRISTIAN. Je t'aime tant.

ROXANE.
Sans doute. Et puis ?

CHRISTIAN. Et puis... je serais si content
Si vous m'aimiez ! – Dis-moi, Roxane, que tu m'aimes !

ROXANE, *avec une moue.*
Vous m'offrez du brouet quand j'espérais des crèmes !
Dites un peu comment vous m'aimez ?

CHRISTIAN. Mais... beaucoup.

ROXANE.
Oh !... Délabyrinthez vos sentiments !

CHRISTIAN, *qui s'est rapproché et dévore les yeux la nuque blonde.*
Ton cou !
Je voudrais l'embrasser !...

ROXANE. Christian !

CHRISTIAN. Je t'aime !

ROXANE, *voulant se lever.* Encore !

Plan du film de Jean-Paul Rappeneau, *Cyrano de Bergerac*, d'après E. Rostand, 1990 (avec Vincent Perez et Anne Brochet).

CHRISTIAN, *vivement, la retenant.*
Non, je ne t'aime pas !

ROXANE, *se rasseyant.* C'est heureux !

CHRISTIAN. Je t'adore !

ROXANE, *se levant et s'éloignant.*
Oh !

CHRISTIAN. Oui… je deviens sot !

ROXANE, *sèchement.* Et cela me déplaît !
Comme il me déplairait que vous devinssiez laid.

CHRISTIAN.
Mais…

ROXANE. Allez rassembler votre éloquence en fuite !

CHRISTIAN.
Je…

ROXANE. Vous m'aimez, je sais. Adieu. *Elle va vers la maison.*

CHRISTIAN. Pas tout de suite !
Je vous dirai…

ROXANE, *poussant la porte pour entrer.*
Que vous m'adorez… oui, je sais.
Non ! non ! Allez-vous-en !

CHRISTIAN. Mais je…
Elle lui ferme la porte au nez.

CYRANO, *qui depuis un moment est rentré sans être vu.*
C'est un succès.

Edmond ROSTAND, *Cyrano de Bergerac*, 1897, Acte III, scène 5.

Lire et comprendre

Une attente

1. À qui appartient l'initiative dans le début du texte ? Justifiez votre réponse.

2. Pourquoi selon vous Roxane ferme-t-elle les yeux ?

3. Comment comprenez-vous la relation entre la première réplique de Christian et la réponse que lui fait Roxane : « Oui, parlez-moi d'amour » ?

Brodez !

4. Pourquoi Roxane est-elle déçue ? Quelle sorte de plaisir attend-elle du discours amoureux de Christian ? Commentez la réplique : « Vous m'offrez du brouet quand j'espérais des crèmes », vers 6, après avoir cherché le sens exact des deux noms.

5. a. Observez les trois premières répliques de Christian : que remarquez-vous ?
b. Qu'est-ce que Christian attend de cette scène ?

6. Quelle est la seule variation sur le verbe *aimer* dont Christian soit capable ? Appuyez-vous sur le texte pour commenter cette variation.

7. Développez le sens de la réplique de Roxane : « Brodez, brodez » (v. 3). Quelles indications donne-t-elle à Christian sur ce qu'il faut entendre par là ? Expliquez plus particulièrement la formule : « Délabyrinthez vos sentiments » (v. 8).

8. Comment expliquez-vous l'équivalence qui est faite par Roxane entre la sottise et la laideur ? Qu'est-ce que l'éloquence, selon elle ?

9. Commentez la dernière réplique de l'extrait. De quelle qualité témoigne-t-elle chez Cyrano et qui manque à Christian ?

Théâtre

10. Quelle forme de discours théâtral Roxane attend-elle de la part de Christian ?

11. Y a-t-il ici un véritable dialogue entre les deux personnages ? Justifiez votre réponse en vous appuyant sur le texte.

12. a. Christian est-il selon vous sincèrement épris de Roxane ?
b. Pourquoi la « scène » d'amour n'a-t-elle pas lieu ? Que manque-t-il du point de vue de Christian ?

13. Qu'est-ce qui manque à Christian selon Roxane ? Pourquoi peut-on dire qu'elle se place dès le début dans une position de spectatrice ?

14. À quoi tient ici selon vous le caractère comique de la scène ? Développez votre réponse en vous appuyant sur le texte.

Retenons

Agir par la parole

Au théâtre, c'est essentiellement par la parole que les personnages agissent les uns sur les autres et tentent de s'imposer. Aussi le dialogue renseigne-t-il le spectateur sur l'action et sur l'état intérieur des personnages.
Mais la particularité du dialogue théâtral est de s'adresser également au spectateur qui devient le témoin actif de ces échanges. C'est pourquoi on parle de **double énonciation au théâtre**.

Lire et écrire

Développer un dialogue de théâtre

1. En vous mettant à la place de Christian, reprenez « le thème » et brodez. Vous imaginerez la suite de la réplique interrompue : « Je vous... » Vous pourrez, pour développer le propos du personnage, lui faire « délabyrinther ses sentiments », dire « comment » il aime Roxane et lui donner un peu d'éloquence et d'esprit dans le compliment qu'il pourrait tourner sur le cou de celle qu'il désire.

2. En reprenant les premières répliques de l'extrait, jusqu'au « Oui, parlez-moi d'amour » de Roxane, imaginez une suite où s'engagerait un véritable dialogue amoureux entre les deux personnages, dialogue dans lequel Christian serait moins embarrassé.

Dom Juan de Molière, mis en scène par Colette Roumanoff, théâtre Fontaine, Paris, 2000 (avec Serge Catanese et Élisa Sergent).

Les nombreuses comédies de Molière présentent des personnages de milieux variés. Dom Juan *est l'une des grandes comédies de cet auteur : le célèbre séducteur s'attache aux grandes dames comme aux filles du peuple. Voici, avant qu'il n'arrive pour séduire la belle, Charlotte et Pierrot, deux paysans qui sont promis l'un à l'autre. Mais ils ne s'aiment pas tout à fait autant l'un que l'autre. Il y a des signes qui ne trompent pas…*

Charlotte, Pierrot, la grosse Thomasse et le jeune Robain

PIERROT. – Vois-tu, Charlotte, il faut, comme dit l'autre, que je débonde mon cœur. Je t'aime, tu le sais bian, et je somme pour être mariés ensemble, mais marquenne[1], je ne suis point satisfait de toi.

CHARLOTTE. – Quement ? qu'est-ce c'est donc qu'iglia ?

PIERROT. – Iglia que tu me chagraignes l'esprit franchement.

CHARLOTTE. – Et quement donc ?

PIERROT. – Testiguienne[1], tu ne m'aimes point.

CHARLOTTE. – Ah, ah, n'est-ce que ça ?

PIERROT. – Oui, ce n'est que ça, et c'est bian assez.

CHARLOTTE. – Mon quieu, Piarrot, tu me viens toujou dire la même chose.

PIERROT. – Je te dis toujou la même chose, parce que c'est toujou la même chose, et si ce n'étoit pas toujou la même chose, je ne te dirois pas toujou la même chose.

CHARLOTTE. – Mais, qu'est-ce qu'il te faut ? que veux-tu ?

PIERROT. – Jerniquenne[1], je veux que tu m'aimes.

CHARLOTTE. – Est-ce que je ne t'aime pas ?

PIERROT. – Non, tu ne m'aimes pas, et si[2] je fais tout ce que je pis pour ça. Je t'achète, sans reproche, des rubans à tous les marciers qui passont, je me romps le cou à t'aller dénicher des marles, je fais jouer pour toi les vielleux[3] quand ce vient ta fête, et tout ça comme si je me frappois la tête contre un mur. Vois-tu, ça n'est ni biau ni honnête de n'aimer pas les gens qui nous aimont.

CHARLOTTE. – Mais, mon guieu, je t'aime aussi.

---

1. **marquenne :** juron paysan. « Marquenne » ou « morquenne », c'est-à-dire « par la mort de la chienne », étaient employés pour ne pas dire « mort de Dieu » qui aurait été blasphématoire. Sont formés de la même façon « testiguienne » (l. 7) « jerniquenne » (l. 15) et « ventrequenne » (l. 36).

2. **et si :** et pourtant.

3. **vielleux :** joueur de vielle, instrument à cordes.

PIERROT. – Oui, tu m'aimes d'une belle déguaine[4].

CHARLOTTE. – Quement veux-tu donc qu'on fasse ?

PIERROT. – Je veux que l'en fasse comme l'en fait quand l'en aime comme il faut.

CHARLOTTE. – Ne t'aimai-je pas aussi comme il faut ?

PIERROT. – Non, quand ça est, ça se voit, et l'en fait mille petites singeries aux personnes quand on les aime du bon du cœur. Regarde la grosse Thomasse comme elle est assotée[5] du jeune Robain, alle est toujou autour de li à l'agacer, et ne le laisse jamais en repos. Toujou al li fait queuque niche[6], ou li baille[7] quelque taloche en passant, et l'autre jour qu'il estoit assis sur un escabiau, al fut le tirer de dessous li, et le fit choir tout de son long par tarre. Jarny, vlà où l'en voit les gens qui aimont, mais toi, tu ne me dis jamais mot, t'es toujou là comme eune vraie souche de bois, et je passerois vingt fois devant toi que tu ne grouillerois pas pour me bailler le moindre coup, ou me dire la moindre chose. Ventrequenne[1], ça n'est pas bian, après tout, et t'es trop froide pour les gens.

CHARLOTTE. – Que veux-tu que j'y fasse ? c'est mon himeur, et je ne me pis refondre.

PIERROT. – Ignia himeur qui quienne, quand en a de l'amiquié pour les personnes, l'an en baille toujou queuque petite signifiance[8].

MOLIÈRE, *Dom Juan ou le festin de Pierre*, 1655, Acte II, scène 1.

4. **d'une belle déguaine :** d'une belle manière, d'une belle façon.
5. **elle est assotée :** elle est éprise.
6. **une niche :** une taquinerie.
7. **bailler (l. 30 et 35) :** donner.
8. **une signifiance :** une marque, un signe, un témoignage d'amour.

Aquarelle du costume de Don Juan par Achille Devéria (1800-1857).

Lire et comprendre

Effets comiques

1. Quel est le sujet de cette scène ? Quelle est la relation entre Pierrot et Charlotte ?

2. Lisez à haute voix les neuf premières répliques de cet extrait, en vous efforçant de respecter ce qui est écrit. Quelle sorte d'accent prenez-vous ? Pourquoi ces répliques vous font-elles rire ?

3. a. Classez dans ces répliques les déformations selon qu'elles touchent le lexique, la syntaxe, la morphologie.
b. Pensez-vous que les spectateurs de *Dom Juan*, à l'époque de Molière, parlaient ce genre de langage ? Pourquoi y a-t-il quelque chose de comique à traiter ce type de sujet dans ce langage ?

4. Pourquoi les témoignages d'amour que rappelle Pierrot aux lignes 17 à 21 peuvent-ils nous paraître amusants ?

5. Qui parle le plus dans cette scène ? Qui pose les questions ? Qui domine selon vous ?

6. Pierrot obtient-il satisfaction ? Développez votre réponse.

« Queuque petite signifiance »

7. Sur quoi repose l'effet comique de la réplique dans laquelle Pierrot donne en exemple à Charlotte l'amour de la grosse Thomasse pour le jeune Robain (l. 27-36) ?

8. Pourquoi ces « niches » et « taloches » (l. 30-31) peuvent-elles être considérées comme des témoignages d'amour ?

9. À quelles attitudes de Charlotte ces comportements sont-ils opposés ? Détaillez votre réponse en vous appuyant sur le texte.

10. La demande de Pierrot est-elle seulement comique ? Justifiez votre réponse.

Un échec prévisible

11. Pensez-vous que par son attitude et ses propos, Pierrot ait quelque chance de faire changer les sentiments de Charlotte ? Pourquoi ?

12. En soulignant l'inégalité qui règne entre eux, Pierrot se rend-il plus aimable aux yeux de Charlotte ?

13. Dans ses propos, Pierrot donne-t-il une image positive et valorisante de Charlotte ? Relevez quelques « compliments » qu'il lui fait.

14. Pourquoi peut-on dire que Pierrot n'a rien d'un séducteur et que ses propos ont l'effet contraire de la séduction ?

Retenons

Le comique de la parole inadaptée

Dans le dialogue de théâtre, l'effet comique tient souvent au fait que le personnage s'écarte des manières habituelles de parler et de se comporter. Il ne parvient pas à ses fins et sa parole est sans efficacité. Le spectateur rit de cet **écart entre les moyens** qu'il emploie **et le but** qu'il poursuit.

Lire et maîtriser la langue

Interrogations partielles et totales, directes et indirectes

1. Les interrogations suivantes sont-elles totales ou partielles ?
– « Qu'est-ce donc qu'iglia ? »
– « N'est-ce que ça ? »
– « Que veux-tu ? »
– « Est-ce que je ne t'aime pas ? »
– « Quement veux-tu qu'on fasse ? »
– « Que veux-tu que j'y fasse ? »

2. Transformez ces interrogations en propositions subordonnées interrogatives indirectes.

Les subordonnées ➤ p. 330

Lire et parler

Jouer une scène

Préparez-vous à jouer cet extrait devant vos camarades.

1. Apprenez votre texte en le lisant plusieurs fois et en vous faisant répéter l'un l'autre. Veillez, dans ces répétitions, à trouver le bon accent et entraînez-vous à dire vos répliques de façon à ce qu'on vous comprenne et à ménager en même temps l'effet comique.

2. Réglez la mise en scène de votre jeu. Pensez à quelques accessoires ou éléments de costume qui marquent la condition des personnages. Prévoyez quelques mouvements ou déplacements pour ne pas donner l'impression de réciter simplement votre texte. Demandez des conseils à votre professeur à l'occasion d'une répétition.

Lire et écrire

Changer le niveau de langue d'un dialogue

En prenant appui sur la réplique de Pierrot qui occupe les lignes 27 à 36, imaginez le propos d'un marquis de l'époque de Molière, adressé à une élégante jeune femme à laquelle il reproche sa froideur. Vous pourrez rédiger tout un échange afin de constituer une petite scène.

Argan, le malade imaginaire de Molière, dans la pièce du même nom, voudrait bien avoir un médecin dans la famille. Angélique, sa fille, doit donc, selon lui, épouser Thomas Diafoirus qui sort tout juste de la Faculté de médecine. Voici un extrait de la scène où les jeunes gens sont présentés l'un à l'autre : ce qui plaît aux pères n'a pas toujours l'heur de plaire aux filles !

Le Malade imaginaire de Molière, mis en scène par Claude Stratz, Comédie-Française, Paris, 2001 (avec, de g. à d. : Alexandre Pavloff, Alain Pralon et Jean Dautremay).

Un garçon qui n'a point de méchanceté

MONSIEUR DIAFOIRUS. – […] *(Il se retourne vers son fils et lui dit :)* Allons, Thomas, avancez. Faites vos compliments.

THOMAS DIAFOIRUS *est un grand benêt nouvellement sorti des Écoles, qui fait toutes choses de mauvaise grâce et à contretemps.* – N'est-ce pas par le père qu'il convient commencer ?

MONSIEUR DIAFOIRUS. – Oui.

THOMAS DIAFOIRUS. – Monsieur, je viens saluer, reconnaître, chérir et révérer en vous un second père ; mais un second père auquel j'ose dire que je me trouve plus redevable qu'au premier. Le premier m'a engendré, mais vous m'avez choisi. Il m'a reçu par nécessité, mais vous m'avez accepté par grâce. Ce que je tiens de lui est un ouvrage de son corps, mais ce que je tiens de vous est un ouvrage de votre volonté ; et d'autant plus que les facultés spirituelles sont au-dessus des corporelles, d'autant plus je vous dois, et d'autant plus je tiens précieuse cette future filiation, dont je viens aujourd'hui vous rendre par avance les très humbles et très respectueux hommages.

TOINETTE. – Vive les collèges d'où l'on sort si habile homme !

THOMAS DIAFOIRUS. – Cela a-t-il bien été, mon père ?

MONSIEUR DIAFOIRUS. – *Optime*[1].

ARGAN, *à Angélique*. – Allons, saluez Monsieur.

THOMAS DIAFOIRUS. – Baiserai-je[2] ?

MONSIEUR DIAFOIRUS. – Oui, oui.

THOMAS DIAFOIRUS, *à Angélique*. – Madame, c'est avec justice que le Ciel vous a concédé le nom de belle-mère, puisque l'on...

ARGAN. – Ce n'est pas ma femme, c'est ma fille à qui vous parlez.

THOMAS DIAFOIRUS. – Où donc est-elle ?

ARGAN. – Elle va venir.

THOMAS DIAFOIRUS. – Attendrai-je, mon père, qu'elle soit venue ?

MONSIEUR DIAFOIRUS. – Faites toujours le compliment de Mademoiselle.

THOMAS DIAFOIRUS. – Mademoiselle, ni plus ni moins que la statue de Memnon[3] rendait un son harmonieux lorsqu'elle venait à être éclairée des rayons du soleil, tout de même me sens-je animé d'un doux transport à l'apparition du soleil de vos beautés. Et comme les naturalistes remarquent que la fleur nommée héliotrope[4] tourne sans cesse vers cet astre du jour, aussi mon cœur, dorénavant, tournera-t-il toujours vers les astres resplendissants de vos yeux adorables, ainsi que vers son pôle unique. Souffrez donc, Mademoiselle, que j'appende[5] aujourd'hui à l'autel de vos charmes l'offrande de ce cœur, qui ne respire et n'ambitionne autre gloire que d'être toute sa vie, Mademoiselle, votre très humble, très obéissant et très fidèle serviteur et mari.

TOINETTE, *en le raillant*. – Voilà ce que c'est que d'étudier, on apprend à dire de belles choses.

ARGAN. – Eh ! que dites-vous de cela ?

CLÉANTE. – Que Monsieur fait merveilles, et que, s'il est aussi bon médecin qu'il est bon orateur, il y aura plaisir à être de ses malades.

TOINETTE. – Assurément. Ce sera quelque chose d'admirable, s'il fait d'aussi belles cures qu'il fait de beaux discours.

MOLIÈRE, *Le Malade imaginaire*, 1673, Acte II, scène 5.

1. **optime :** en latin, très bien.
2. **baiserai-je :** donnerai-je un baiser ? Dois-je embrasser ?
3. **Memnon :** héros troyen. On disait que la statue colossale de ce héros, dressée devant un temple de Thèbes, émettait un chant lorsque les rayons du soleil la frappaient à l'aube.
4. **héliotrope :** tournesol.
5. **appendre :** suspendre.

Lire et comprendre

Le spectacle du benêt

1. Relevez dans le texte les répliques ou échanges de répliques qui indiquent que Thomas Diafoirus n'a guère d'autonomie. Quel est l'effet produit par ces répliques ? Pourquoi ?

2. Quelle est l'opinion d'Argan sur celui dont il veut faire son gendre ? Justifiez votre réponse en vous appuyant sur des éléments précis du texte.

3. Cette opinion est-elle partagée par les autres personnages présents ? Relevez quelques répliques de Toinette qui portent un jugement sur Thomas et définissez-en la tonalité.

4. Sur une feuille de brouillon, faites un schéma du placement des personnages sur la scène, tel que vous pouvez l'imaginer à partir des didascalies et de ce que disent ces personnages.

5. Sur la scène, quels personnages ont un rôle de spectateurs ? Qui sont les acteurs ? La représentation qu'ils donnent est-elle réussie ? Quel en est l'effet sur les spectateurs qui se trouvent dans la salle ?

« De mauvaise grâce et à contretemps »

6. Au début du texte, le personnage de Thomas est défini par une didascalie comme « *un grand benêt nouvellement sorti des Écoles, qui fait toutes choses de mauvaise grâce et à contretemps* ». Trouvez dans le texte un exemple de ce « contretemps » et expliquez-en l'effet dans la situation.

7. Thomas a-t-il quelque chance, selon vous, de séduire Angélique ? Pourquoi ?

L'art du compliment

8. Dans le compliment adressé à Argan, relevez les articulations logiques. Ce compliment vous paraît-il avoir « bonne grâce » ?

9. Le compliment adressé à Angélique vous semble-t-il adapté à elle ? Justifiez votre réponse.

10. Décrivez la structure de la première phrase de ce compliment. Quel effet produit-elle ? Pourquoi ?

11. Qu'y a-t-il de drôle dans la comparaison des yeux d'Angélique avec un « pôle unique » ?

12. Sur quel ton selon vous l'acteur doit-il prononcer ces compliments ? Pourquoi peut-on dire en les entendant que Thomas est « *nouvellement sorti des Écoles* » ?

13. En quoi les compliments adressés par Thomas à Argan et à Angélique témoignent-ils de la soumission du personnage aux modèles scolaires, de son incapacité à innover et de sa rigidité d'esprit ? Fondez votre réponse sur des éléments précis du texte.

Retenons

Parole mécanique et effet comique

Lorsqu'un personnage se révèle incapable de s'adapter aux circonstances et aux personnes auxquelles il a affaire, le caractère mécanique de ses propos est l'un des ressorts comiques de la scène.

Lire et maîtriser la langue

Gradation et antithèse

Relevez et analysez, dans le premier compliment de Thomas Diafoirus, des exemples de ces figures.

Les figures de style ➤ p. 376

Lire et explorer

Faire un exposé sur *Le Malade imaginaire*

Lisez *Le Malade imaginaire* et présentez à vos camarades le personnage de Toinette. En vous appuyant sur des passages précis de la pièce, vous direz quel est son caractère, quelles sont les relations qu'elle entretient avec les principaux personnages et quel rôle elle joue dans la progression de l'action.

Lire et parler

Jouer une scène

Dans *Le Malade imaginaire*, choisissez une scène à deux ou trois personnages que vous jouerez devant la classe. Expliquez brièvement à la classe ce qui vous a intéressé dans cette scène (personnages, action dramatique, comique, etc.), situez-la dans la pièce et jouez-la.

En scène

Le Malade imaginaire de Molière, mis en scène par Gildas Bourdet, théâtre de la Criée, Marseille, 2001.

Lire et comprendre l'image

Repérages

1. Où se trouvent sur cette photo Thomas Diafoirus et monsieur Diafoirus père ? Où se trouvent Toinette et Angélique ?

2. Pourquoi ces deux groupes de personnages sont-ils aussi nettement séparés ?

3. Quelle est l'attitude de Toinette ? Justifiez cette attitude en la mettant en relation avec son rôle dans la scène que vous avez lue.

4. Qui est au centre de la scène ? Vers qui convergent les lignes de fuite du décor ? De quel côté regarde le personnage central ? Pourquoi ?

Décor et costumes

5. Le metteur en scène a-t-il choisi de nous donner avec ce décor l'illusion de la réalité ? Justifiez votre réponse en vous appuyant sur des éléments précis.

6. Commentez le choix des couleurs pour le décor et les costumes. Comment pouvez-vous interpréter ce choix ?

Les dessous du dialogue

Dom Juan de Molière, mis en scène par Colette Roumanoff, théâtre Fontaine, Paris, 2000, (avec Christophe Allwright et Élisa Sergent).

Après avoir reproché à Charlotte de ne jamais lui faire « queuque niche » et de ne jamais lui bailler « quelque taloche en passant », Pierrot s'en est allé « boire chopaine ». Grande imprudence ! Car Charlotte, elle, est restée en scène et voit arriver Don Juan en compagnie de Sganarelle, son valet.

« Il ne faut jamais croire les monsieux »

DON JUAN. – D'où me vient, la belle, une rencontre si agréable ? Quoi ? dans ces lieux champêtres, parmi ces arbres et ces rochers, on trouve des personnes faites comme vous êtes ?

CHARLOTTE. – Vous voyez, Monsieur.

DON JUAN. – Êtes-vous de ce village ?

CHARLOTTE. – Oui, Monsieur.

DON JUAN. – Et vous y demeurez ?

CHARLOTTE. – Oui, Monsieur.

DON JUAN. – Vous vous appelez ?

CHARLOTTE. – Charlotte, pour vous servir.

DON JUAN. – Ah ! la belle personne, et que ses yeux sont pénétrants !

CHARLOTTE. – Monsieur, vous me rendez toute honteuse.

DON JUAN. – Ah ! n'ayez point de honte d'entendre dire vos vérités.

Sganarelle, qu'en dis-tu ? Peut-on rien voir de plus agréable ? Tournez-vous un peu, s'il vous plaît. Ah ! que cette taille est jolie ! Haussez un peu la tête, de grâce. Ah ! que ce visage est mignon ! Ouvrez vos yeux entièrement. Ah ! qu'ils sont beaux! Que je voie un peu vos dents, je vous prie. Ah ! qu'elles sont amoureuses, et ces lèvres appétissantes ! Pour moi, je suis ravi, et je n'ai jamais vu une si charmante personne.

CHARLOTTE. – Monsieur, cela vous plaît à dire, et je ne sais pas si c'est pour vous railler de moi.

DON JUAN. – Moi, me railler de vous ? Dieu m'en garde ! Je vous aime trop pour cela, et c'est du fond du cœur que je vous parle.

CHARLOTTE. – Je vous suis bien obligée, si ça est.

DON JUAN. – Point du tout ; vous ne m'êtes point obligée de tout ce que je dis, et ce n'est qu'à votre beauté que vous en êtes redevable.

CHARLOTTE. – Monsieur, tout ça est trop bien dit pour moi, et je n'ai pas d'esprit pour vous répondre.

DON JUAN. – Sganarelle, regarde un peu ses mains.

CHARLOTTE. – Fi ! Monsieur, elles sont noires comme je ne sais quoi.

DON JUAN. – Ha ! que dites-vous là ? Elles sont les plus belles du monde ; souffrez que je les baise, je vous prie.

CHARLOTTE. – Monsieur, c'est trop d'honneur que vous me faites, et si j'avais su ça tantôt, je n'aurais pas manqué de les laver avec du son.

DON JUAN. – Et dites-moi un peu, belle Charlotte, vous n'êtes pas mariée sans doute ?

CHARLOTTE. – Non, Monsieur ; mais je dois bientôt l'être avec Piarrot, le fils de la voisine Simonette.

DON JUAN. – Quoi ? une personne comme vous serait la femme d'un simple paysan ! Non, non : c'est profaner tant de beautés, et vous n'êtes pas née pour demeurer dans un village. Vous méritez sans doute une meilleure fortune, et le Ciel, qui le connaît bien, m'a conduit ici tout exprès pour empêcher ce mariage, et rendre justice à vos charmes ; car enfin, belle Charlotte, je vous aime de tout mon cœur, et il ne tiendra qu'à vous que je vous arrache de ce misérable lieu, et ne vous mette dans l'état où vous méritez d'être. Cet amour est bien prompt sans doute ; mais quoi ? c'est un effet, Charlotte, de votre grande beauté, et l'on vous aime autant en un quart d'heure qu'on ferait une autre en six mois.

CHARLOTTE. – Aussi vrai, Monsieur, je ne sais comment faire quand vous parlez. Ce que vous dites me fait aise, et j'aurais toutes les envies du monde de vous croire ; mais on m'a toujou dit qu'il ne faut jamais croire les monsieux, et que vous autres courtisans êtes des enjoleus, qui ne songez qu'à abuser les filles.

DON JUAN. – Je ne suis pas de ces gens-là.

SGANARELLE. – Il n'a garde.

MOLIÈRE, *Dom Juan ou le festin de pierre*, 1665, Acte II, scène 2.

Lire et comprendre

▸ Être engageant

1. Pourquoi peut-on dire que la première réplique de Don Juan se présente comme un paradoxe ? En quoi ce paradoxe est-il flatteur pour Charlotte ?

2. Quel type de phrase Don Juan emploie-t-il dans ses quatre premières répliques ? Pourquoi ce choix ?

3. Quel type de phrase domine dans la réplique des lignes 13 à 19 ? Justifiez-en l'emploi.

4. Comparez ce début de texte avec le début de l'extrait précédent, page 235. Pourquoi peut-on dire que Don Juan est beaucoup plus habile que Pierrot ?

5. Qu'est-ce qui, dans les propos de Don Juan, est séduisant pour Charlotte ? Détaillez votre réponse et appuyez-vous sur des éléments précis du texte.

6. Comment se manifeste dans cet extrait la différence de condition entre Don Juan et Charlotte ? Quel rôle joue cette différence dans la séduction qu'exerce Don Juan ?

▸ Faire des compliments

7. Quelle image Don Juan donne-t-il d'elle-même à Charlotte dans la réplique des lignes 13 à 19 ? Pourquoi ce portrait qu'il fait d'elle est-il habile ?

8. a. À quelle distance de Charlotte Don Juan se trouve-t-il au moment où il prononce ces mots ? Comment imaginez-vous la mise en scène de ce moment ?
b. Pourquoi prend-il Sganarelle à témoin ?

9. Après l'expression de son admiration, à quel sentiment Don Juan passe-t-il ? Quelle promesse fait-il à la « belle Charlotte » aux lignes 39 à 48 ?

10. Pourquoi les propos de Don Juan sont-ils particulièrement bien adaptés à la situation de Charlotte ? Commentez plus particulièrement ces propos de la jeune fille : « Aussi vrai, Monsieur, je ne sais comment faire quand vous parlez. Ce que vous dites me fait aise, et j'aurais toutes les envies du monde de vous croire » (l. 49-51).

11. Cherchez dans un dictionnaire l'étymologie du verbe *séduire* et expliquez en quoi l'action de Don Juan correspond bien ici à ce sens étymologique.

▸ Bousculer les défenses

12. a. Relevez dans le texte les manifestations de la réserve de Charlotte. Pourquoi a-t-elle du mal à croire Don Juan ?
b. Commentez plus particulièrement la réplique des lignes 27-28 : « Tout cela est trop bien dit pour moi, et je n'ai pas d'esprit pour vous répondre ».

13. À quel moment Don Juan prévient-il une objection possible de Charlotte ? Mettez en évidence l'habileté dont il fait alors preuve.

14. Qui, selon vous, domine l'autre dans cette scène ? Développez votre réponse en vous appuyant sur des éléments précis du texte.

Retenons

Parler pour manipuler

La parole au théâtre est souvent le moyen de **manipuler autrui** et de l'amener, sans qu'il le sache, à telle attitude ou à tel comportement. Le personnage manipulateur cherche à dissimuler le pouvoir qu'il exerce.
Le spectateur qui, lui, comprend la manœuvre, **a ainsi un savoir supérieur au personnage** : cela lui permet d'avoir un jugement sur la situation et d'en sourire.

Lire et écrire

Développer un dialogue

1. Imaginez que Charlotte, dans la scène suivante, rencontre Pierrot : elle lui fait part de son entrevue avec Don Juan et veut le persuader de renoncer à elle, afin qu'elle puisse épouser ce beau seigneur.

2. Rédigez quelques répliques en respectant le caractère de chacun des personnages et, si possible, leur patois paysan.

Cyrano de Bergerac, d'Edmond Rostand (1868-1918), mis en scène par Jacques Weber, théâtre de Bobigny, 2001 (avec de g. à d. : Loïc Corbery, Marina Hands, Xavier Gallais).

Cyrano est venu au secours de Christian, à qui Roxane avait fermé sa porte *(voir page 232)**. Cyrano, affligé de son nez ridicule, n'est pas aussi beau que Christian, mais il a bien plus d'esprit. Il se met au service de son ami pour séduire la belle, dans l'ombre du soir.*

Deux séducteurs pour une belle

ROXANE, CHRISTIAN, CYRANO, *d'abord caché sous le balcon.*

ROXANE, *entrouvrant sa fenêtre.*
Qui donc m'appelle ?

CHRISTIAN. Moi.

ROXANE. Qui, moi ?

CHRISTIAN. Christian.

ROXANE, *avec dédain.* C'est vous ?

CHRISTIAN.
Je voudrais vous parler.

CYRANO, *sous le balcon, à Christian.*
Bien. Bien. Presque à voix basse.

ROXANE.
Non ! Vous parlez trop mal. Allez-vous-en !

CHRISTIAN. De grâce !

ROXANE.
Non ! Vous ne m'aimez plus !

CHRISTIAN, *à qui Cyrano souffle ses mots.*
M'accuser, – justes dieux !
De n'aimer plus... quand... j'aime plus !

ROXANE, *qui allait refermer sa fenêtre, s'arrêtant.*
Tiens, mais c'est mieux !

CHRISTIAN, *même jeu.*
L'amour grandit bercé dans mon âme inquiète...
Que ce... cruel marmot prit pour... barcelonnette[1] !

ROXANE, *s'avançant sur le balcon.*
C'est mieux ! Mais, puisqu'il est cruel, vous fûtes sot
De ne pas, cet amour, l'étouffer au berceau !

CHRISTIAN, *même jeu.*
Aussi l'ai-je tenté, mais... tentative nulle :
Ce... nouveau-né, Madame, est un petit... Hercule.

1. **barcelonnette :** berceau.

ROXANE.
C'est mieux !

CHRISTIAN, *même jeu.* De sorte qu'il... strangula comme rien...
Les deux serpents... Orgueil et... Doute.

ROXANE, *s'accoudant au balcon.* Ah ! c'est très bien.
Mais pourquoi parlez-vous de façon peu hâtive ?
Auriez-vous donc la goutte à l'imaginative ?

CYRANO, *tirant Christian sous le balcon et se glissant à sa place.*
Chut ! Cela devient trop difficile !

ROXANE. Aujourd'hui...
Vos mots sont hésitants. Pourquoi ?

CYRANO, *parlant à mi-voix, comme Christian.* C'est qu'il fait nuit,
Dans cette ombre, à tâtons, ils cherchent votre oreille.

ROXANE.
Les miens n'éprouvent pas difficulté pareille.

CYRANO.
Ils trouvent tout de suite ? Oh ! cela va de soi,
Puisque c'est dans mon cœur, eux, que je les reçois ;
Or, moi, j'ai le cœur grand, vous, l'oreille petite.
D'ailleurs vos mots, à vous, descendent : ils vont vite,
Les miens montent, Madame : il leur faut plus de temps !

ROXANE.
Mais ils montent bien mieux depuis quelques instants.

CYRANO.
De cette gymnastique, ils ont pris l'habitude !

ROXANE.
Je vous parle, en effet, d'une vraie altitude !

CYRANO.
Certes, et vous me tueriez si de cette hauteur
Vous me laissiez tomber un mot dur sur le cœur !

ROXANE, *avec un mouvement.*
Je descends !

CYRANO, *vivement.* Non !

ROXANE, *lui montrant le banc qui est sous le balcon.*
Grimpez sur le banc, alors, vite !

CYRANO, *reculant avec effroi dans la nuit.*
Non !

ROXANE. Comment... non ?

CYRANO, *que l'émotion gagne de plus en plus.*
Laissez un peu que l'on profite...
De cette occasion qui s'offre... de pouvoir
Se parler doucement, sans se voir.

Edmond ROSTAND, *Cyrano de Bergerac*, 1897, Acte III, scène 7.

Lire et comprendre

Situation

1. Décrivez en quelques phrases la situation spatiale des différents personnages. Comment cette situation évolue-t-elle du point de vue du spectateur ? Évolue-t-elle du point de vue de Roxane ?

2. En quoi cette division de l'espace influe-t-elle sur la circulation de la parole entre les personnages ?

3. À partir de quel moment retrouve-t-on dans cette scène un duo de personnages ? Expliquez la raison de ce changement.

4. À la fin de l'extrait, pourquoi selon vous Cyrano ne souhaite-t-il pas que Roxane descende ?

L'esprit de la conversation

5. Quelle est la première réplique « spirituelle » de Christian ? Expliquez sur quelle variation elle joue.

6. Cherchez dans un dictionnaire de mythologie ou une encyclopédie à l'article « Hercule ». À quel moment de l'histoire d'Hercule le vers 11 fait-il référence ? Pourquoi ?

7. Expliquez l'image employée par Roxane au vers 15.

8. Quelles sont les données de la situation qu'exploitent Cyrano et Roxane dans leur conversation aux vers 17 à 29 ?

9. Expliquez ce que veut dire Cyrano au vers 21.

10. En quoi ce discours amoureux diffère-t-il du « Je t'aime tant » de Christian dans la scène précédente ?

11. Sur quel mot se fonde le caractère spirituel de la réplique de Cyrano aux vers 28-29 ? Expliquez l'équivoque dont il joue ici.

12. Quel plaisir Roxane trouve-t-elle selon vous à l'esprit dans la conversation ? Pourquoi est-elle séduite par les manifestations de cet esprit ?

Retenons

Communication et implicite

Dans la communication qui s'établit entre les personnages comme dans celle qui existe entre la scène et la salle, il ne s'agit pas seulement de transmettre des informations. Les personnages peuvent se comprendre à demi-mot. Le contenu du **message** reste donc **implicite**. Le **spectateur** devient alors le **témoin et** le **complice** de ce qui est en train de se tramer. C'est de cette complicité avec les personnages que naît le plaisir du spectateur.

Lire et maîtriser la langue

Expliciter les relations logiques

1. Récrivez les phrases suivantes de manière à y introduire une proposition subordonnée circonstancielle qui rende explicite la relation logique implicitement présente :
– Non ! Vous parlez trop mal.
– Tentative nulle : ce nouveau-né, Madame, est un petit Hercule.
– C'est qu'il fait nuit, dans cette ombre, à tâtons, [mes mots] cherchent votre oreille.
– Vos mots, à vous, descendent : ils vont vite.
– Mais ils montent bien mieux depuis quelques instants. De cette gymnastique, ils ont pris l'habitude.

2. Pourquoi peut-on préférer que les relations logiques restent implicites ?

Lire et écrire

Imaginer le lien entre deux scènes

Imaginez une scène qui serait intermédiaire entre les deux extraits de la pièce que vous avez pu étudier : Christian, conscient de son insuffisance, demande à Cyrano de l'aider. Les deux amis imaginent le stratagème de l'extrait que vous venez de lire et Christian explique pourquoi il manque, en la circonstance, d'esprit et d'à-propos. Prenez garde à ce que votre travail s'insère bien entre les deux extraits proposés.

Lire et parler

Jouer une scène

Par deux, vous allez interpréter le rôle de Christian ou de Cyrano à partir de votre travail d'écriture, mais en improvisant vos répliques. Veillez à respecter le caractère des personnages.

Malgré ses échecs sur les scènes de son temps, Alfred de Musset (1810-1857) nous a laissé des comédies qui plaisent beaucoup aux spectateurs d'aujourd'hui. Dans celle-ci, Camille et Perdican, une fois leur éducation achevée, sont de retour au château de leur enfance. Tout les destine l'un à l'autre. Mais Camille, par orgueil, dit au jeune homme qu'elle veut se faire religieuse. Alors Perdican, par dépit, arrange avec Rosette, une jeune paysanne qu'il connaît depuis l'enfance, un rendez-vous auquel assiste Camille.

On ne badine pas avec l'amour d'Alfred de Musset, mis en scène par Jean-Pierre Vincent, théâtre des Amandiers, Nanterre, 1993 (avec Pascal Rambert et Isabelle Carré).

À la claire fontaine

CAMILLE, *cachée, à part*. Que veut dire cela ? Il la fait asseoir près de lui ? Me demande-t-il un rendez-vous pour y venir causer avec une autre ? Je suis curieuse de savoir ce qu'il lui dit.

PERDICAN, *à haute voix, de manière que Camille l'entende*. Je t'aime Rosette, toi seule au monde tu n'as rien oublié de nos beaux jours passés ; toi seule tu te souviens de la vie qui n'est plus ; prends ta part de ma vie nouvelle ; donne-moi ton cœur, chère enfant ; voilà le gage de notre amour. *(Il lui pose sa chaîne sur le cou.)*

ROSETTE. Vous me donnez votre chaîne d'or ?

PERDICAN. Regarde à présent cette bague. Lève-toi et approchons-nous de cette fontaine. Nous vois-tu tous les deux, dans la source, appuyés l'un sur l'autre ? Vois-tu tes beaux yeux près des miens, ta main dans la mienne ? Regarde tout cela s'effacer. *(Il jette sa bague dans l'eau.)* Regarde comme notre image a disparu ; la voilà qui revient peu à peu ; l'eau qui s'était troublée reprend son équilibre ; elle tremble encore ; de grands cercles noirs courent à sa surface ; patience, nous reparaissons ; déjà je distingue de nouveau tes bras enlacés dans les miens ; encore une minute, et il n'y aura plus une ride sur ton joli visage ; regarde ! c'était une bague que m'avait donnée Camille.

CAMILLE, *à part*. Il a jeté ma bague dans l'eau !

PERDICAN. Sais-tu ce que c'est que l'amour, Rosette ? Écoute ! le vent se tait ; la pluie du matin roule en perles sur les feuilles séchées que le soleil ranime. Par la lumière du ciel, par le soleil que voilà, je t'aime ! Tu veux bien de moi, n'est-ce pas ? On n'a pas flétri ta jeunesse ; on n'a pas infiltré dans ton sang vermeil les restes d'un sang affadi. Tu ne veux pas te faire religieuse ; te voilà jeune et belle dans les bras d'un jeune homme. Ô Rosette, Rosette ! sais-tu ce que c'est que l'amour ?

ROSETTE. Hélas ! monsieur le docteur, je vous aimerai comme je pourrai.

PERDICAN. Oui, comme tu pourras ; et tu m'aimeras mieux, tout docteur que je suis et toute paysanne que tu es, que ces pâles statues fabriquées par les nonnes, qui ont la tête à la place du cœur, et qui sortent des cloîtres pour venir répandre dans la vie l'atmosphère humide de leurs cellules ; tu ne sais rien ; tu ne lirais pas dans un livre la prière que ta mère t'apprend, comme elle l'a apprise de sa mère ; tu ne comprends même pas le sens des paroles que tu répètes, quand tu t'agenouilles au pied de ton lit ; mais tu comprends bien que tu pries, et c'est tout ce qu'il faut à Dieu.

ROSETTE. Comme vous me parlez, monseigneur !

PERDICAN. Tu ne sais pas lire ; mais tu sais ce que disent ces bois et ces prairies, ces tièdes rivières, ces beaux champs couverts de moissons, toute cette nature splendide de jeunesse. Tu reconnais tous ces milliers de frères, et moi pour l'un d'entre eux ; lève-toi, tu seras ma femme, et nous prendrons racine ensemble dans la sève du monde tout-puissant.
(Il sort avec Rosette.)

Alfred DE MUSSET, *On ne badine pas avec l'amour*, 1834, Acte III, scène 3.

Lire et comprendre

Un dispositif indirect

1. Relevez les didascalies qui indiquent que cette scène se joue à la fois entre Rosette et Perdican et entre Perdican et Camille. Faites un schéma de la scène, du placement des personnages et des principaux éléments du décor tels que vous les imaginez à la lecture de ce texte.

2. Que signifie, devant les répliques de Camille, la didascalie : « À part » (l. 9 et 19) ? Comment appelle-t-on ces répliques ?

3. Relevez dans les répliques de Perdican quelques exemples d'expressions qui, par-delà Rosette, s'adressent manifestement à Camille. Expliquez pourquoi.

4. Quelle est la relation la plus importante : celle qui est apparente, ou celle qui est cachée ? Justifiez votre réponse.

5. Qu'est-ce qui différencie ce dispositif du personnage caché de celui mis en œuvre dans le deuxième extrait de *Cyrano de Bergerac* page 245 ?

6. Pourquoi Perdican a-t-il recours à ce stratagème ?

Des images

7. Quel est le témoignage de son amour que Perdican offre à Rosette ? De quel autre objet est-il question dans cette scène ? Lequel est le plus important ? Pourquoi ces deux objets sont-ils symboliques ?

8. Expliquez le sens symbolique de la réplique au moment où il jette la bague dans l'eau de la fontaine, ligne 13.

9. Si l'on tient compte de la présence de Camille, quel est le but de cette mise en scène ?

10. Cette mise en scène de deux histoires d'amour dans le miroir de la fontaine vous paraît-elle conforme à la réalité des relations entre les personnages ? Justifiez votre réponse.

11. Pourquoi Perdican fait-il un tableau de la nature au matin lignes 20 à 23 et lignes 37 à 39 ? À quoi s'oppose dans ses répliques cette image radieuse ?

12. Quels sont les traits qui opposent Camille et Rosette ? Fondez votre réponse sur des éléments précis du texte.

13. Pourquoi Perdican parle-t-il par images, selon vous ?

Un discours amoureux

14. Montrez que le discours amoureux adressé à Rosette est en réalité un discours de reproche adressé à Camille.

15. Au-delà de la jalousie, quel sentiment Perdican cherche-t-il à susciter chez Camille ? De quoi veut-il lui faire prendre conscience ? Qu'est-ce qui, dans ces propos de Perdican, peut la séduire ?

Retenons

Le dispositif du tiers caché

On trouve souvent mis en œuvre, au théâtre, le dispositif du tiers caché. Le personnage qui occupe cette position voit ce qui se passe et entend ce que disent les autres protagonistes. Ce dispositif permet de rendre la scène plus riche et plus complexe. Il est souvent au service de la manipulation que tente d'exercer sur les autres l'un des protagonistes de l'action. Le spectateur, qui voit le **double jeu**, est ému et pressent le drame.

Lire et maîtriser la langue

Implicite et explicite

Relisez la première réplique de Perdican. Dans les deux phrases : « Toi seule… de ma vie nouvelle » :
– Quelle est l'opposition explicite ? Sur quels termes porte-t-elle ?
– Quelle est la relation implicite que porte le mot « seule » ? À quelle donnée de la situation de communication faut-il faire référence pour la comprendre ?
– Étant donnée cette situation de communication, est-il possible de rendre explicite ce qui est ici implicite ? Justifiez votre réponse.

Explicite et implicite ➤ p. 272

Lire et écrire

Écrire un monologue

Imaginez que Camille, restée seule en scène après le départ de Rosette et de Perdican, se livre à ses émotions et à quelques réflexions. Écrivez son monologue.

Les mots vrais

Après avoir fait parler Christian, Cyrano, toujours caché dans l'ombre sous le balcon, passe des mots d'esprit aux mots d'amour. Roxane croit toujours avoir affaire au beau Christian mais c'est le grand cœur de Cyrano qui parle.

Cyrano de Bergerac, d'Edmond Rostand (1868-1918), mis en scène par Jacques Weber, théâtre de Bobigny, 2001 (avec Xavier Gallais et Marina Hands).

Mots d'esprits, mots d'amour

ROXANE.
Vous ne m'aviez jamais parlé comme cela !

CYRANO.
Ah ! si, loin des carquois, des torches et des flèches,
On se sauvait un peu vers des choses... plus fraîches !
Au lieu de boire goutte à goutte, en un mignon
Dé à coudre d'or fin, l'eau fade du Lignon[1],
Si l'on tentait de voir comment l'âme s'abreuve
En buvant largement à même le grand fleuve !

ROXANE.
Mais l'esprit ?...

CYRANO. J'en ai fait pour vous faire rester
D'abord, mais maintenant ce serait insulter
Cette nuit, ces parfums, cette heure, la Nature,
Que de parler comme un billet doux de Voiture[2] !
Laissons, d'un seul regard de ses astres, le ciel
Nous désarmer de tout notre artificiel :
Je crains tant que parmi notre alchimie exquise
Le vrai du sentiment ne se volatilise,
Que l'âme ne se vide à ces passe-temps vains,
Et que le fin du fin ne soit la fin des fins !

ROXANE.
Mais l'esprit ?...

CYRANO. Je le hais, dans l'amour ! C'est un crime,
Lorsqu'on aime, de trop prolonger cette escrime !
Le moment vient d'ailleurs inévitablement,
– Et je plains ceux pour qui ne vient pas ce moment ! –
Où nous sentons qu'en nous un amour noble existe
Que chaque joli mot que nous disons rend triste !

1. le Lignon : fleuve imaginaire auprès duquel des personnages d'amoureux d'un grand roman précieux, *L'Astrée*, s'étaient rencontrés.
2. Voiture : poète précieux du XVIIe siècle, très apprécié dans les salons des beaux esprits.

ROXANE.
Eh bien ! si ce moment est venu pour nous deux,
Quels mots me direz-vous ?

CYRANO. Tous ceux, tous ceux, tous ceux
Qui me viendront, je vais vous les jeter, en touffe,
Sans les mettre en bouquets : je vous aime, j'étouffe,
Je t'aime, je suis fou, je n'en peux plus, c'est trop ;
Ton nom est dans mon cœur comme dans un grelot,
Et comme tout le temps, Roxane, je frissonne,
Tout le temps, le grelot s'agite, et le nom sonne !
De toi, je me souviens de tout, j'ai tout aimé :
Je sais que l'an dernier, un jour, le douze mai,
Pour sortir le matin tu changeas de coiffure !
J'ai tellement pris pour clarté ta chevelure
Que, comme lorsqu'on a trop fixé le soleil,
On voit sur toute chose ensuite un rond vermeil,
Sur tout, quand j'ai quitté les feux dont tu m'inondes,
Mon regard ébloui pose des taches blondes !

Affiche du film *Cyrano de Bergerac*, de Jean-Paul Rappeneau, d'après l'œuvre d'Edmond Rostand, 1990.

ROXANE, *d'une voix troublée.*
Oui, c'est bien de l'amour…

CYRANO. Certes, ce sentiment
Qui m'envahit, terrible et jaloux, c'est vraiment
De l'amour, il en a toute la fureur triste !
De l'amour, — et pourtant il n'est pas égoïste !
Ah ! que pour ton bonheur je donnerais le mien.
Quand même tu devrais n'en savoir jamais rien,
S'il se pouvait, parfois, que de loin, j'entendisse
Rire un peu le bonheur né de mon sacrifice !
– Chaque regard de toi suscite une vertu
Nouvelle, une vaillance en moi ! Commences-tu
À comprendre, à présent ? Voyons, te rends-tu compte ?
Sens-tu mon âme, un peu, dans cette ombre, qui monte ?
Oh ! mais vraiment, ce soir, c'est trop beau, c'est trop doux !
Je vous dis tout cela, vous m'écoutez, moi, vous !
C'est trop ! Dans mon espoir même le moins modeste,
Je n'ai jamais espéré tant ! Il ne me reste
Qu'à mourir maintenant ! C'est à cause des mots
Que je dis qu'elle tremble entre les bleus rameaux !
Car vous tremblez, comme une feuille entre les feuilles !
Car tu trembles ! car j'ai senti, que tu le veuilles
Ou non, le tremblement adoré de ta main
Descendre tout le long des branches du jasmin !
Il baise éperdument l'extrémité d'une branche pendante.

ROXANE.
Oui, je tremble, et je pleure, et je t'aime, et suis tienne !
Et tu m'as enivrée !

Edmond ROSTAND, *Cyrano de Bergerac*, 1897, Acte III, scène 7.

Lire et comprendre

Le cœur et l'esprit

1. Qu'évoquent les « carquois », les « torches » et les « flèches » (v. 2) ? Pourquoi Cyrano oppose-t-il ces images à ce qu'il appelle des « choses… plus fraîches » (v. 3) ?

2. En vous appuyant sur des éléments précis, commentez l'autre antithèse que ménage la première réplique de Cyrano.

3. Expliquez le vers 17. Sur quel jeu de mots la formule repose-t-elle ?

4. Expliquez la métaphore à laquelle Cyrano recourt dans les vers 18-19. Pourquoi Cyrano affirme-t-il cela ?

5. À partir de quel moment Cyrano cesse-t-il de faire de l'esprit ? Justifiez votre réponse.

6. Quel sens donnez-vous à l'opposition entre les expressions « en touffe » et « en bouquets » (v. 26-27) ? L'image du vers 29 est-elle du même type que celles qui sont évoquées au début de l'extrait ?

Les effets de l'amour

7. Dans les vers 25-39, quels sont les effets de l'amour qu'il évoque ? Montrez qu'ils ont un caractère physique. Pourquoi y a-t-il là quelque chose qui exprime la force du sentiment amoureux ?

8. Cet amour éprouvé par Cyrano est-il confortable ? Fondez votre réponse sur des éléments précis empruntés au texte.

9. Jusqu'où Cyrano pousse-t-il le sens du sacrifice ?

10. Pourquoi Roxane tremble-t-elle (v. 57) ? Rapprochez cet effet de ceux qu'évoque Cyrano.

11. Par quelle image s'exprime, dans les vers 54-61, l'union des deux personnages ?

12. Qu'est-ce qui, dans les propos de Cyrano, a persuadé Roxane et lui fait éprouver le sentiment qu'elle déclare ressentir dans la dernière réplique ?

13. Dans les vers 47-52, commentez la ponctuation et relevez quelques effets de rythme qui témoignent de l'exaltation du personnage.

Retenons

Agir sur le spectateur

L'effet sur l'autre de la parole ne tient pas qu'aux mots mais aussi à l'émotion ou à la conviction qui les portent. Ils peuvent avoir alors un effet d'entraînement et de persuasion qui bouscule les réticences de l'autre. Le spectateur est lui-même entraîné à **partager cette conviction**.

Lire et écrire

Imaginer un dialogue de théâtre

Imaginez un dialogue dans lequel deux personnages s'avouent qu'ils se sont trompés l'un sur l'autre. L'un expliquera sa méprise, l'autre cherchera à comprendre ce qui a pu la susciter.
Vous rédigerez deux pages de dialogue et ferez en sorte qu'il soit vivant. Vous pourrez imaginer des exemples qui seront intégrés au dialogue.

Lire et explorer

Lecture cursive de *Cyrano de Bergerac* d'E. Rostand

L'action

1. Résumez la pièce acte par acte sans dépasser une page et demie. Précisez les lieux et les époques.

2. Dites quel contexte historique est évoqué. Précisez quelques détails réalistes qui vous sont apportés dans certaines scènes.

Les personnages

3. Pourquoi peut-on dire que Cyrano et Christian sont complémentaires ? Lequel des deux vous semble le plus attachant ?

4. Faites le portrait de Roxane en montrant son évolution au cours de la pièce.

5. Qu'y a-t-il de tragique dans cette histoire ?

Un peu d'histoire

6. Que sont les Cadets ? Quel était leur rôle à l'époque ? Dans quel grand roman d'Alexandre Dumas en est-il question ?

7. Quelle image nous est donnée des salons ?

8. Pourquoi Cyrano est-il le véritable héros de la pièce à laquelle il donne son nom ?

Dans cette version de l'histoire de Don Juan imaginée par l'écrivain russe Alexandre Pouchkine (1799-1837), Doña Ana est la veuve du Commandeur que Don Juan a tué en duel. Revenu secrètement à Séville alors qu'il est recherché, il obtient d'elle, sous une fausse identité, un rendez-vous qu'elle lui accorde.

Don Juan amoureux

DOÑA ANA, *toujours faible.* – C'est donc là Don Juan ?...

DON JUAN. – N'est-ce pas, on vous l'a dépeint comme un monstre odieux ? O doña Ana, sachez que la renommée qui en parlait ainsi n'avait pas tort. Beaucoup de mal pèse sur ma conscience fatiguée. Mais, depuis que je vous ai vue, tout a changé en moi. Il me semble que je viens de naître à une nouvelle vie ; en vous aimant, c'est la vertu que j'aime, et pour la première fois, j'incline devant elle mes genoux tremblants.

DOÑA ANA. – Oh ! je le sais, Don Juan a de l'éloquence ; c'est un homme perfide et rusé. On dit que vous êtes un impie, sans foi ni loi, un vrai démon. Combien de pauvres femmes avez-vous déjà perdues ?

DON JUAN. – Que signifie la mort ? Je donnerais sans murmure ma vie pour un seul doux instant d'intimité.

DOÑA ANA. – Comment sortirez-vous d'ici, imprudent ?

DON JUAN, *lui baisant la main.* – Vous daignez songer à la vie du pauvre Juan ; il n'y a donc pas de haine dans ton âme céleste, Doña Ana ?

DOÑA ANA. – Ah ! si je pouvais vous haïr !... Il faut nous séparer.

DON JUAN. – Quand nous reverrons-nous ?

DOÑA ANA. – Je ne sais... Une autre fois.

DON JUAN. – Demain ?

DOÑA ANA. – Mais... où ?

DON JUAN. – Ici.

DOÑA ANA. – Oh ! Don Juan, que je suis faible de cœur !

DON JUAN. – Je n'en ai pas aimé une seule jusqu'à ce jour.

DOÑA ANA. – Et je croirais que Don Juan s'est épris pour la première fois, qu'il ne cherche pas en moi une nouvelle victime ?

DON JUAN. – Si j'avais voulu vous tromper, aurais-je avoué qui j'étais ? Aurais-je prononcé ce nom que vous ne pouviez entendre ? Y a-t-il là de la perfidie ?

DOÑA ANA. – Qui peut lire en vous ? – Mais comment êtes-vous venu ici ? On pouvait vous reconnaître, et votre mort était certaine.

DON JUAN. – En gage du pardon, un baiser de paix.

DOÑA ANA. – Partez, il en est temps.

DON JUAN. – Un seul, froid, un baiser de paix.

DOÑA ANA. – On ne peut se délivrer de vous. Eh bien !... le voilà !... *(On frappe.)* Quel bruit ? Sauve-toi, Juan.

DON JUAN. – Adieu, au revoir, mon amie. *(Il sort, et rentre en poussant un cri.)*

DOÑA ANA. – Qu'as-tu ? *(Entre la statue du commandeur. – Doña Ana jette un cri, et tombe évanouie.)*

Dom Juan, de Molière, mis en scène par Jacques Lasalle, Comédie-Française, 2002 (avec de g. à dr., Andrzj Seweryn et Henrico Horn).

LE COMMANDEUR, *à Don Juan.* – Je suis venu à ton appel.

DON JUAN, *soutenant Doña Ana.* – Doña Ana… Grand Dieu !

LE COMMANDEUR. – Jette-là où elle est. Tout est fini. Tu trembles, Don Juan !

DON JUAN. – Moi ? non. Je t'ai appelé, et je suis content de te voir.

LE COMMANDEUR. – Donne-moi la main.

DON JUAN. – La voilà !… oh ! il est terrible le serrement de ta main de pierre. Laisse-moi, lâche ma main… Je suis perdu… Oui, tout est fini. O Doña Ana !… *(Ils disparaissent tous les deux.)*

Alexandre POUCHKINE, *L'Invité de pierre*, 1830, scène 4 et dernière.

Lire et comprendre

▸ Incertitudes

1. Comment Don Juan présente-t-il son personnage et son passé ? Expliquez la fin de sa première réplique : « en vous aimant c'est la vertu que j'aime… » (l. 6)

2. Pourquoi Doña Ana peut-elle douter que Don Juan soit sincèrement épris d'elle ? Appuyez-vous sur le texte pour justifier votre réponse.

3. Sur quel raisonnement s'appuie Don Juan pour tenter de convaincre Doña Ana de sa sincérité ?

4. Pourquoi cet argument peut-il n'être pas tout à fait convaincant ? Quel intérêt y aurait-il pour un Don Juan « impie, sans foi ni loi », à tenter de séduire Doña Ana sous sa propre identité ?

5. À la fin de la scène, quel est le dernier mot que prononce Don Juan ? Qu'est-ce-qui, pour le spectateur, lève toutes les incertitudes ?

▸ La séduction de l'amour

6. Faites le bilan de ce qu'obtient Don Juan de Doña Ana.

7. Caractérisez l'évolution de l'attitude de Doña Ana entre le début et la fin de l'extrait en mettant en évidence les étapes de cette évolution.

8. Relevez les éléments du texte qui marquent que Don Juan ne se soucie pas de lui-même.

9. Pourquoi peut-on parler ici d'une conversion de Don Juan ?

10. En quoi cette conversion est-elle un élément de séduction à l'égard de Doña Ana ?

11. En prenant en compte l'ensemble du texte, dites pourquoi Doña Ana s'éprend de Don Juan malgré ses doutes.

▸ Du baiser de paix à la main de pierre

12. Que représente pour Don Juan et Doña Ana la statue du commandeur ?

13. Où Don Juan est-il emporté selon vous ? Développez et justifiez votre réponse.

Retenons

Théâtre et mythe

Le personnage de Don Juan est devenu **une figure mythique**, comme Tristan et Iseult ou des héros antiques comme Œdipe, Antigone ou Électre.
Un mythe est **une histoire imaginaire qui a un caractère exemplaire** et qui propose des explications figurées de la création, ou des réponses aux questions essentielles que les hommes se posent encore aujourd'hui.
Les grandes œuvres théâtrales s'appuient souvent sur des histoires mythiques qu'elles réactualisent et auxquelles elles donnent une nouvelle vie.

Lire et parler

Jouer la scène

Avec deux camarades, jouez cet extrait de Pouchkine. Préparez votre prestation en apprenant le texte et en réfléchissant au ton et à l'expression qui conviennent ainsi qu'au placement des personnages et à leurs déplacements.

Bilan de séquence
vers le brevet

Pablo Picasso (1881-1973), projet de décor de théâtre, musée Picasso, Paris.

Isabelle, l'institutrice d'une petite ville de province, est attirée par un spectre au risque d'en mourir. Pour la sauver, le contrôleur la demande en mariage et lui vante le charme de la vie de fonctionnaire des poids et mesures : ses arguments ont-ils de quoi la séduire ?

L'imprévu

ISABELLE. – Vous savez déjà dans quelle ville vous irez en nous quittant ?

LE CONTRÔLEUR. – Je sais et je ne sais pas. Je sais seulement que ce sera Gap ou Bressuire. L'une d'elles, hélas ! m'échappera, mais j'aurai l'autre ! Saisissez-vous la délicatesse et la volupté de cette incertitude ?

ISABELLE. – Oh ! certes ! Je saisis que pendant trois ans, et au-dessus même de nos bruyères et de nos châtaigneraies, votre pensée va vous balancer sans arrêt entre Gap...

LE CONTRÔLEUR. – C'est-à-dire les sapins, la neige, la promenade après le bureau au milieu des ouvrières qui ont passé leur journée à monter en broche l'étoile des Alpes...

ISABELLE. – Et Bressuire...

LE CONTRÔLEUR. – C'est-à-dire les herbages, c'est-à-dire — vous pensez si je sais déjà par cœur le Joanne[1] ! — la belle foire du 27 août, et quand septembre rougit jusqu'aux roseaux des anguillères dans l'eau du marais vendéen, le départ en victoria[2] pour les courses au trot à l'angle des rues Duguesclin et Général-Picquart. Est-ce du prévu, tout cela ? Entre votre méthode et la mienne, entre Gap, Bressuire et la mort immédiate, avouez, il n'y a pas à hésiter !

1. **le Joanne** : un guide de voyage.
2. **une victoria** : une voiture à cheval.

Isabelle. – J'ignorais tout cela. C'est merveilleux ! Et à Gap, vous aurez ainsi trois ans à attendre entre deux autres villes ?

Le contrôleur. – Oui, entre Vitry-le-François et Domfront...

Isabelle. – Entre la plaine et la colline...

Le contrôleur. – Entre le champagne nature et le cidre bouché...

Isabelle. – Entre la cathédrale Louis XIV et le donjon...

Le contrôleur. – Et ainsi de suite, par une série de balancements et de merveilleux carrefours où seront inclus, au hasard des contrées, la chasse aux coqs de bruyère ou la pêche à la mostelle[3], le jeu de boules ou les vendanges, les matches de ballon ou la représentation aux Arènes de *L'Aventurière* avec la Comédie-Française, j'arriverai un beau jour au sommet de la pyramide.

Isabelle. – À Paris ?...

Le contrôleur. – C'est vous qui l'avez dit.

Isabelle. – À Paris !

Jean Giraudoux, *Intermezzo*, 1933, Acte III, scène 3.

3. **mostelle :** poisson de rivière.

Comprendre le texte

Le comique du paradoxe

1 Pourquoi est-il paradoxal que le contrôleur vante le caractère imprévu de la vie de fonctionnaire ?

2 À quoi tient le comique du texte ? Fondez votre réponse sur des éléments précis.

La séduction des images

3 Pourquoi Isabelle s'écrie-t-elle : « C'est merveilleux ! » (l. 18) ?

4 Relisez les lignes 8-10. Quelle progression pouvez-vous établir entre les deux premiers termes et la suite de la réplique ?

5 Dans la réplique consacrée à Bressuire (l. 12-17), quelles sortes de précisions le contrôleur donne-t-il ? Pourquoi peuvent-elles faire rêver Isabelle ?

Entrer dans le jeu

6 Pourquoi le fait d'avoir, dans un endroit donné, « trois ans à attendre entre deux autres villes » (l. 19) constitue-t-il un enrichissement de la vie ? Quel est le principal intérêt de cet imprévu que définit le contrôleur ?

7 Qu'est-ce qui montre qu'Isabelle est séduite par ce balancement ? Comment se développent les associations suivantes concernant Vitry-le-François et Domfront ?

8 Le contrôleur a-t-il selon vous des chances de se faire aimer d'Isabelle ? Justifiez votre réponse.

Étudier la langue

L'interrogation

9 Transformez ces questions de manière à obtenir des propositions subordonnées interrogatives indirectes.
– « Saisissez-vous la délicatesse et la volupté de cette incertitude ? »
– « Est-ce du prévu, tout cela ? »
– « Et à Gap, vous aurez ainsi trois ans à attendre entre deux autres villes ? »

10 Récrivez ces questions de manière à obtenir des interrogations partielles.

Écrire

Faire rêver pour séduire

11 À votre tour, imaginez un dialogue dans lequel un personnage cherche à persuader un autre du charme d'un lieu où il veut l'emmener. Le personnage pourra développer un nom de ville pour le rendre séduisant et faire ainsi rêver son interlocuteur ou son interlocutrice. Votre argumentation prendra la forme d'une scène de théâtre.

OUTILS DE LA LANGUE

Grammaire

Vocabulaire

Orthographe

1 Énonciation et énoncés

Texte 1

LE BARON. — Mon neveu, dis-tu, n'est point ici ?
GERMAIN. — Non, monsieur, je l'ai cherché partout.
LE BARON. — C'est impossible ; il est cinq heures précises. Ne sommes-nous pas chez la Comtesse ?
GERMAIN. — Oui, monsieur, voilà son piano.
LE BARON. — Est-ce que mon neveu n'est plus amoureux d'elle ?
GERMAIN. — Si fait, monsieur, comme d'habitude.

Alfred de MUSSET, *On ne saurait penser à tout*, 1851, (scène 1).

Texte 2

La lente et complexe invention de l'écriture n'a été ni la première ni la seule que l'homme a trouvée pour communiquer au moyen de signes tracés. Et bien avant l'apparition de cette forme d'expression, des images réalistes et des figures abstraites étaient déjà utilisées comme système de communication écrite. Ce mode de transmission par signes est resté de tout temps un moyen privilégié d'échange.

Georges JEAN, *Langage de signes, l'écriture et son double*,

Texte 3

Le baron, un matin, entra dans la chambre de Jeanne avant qu'elle fût levée, et s'asseyant sur les pieds du lit : « M. le vicomte de Lamare nous a demandé ta main. »
Elle eut envie de cacher sa figure sous ses draps.
Son père reprit : « Nous avons remis notre réponse à tantôt. » Elle haletait, étranglée par l'émotion. Au bout d'une minute le baron qui souriait, ajouta : « Nous n'avons voulu rien faire sans t'en parler. Ta mère et moi ne sommes pas opposés à ce mariage, sans prétendre cependant t'y engager. [...] Le garçon nous plaît. Te plairait-il à toi ? »
Elle balbutia, rouge jusqu'aux cheveux : « Je veux bien, papa. »

Guy de MAUPASSANT, *Une Vie*, 1883.

L'énonciation

Toutes les fois qu'on s'exprime à l'écrit ou à l'oral, il s'agit d'une **énonciation**. L'**énoncé** est le résultat de cette énonciation.

Un énoncé, écrit ou oral, est toujours produit dans une **situation d'énonciation** qui lui est propre.

1. L'énonciateur et le destinataire

• La personne qui s'exprime est l'**énonciateur** et elle s'adresse à un **destinataire**.

• Les échanges entre un énonciateur et un destinataire se rencontrent dans les conversations, les lettres, au cinéma, au théâtre, etc. C'est le cas de la conversation entre le baron et Germain, dans le texte 1.

L'énonciateur peut être aussi l'auteur d'un livre, d'un article de presse, etc. Ses destinataires sont alors ses lecteurs. C'est le cas du texte 2.

2. Les circonstances de l'énonciation

• Le **moment de l'énonciation** est celui où est produit l'énoncé oral ou écrit. *Il est cinq heures précises.* (texte 1)

• Le **lieu de l'énonciation** peut avoir son importance :

▸ *Mon neveu n'est point ici ?* (texte 1) (ici = le lieu où se trouvent le baron et Germain et que voient les spectateurs)

• Une énonciation se fait dans un **but** précis : informer, se renseigner, faire partager une idée ou une émotion, etc.

Ainsi, dans le texte 2, l'énonciateur nous transmet des connaissances sur les signes. Dans les dialogues du texte 3, le père de Jeanne demande à sa fille son avis sur une demande en mariage.

La situation d'énonciation est caractérisée par l'énonciateur, le destinataire, le moment et le lieu où se situe l'énoncé, le but dans lequel il est produit.

Les énoncés

1. Les énoncés ancrés dans la situation d'énonciation

• Certains énoncés sont en relation étroite avec **leur situation d'énonciation**. Ils se caractérisent par la présence d'**indices d'énonciation**, c'est-à-dire de mots qui ne se comprennent que par rapport à la situation d'énonciation :

– les **pronoms personnels** de la 1re et de la 2e personne désignent l'énonciateur et le récepteur ; les **pronoms** et **déterminants possessifs** des deux premières personnes s'y rapportent également :

▸ *Mon neveu, dis-tu, n'est point ici ?* (texte 1)

– certains **pronoms** et **déterminants démonstratifs** désignent une personne ou une chose en rapport avec la situation d'énonciation :

▸ *Regarde bien ceci.*

– certaines **indications de temps** et **de lieu** (*ce matin, l'an dernier, ici, devant nous*) ne peuvent être interprétées que par rapport à cette situation d'énonciation :

▸ *Nous avons remis notre réponse à tantôt.* (= à cet après-midi) (texte 3)

• Ces énoncés se caractérisent également par :

– l'emploi du **présent d'énonciation**, du passé composé et du futur ;

– l'emploi de **types de phrases variés** : déclarative, interrogative, injonctive, exclamative :

▸ *Mon neveu n'est point ici ?* (texte 1)

• On rencontre ces énoncés dans les conversations, les lettres, les discours politiques, les journaux intimes, etc.

On les rencontre aussi au théâtre, au cinéma, dans les bandes dessinées..., c'est-à-dire dans des situations fictives qui imitent des conversations réelles.

2. Les énoncés coupés de la situation d'énonciation

Certains énoncés n'ont **aucun lien avec la situation d'énonciation**. C'est le cas du texte 2. Nous n'avons pas besoin de savoir qui l'a écrit, où et quand il l'a fait, pour comprendre ce que le texte signifie.

Ces énoncés se rencontrent dans des textes **narratifs**, **explicatifs** et **argumentatifs** : romans, nouvelles, récits historiques, manuels, ouvrages scientifiques et philosophiques, etc. Ils ne comportent donc **aucun indice d'énonciation**.

Les repères de temps et de lieu sont contenus dans le texte ou se comprennent par rapport à lui :

▸ *Ce mode de transmission par signes est resté* ***de tout temps*** *un moyen privilégié d'échange.* (texte 2)

Parmi les **textes narratifs**, on distingue deux grandes catégories de **récits**.

• Les **récits à la troisième personne** ont le plus souvent **le passé simple** pour temps dominant, parfois le passé composé :

▸ *Jeanne, ayant fini ses malles, s'approcha de la fenêtre, mais la pluie ne cessait pas.* (Maupassant)

Écrits au **présent** de narration, certains récits présentent des faits anciens comme s'ils étaient en train de se dérouler :

▸ *À une lieue de Besançon, Johann August Suter trempe ses pieds meurtris dans un ruisseau.* (B. Cendrars)

• Dans les **récits à la première personne**, le pronom *je* désigne le **narrateur**. Celui-ci se confond parfois avec l'auteur, lorsqu'il s'agit de récits autobiographiques. Mais *je* désigne souvent un personnage fictif :

▸ *Je sautai du lit et arpentai avec irritation la véranda obscure.* (J. Kessel)

3. Les textes mixtes

Les deux types d'énoncés se rencontrent fréquemment **dans un même texte.** C'est en particulier le cas des fables et des récits contenant des dialogues.

Dans le texte 3, les passages narratifs sont écrits à la 3e personne et au passé simple pour les faits de premier plan :

▸ *Le baron, un matin, entra dans la chambre de Jeanne avant qu'elle fût levée.*

Mais les dialogues, qui rapportent les paroles des personnages, comportent de nombreux indices d'énonciation :

▸ *« Nous avons remis notre réponse à tantôt.[…] Le garçon nous plaît. Te plairait-il à toi ? »*

Les énoncés ancrés dans la situation d'énonciation contiennent des indices d'énonciation, c'est-à-dire des mots qui ne se comprennent que grâce à elle. C'est le cas des dialogues.
Les énoncés coupés de la situation d'énonciation se comprennent sans qu'on soit au courant de la situation d'énonciation. C'est le cas, en particulier, des textes narratifs, explicatifs et argumentatifs.

Exercices

La situation d'énonciation et ses indices

1 Observez chacune de ces phrases et dites s'il s'agit d'un énoncé ancré dans la situation d'énonciation ou d'un énoncé qui en est coupé. Soulignez les indices d'énonciation.

1. Le troubadour passa le pont-levis pour entrer dans la cour du château. – **2.** Nous irons à Rome, le mois prochain. – **3.** Regarde ce petit chien : je trouve qu'il ressemble à un ourson. N'es-tu pas de mon avis ? – **4.** L'huile est plus légère que l'eau. – **5.** Je suis né par une nuit d'orage, il y a bien longtemps. – **6.** Léa voudrait que tu ailles la voir tout de suite : elle a, paraît-il, des choses importantes à te dire. – **7.** Il est très satisfait, il commence à travailler lundi prochain. – **8.** En automne, les jours diminuent rapidement.

2 Lisez ce texte.

À Madame de Grignan
À Paris, ce dimanche 26 avril 1671.

Il est dimanche 26 avril ; cette lettre ne partira que mercredi, mais ce n'est pas une lettre, c'est une relation que vient de me faire Moreuil à votre intention, de ce qui s'est passé à Chantilly touchant Vatel. Je vous écrivis vendredi qu'il s'était poignardé ; voici l'affaire en détail. Le Roi arriva jeudi au soir. La chasse, les lanternes, le clair de lune, la promenade, la collation dans un lieu tapissé de jonquilles, tout cela fut à souhait. On soupa, il y eut quelques tables où le rôti manqua, à cause de plusieurs dîners où l'on ne s'était point attendu. Cela saisit Vatel. Il dit plusieurs fois : « Je suis perdu d'honneur ; voici un affront que je ne supporterai pas. » Il dit à Gourville : « La tête me tourne, il y a douze nuits que je n'ai dormi. Aidez-moi à donner des ordres. » Gourville le soulagea en ce qu'il put. […]

Mme de Sévigné, *Lettres*, 1697.

a. Indiquez la situation d'énonciation de l'ensemble du texte. Quelle est la situation d'énonciation des phrases entre guillemets ?

b. Pour chaque indication de temps et de lieu contenue dans ce texte, précisez s'il s'agit ou non d'un indice d'énonciation.

c. Quel type d'énoncé rencontre-t-on généralement dans une lettre ? Pourquoi ?

Les deux types d'énoncés

3 Lisez ces deux textes.

9 novembre.

1. À huit heures, je suis allé au ministère. Notre chef de section a fait mine de ne pas remarquer mon arrivée. De mon côté, j'ai fait comme s'il n'y avait rien eu entre nous. J'ai revu et vérifié les paperasses. Je suis sorti à quatre heures. J'ai passé devant l'appartement du directeur, mais il n'y avait personne en vue. Après le dîner, je suis resté étendu sur mon lit presque tout l'après-midi.

Nicolas GOGOL, *Le Journal d'un fou*, traduction de Sylvie Luneau, © éd. Gallimard, 1990.

2. Deux ou trois heures après que La Mole avait cessé sa ronde circulaire autour de la petite maison double, la porte de la rue Tizon s'ouvrit. Il était cinq heures du soir à peu près, et par conséquent nuit fermée.

Une femme enveloppée dans un long manteau garni de fourrures, accompagnée d'une suivante, sortit par cette porte que lui tenait ouverte une duègne d'une quarantaine d'années, se glissa rapidement jusqu'à la rue du Roi-de-Sicile, frappa à une petite porte du même hôtel qui donnait Vieille-Rue-du-Temple, alla gagner une petite poterne de l'hôtel de Guise, l'ouvrit avec une clef qu'elle avait dans sa poche et disparut.

Une demi-heure après, un jeune homme, les yeux bandés, sortait par la même porte de la même petite maison guidé par une femme qui le conduisait au coin de la rue Geoffroy-Lasnier et de la Mortellerie. Là, elle l'invita à compter jusqu'à cinquante et à ôter son bandeau.

Alexandre DUMAS, *La Reine Margot*, 1845.

a. Quel est le type d'énoncé de chacun de ces deux textes ? Justifiez votre réponse.

b. À quels genres littéraires appartiennent-ils ?

c. Dans chaque texte, relevez les indications de temps et les indications de lieu. Précisez s'il s'agit d'indices d'énonciation. Quelle est leur utilité ?

4 Lisez ces deux textes.

1. Plus de 75 % des Européens vivent dans des villes, le plus souvent situées dans les vallées, au bord des fleuves, sur des carrefours ou sur les littoraux. Ces lieux sont en effet favorables aux échanges commerciaux par bateau ou par la route, et ils ont très tôt attiré de nombreux commerçants et artisans. Au XIXe siècle, l'exploitation des mines de charbon et de minerais métalliques a entraîné la création d'usines et d'agglomérations industrielles avec de nombreux ouvriers.

Histoire Géographie 4e, © éd. Bordas.

2. Les propriétaires de la Cigogne, M. et Mme Freitag, offrent un vin d'honneur. Il y a une nombreuse affluence de bons bourgeois qui s'attendrissent sur cette pauvre femme qui part pour un si long voyage. On lui fait mille et mille recommandations. Perdu dans un grand fauteuil Voltaire, le petit vieux Martin Birmann pleure et éternue dans son mouchoir. Il tient, posé sur ses genoux, un sac de voyage en tapisserie, fermé d'un gros cadenas. Enfin, toute la famille est installée dans la chaise de poste et Martin Birmann confie le précieux sac à Mme Suter, en lui énumérant encore une fois tout ce qu'il contient.

La voiture s'ébranle. On pousse des vivats. Les enfants rient. La mère ressent un grand choc au cœur.

Blaise CENDRARS, *L'Or*, in *Tout autour d'aujourd'hui*, vol. 2 © éd. Denoël 1960, 2001.

a. À quel genre d'ouvrage appartient chacun de ces deux extraits ?

b. Quel est leur type d'énoncé commun ? À quoi le reconnaissez-vous ?

c. À quel temps sont-ils écrits ? Quelle est la valeur de ce temps, dans chacun d'eux ?

J. Pollard (1792-1867), *London royal mail dans la campagne*, coll. E. Hermès, Paris.

Qui est « je » ?

5 Lisez ces deux textes.

1. Je forme une entreprise qui n'eut jamais d'exemple, et qui n'aura point d'imitateur. Je veux montrer à mes semblables un homme dans toute la vérité de la nature, et cet homme ce sera moi. Moi seul. Je sens mon cœur, et je connais les hommes. Je ne suis fait comme aucun de ceux que j'ai vus ; j'ose croire n'être fait comme aucun de ceux qui existent. Si je ne vaux pas mieux, au moins je suis autre.

Jean-Jacques ROUSSEAU, *Les Confessions*, 1782.

2. J'étais allongé sur le matelas, le regard fixé vers le ciel et la cime des pins. J'entendais des éclats de voix qui venaient de la piscine, tout au fond, et des bruits de plongeons. Là-haut, entre les branches, des jeux d'ombres et de soleil. Je me laissais aller à une très douce torpeur. Maintenant que je m'en souviens, il me semble que c'est l'un des rares moments de ma vie où j'ai éprouvé une sensation de bien-être que je pourrais même appeler : Bonheur.

Patrick MODIANO, *Voyage de noces*, © éd. Gallimard, 1990.

a. À quelle personne sont écrits ces deux textes ?

b. Lequel annonce un récit autobiographique ? Est-il écrit au présent d'énonciation ou de narration ?

c. Dans l'autre texte, quelle partie est une évocation de souvenirs ? Quelle phrase se situe dans le présent de l'énonciateur ? À quoi la reconnaissez-vous ?

d. Dans quel texte peut-on dire avec certitude que le narrateur se confond avec l'auteur ?

Les textes mixtes

6 Lisez ce texte.

Le 27 février 1854, deux hommes, étendus au pied d'un gigantesque saule pleureur, causaient en observant avec une extrême attention les eaux du fleuve Orange.

(Longtemps après, ils attendent toujours)

« Mais ne vous êtes-vous point trompé, monsieur Emery ? reprit Mokoum. Est-ce bien **aux chutes de Morgheda**, et vers la fin de **ce mois de janvier** que l'on vous a donné rendez-vous ?

— Oui, mon ami, répondit tranquillement William Emery, **et voici la lettre de M. Airy**, le directeur de l'observatoire de Greenwich, qui vous prouvera que je ne me suis pas trompé. »

Le bushman prit la lettre que lui présentait son compagnon. Il la tourna et la retourna en homme peu familiarisé avec les mystères de la calligraphie. Puis la rendant à William Emery :

« Répétez-moi donc, dit-il, ce que raconte **ce morceau de papier noirci ?** »

Le jeune savant, doué d'une patience à toute épreuve, recommença un récit vingt fois fait déjà à son ami le chasseur. Dans les derniers jours de **l'année précédente**, William Emery avait reçu une lettre qui l'avisait de la prochaine arrivée du colonel Everest et d'une commission scientifique internationale à destination de l'Afrique australe.

Jules VERNE, *Aventures de trois Russes et de trois Anglais dans l'Afrique australe*, 1872.

a. Sans tenir compte de la phrase en italique, indiquez quels énoncés sont ancrés dans la situation d'énonciation et lesquels en sont coupés.

b. Dans le premier paragraphe, quelle est l'utilité des indications de temps et de lieu ? A-t-on besoin de connaître la situation d'énonciation pour les comprendre ?

c. Pour chaque réplique de dialogue, indiquez qui sont l'énonciateur et le destinataire, et quels sont le moment et le lieu de l'énonciation.

d. Pour chaque groupe de mots en caractères gras, dites s'il se comprend ou non par rapport à la situation d'énonciation.

Transformations et écriture

7 Lisez ce texte, puis racontez ces faits en les développant un peu et en remplaçant « il » par « je ». Introduisez des dialogues.

Il arriva un jour vers trois heures ; tout le monde était aux champs ; il entra dans la cuisine, mais n'aperçut point d'abord Emma ; les auvents étaient fermés. [...] Entre la fenêtre et le foyer, Emma cousait ; elle n'avait point de fichu, on voyait sur ses épaules nues de petites gouttes de sueur.

Selon la mode de la campagne, elle lui proposa de boire quelque chose. Il refusa, elle insista, et enfin lui offrit, en riant, de prendre un verre de liqueur avec elle.

Gustave FLAUBERT, *Madame Bovary*, 1856.

8 Relisez le texte 2 de l'exercice 4 et récrivez l'histoire en faisant parler Mme Suter au passé simple.

2 Les discours : visées et effets

Texte 1

EN ATTENDANT LE FANTÔME

Quelque temps après, Mr Otis fut réveillé par un bruit bizarre dans le couloir, à l'extérieur de sa chambre. On eût dit un tintement de métal, et il semblait se rapprocher d'instant en instant. Il se leva immédiatement, frotta une allumette, et regarda l'heure. Il était exactement une heure. Mr Otis était très calme, et se tâta le pouls, qui n'était nullement fébrile.

Le bruit étrange se prolongea encore, et il entendit en même temps distinctement un bruit de pas. Il chaussa ses pantoufles, prit dans sa mallette une petite fiole oblongue[1], et ouvrit la porte. Juste en face de lui il vit, au pâle clair de lune, un vieillard d'aspect terrible. Il avait des yeux rouges pareils à des charbons incandescents ; une longue chevelure grise lui tombait sur les épaules en tresses emmêlées ; ses vêtements, d'une coupe ancienne, étaient sales et élimés. De lourdes menottes et des fers rouillés lui pendaient aux poignets et aux chevilles.

« Cher Monsieur, dit Mr Otis, permettez-moi vraiment d'insister auprès de vous pour que vous huiliez ces chaînes : je vous ai apporté à cette fin un petit flacon de lubrifiant Soleil Levant Tammany. On le dit efficace dès la première application, et il y a, sur l'emballage, plusieurs attestations allant dans ce sens [...]. »

Oscar WILDE, « Le Spectre des Canterville » in *Nouvelles Fantastiques*, trad. J. Castier, © éd. Stock, 2001.

1. **Oblongue** : de forme allongée.

Texte 2

(Denise est, depuis peu, vendeuse dans un grand magasin.)

Derrière elle, pendant ce temps, bourdonnaient des voix.

Celui-ci m'engonce, disait madame Boutard.

Madame a tort, répétait Clara. Les épaules vont à la perfection...

À moins que madame ne préfère une pelisse à un manteau.

Mais Denise tressaillit. Une main s'était posée sur son bras, madame Aurélie l'interpellait avec sévérité.

— Eh bien, vous ne faites rien maintenant, vous regardez passer le monde ? ... Oh ! ça ne peut pas marcher comme ça !

Émile ZOLA, *Au Bonheur des dames*, 1883.

Les visées des discours

On appelle discours un énoncé écrit ou oral ayant une fonction précise : raconter, décrire, expliquer, argumenter.

Chacun de ces types de discours présente des caractéristiques grammaticales, étudiées dans les points de langue 7 et 8.

1. Les principales catégories de discours

- Le **discours narratif** raconte des événements réels ou fictifs. (texte 1, lignes 1 à 8)
- Le **discours descriptif** a pour but d'évoquer ou de faire « voir » une personne, un objet ou un lieu. (texte 1, lignes 8 à 11)
- Le **discours explicatif** tente de faire comprendre un fait en répondant aux questions « Comment ? » et « Pourquoi ? ».
- Le **discours argumentatif** est employé pour faire partager une idée, persuader autrui. (texte 1, lignes 12 à 15)

2. Leurs combinaisons

- Un **texte** peut résulter de l'organisation de **plusieurs types de discours**. Dans le texte 1, on a un récit de la situation et des actes de Mr Otis, suivi d'une description du fantôme, puis de l'argumentation de Mr Otis destinée à persuader le fantôme d'huiler ses chaînes.

Cet emploi de discours différents dans un même texte se rencontre dans les romans, les fables, les contes philosophiques…

- Un seul **discours** peut avoir **plusieurs visées**. Par exemple on peut décrire pour faire comprendre, expliquer pour persuader, etc.

Les effets des discours

Outre leur fonction principale, les différents discours sont destinés à **produire des effets** variés sur les destinataires.

- Le **discours narratif** permet, selon les cas, d'informer, de distraire, d'amuser, de surprendre, d'émouvoir, d'inquiéter, etc.

- Une **description** peut servir à ralentir le rythme d'un récit pour retarder les événements importants et créer un effet de suspens. Elle permet, en faisant voir un personnage, de comprendre son caractère. La description d'un lieu donne un décor à l'action, évoque une atmosphère, etc.

• Une **explication** ou une **argumentation** persuade ou dissuade le destinataire, le convainc, l'amuse ou l'inquiète.

Dans le **texte 1**, les parties narratives et descriptives paraissent destinées à créer une ambiance inquiétante propre à donner la chair de poule, mais, en fait, elles ne font qu'accentuer le comique du texte.

Les discours sont classés selon leur fonction : raconter, décrire, expliquer, argumenter. Un texte combine souvent plusieurs discours.
Un même discours peut avoir plusieurs effets : persuader, dissuader, convaincre, émouvoir, amuser, inquiéter...

Les actes de parole

Parler à quelqu'un c'est exercer une action sur lui. On accomplit donc un **acte de parole**.

1. Les actes de parole directs

Dans un acte de parole **direct**, on dit clairement ce que le destinataire doit comprendre : *Montrez-moi ce manteau.*

◆ Les actes de parole correspondant à un type de phrase

• Une phrase **déclarative** apporte une **information** :

▸ *Celui-ci m'engonce.* (texte 2)

• Une phrase **interrogative** adresse une **question** au récepteur :

▸ *Désirez-vous essayer un autre manteau ?*

• Une phrase **impérative** ou **injonctive** permet de donner un **ordre** ou un **conseil** :

▸ *Essayez plutôt celui-ci.* (conseil)

▸ *Denise, occupez-vous des clientes.* (ordre)

• Une phrase **exclamative**, qui peut d'ailleurs se combiner avec les autres types de phrase, traduit une **réaction** ou un **sentiment** très forts :

▸ *Oh ! ça ne peut pas marcher comme ça !* (colère) (texte 2)

◆ Les actes de paroles correspondant à plusieurs types de phrase

• Un **ordre** ou un **conseil** sont exprimés par une phrase injonctive mais aussi :
– déclarative et/ou exclamative : *Vous allez vous occuper des clientes !*
– interrogative : *Quand allez-vous enfin vous occuper des clientes ?*

On peut aussi donner un ordre ou exprimer une défense en utilisant une phrase à l'infinitif ou une phrase non verbale.

▸ *Ne pas fermer cette porte. – Dehors !*

• On peut poser une **question** avec une phrase interrogative mais aussi déclarative :

▸ *Je voudrais savoir si ce manteau me va.*

2. Les actes de parole indirects

• Certains énoncés sont chargés de **sous-entendus** qu'il faut identifier pour comprendre les intentions de l'énonciateur.

Ainsi, dans le texte 2, lorsque Clara dit à madame Boutard : *Madame a tort. Les épaules vont à la perfection*, cela signifie : *Achetez donc ce manteau.* Il s'agit d'un acte de parole **indirect**.

• Dans un acte de parole indirect, les sous-entendus se comprennent par rapport à la **situation d'énonciation**.

La phrase prononcée par madame Aurélie, la supérieure de Denise : *Eh bien, vous ne faites rien maintenant, vous regardez passer le monde ?* contient un reproche, une ironie blessante et une menace latente et, bien sûr, l'ordre de se remettre au travail.

Si la même phrase avait été adressée à une amie, en vacances, aperçue à son balcon, elle aurait eu une connotation gentiment ironique et amicale.

Quand on s'adresse à quelqu'un, ou exerce sur lui un acte de parole : informer, interroger, ordonner, etc., le plus souvent par l'intermédiaire du type de phrase correspondant.
Un acte de parole peut être direct ou indirect. Dans ce cas, il contient un sous-entendu.

Exercices

Visées et effets du discours narratif

1 Lisez ces trois textes.

1. Ce fut alors qu'elle entendit le bruit sourd d'une porte qui s'ouvre lentement. Sa porte. Lally se recroquevilla dans l'ombre, derrière le générateur. Des pas feutrés, lents. Il descendait les marches métalliques, le même homme. Elle se renfonça, plaqua son corps contre le mur.

Mary HIGGINS CLARK, *La Nuit du renard*,
traduction de Anne Damour,
© éd. Albin Michel, 1979.

2. Molière et l'Avare.
Baptisé le 15 janvier 1622, Jean-Baptiste Poquelin (le futur Molière) est l'aîné d'une famille qui comptera cinq enfants. Il a dix ans à la mort de sa mère; son père se remarie l'année suivante, en 1633, avec une femme qui mourra trois ans plus tard en mettant au monde une petite fille qui ne lui survit pas. Nous ne savons rien des réactions de Molière après ces morts successives; mais Harpagon est veuf et songe à se remarier; le seigneur Anselme passe pour veuf et souhaite lui aussi épouser une jeune fille.

Jean HARTWEG, *L'Avare*,
© éd. Classiques Bordas, 1994.

3. Il était une fois un roi de Chine qui s'ennuyait. Il fit alors promulguer un édit invitant tous ses sujets à lui proposer des jeux et des divertissements nouveaux. Comme récompense, il promettait d'exaucer le vœu – quel qu'il soit – de l'auteur de l'invention qui parviendrait à l'égayer.

Michel TOURNIER, *Les Contes du médianoche*,
© éd. Gallimard, 1989.

Dans quelle intention chacun de ces trois textes a-t-il été écrit ? Détaillez votre réponse.

Visées et effets du discours descriptif

2 Lisez ces trois textes.

1. Sa peau jaunâtre dissimulait à peine le lacis sous-jacent de muscles et de vaisseaux sanguins. Sa chevelure était longue et soyeuse, ses dents d'une blancheur nacrée, mais cela ne faisait que mieux ressortir l'horreur des yeux vitreux, dont la couleur semblait se rapprocher de celle des orbites blafardes dans lesquelles ils étaient profondément enfoncés. Cela contrastait aussi avec la peau ratatinée du visage et de la bouche rectiligne aux lèvres presque noires.

Mary W. SHELLEY, *Frankenstein ou le Prométhée moderne*, traduction de Joe Ceurvorst, © éd. Marabout, 1995.

2. Toujours vêtu de la même manière, qui le voyait aujourd'hui le voyait tel qu'il était depuis 1791. Ses forts souliers se nouaient avec des cordons de cuir ; il portait, en tout temps, des bas de laine drapés, une culotte courte de gros drap marron à boucles d'argent, un gilet de velours à raies alternativement jaunes et puce, boutonné carrément, un large habit marron à grands pans, une cravate noire et un chapeau de quaker. Ses gants, aussi solides que ceux des gendarmes, lui duraient vingt mois, et, pour les conserver plus propres, il les posait sur le bord de son chapeau à la même place, par un geste méthodique.

Honoré DE BALZAC, *Eugénie Grandet*, 1833.

3. Cosette était maigre et blême. Elle avait près de huit ans, on lui en eût donné à peine six. Ses grands yeux enfoncés dans une sorte d'ombre profonde étaient presque éteints à force d'avoir pleuré. Les coins de sa bouche avaient cette courbe de l'angoisse habituelle, qu'on observe chez les condamnés et chez les malades désespérés. Ses mains étaient, comme sa mère l'avait deviné, « perdues d'engelures ». Le feu qui l'éclairait en ce moment faisait saillir les angles de ses os et rendait sa maigreur affreusement visible. Comme elle grelottait toujours, elle avait pris l'habitude de serrer ses genoux l'un contre l'autre. Tout son vêtement n'était qu'un haillon qui eût fait pitié l'été et qui faisait horreur l'hiver.

Victor HUGO, *Les Misérables*, 1862.

a. Quelles réactions les textes 1 et 2 provoquent-ils chez le lecteur, à l'égard du personnage décrit ? Détaillez votre réponse en citant les textes.

b. Quel texte dénonce la situation d'un personnage et a donc une visée argumentative ? Justifiez votre réponse.

c. Quel texte fait ressortir un caractère ? Définissez avec précision ce caractère.

Visées et effets des discours explicatif et argumentatif

3 Lisez ces deux textes.

1. Les villes concentrent tous les polluants de l'air et à cause des vents et des pluies, cette pollution locale tend à s'étendre sur des continents entiers. [...] La pollution devient diffuse, largement répandue jusque dans les coins de nature où l'on pense naïvement que l'air y est « pur ». « *Les taux quotidiens que nous respirons sont très préoccupants*, s'alarme Denis Zmirou, chercheur en santé publique à l'université de Grenoble. *C'est contre eux qu'il faut lutter en priorité.* »
D'autant que ces émissions massives, quotidiennes, de gaz toxiques chahutent désormais jusqu'au climat.

Loïc CHAUVEAU, *Science & Vie*, n° 1020, septembre 2002.

2. *(Un père voudrait que son fils apprenne l'astronomie.)*
— Quelle pitié ! repartit le gouverneur ; se conduit-on par les astres dans ce monde ? et faudra-t-il que monsieur le marquis se tue à calculer une éclipse, quand il la trouve à point nommé dans l'almanach, qui lui enseigne de plus les fêtes mobiles, l'âge de la lune, et celui de toutes les princesses de l'Europe ?

VOLTAIRE, *Jeannot et Colin*, 1764.

a. Quelle est la double fonction du premier texte ? Que cherche à faire le gouverneur dans le deuxième ?

b. Quelle est donc la visée commune à ces deux textes ? À quoi la reconnaissez-vous ? Détaillez votre réponse en vous appuyant sur les textes.

La combinaison des discours dans les textes

4 Lisez cette fable.

LE LION ET LE RAT

Il faut, autant qu'on peut, obliger[1] tout le monde :
On a souvent besoin d'un plus petit que soi,
De cette vérité deux fables feront foi[2],
Tant la chose en preuves abonde.
Entre les pattes d'un Lion
Un Rat sortit de terre assez à l'étourdie.
Le Roi des animaux, en cette occasion,
Montra ce qu'il était, et lui donna la vie.
Ce bienfait ne fut pas perdu.
Quelqu'un aurait-il jamais cru
Qu'un Lion d'un Rat eût affaire ?
Cependant il advint qu'au sortir des forêts
Ce Lion fût pris dans des rets[3]
Dont ses rugissements ne le purent défaire.
Sire Rat accourut, et fit tant par ses dents
Qu'une maille rongée emporta tout l'ouvrage.
Patience et longueur de temps
Font plus que force ni que rage.

LA FONTAINE, *Fables II*, 12, 1668.

1. **Obliger :** s'attacher quelqu'un en l'aidant.
2. **Faire foi :** donner la preuve.
3. **Rets :** filet servant de piège.

a. Quelles sont les deux thèses exposées par le narrateur ? Où sont-elles situées dans la fable ? À quel type de discours appartiennent-elles ?

b. Quelles sont les parties narratives ? Combien d'épisodes contiennent-elles ?

c. Ces parties narratives ont-elles seulement pour fonction de raconter une histoire ? Quelle est leur utilité dans la fable ? Développez votre réponse.

Les actes de paroles

5 a. Pour chacun de ces énoncés, dites quelle est l'intention de l'énonciateur et s'il s'agit d'un acte de parole direct ou indirect.
b. Précisez quel est le type de phrase de chacun d'eux.
c. Récrivez-les dans un autre type de phrase, mais sans changer leur intention.

1. Avez-vous bientôt fini de faire tout ce bruit ? – **2.** J'aimerais bien savoir où vous avez acheté ce ravissant chapeau. – **3.** Tu rentres immédiatement faire tes devoirs ! – **4.** Quelle solution proposez-vous ? – **5.** Fermez la porte. – **6.** La vie est profondément injuste : tu as six tablettes de chocolat et moi, pas même un carré.

6 Dans chacun de ces énoncés, imaginez deux interprétations différentes des intentions de l'énonciateur, en faisant varier la situation d'énonciation.

1. Ce gâteau est vraiment délicieux. – **2.** Il n'y a plus de bus et je vais devoir rentrer à pied. – **3.** Vous avez beaucoup de livres qui m'intéresseraient. – **4.** Ton frère, lui, a rangé sa chambre. – **5.** Avez-vous bientôt fini ? – **6.** As-tu déjà essayé de porter les cheveux courts ?

7 Lisez ce texte.

Une jolie voix tombe de haut sur moi :
— Minet-Chéri, si tu disais bonsoir gentiment à Mme Bruneau ?
— Elle dort à moitié, laissez-la, cette petite…
— Minet-Chéri, si tu dors, il faut aller te coucher.
— Encore un peu, maman, encore un peu ? Je n'ai pas sommeil…
Je reste dans le noir, contre les genoux de maman.

COLETTE, *La Maison de Claudine*,
© Hachette, 1960.

a. Dites quel est le type de chacune des phrases du dialogue et dans quelle intention elle est prononcée. Cette intention correspond-elle toujours au type de phrase employé ?

b. Qu'apprend-on du caractère des personnages ?

Écrire en variant ses intentions

8 À la manière de La Fontaine, écrivez une petite fable en prose pour illustrer ce proverbes : *Toute vérité n'est pas bonne à dire.*

Votre texte devra contenir une partie narrative qui illustrera une partie argumentative, et une partie descriptive.

9 Vous désirez convaincre un(e) camarade de partager une activité sportive, artistique ou autre, avec vous.

Vous commencez par lui expliquer en quoi elle consiste. Puis vous décrivez le lieu où elle se pratique. Vous racontez une anecdote que vous avez vécue et qui est destinée à séduire votre camarade. Enfin vous présentez quelques arguments convaincants.

3 Explicite et implicite

Texte

(Dans une école privée, une mère d'élève vient voir M. Muche, le directeur, et Topaze, le professeur de son fils.)

LA BARONNE.– Permettez-moi maintenant de vous parler d'une affaire qui me tient à cœur…
MUCHE.– Oh ! Une bagatelle qui sera promptement rectifiée…
TOPAZE.– De quoi s'agit-il, madame ?
LA BARONNE, *elle tire de son sac une enveloppe.* – Je viens de recevoir les notes trimestrielles de mon fils et je n'ai pas osé montrer ce bulletin à son père…
MUCHE.– J'ai déjà expliqué à Mme la baronne qu'il y a eu sans doute une erreur de la part du secrétaire qui recopie vos notes…
TOPAZE.– Je ne crois pas, monsieur le directeur…Car je n'ai pas de secrétaire, et ce bulletin a été rédigé de ma main…
Il prend le bulletin et l'examine.
MUCHE, *il appuie sur certaines phrases.* – Mme la baronne, qui vient de vous demander *des leçons particulières, a trois enfants dans notre maison*, et je lui ai moi-même *de grandes obligations* !… C'est pourquoi je ne serais pas étonné qu'il y eût une erreur.
TOPAZE, *regarde le bulletin.* – Pourtant, ces notes sont bien celles que j'ai données à l'élève…

Marcel Pagnol, *Topaze*, © éd. de Fallois, (marcel-pagnol.com), 1930.

Les énoncés explicites

Dans un énoncé **explicite**, ce qui est formulé **correspond exactement** à ce que le destinataire doit **comprendre** : *Le directeur s'appelle M. Muche.*

Les énoncés implicites

En revanche certains énoncés **expriment plus qu'ils ne disent**. On dit qu'ils ont un contenu **implicite**. Le destinataire doit donc être capable d'interpréter ces énoncés. Vous-même, vous devez savoir reconnaître et interpréter l'implicite, dans les situations de la vie courante, dans les énoncés argumentatifs et aussi en littérature, notamment au théâtre.

1. Les présupposés

Un ou plusieurs mots d'un énoncé **impliquent nécessairement une information** qui n'est pas explicitement exprimée.

La phrase *Même en français votre fils a eu zéro* est un énoncé explicite. Cependant cet énoncé contient deux présupposés : 1) on admet comme déjà connu que le fils a eu zéro, 2) l'adverbe *Même* présuppose qu'il a eu zéro dans d'autres matières.

2. Les sous-entendus

- Parfois, le destinataire doit **deviner, interpréter,** ce qui n'est pas dit : *Je n'ai pas osé montrer ce bulletin à son père...* Sous-entendu : parce que les notes sont trop mauvaises, vous allez donc les modifier.

- Un sous-entendu peut parfois ne pas être deviné ou bien être **interprété différemment** selon les énonciateurs et selon la situation d'énonciation.

Ainsi dans l'exemple cité plus haut, on peut deviner l'intention de la baronne, parce qu'on sait qu'elle se croit tout permis dans une école où le directeur lui est très redevable.

Dans une autre situation d'énonciation, on pourrait interpréter ainsi l'énoncé : *Je ne montrerai pas le bulletin à mon mari qui est très violent.*

- À l'oral, en particulier dans les discours argumentatifs, l'**intonation** met l'accent sur des sous-entendus qu'on ne veut pas exprimer explicitement.

C'est le cas de Muche qui, par son intonation insistante, veut désigner le sous-entendu (« Revenez sur votre affirmation afin de ménager une bonne cliente »), pour que Topaze le comprenne enfin.

3. L'ironie

- L'**ironie** est un cas fréquent d'implicite. L'énonciateur tient un double langage et dit autre chose que ce qu'il veut faire comprendre, par exemple en employant une antiphrase :

Muche est un modèle d'honnêteté !

L'explicite est ce qui est clairement formulé. L'implicite est une information qui est présupposée ou sous-entendue et doit être interprétée par le destinataire.

Exercices

L'implicite : présupposés et sous-entendus

1 Dans chacun de ces énoncés, le ou les mots soulignés entraînent un présupposé. Retrouvez-le.

1. Hier elle était plus détendue. – 2. Même le chat n'a pas voulu goûter au poisson. – 3. Il prétend n'avoir rien entendu. – 4. On a cessé de m'importuner au téléphone. – 5. Vous êtes enfin raisonnable. – 6. La protection de l'environnement est devenue une préoccupation majeure. – 7. Fabrice n'a plus envie de devenir journaliste. – 8. La moitié des élèves n'a pas obtenu la moyenne. – 9. Depuis le mois de mars, Cécile porte des lunettes. – 10. Deux automobilistes sur cinq étaient en infraction. – 11. Tu es encore plus étourdi que ton frère.

2 Chacune de ces phrases contient un sous-entendu. Trouvez-le et indiquez dans quelle situation d'énonciation la phrase a pu être prononcée.

1. Si on ne m'aide pas, je n'y arriverai jamais. – **2.** Éric qui travaille moins que moi, reçoit toujours des félicitations. – **3.** Il est très curieux que vous n'ayez pas aperçu le cambrioleur. – **4.** Vous n'avez vraiment rien d'autre à nous proposer ? – **5.** Il est bien tard et je vais devoir rentrer à pied. – **6.** Je te préfère avec les cheveux courts. – **7.** Ton camarade, lui, est toujours aimable et souriant.

3 Il arrive fréquemment qu'un énoncé contienne à la fois un présupposé et un sous-entendu. Retrouvez chacun d'eux dans les phrases suivantes.

Ex. : Autrefois, on surveillait moins ce que je faisais.
Présupposé : *Maintenant on me surveille davantage.*
Sous-entendu : *Qu'on me laisse tranquille.*

1. Même Mamie qui entend très mal ne supporte plus tes bavardages incessants. – **2.** Ton cousin a cessé de fumer. – **3.** Avez-vous fini de rire sottement ? – **4.** Je n'espère plus que quelqu'un prenne un jour mes inquiétudes au sérieux. – **5.** Le jaune n'est pas la couleur qui te va le mieux. – **6.** Dans cette assemblée, certains m'ont trahi.

Reconnaître l'implicite et l'ironie dans les textes

4 Lisez ce texte.

(Un tout jeune homme est invité à un dîner d'adultes.)

Le vin me donnait l'impression d'être adulte. Je me sentais fort.

Mais je devais paraître minuscule à côté de mon voisin, le barbichu, qui lui était très grand. Il me regarda donc d'en haut, en souriant. Je lui répondis la main sur le cœur :

— C'est un dîner comme dans les romans.

— Vous écrivez ? me demanda-t-il, ironique.

— Mal. Mais je sais lire.

— Je voulais dire des romans.

— Ah… non. Pourquoi, vous écrivez ?

— Naturellement. Les romans durent plus que les gouvernements.

— Que faites-vous dans la vie ?

Il but une gorgée d'eau.

— Je suis ministre.

Je m'étranglai et posai mon verre.

— Pour de vrai ?

Il sourit amusé.

— Oui, pour de vrai.

C'était un vrai ministre. Je n'en revenais pas.

Ma surprise grandit encore quand ce géant barbu m'apprit qu'il était ministre de l'Éducation nationale. Il avait pourtant une bonne tête.

Alexandre JARDIN, *Bille en tête*, © éd. Gallimard, 1986.

a. Quel présupposé contient la phrase en gras ?

b. En quoi la réplique *Vous écrivez ?* est-elle ironique ?

c. Comment le jeune homme fait-il semblant de comprendre cette question ?

d. Qu'est-ce qui est implicitement contenu dans chacune des phrases soulignées ?

e. Montrez que les répliques soulignées du jeune homme trahissent sa jeunesse.

5 Lisez ce texte.

Après le tremblement de terre qui avait détruit les trois quarts de Lisbonne, les sages du pays n'avaient pas trouvé un moyen plus efficace pour prévenir une ruine totale que de donner au peuple un bel autodafé[1] ; il était décidé par l'université de Coïmbre que le spectacle de quelques personnes brûlées à petit feu, en grande cérémonie, est un secret infaillible pour empêcher la terre de trembler.

[Pangloss et Candide] furent menés séparément dans des appartements d'une extrême fraîcheur, dans lesquels on n'était jamais incommodé du soleil : huit jours après ils furent tous deux revêtus d'un san-benito[2], et on orna leurs têtes de mitres de papier : la mitre et le san-benito de Candide étaient peints de flammes renversées, et de diables qui n'avaient ni queue ni griffes ; mais les diables de Pangloss portaient griffes et queues, et les flammes étaient droites. Ils marchèrent en procession ainsi vêtus, et entendirent un sermon très pathétique, suivi d'une belle musique en faux-bourdon. Candide fut fessé en cadence, pendant qu'on chantait [...] et Pangloss fut pendu quoique ce ne soit pas la coutume. Le même jour la terre trembla de nouveau avec un fracas épouvantable.

VOLTAIRE, *Candide*, 1759.

1. **Autodafé** : cérémonie instituée par l'Inquisition, au cours de laquelle les hérétiques étaient suppliciés.
2. **San-benito** : vêtement revêtu par les victimes de l'Inquisition.

a. Dans le premier paragraphe, quels mots et quelles expressions sont chargés d'ironie. Pourquoi ?

b. De quel lieu, sous le nom d'« appartements », fait-on la description au deuxième paragraphe ? En quoi est-ce ironique ?

c. Dans la deuxième et la troisième phrase du texte, étudiez le décalage qui existe entre les scènes décrites et le ton et le vocabulaire utilisés.

d. Quel message sous-entendu contient la dernière phrase ?

e. Que cherche à dénoncer l'auteur par l'intermédiaire de son ironie ?

6 Lisez ce texte.

(Le fils d'Argante a profité de l'absence de son père pour se marier. Celui-ci vient de rentrer et exprime tout haut sa colère, mais il ne sait pas que Scapin, caché, l'écoute.)

ARGANTE, *se croyant seul.* — Je voudrais bien savoir ce qu'ils me pourront dire sur ce beau mariage.

SCAPIN, *à part.* — Nous y avons songé.

ARGANTE, *se croyant seul.* — Tâcheront-ils de me nier la chose ?

SCAPIN, *à part.* — Non, nous n'y pensons pas.

ARGANTE, *se croyant seul.* —Ou s'ils entreprendront de l'excuser ?

SCAPIN, *à part.* — Celui-là se pourra faire.

ARGANTE, *se croyant seul.* —Prétendront-ils m'amuser par des contes en l'air ?

SCAPIN, *à part.* — Peut-être.

MOLIÈRE, *Les Fourberies de Scapin*, 1671, I, 4.

a. Les répliques de Scapin, prononcées en aparté, contiennent des sous-entendus. Retrouvez ces sous-entendus en prenant soin de les développer un peu.

b. Qu'est-ce que ces répliques, riches en sous-entendus, apportent au comique de la scène ?

Manier l'implicite

7 Écrivez quelques antiphrases (voir page 379) chargées d'ironie, et imaginez la situation d'énonciation dans laquelle elles ont été prononcées.

Ex. : « Bravo ! C'est réussi ! » Phrase adressée à quelqu'un qui vient de faire tomber et de casser ce qu'il portait.

8 Vous êtes chargé d'une enquête et vous interrogez des suspects. Vous formulez donc des phrases contenant des présupposés qui pourraient les mettre en tort et / ou des sous-entendus.

Ex. : « Des témoins vous ont vu vous disputer avec la victime. » *Présupposé :* Vous vous êtes disputé avec la victime. *Sous-entendu :* C'est peut-être le mobile du crime.

4 La modalisation

Texte 1

(Des prisonniers ont été réquisitionnés pour constituer l'équipage d'un bateau. Les risques de mutinerie seront-ils plus grands qu'à terre ?)

– **J'ai toujours estimé**, commença le préfet après s'être éclairci la voix, qu'on tient moins les gens enfermés dans une prison que dans un règlement. **Je vous accorde** qu'ici, à Nasterbourg, nous nous trouvons dans un cas **très particulier. Il n'empêche !** Les murs, les barreaux, les chaînes, les verrous n'ont jamais réussi qu'à exacerber le désir de liberté enraciné dans tout homme. Ces obstacles agissent sur les détenus comme des incitations. **Je ne nie pas** leur nécessité, **bien entendu. Mais enfin**, il ne s'agit que d'accessoires auxquels il s'est toujours révélé **imprudent** de se fier. Mettez un crétin en prison, et il deviendra intelligent, car si faibles qu'elles aient été au départ, ses capacités intellectuelles vont s'aiguiser dans le même temps que se réduira leur champ d'application.

Georges-Olivier CHÂTEAUREYNAUD, *Zinzolins et Nacarats*,

Texte 2

Si **j'avais été enchanté** de l'Égypte, Alexandrie me **sembla** le lieu **le plus triste et le plus désolé** de la terre. Du haut de la terrasse de la maison du consul, je n'apercevais qu'une mer **nue** qui se brisait sur des côtes basses **encore plus nues**, des ports presque **vides**, et le **désert** libyque s'enfonçant à l'horizon de midi : ce désert semblait **pour ainsi dire**, accroître et prolonger la surface jaune et aplatie des flots : **on aurait cru** voir une seule mer, dont une moitié était **agitée et bruyante**, et dont l'autre moitié était **immobile et silencieuse**. Partout la nouvelle Alexandrie mêlant ses ruines aux **ruines** de l'ancienne cité ; un Arabe galopant sur un âne au milieu des **débris** ; quelques chiens **maigres** dévorant des **carcasses** de chameaux sur la grève ; les pavillons des consuls européens flottant au-dessus de leurs demeures et déployant, au milieu des **tombeaux**, des couleurs **ennemies** : tel était le spectacle.

François-René de CHATEAUBRIAND, *Itinéraire de Paris à Jérusalem*, 1811.

Les marques de jugement dans les énoncés

- Un énoncé, une information peuvent être neutres, c'est-à-dire se vouloir **objectifs** :

  ▸ *Le préfet commença après s'être éclairci la voix : « Des prisonniers ont été réquisitionnés pour constituer l'équipage d'un bateau. »*

- Cependant certains énoncés comportent **une prise de position** de l'**énonciateur** qui exprime son opinion ou ses sentiments.

  ▸ *J'ai toujours estimé que cette décision était bonne.*

Les différents indices de la subjectivité de l'énonciateur constituent la modalisation de l'énoncé.

On trouve des marques de modalisation dans tous les types de texte : narratif, descriptif (texte 2), explicatif, argumentatif (texte 1).

Les formes de modalisation

1. L'expression d'une opinion

- L'énonciateur peut annoncer l'expression d'une opinion personnelle :

  ▸ ***J'ai toujours estimé*** *qu'on tient moins les gens enfermés dans une prison que dans un règlement. [...]* ***Je vous accorde*** *qu'ici nous nous trouvons dans un cas très particulier. [...]* ***Je ne nie pas*** *leur nécessité,* ***bien entendu. Mais enfin****...* (texte 1)

- L'énonciateur peut aussi prendre position en donnant son avis sur l'**exactitude** des faits rapportés, sur leur caractère **probable** ou non :

  ▸ *Cet homme est* ***sans doute*** *sincère.*

- Il peut également mettre en évidence leur nécessité :

  ▸ ***Il était indispensable*** *de recourir à ce procédé.*

2. L'expression d'un sentiment

L'énonciateur peut exprimer un sentiment favorable ou défavorable :

▸ ***J'avais été enchanté*** *de l'Égypte. [...] Alexandrie* ***me sembla*** *le lieu* ***le plus triste et le plus désolé*** *de la terre.* (texte 2)

Les modalisateurs

1. Le vocabulaire

Pour faire ressortir son opinion ou ses sentiments à propos de son énoncé, l'énonciateur utilise :

– des **verbes** et locutions verbales : *penser, estimer, juger, croire, être persuadé, avoir l'impression que, il semble que, aimer, apprécier, refuser, détester, déplorer, regretter...*

– des **expressions** marquant un **point de vue** : *quant à moi, selon moi, en ce qui me concerne...*

– des **adverbes** et des **interjections** : *heureusement, malheureusement, bien sûr, évidemment, sans doute, hélas...*

– des **adjectifs** : *possible, probable, vrai, faux, certain...*

– un vocabulaire **mélioratif** ou **péjoratif** : *beau, laid, intéressant, stupide, drôle, admirable, succès, échec …*

– le recours aux **connotations** : la connotation est l'ensemble des idées, des sentiments et des impressions suggérés par un mot, dans un certain contexte. Elle varie en fonction de la situation d'énonciation. Dans le texte 2, les mots *ruines, débris, carcasses…* évoquent l'impression de désolation et de mort ressentie par le narrateur.

2. L'emploi de comparatifs et de superlatifs

Les comparatifs et les superlatifs permettent d'exprimer un **jugement évaluatif** et de renforcer les sentiments de l'énonciateur :

▸ *Le lieu **le plus triste** et **le plus désolé** ; des côtes basses **encore plus nues.*** (texte 2)

3. L'emploi des auxiliaires de modalité, des temps et des modes

• Certains **auxiliaires** suivis d'un infinitif expriment la **modalité** d'une action, c'est-à-dire: la volonté (*vouloir*), la possibilité (*pouvoir*), la nécessité (*falloir, devoir*), etc.

▸ *Il faut réfléchir au problème, nous devons réussir.*

• Le **futur antérieur** de l'indicatif et le **conditionnel** peuvent exprimer une probabilité ou un doute :

▸ *La nouvelle serait sans fondement. Elle aura été diffusée sans vérification préalable.*

4. Les types de phrases et les figures de style

• Des phrases de type interrogatif, injonctif et exclamatif traduisent des sentiments :

▸ *Ne dites plus un mot !* (colère)

• Les comparaisons, les métaphores, les personnifications, les antithèses, les euphémismes, etc. (voir page 376) donnent plus de relief à l'opinion exprimée par l'énonciateur.

▸ *Ces obstacles agissent sur les détenus **comme des incitations.*** (texte 1) (comparaison)

▸ *Une moitié était **agitée et bruyante**, et l'autre moitié était **immobile et silencieuse**.* (texte 2) (antithèse)

La modalisation se manifeste par l'emploi d'un vocabulaire exprimant une opinion ou un sentiment, une évaluation méliorative ou péjorative, par l'emploi de comparatifs, de superlatifs, d'auxiliaires de modalité, de phrases interrogatives, injonctives et exclamatives, de figures de style…

Exercices

Énoncés objectifs et énoncés subjectifs

1 Indiquez si ces phrases sont neutres ou si elles portent la marque de l'opinion de leur énonciateur. Si c'est le cas, relevez les mots porteurs de subjectivité.

1. La tempête a abattu de nombreux arbres. – **2.** Un chalutier aurait fait naufrage en mer du Nord. - **3.** Les responsables ont fait preuve d'une légèreté inadmissible. – **4.** Les portes ouvriront à 20 heures. – **5.** Il faut être plus concentré. – **6.** Hélas ! on ne pourra jamais faire revivre le passé ! – **7.** Ce film est le pire que j'aie jamais vu. – **8.** Coiffée ainsi, tu ressembles à un saule pleureur. – **9.** Ceci est un champ de maïs transgénique. – **10.** Marc fait des études de droit pour devenir avocat.

2 Relevez les marques de modalisation contenues dans ces phrases. a. Indiquez si elles expriment l'opinion ou le sentiment de l'énonciateur. b. Précisez le procédé utilisé.

1. Les restes retrouvés ne sont pas, selon moi, ceux d'un mammouth. – **2.** Je trouve ce raisonnement stupide. – **3.** Heureusement, j'ai eu le plaisir de rencontrer des gens charmants pendant ce voyage. – **4.** La lettre se sera certainement perdue. – **5.** Quelle agréable journée nous avons passée ! – **6.** Nous devons trouver une solution. – **7.** Il a la vivacité d'esprit d'une moule. – **8.** Les troncs noircis et tordus des arbres se détachaient sur le ciel blême.

3 Lisez ces deux textes qui se veulent objectifs. Pourtant...

1. Clonage reproductif : Il permet de créer un être identique génétiquement à un autre, selon deux méthodes possibles. L'une a déjà été expérimentée : c'est le clonage par division embryonnaire. Il consiste à diviser en deux un embryon conçu par fécondation *in vitro*, afin de créer volontairement des jumeaux homozygotes[1]. L'autre méthode n'a jamais été officiellement utilisée sur l'être humain : elle consisterait à prélever une cellule adulte sur un individu pour aboutir à un enfant qui serait une copie conforme génétiquement de cet individu.

Marina JULIENNE, *Eurêka*, n° spécial 46 H, 1999.

1. **Homozygotes :** ayant les mêmes gènes.

2. Il y a sept ou huit ans, un homme nommé Claude Gueux, pauvre ouvrier, vivait à Paris. Il avait avec lui une fille qui était sa maîtresse et un enfant de cette fille. Je dis les choses comme elles sont, laissant le lecteur ramasser les moralités à mesure que les faits les sèment sur leur chemin. L'ouvrier était capable, habile, intelligent, fort mal traité par la nature, ne sachant pas lire et sachant penser. Un hiver, l'ouvrage manqua. Pas de feu, ni de pain dans le galetas[1]. L'homme, la fille et l'enfant eurent froid et faim. L'homme vola. Je ne sais ce qu'il vola, je ne sais où il vola. Ce que je sais, c'est que de ce vol il résulta trois jours de pain et de feu pour la femme et pour l'enfant, et cinq ans de prison pour l'homme. [...]
Poursuivons :
Arrivé là[2], on le mit dans un cachot pour la nuit et dans un atelier pour le jour. Ce n'est pas l'atelier que je blâme.
Claude Gueux, honnête ouvrier naguère, voleur désormais, était une figure digne et grave.

Victor HUGO, *Claude Gueux*, 1881.

1. **galetas :** logement sordide.
2. **là :** la prison centrale de Claivaux.

a. À quel type de texte appartient chacun de ces deux passages ? Dans quels genres d'ouvrages peut-on les rencontrer ?

b. Jusqu'où le premier texte est-il totalement neutre ? À partir d'où la présence de l'énonciateur commence-t-elle à apparaître discrètement ? Relevez un mot et un emploi grammatical qui le traduisent. Que laissent-ils entendre ?

c. Dans le deuxième texte, par quelle phrase le narrateur veut-il marquer sa neutralité ?

d. Relevez tous les procédés par lesquels il exprime ou suggère cependant son opinion.

e. Quelle idée dominante parvient-il à faire émerger de ce récit ?

4 Lisez ce texte.

J'étais allé l'autre soir dans un petit théâtre où l'on jouait une de ces pièces dites d'avant-garde parce qu'on ne les comprend qu'après coup. Le dialogue fourmillait de perles de ce calibre :

« Est-ce un fantassin ?

– Non, c'est un hexagone. »

À chaque trouvaille de ce genre, ma voisine, une initiée sans doute, émettait un petit gloussement, un hoquet de gallinacé. Je la vis à l'entracte au milieu d'un groupe de connaisseurs qui se répandaient en *extrahordinaire* et *rhe-mar-quhâble-quoi ?* Il y a, au pays de Descartes, une *intelligentzia* qui ne trouve la lumière que dans l'obscurité. Quelqu'un passa cependant — quelque « plouk » obscur avide de clarté... — qui avoua n'y rien comprendre.

« Mais pourquoi diable, lui dit ma voisine, voulez-vous à toute force comprendre quelque chose ? Vous êtes d'un bourgeois ! »

Pierre DANINOS, *Les Carnets du major Thompson*, © éd. Hachette, 1954.

a. Le narrateur exprime-t-il nettement son opinion ou la suggère-t-il ?

b. Relevez les mots et procédés par lesquels il donne son opinion sur la pièce et sur la spectatrice.

c. Quel mot traduit l'impression du « plouk » devant la pièce ?

d. Quels procédés nous font deviner l'opinion de la spectatrice sur le « plouk » ?

e. Si les opinions des personnages avaient été plus explicitement formulées, le texte aurait-il gagné ou perdu en humour ?

L'expression des opinions

5 Lisez ce texte.

(Un jeune Japonais entretient une correspondance régulière avec sa mère. Le 6 août 1945, a éclaté la bombe atomique d'Hiroshima...)

Le 13 août

Les résultats de la bombe d'Hiroshima semblent affreux. *Asahi* a reproduit un article d'un journal européen qui proteste au nom de l'humanité. C'est vrai ! Le Suédois a raison quand il fait remarquer que, si les Américains voulaient essayer la bombe atomique, il fallait donner à la population le temps d'évacuer la ville.

Oui, mais si nos ennemis avaient procédé de cette façon, les Japonais ne seraient pas partis ! Personne n'a voulu prendre au sérieux les tracts lancés à Okatani. Quant à moi, j'avais la tentation d'y croire ; mais l'influence de mes camarades a fini par me les faire considérer comme des mensonges.

Je crois que c'est un grand crime de s'acharner sur tant d'innocents qui n'ont même pas travaillé à la fabrication des armements.

Isoko et Ichiro HATANO, *L'Enfant d'Hiroshima*, © éd. Alizé-SFL, 1999.

a. Relevez toutes les marques de modalisation exprimant l'opinion de l'énonciateur.

b. Quels sentiments le jeune homme éprouve-t-il ? Quels mots ou quels procédés grammaticaux permettent de les mettre en valeur ?

c. L'énonciateur exprime-t-il des certitudes ? Répondez en vous appuyant sur le texte.

6 Lisez ce texte.

En fait, je crois que si l'on considère les grandes religions d'un point de vue global, on se rend compte que toutes — bouddhisme, christianisme, hindouisme, islam, judaïsme, sikhisme, zoroatrisme, etc. — cherchent à aider les hommes à trouver un bonheur durable. Chacune d'elles, me semble-t-il, peut y contribuer. Dans ces circonstances, une pluralité de religions — qui, finalement, défendent toutes les mêmes valeurs fondamentales — me paraît à la fois souhaitable et utile.

DALAÏ-LAMA, *Sagesse ancienne, monde moderne* traduit de l'anglais par Éric Diacon, © éd. Fayard, 1999.

a. Relevez les marques de modalisation.

b. L'auteur impose-t-il ou suggère-t-il son opinion ? Justifiez votre réponse.

c. Reformulez brièvement la thèse contenue dans ce texte.

7 Lisez cet extrait d'une critique de film *(Le Libertin)*.

Nulle ambiguïté : il s'agit d'une comédie, pas d'un cours de philo. On s'en réjouit. Puis on déchante, et c'est sans espoir. Pendant cent minutes, nulle autre réelle trouvaille ne viendra transformer la bonne idée en scénario. Le metteur en scène de *Pédale douce* et de *Belle-maman* déballe un bric-à-brac de gags en toc, de bons mots en simili XVIIIe qui se greffent au petit bonheur la chance sur une intrigue sans consistance. Ce qui se dit vole encore plus bas que ce que la caméra dévoile, de manière bâclée et souvent répétitive. La présence de Josiane Balasko, de Fanny Ardant et de Michel Serrault dans une telle galère relève de la prise d'otages.

Jean-Claude LOISEAU, *Télérama*, n°2733, 1er juin 2002.

a. Précisez ce que le journaliste reproche au film.

b. Quels procédés privilégie-t-il pour faire passer son opinion ? Citez le texte.

c. Quels sont le ton et les différents registres de langue adoptés ? Donnez-en des exemples.

d. L'auteur de l'article se met-il personnellement en avant ? Peut-on dire pour autant que son analyse est objective ?

L'évocation de sentiments et d'impressions

8 Lisez ce texte.

(La maison du narrateur a été entièrement vidée de son mobilier.)

Or, un soir, vers quatre heures, comme je m'engageais dans une rue invraisemblable où coule une rivière noire comme de l'encre nommée « Eau de Robec », mon attention, toute fixée sur la physionomie bizarre et antique des maisons, fut détournée tout à coup par la vue d'une série de boutiques de brocanteurs qui se suivaient de porte en porte.

Ah ! ils avaient bien choisi leur endroit, ces sordides trafiquants de vieilleries, dans cette fantastique ruelle, au-dessus de ce cours d'eau sinistre, sous ces toits pointus de tuiles et d'ardoises où grinçaient encore les girouettes du passé ! [...]

Ma tendresse pour les bibelots se réveillait dans cette cité d'antiquaires. J'allais de boutique en boutique, traversant en deux enjambées les ponts de quatre planches pourries jetées sur le courant nauséabond de l'Eau de Robec.

Miséricorde ! Quelle secousse ! Une de mes plus belles armoires m'apparut au bord d'une voûte encombrée d'objets et qui semblait l'entrée des catacombes d'un cimetière de meubles anciens.

Guy DE MAUPASSANT, *Qui sait ?*, 1890.

a. Dites quels sentiments et quelles sensations éprouvés par le narrateur sont exprimés dans chaque paragraphe. Relevez ce qui les traduit.

b. Ce texte ne raconte pas une banale histoire de vol, mais est extrait d'une nouvelle fantastique. Quels mots utilisés par le narrateur suggèrent cette dimension fantastique ?

9 Lisez ce texte.

Pourquoi cette maison m'avait-elle frappé ? Pourquoi ce portail fermé me serrait-il le cœur ? Je n'aurais pas pu le dire, et pourtant ce logis me faisait froid. Il y avait trop de silence autour... Quand on passait, les chiens n'aboyaient pas, les pintades s'enfuyaient sans crier... À l'intérieur, pas une voix ! Rien, pas même un grelot de mule... Sans les rideaux blancs des fenêtres et la fumée qui montait des toits, on aurait cru l'endroit inhabité.

Alphonse DAUDET, *Lettres de mon moulin*, 1869.

a. À quel type de texte appartient cet extrait ?

b. Relevez les marques de modalisation.

c. Quelles impressions et quels sentiments ressent le narrateur ? Sont-ils nets ou confus ? Justifiez votre réponse.

d. Quel est le champ lexical qui produit l'impression dominante ?

S'exercer à l'expression de soi

10 Ces phrases se veulent neutres. Transformez-les et développez-les pour qu'elles expriment une opinion ou un sentiment. Variez le plus possible les outils de modalisation.

1. Une marée noire se rapproche des côtes de Bretagne. – **2.** Mes amis m'ont emmené voir un film. – **3.** Les jeunes passent de nombreuses heures devant la télévision. – **4.** La vente de jeux vidéos est en nette progression. – **5.** Un jeune garçon a sauvé un vieux monsieur de la noyade. – **6.** La protection de l'environnement préoccupe de nombreuses nations.

11 Sur le modèle du texte de l'exercice 9, évoquez un paysage ou un lieu qui a exercé sur vous une forte impression.

12 Certains préfèrent les vacances actives, d'autres préfèrent le repos total. Après avoir exposé aussi objectivement que possible les avantages et les limites de chacune de ces attitudes, vous exposerez votre point de vue personnel en variant le plus possible les procédés de modalisation.

5 Les mises en relief

Texte 1

Connaissez-vous sur la colline
Qui joint Montlignon à Saint-Leu,
Une terrasse qui s'incline
Entre un bois sombre et le ciel bleu ?

C'est là que nous vivions, — Pénètre,
Mon cœur, dans ce passé charmant ! —
Je l'[1] entendais sous ma fenêtre
Jouer le matin doucement.

Elle courait dans la rosée,
Sans bruit, de peur de m'éveiller ;
Moi, je n'ouvrais pas ma croisée,
De peur de la faire envoler.

Victor HUGO, *Les Contemplations*, 1856.

1. Léopoldine, la fille du poète, disparue à 19 ans.

Texte 2

La clarté des étendues blanches éclaire son visage, la profondeur insondable des vastes plateaux se reflète dans l'eau noire de son regard.

— Sur le lac Michikamau, on a fait près de deux cents kilomètres à la recherche des Indiens Naskaupi. Dillon comptait sur eux pour nous servir de guides. Moi, j'y croyais pas. J'étais pour qu'on prenne une autre voie de pénétration, mais Wallace a une tête de pioche. Comme il faut toujours un chef dans une expédition, on s'était mis d'accord : en cas de litige, il l'emportait. Normal. La carte, c'est lui qui l'avait dressée avec les documents géologiques qu'un vieil Indien lui avait vendus.

Bernard CLAVEL, *L'Homme du Labrador*, © éd. Balland, 1982.

Les formes de mises en relief ou formes emphatiques

Pour communiquer de la **force** à ses **idées** et mieux les faire partager, on doit donner du relief à ses propos. Il existe pour cela des formes de phrases spécifiques, dites « de mises en relief » ou « emphatiques ».

1. Les formes de phrase à présentatifs

Le mot ou le groupe de mots que l'on veut mettre en relief est encadré par un **présentatif** : *c'est... qui (que), voici (voilà) ...qui (que), il y a ... qui (que)* :

- *C'est* ***là*** *que nous vivions.* (texte 1) – *Voici* ***le lieu*** *où nous vivions.*
- *La carte, c'est* ***lui*** *qui l'avait dressée.* (texte 2)
- *Il y a* ***longtemps*** *qu'il est parti.*

2. Les formes de phrase à détachement

• Le mot ou le groupe de mots mis en relief est détaché du reste de la phrase par sa position **en tête** ou **en fin de phrase** et par la présence d'une virgule. Il est repris ou annoncé par un pronom personnel ou démonstratif.

- ***Moi****, j'y croyais pas.* ***La carte****, c'est lui qui l'avait dressée.* (texte 2)
- *J'y croyais pas,* ***moi****. C'est lui qui l'avait dressée,* ***la carte****.*

• On peut également donner de l'importance à un complément circonstanciel de temps ou de lieu, en le plaçant en tête de phrase. Il joue alors le rôle d'un connecteur spatial ou temporel.

- ***Sur le lac Michikamau****, on a fait près de deux cents kilomètres.* (texte 2)

L'utilisation des autres formes de phrase

• Une phrase peut être de **forme active** ou **passive**, en fonction de la voix de son verbe. Le **thème varie** selon la forme choisie.

- Forme active : *La clarté des étendues blanches* ***éclaire*** *son visage.* (texte 2)
  Le thème de la phrase est : La clarté des étendues blanches.
- Forme passive : *Son visage* ***est éclairé*** *par la clarté des étendues blanches.*
  Le thème de la phrase est : *Son visage.*

• Une phrase est de **forme pronominale** si elle contient un verbe pronominal :

- *Une terrasse qui* ***s'incline****...* (texte 1) - *La profondeur insondable des vastes plateaux* ***se reflète*** *dans l'eau noire de son regard.* (texte 2)

Dans ces deux exemples, la forme pronominale donne une vie propre à la terrasse et à la profondeur des plateaux. En effet le pronom personnel réfléchi renforce la participation du sujet à l'action.

• Une phrase peut être de **forme personnelle** ou **impersonnelle**. Dans ce cas, elle contient un sujet grammatical indéterminé (*il*) et un sujet logique placé après le verbe. La phrase impersonnelle met l'**accent** sur le **propos**.

- Forme personnelle : *Avoir des guides est nécessaire.*
- Forme impersonnelle : *Il est nécessaire d'avoir des guides.*
  (*Il* : sujet grammatical ; *d'avoir des guides* : sujet logique)

• Toute phrase est de **forme positive** ou de **forme négative**. Dans ce cas, elle contient une négation : *ne…pas, plus, guère, rien, personne*, etc.

▸ *Je n'ouvrais pas ma croisée.* (texte 1)

Une phrase négative permet de modifier ou de nuancer un **acte de parole** :

▸ *Entrez.* (ordre) – ***N'entrez pas.*** (défense)

▸ *C'est difficile.* (affirmation) = ***Ce n'est pas facile.*** (affirmation atténuée)

Pour mettre en relief un mot ou un groupe de mots, on a le choix entre les formes de phrases à présentatif : C'est *là* que *nous vivions*, et les formes à détachement, avec reprise par un pronom : Moi, *je n'y croyais pas*.
On distingue également les formes de phrases actives, passives, personnelles, impersonnelles, pronominales, négatives, positives.

Exercices

Les mises en relief

1 a. Relevez les mots ou les groupes de mots mis en relief dans ces phrases.

b. Récrivez ces phrases sans mise en relief. Comment vous paraissent-elles par rapport aux phrases d'origine ?

1. Eux, ils ont toujours les meilleures places ! – **2.** C'est tous les jours qu'il faut surveiller son alimentation. – **3.** Je ne l'ai pas reconnu, ton camarade. – **4.** Au salon, il y a deux personnes qui vous attendent. – **5.** Je n'en veux pas, de ses conseils. – **6.** Depuis toujours, soigner des enfants en Afrique, c'est son objectif. C'est pour cette raison qu'elle veut devenir médecin. – **7.** Du fond de l'horizon, arrivaient deux cavaliers.

2 Lisez ce texte.

— Respirez fort…

Je respire.

— Euhlamondieu que ça siffle. Enfin, la bronchite, ça s'est bien passé avec le sirop que vous m'avez donné la dernière fois…

— Mmmhh. C'est ce que je vois…

— Oui heureusement mais c'est mon cœur qui me fait souffrir… Et puis mes jambes, Euhlamondieu! Les gélules que vous m'avez données l'autre fois, ça m'a calmée un jour, à peine deux et après ça a recommencé. Remarquez, ça fait cinquante ans que ça dure, alors ça peut pas s'arranger du jour au lendemain…

Tu te penches vers mes jambes.

— Où avez-vous mal ?

— Un peu plus bas… (Tu m'appuies sur les tibias.) Aïïïe ! Oui, Euhlamondieu que ça fait mal, oui, **c'est là…**

— C'est musculaire… Quand on est un peu forte, comme vous, les muscles des jambes travaillent beaucoup plus…

— Euhlamondieu ! C'est vrai que j'ai travaillé dans ma vie ! J'y dis à mon mari : Marcel, c'est pas dieu possible que je sois fatiguée comme ça…

Martin WINCKLER, *La Maladie de Sachs*, © éd. P.O.L, 1998.

a. Relevez les mises en relief dans les répliques de la malade. Précisez chaque fois les mots mis en relief et le procédé utilisé.

b. Dans l'expression en gras, qu'est-ce qui est sous-entendu ? Quel mot est donc mis en relief ?

c. Lorsque la malade utilise un détachement, par quel type de pronom le reprend-elle ? À quel niveau de langue appartient ce pronom ?

d. Quelle sorte de langage utilise la patiente ? Montrez que les différentes mises en relief contribuent à le caractériser.

Les formes de phrase et leurs emplois

3 Indiquez quelles sont les formes de ces phrases. Plusieurs formes de phrases peuvent se combiner entre elles.

1. Il s'est passé trois mois avant que Romain nous donne enfin de ses nouvelles. – **2.** Un nouveau scandale financier a été révélé par un quotidien. – **3.** Le chiot ne s'est pas arrêté de gémir. –

4. C'est ce roman que les membres du jury littéraire ont préféré. – 5. Il n'a rien été dévoilé des discussions entre les deux chefs d'état.

4 **a. Recopiez ces phrases, indiquez quelle est leur forme et soulignez les mots mis en valeur par cette forme.**

b. Puis récrivez-les en les mettant à la forme indiquée entre parenthèses. Soulignez les mots mis désormais en valeur.

Ex. : La poussée des eaux a rompu le barrage. (personnelle, active) → Le barrage a été rompu par la poussée des eaux. (personnelle, passive)

1. Des promeneurs ont découvert des vestiges gallo-romains. (passive). – **2.** Des milliers d'exemplaires de ce modèle se sont déjà vendus. (impersonnelle). – **3.** Les résultats seront affichés la semaine prochaine. (mise en relief du complément circonstanciel par présentatif). – **4.** Il n'est pas utile de joindre une enveloppe. (personnelle) – **5.** Les buissons ont été recouverts par le sable. (active)

5 **Lisez ce texte.**

(M. Lalouette a posé sa candidature à l'Académie. Mais il vient d'avouer… qu'il ne sait pas lire !)

M. Patard eut un « oh ! » qui en disait long sur son état d'âme.

Et puis, il se laissa tomber sur un siège, avec un grand soupir :

— Ça, c'est embêtant ! fit-il.

Et il y eut un triste silence entre les deux hommes.

Ce fut M. Gaspard Lalouette qui osa, le premier, reprendre la parole :

— Je vous l'aurais bien caché, comme aux autres, mais vous, qui êtes au secrétariat perpétuel, qui recevrez ma correspondance, qui aurez certainement l'occasion de me soumettre vos écritures (me soumettre vos écritures ! M. Hippolyte Patard leva les yeux au ciel), j'ai bien pensé que vous vous en apercevriez tout de suite… et je me suis dit qu'il valait mieux s'arranger avec vous de façon à ce que personne n'en sache rien jamais… jamais !… Vous ne répondez pas ? Est-ce l'affaire du discours qui vous gêne ? Eh bien, vous ne le ferez pas trop long et vous me l'apprendrez par cœur… Je ferai tout ce que vous voudrez … mais dites quelque chose.

M. Hippolyte Patard n'en revenait pas…

Il en restait comme assommé. Il avait vu bien des choses depuis quelques mois, mais ça, c'était le plus fort de tout. Un candidat à l'Académie qui ne savait pas lire !

Gaston LEROUX, *Le Fauteuil hanté.*

a. Relevez les mises en relief du texte. Précisez chaque fois les mots mis en relief et le procédé utilisé. Quel état d'esprit traduisent-elles chez leurs énonciateurs ?

b. Relevez deux propositions impersonnelles. Sur quelle partie de la phrase l'accent est-il mis ?

c. Relevez toutes les propositions à la forme pronominale.

d. Relevez deux propositions à la forme négative. Dans quelle intention cette forme a-t-elle, chaque fois, été choisie ?

Donner du relief à ses énoncés

6 **Donnez une forme emphatique à ces phrases en mettant en relief les mots soulignés. Vous utiliserez le procédé indiqué entre parenthèses.**

1. Cécile a remporté un tournoi d'échecs. (présentatif) – **2.** Cécile a remporté un tournoi d'échecs. (présentatif) – **3.** J'admire beaucoup ceux qui se dévouent bénévolement à autrui. (détachement en tête de phrase) – **4.** Elle attend les vacances avec impatience. (détachement en fin de phrase) – **5.** Florent n'est pas venu à ma soirée parce qu'il est trop timide. (présentatif). – **6.** Cinq patients attendent encore dans la salle de consultation. (présentatif) – **7.** Tu seras une chanteuse célèbre et je serai pompier. (détachement en tête de phrase et de proposition).

7 **a. Racontez un fait divers sur un ton aussi neutre que possible, sans aucune mise en relief.**

b. Récrivez votre texte, en lui ajoutant de nombreuses mises en relief.

c. Imaginez dans quels cas ces deux textes auraient pu être produits.

6 Les points de vue

Texte 1

On était en 1861. Flaubert écrivait *Salammbô*, l'éclairage électrique n'était encore qu'une hypothèse et Abraham Lincoln, de l'autre côté de l'Océan, livrait une guerre dont il ne verrait pas la fin.

Hervé Joncour avait trente-deux ans.

Il achetait et il vendait.

Des vers à soie.

Alessandro BARICCO, *Soie*, traduit de l'italien par Françoise Brun, © éd. Albin Michel, 1997.

Texte 2

L'enfant ne se fit pas prier. D'un bond, il atterrit sur le Manège, à deux pas du forain.

Cette fois, celui-ci remarqua, sur sa pommette droite, un carré de peau rafistolée au-dessus d'un creux. La joue avait, sans doute, été transpercée par une sorte de lame. Cette constatation confirma ses soupçons : le gamin devait faire partie d'une dangereuse bande de voyous.

Andrée CHÉDID, *L'Enfant multiple*, © éd. Flammarion, 1989.

Texte 3

Il se tut et personne ne dit mot. Christophe versa à boire, fit circuler le verre, et ils achevèrent la bouteille. Serge ne parlait toujours pas, mais se levait souvent, faisait deux pas, revenait s'asseoir, se baissait pour ramasser un morceau d'anthracite qu'il jetait contre le mur où il se brisait en projetant des éclats luisants. Longtemps, ils restèrent ainsi, puis ce fut Christophe qui rompit le silence.

Bernard CLAVEL, *Malataverne*, © éd. Robert Laffont, 1960.

Dans un récit ou une description, on doit pouvoir comprendre selon le regard ou la perception de qui les choses sont racontées ou décrites.

Le point de vue omniscient

Comme dans le texte 1, il arrive enfin fréquemment que le récit soit fait par un narrateur **extérieur à l'action**, mais qui semble **tout savoir** des événements et de ce qui concerne les différents personnages, de leur passé, parfois de leur avenir.

Il est capable de se transporter d'un lieu à un autre et d'une époque à une autre :

▸ *Flaubert écrivait Salammbô, l'éclairage électrique n'était encore qu'une hypothèse et Abraham Lincoln, de l'autre côté de l'Océan, […]* (texte 1)

Ce point de vue est appelé « omniscient », c'est-à-dire « qui sait tout ».

Ce narrateur omniscient peut rester **neutre** ou bien **intervenir** :

- *Nul quartier n'est plus horrible, à notre avis.*

Le point de vue interne

1. Dans un récit à la première personne

Lorsque le narrateur dit « **je** », c'est évidemment selon **son point de vue** que sont présentés les faits. C'est également le cas des dialogues qui offrent le point de vue du personnage qui parle.

2. Dans un récit à la troisième personne

Les faits rapportés le sont d'après ce que **voit un personnage de l'histoire**.

Ainsi, dans le texte 2, à partir de *Cette fois, celui-ci…* le lecteur «voit» ce que remarque le forain lorsque l'enfant se rapproche de lui : *[il]* ***remarqua****, sur sa pommette droite, un carré de peau rafistolée au-dessus d'un creux.* Cette découverte entraîne des réflexions qui nous sont également communiquées : *Cette constatation confirma ses soupçons : le gamin devait faire partie…*

En lisant ce passage, le lecteur partage les impressions du forain. Ce procédé permet donc au lecteur de s'identifier à un personnage de l'histoire.

Dans un point de vue interne, on rencontre généralement des **verbes de perception** qui ont pour sujet le personnage concerné : *remarquer, voir, sentir, entendre.*

Le point de vue externe

Les faits peuvent être racontés par un **témoin extérieur** à l'histoire qui ne manifeste pas sa présence. Ils sont présentés avec une grande **neutralité**. C'est le cas du texte 3 où les faits et gestes semblent vus et racontés de l'« extérieur ». On ne nous dit rien de ce que pensent les personnages, il n'y a aucun commentaire sur les événements.

Parfois dans ce genre de texte, les commentaires peuvent être **implicites** (voir page 272). Dans le texte 1, le lecteur devine la tension qui règne dans la pièce.

Remarque :

Très souvent, dans les récits à la troisième personne, l'auteur joue avec les différents points de vue. Par exemple, on remarque fréquemment qu'un récit, globalement présenté selon un point de vue omniscient, nous fait partager, l'espace de quelques lignes, le regard et les impressions d'un personnage de l'histoire, au moyen d'un passage en point de vue interne. C'est le cas du texte 2.

Le narrateur peut choisir de présenter son récit selon un point de vue externe : celui d'un témoin extérieur qui se contente de dire ce qu'il voit sans l'interpréter ; un point de vue interne : le narrateur adopte celui d'un personnage de l'histoire qui a une vision personnelle mais limitée ; ou un point de vue omniscient : le narrateur sait tout des événements et des personnages.

Exercices

Identifier les points de vue

1 Selon quel point de vue sont racontés ou décrits les faits, dans chacun de ces trois textes ? Donnez une explication détaillée.

1. Ce gentilhomme était un de ces petits esprits doucement établis entre l'inoffensive nullité qui comprend encore, et la fière stupidité qui ne veut ni rien accepter ni rien rendre. Pénétré de ses devoirs envers le monde, et s'efforçant de lui être agréable, il avait adopté le sourire du danseur pour unique langage. Content ou mécontent, il souriait. Il souriait à une nouvelle désastreuse aussi bien qu'à l'annonce d'un heureux événement. Ce sourire répondait à tout par les expressions que lui donnait M. de Bargeton. S'il fallait absolument une approbation directe, il renforçait son sourire par un rire complaisant, en ne lâchant une parole qu'à la dernière extrémité.

Honoré de Balzac, *Les Illusions perdues*, 1837.

2. Lennie passa derrière l'arbre et rapporta une brassée de rameaux et de feuilles mortes. Il les jeta en tas sur le monceau de vieilles cendres et il retourna en chercher davantage. La nuit était presque venue. Des ailes de tourterelle sifflèrent au-dessus de l'eau. Georges s'approcha du tas de bois et alluma les feuilles sèches. La flamme crépita parmi les brindilles et s'étendit. Georges défit son ballot et en sortit trois boîtes de haricots en conserve. Il les mit debout autour du feu, tout près de la braise, mais sans toutefois qu'elles touchassent la flamme.

John STEINBECK, *Des souris et des hommes*, traduit de l'anglais par M.-E. Coindreau, © éd. Gallimard 1937.

3. Mais le bas de la tente se releva, et une forme monstrueuse apparut. Salammbô ne distingua d'abord que les deux yeux, avec une longue barbe blanche qui pendait jusqu'à terre ; car le reste du corps, embarrassé dans les guenilles d'un vêtement fauve, traînait contre le sol ; et, à chaque mouvement pour avancer, les deux mains entraient dans la barbe, puis retombaient. En rampant ainsi, elle arriva jusqu'à ses pieds, et Salammbô reconnut le vieux Giscon.

Gustave FLAUBERT, *Salammbô*, 1862.

2 Lisez ces trois extraits d'un même chapitre de roman, qui évoquent tous le même lieu.

1. Au bout de la rue Guénégaud, lorsqu'on vient des quais, on trouve le passage du Pont-Neuf, une sorte de corridor étroit et sombre qui va de la rue Mazarine à la rue de Seine. Ce passage a trente pas de long et deux de large, au plus ; il est pavé de dalles jaunâtres, usées, descellées, suant toujours une humidité âcre ; le vitrage qui le couvre, coupé à angle droit, est noir de crasse. [...]

À gauche, se creusent des boutiques obscures, basses, écrasées, laissant échapper des souffles froids de caveau.

2. Madame Raquin vint à Paris et alla droit au passage du Pont-Neuf. Une vieille demoiselle de Vernon l'avait adressée à une de ses parentes qui tenait dans ce passage un fonds de mercerie dont elle désirait se débarrasser. L'ancienne mercière trouva la boutique un peu petite, un peu noire ; mais en traversant Paris, elle avait été effrayée par le tapage des rues, par le luxe des étalages, et cette galerie étroite, ces vitrines modestes lui rappelèrent son ancien magasin si paisible.

3. Quand Thérèse[1] entra dans la boutique où elle allait vivre désormais, il lui sembla qu'elle descendait dans la terre grasse d'une fosse. Une sorte d'écœurement la prit à la gorge, elle eut des frissons de peur. Elle regarda la galerie sale et humide, elle visita le magasin, monta au premier étage, fit le tour de chaque pièce : ces pièces nues, sans meubles, étaient effrayantes de solitude et de délabrement.

Émile ZOLA, *Thérèse Raquin*, 1867.

1. La belle-fille de Mme Raquin.

a. Repérez ce qui appartient à un point de vue omniscient et à un point de vue interne. N'oubliez pas qu'un même texte peut offrir des points de vue différents.

b. Quels sont les deux textes qui présentent la vision des lieux la plus proche ?

c. Quel personnage a la vision la plus favorable du lieu ? Relevez les mots et expressions par lesquels le narrateur l'explique.

D'un regard à l'autre

3 Lisez ce texte.

Hier, 22 février 1846, j'allais à la Chambre des Pairs. Il faisait très froid, malgré le soleil et midi. Je vis venir rue de Tournon un homme que deux soldats emmenaient. Cet homme était blond, pâle, maigre, hagard ; trente ans à peu près, un pantalon de grosse toile, les pieds nus et écorchés dans des sabots avec des linges sanglants roulés autour des chevilles pour tenir lieu de bas ; une blouse courte, souillée de boue derrière le dos, ce qui indiquait qu'il couchait habituellement sur le pavé ; la tête nue et hérissée. Il avait sous le bras un pain. Le peuple disait autour de lui qu'il avait volé ce pain et que c'était à cause de cela qu'on l'emmenait. En passant devant la caserne de gendarmerie, un des soldats y entra, et l'homme resta à la porte, gardé par l'autre soldat.

Une voiture était arrêtée devant la porte de la caserne. C'était une berline armoriée[1] portant aux lanternes une couronne ducale, attelée de deux chevaux gris, deux laquais en guêtres derrière. Les glaces étaient levées, mais on distinguait l'intérieur tapissé de damas[2] bouton d'or. Le regard de l'homme fixé sur cette voiture attira le mien. Il y avait dans la voiture une femme belle, éblouissante, qui riait et jouait avec un charmant petit enfant de seize mois enfoui sous les rubans, les dentelles et les fourrures.

Cette femme ne voyait pas l'homme terrible qui la regardait.

Victor HUGO, *Choses vues*, 1887.

1. **armorié** : orné d'armoiries, c'est-à-dire du blason propre à un famille noble.
2. **damas** : étoffe originaire de la ville de Damas en Syrie.

a. À quelle personne le récit est-il fait ? Quel point de vue le narrateur adopte-t-il donc?

b. Qu'est-ce que Hugo essaie de comprendre du personnage et de la situation ? En quoi se distingue-t-il donc d'un narrateur omniscient ?

c. Quelles directions successives prend son regard ?

d. À quel moment le regard de Hugo et celui de l'homme convergent-ils ? La description qui est faite alors correspond-elle, selon vous, à la vision des deux personnages ?

4 Lisez ce texte.

Assis dans le lit, il boit à petites gorgées un verre de thé. Il se sent mieux, mais ne peut pas sortir. Il regarde par la fenêtre. Le petit jardin qu'il aime tant est noyé sous la pluie. Trop de mauvaises herbes se sont entassées. Dès qu'il fera beau, il nettoiera le jardin. Il demande à la femme de ménage d'allumer la télévision. L'image est floue. Sa vue ne cesse de baisser. C'est un film américain qui parle français. Il n'entend pas bien. Surtout il ne comprend pas pourquoi la télévision marocaine, qui ouvre ses programmes par l'hymne national et la lecture du Coran, enchaîne sur une série américaine ou française. Il se sent non seulement exclu, mais floué. Ces images de cow-boys, de gangsters ou de riches Américains décadents ne le concernent en rien.

Tahar BEN JELLOUN, *Jour de silence à Tanger*, © éd. du Seuil, 1990.

a. Quel verbe introduit précisément le point de vue interne ? Qu'est-ce qui, dans la suite, confirme ce point de vue ?

b. Relevez les termes qui appartiennent au champ lexical des perceptions.

c. À quel moment passe-t-on du domaine de la perception à celui des idées et des impressions ?

5 Relisez le texte de l'exercice n°3 et racontez les faits à la troisième personne, mais selon le point de vue de l'homme arrêté. Vous insisterez sur ce qu'il voit et l'interprétation qu'il en donne.

7 Raconter et décrire

Texte 1

Avant l'aube, il y a un bruit, une rumeur, tout à coup. Les jeunes gens qui partent chaque nuit en éclaireurs sont revenus à la hâte. Ils racontent comment, d'un rocher sur lequel ils étaient grimpés pour chasser des perdrix, ils ont découvert un fleuve immense qui reflétait la lumière du ciel. Alors le peuple de Méroé qui a dressé un camp pour s'abriter de la tempête de sable, se remet en marche. Les hommes et les enfants partent d'abord précipitamment, les prêtres portent la litière de la jeune reine.

Jean-Marie G. LE CLÉZIO, *Onitsha*, © éd. Gallimard, 1991.

Texte 2

Une longue maison rouge, avec cinq portes vitrées, sous des vignes vierges, à l'extrémité du bourg ; une cour immense avec préaux et buanderie, qui ouvrait en avant sur le village par un grand portail ; sur le côté nord, la route où donnait une petite grille et qui menait vers La Gare, à trois kilomètres ; au sud et par derrière, des champs, des jardins et des prés qui rejoignaient les faubourgs… tel est le plan sommaire de cette demeure où s'écoulèrent les jours les plus tourmentés et les plus chers de ma vie — demeure d'où partirent et où revinrent se briser, comme des vagues sur un rocher désert, nos aventures.

ALAIN-FOURNIER, *Le Grand Meaulnes,* © éd. Fayard, 1913.

Texte 3

La terre où j'avais été élevé se trouvait sur la route. Quand j'aperçus les bois où j'avais passé les seuls moments heureux de ma vie, je ne pus retenir mes larmes, et il me fut impossible de résister à la tentation de leur dire un dernier adieu.

Mon frère aîné avait vendu l'héritage paternel, et le nouveau propriétaire ne l'habitait pas. J'arrivai au château par la longue avenue de sapins ; je traversai à pied les cours désertes ; je m'arrêtai à regarder les fenêtres fermées ou demi-brisées, le chardon qui croissait au pied des murs, les feuilles qui jonchaient le seuil des portes et ce perron solitaire où j'avais vu si souvent mon père et ses fidèles serviteurs.

François-René de CHATEAUBRIAND, *René*, 1802.

Raconter

1. Pourquoi et comment raconte-t-on ?

- On peut raconter des faits **réels** ou **fictifs** dans le but d'**informer**, de **distraire**, de **faire rêver**... On peut également raconter pour **expliquer** ou pour **convaincre**. (Voir page 296.)

• L'**ordre** de la narration est, le plus fréquemment, l'ordre **chronologique** (texte 1), mais on peut aussi effectuer des **retours en arrière** (*Quelques années plus tôt…, Lorsqu'il était enfant…*).

On peut **ralentir** le rythme de la narration en entrant dans les détails ou au contraire l'**accélérer** en sautant des étapes : il s'agit, dans ce cas, d'une ellipse narrative. *(Bien longtemps après…)*

• Un récit est fait à la **première personne** ou à la **troisième**. Enfin une histoire est racontée selon un **point de vue narratif** (voir pag 286) :

– **externe** : le narrateur, extérieur à l'action, raconte les faits sans les commenter (texte 1);

– **interne** : il raconte ce que voit et ressent un personnage (texte 3);

– **omniscient** : il semble tout savoir des faits et des personnages.

2. Les caractéristiques du discours narratif

• Pour être clair, un récit doit **situer les faits** dans l'**espace** et dans le **temps**. On utilise pour cela :

– des connecteurs de temps et de lieu : *d'abord, ensuite, puis ; ici, là, plus loin*, etc.

▸ *Alors le peuple de Méroé [...] se remet en marche. Les hommes et les enfants partent d'abord.* (texte 1)

– des compléments circonstanciels ou essentiels de temps et de lieu :

▸ *La terre où j'avais été élevé se trouvait* ***sur la route. Quand j'aperçus les bois où j'avais passé les seuls moments heureux de ma vie****, je ne pus retenir mes larmes.* (texte 2)

• Dans un **récit au passé**, le temps dominant est le passé simple, utilisé pour les faits de **premier plan**, qui se sont produits à un moment précis du passé.

▸ *J'arrivai au château par la longue avenue de sapins.* (texte 3)

Le **passé composé** tend à remplacer le passé simple à l'oral et de plus en plus souvent à l'écrit.

▸ *Je suis arrivé au château par la longue avenue de sapins.*

Les faits de **second plan**, qui évoquent le décor, l'atmosphère, la situation, sont à l'**imparfait**. Les faits **antérieurs** sont au **plus-que-parfait** et les faits **postérieurs** au **futur dans le passé**.

▸ *La terre où j'avais été élevé se trouvait sur la route qui me conduirait vers de lointains horizons.*

Dans une **narration au présent**, les faits de **premier plan** et de **second plan** sont au **présent**. Les faits **antérieurs** sont au **passé composé** et les faits **postérieurs** sont au **futur**.

▸ *Alors le peuple de Méroé qui a dressé un camp pour s'abriter de la tempête de sable, se remet en marche.* (texte 1)

L'ordre d'un récit peut être chronologique ou présenter des retours en arrière. On peut ralentir ou accélérer le rythme de la narration. Un récit, à la 1re ou à la 3e personne, est fait selon un point de vue narratif.
Une narration doit situer les faits dans le temps et dans l'espace et respecter les temps propres au récit.

Décrire

1. Pourquoi et comment décrit-on ?

- Une description doit être **adaptée** au **type de texte** qui la contient : on peut décrire pour expliquer ou pour argumenter. Dans un récit, elle donne une réalité aux personnages, aux objets et aux lieux (texte 2), elle crée une atmosphère (texte 3), fait mieux comprendre les événements.

- En fait, discours descriptif et discours narratif sont étroitement liés. Ils sont même souvent indissociables (textes 2 et 3).

- Celui qui décrit le fait selon l'**endroit où il se trouve** : de près, de loin, d'en haut, d'en bas. Comme la narration, la description se fait selon un **point de vue** (voir p. 286). Dans le texte 3 la description est faite selon le regard du narrateur (point de vue interne) et selon son déplacement dans la propriété.

- Une description peut être **objective** : dans le texte 2, le narrateur s'efforce de donner une description aussi précise et neutre que possible du décor de son enfance. Elle peut aussi refléter les **sentiments** du narrateur : la description du texte 3 exprime la tristesse du personnage.

2. Les caractéristiques du discours descriptif

- Pour être claire une description doit être construite dans l'espace. On utilise pour cela des **connecteurs** et des **compléments de lieu**.
  - ▸ *Sur le côté nord, …vers La Gare, à trois kilomètres ; au sud et par derrière* (texte 2)

- Les expansions des noms précisent et permettent d'imaginer les éléments de la description. Ce sont les **adjectifs épithètes**, les **compléments de nom**, les **subordonnées relatives descriptives** sans oublier les **appositions**.
  - ▸ *La longue avenue de sapins, le chardon qui croissait au pied des murs.* (texte 3)

- L'emploi de **champs lexicaux**, de **comparaisons**, de **métaphores** et de personnifications donne du relief aux descriptions en frappant l'imagination :
  - ▸ *Ce perron solitaire.* (personnification) (texte 3)

- Une description dans le **présent** se fait au **présent** et une description dans le **passé** se fait à l'**imparfait**.
  ▸ *Le chardon croît au pied des murs. Le chardon croissait au pied des murs.*

Une description est faite selon le point de vue du narrateur ou d'un personnage. Pour décrire on utilise des connecteurs et des compléments de lieu, des expansions du nom, des comparaisons, des métaphores et des personnifications. Le temps de la description est le présent ou l'imparfait.

Exercices

Étudier une narration

1 Lisez ce texte.

(Jacques Cormery a été insulté par Munoz. Ils règlent l'affaire par un « duel » devant leurs camarades de classe.)

[Jacques] se rua vers Munoz, fit pleuvoir une grêle de coups de poings sur lui, le désempara et fut assez heureux pour placer un crochet rageur sur l'œil droit du malheureux qui, en plein déséquilibre, tomba piteusement sur les fesses, pleurant d'un œil, pendant que l'autre gonflait immédiatement. L'œil au beurre noir, coup royal et très recherché parce qu'il consacrait pour plusieurs jours, et de manière visible, le triomphe du vainqueur, fit pousser à toute l'assistance des hurlements de Sioux. Munoz ne se releva pas tout de suite, et aussitôt Pierre, l'ami intime, intervint avec autorité pour déclarer Jacques vainqueur, lui enfiler sa veste, le couvrir de sa pèlerine et l'emmener, entouré d'un cortège d'admirateurs, pendant que Munoz se relevait, toujours pleurant, et se rhabillait au milieu d'un petit cercle consterné.

Albert CAMUS, *Le Premier Homme*, © éd. Gallimard, 1994.

a. À quel temps dominant et à quelle personne est fait ce récit ?

b. Selon quel point de vue ce récit est-il fait? Relevez dans le texte ce qui justifie votre réponse.

c. Dans quel ordre les faits sont-ils présentés ? Donner un titre à chaque étape du récit.

d. Comment les étapes du récit sont-elles reliées entre elles ? Montrez que ce choix est destiné à rendre le rythme du récit.

Étudier une description

2 Lisez ce texte.

L'incendie qui n'était pas encore entré dans la salle de la bibliothèque, jetait au plafond un reflet rose... Toutes les splendeurs s'en déployaient : l'hydre noire et le dragon écarlate apparaissaient dans la fumée difforme, superbement sombre et vermeille. De longues flammèches s'envolaient au loin et rayaient l'ombre, et l'on eût dit des comètes combattantes courant les unes après les autres. Il s'était fait au mur du troisième étage des crevasses par où la braise versait dans le ravin des cascades de **pierreries** ; les tas de paille et d'avoine qui brûlaient dans le grenier commençaient à ruisseler par les fenêtres en avalanches de **poudre d'or**, et les avoines devenaient des **escarboucles**. La chaleur était insupportable, personne ne la sentait... De sourds craquements se mêlaient aux pétillements du brasier. Les vitres des armoires de la bibliothèque se fêlaient, et tombaient avec bruit. Il était évident que la charpente cédait.

Victor HUGO, *Quatre-vingt-treize*, 1874.

a. Selon quel point de vue ce texte est-il rédigé ?

b. Malgré l'ampleur dramatique de l'incendie, l'auteur utilise souvent un vocabulaire valorisant. Relevez-le. À quel champ lexical appartiennent les mots en caractères gras ? Qu'exprime l'emploi de ce vocabulaire ?

c. Par quels sens l'incendie est-il perçu ?

d. Relevez les comparaisons et les métaphores. À partir de quel moment le narrateur n'en utilise-t-il plus ? Pourquoi ?

e. Quelles impressions dominantes le narrateur a-t-il voulu rendre par cette description ?

3 Lisez ce texte.

À mes yeux, ils[1] n'étaient pas morts, enfin, pas tout à fait : ils s'étaient métamorphosés en livres. Corneille, c'était un gros rougeaud, rugueux, au dos de cuir, qui sentait la colle. Ce personnage incommode et sévère, aux paroles difficiles, avait des angles qui me blessaient les cuisses quand je le transportais. Mais, à peine ouvert, il m'offrait ses gravures sombres et douces comme des confidences. Flaubert, c'était un petit entoilé, inodore, piqueté de taches de son. Victor Hugo le multiple nichait sur tous les rayons à la fois.

Jean-Paul SARTRE, *Les Mots*, © éd. Gallimard, 1964.

1. les grands auteurs.

a. Relevez toutes les expansions de noms utilisées pour la description des livres. Donnez leur nature et leur fonction.

b. Relevez le vocabulaire qui contribue à la confusion, dans l'esprit de l'enfant, entre les personnages des auteurs et les livres qui contiennent leurs œuvres.

4 Lisez ce texte.

Clarissou regarda la robe et fut émerveillée. Cette robe ne pouvait être que sa robe, était déjà sa robe. La seule idée qu'une autre femme dût la revêtir un jour paraissait offensante et absurde. Sous ses doigts, Clarissou imaginait le glissement sec du satin, le bouillonnement aérien des valenciennes[1], la résistance des boutonnières finement ourlées. Dans ses narines était déjà le parfum de l'étoffe neuve. Et elle tendait le cou comme une assoiffée. Il faut reconnaître que la toilette était digne d'une princesse : longue, bien prise à la taille et d'une teinte vert d'eau plus pure que le reflet des arbres dans un ruisseau de montagne. Trois tours de dentelle mouraient en écume transparente au bord des manches. Des nœuds de velours noir descendaient des deux côtés du busc[2], tels des papillons piqués. La garniture des boutons était montée sur de la soutache de ganse[3]. Mille paillettes de jais scintillaient au bas de la jupe comme l'éclaboussement d'une vague nocturne.

Henri TROYAT, *La Rouquine et autres nouvelles fantastiques*, © éd. Flammarion, 1945.

1. **Valenciennes :** dentelle très fine, fabriquée, à l'origine, à Valenciennes.
2. **busc :** corset formant le haut de la robe.
3. **soutache de ganse :** galon servant de garniture.

a. Selon quel point de vue se fait la description de la robe ? Relevez, dans le texte, tous les indices qui le prouvent.

b. Outre la vue, quels autres sens sont éveillés par la robe chez Clarissou ? Relevez le vocabulaire qui permet de décrire le vêtement selon ses perceptions sensorielles.

c. Relevez toutes les comparaisons du texte. Quel est le domaine commun à la plupart de ces comparaisons ? Ces comparaisons sont-elles banales ou originales, concernant une robe ?

d. Que devient la robe par la magie de la description ?

5 Lisez ce texte.

Anna n'a pas encore le nez un peu trop fort et la grande bouche charnue de notre famille, mais elle a nos yeux sombres et mouillés, bordés de longs cils épais, et surtout les grains de beauté au-dessus de la lèvre supérieure et au-dessous de la lèvre inférieure. Anna ne parle pas. Anna n'a jamais parlé. Dans ses dessins, les fleurs ont deux yeux et un nez mais pas de bouche, de même que les maisons ou les soleils, les enfants et les grandes personnes. Longtemps j'ai pris un crayon et j'ai dessiné moi-même ce demi-cercle, ce quartier d'orange, cette ouverture souriante d'où je faisais parfois s'échapper une bulle, lui désignant ma propre bouche ouverte et prononçant son nom, Anna, Anna, en riant, comme si c'était quelque chose de gai et de naturel ; mais alors elle prenait une autre feuille et commençait un nouveau dessin sans m'adresser un regard.

Dominique MAINARD, *Leur Histoire*, © éd. Joëlle Losfeld, 2002.

a. Dans la première phrase, relevez les noms accompagnés d'expansions descriptives. Que représentent ces noms dans la description d'un visage ? Quelles sont la nature et la fonction de chacune de ces expansions ?

b. Quelle est l'information la plus importante de ce texte ?

c. Montrez qu'elle explique les descriptions présentes dans la suite. Formulez une réponse précise en citant le texte.

Étudier des textes mixtes

6 Lisez ce texte.

Ils[1] sonnèrent. On entra. Ils ne parlaient pas et moi j'entendais ma grosse cravate mordorée qui chantait « che che » sous mon menton.

Le couloir était comme un gouffre et tout noir. On l'entendait sonner sous nos pas, sous l'écho de nos pas, et l'écho de l'écho. Il se perdait de tous les côtés dans l'ombre.

Madame-la-Reine prit ma main. Il avait la main solide et juste. Elle me fit trouver le premier escalier et la rampe.

Décidément frappa à une porte.

« Entrez ! » dit par là-bas une voix dure.

C'était une grande pièce où pleuraient deux candélabres de trois bougies très éloignés l'un de l'autre et placés sous des trumeaux de plâtre représentant des amours enlacés de lauriers. Le centre de la chambre, sombre, était exploré par les élancements d'un petit feu d'âtre bigle[2], bégayant et à moitié étouffé de cendres. C'est cependant cet âtre qui me fit voir au milieu de l'ombre une femme grasse et lourde, assise à plein fauteuil et parfaitement immobile.

Jean GIONO, *Jean le Bleu*, © éd. Grasset, 1932.

1. Deux musiciens, surnommés « Madame-la-Reine » et « Décidément ».
2. **Bigle** : bigleux, qui voit mal.

a. Quels sont la personne et le temps du récit ? Selon quel point de vue celui-ci est-il fait ?

b. Relevez le champ lexical de la lumière et de son contraire, ainsi que les comparaisons et les métaphores. Que traduisent-ils de l'atmosphère du lieu et des impressions de l'enfant ?

c. Relevez et analysez les expansions du nom *femme*.

d. Montrez que, dans cet extrait, le récit et les descriptions sont étroitement liés.

7 Lisez ce texte.

Une année, [Zaza] se permit, au cours d'une audition de piano, une audace qui frisa le scandale. La salle des fêtes était pleine. Aux premiers rangs, les élèves vêtues de leurs plus belles robes, bouclées, frisées, avec des nœuds dans les cheveux, attendaient le moment d'exhiber leurs talents. Derrière elles étaient assises les maîtresses et les surveillantes, en corsage de soie, gantées de blanc. Au fond se tenaient les parents et leurs invités. Zaza, vêtue de bleu, joua un morceau que sa mère jugeait trop difficile pour elle et dont elle massacrait d'ordinaire quelques mesures ; cette fois elle les exécuta sans faute et, jetant à sa mère un regard triomphant, elle lui tira la langue. Les petites filles frémirent sous leurs boucles et la réprobation figea le visage des professeurs. Quand Zaza descendit de l'estrade, sa mère l'embrassa si gaiement que personne n'osa la gronder. À mes yeux, cet exploit la nimba de gloire.

Simone DE BEAUVOIR, *Mémoires d'une jeune fille rangée*, © éd. Gallimard, 1958.

a. Quels sont la personne et le temps du récit ? Selon quel point de vue celui-ci est-il donc fait ?

b. Relevez les connecteurs de temps et de lieu. Quelle est leur utilité dans ce texte ?

c. Ce texte a-t-il une visée plutôt narrative ou plutôt descriptive ?

d. Relevez le vocabulaire utilisé pour évoquer les fillettes et leurs professeurs.

e. Montrez qu'il y a une opposition entre les tenues vestimentaires du public et le comportement de Zaza.

Décrire et raconter

8 Imaginez et décrivez un paysage dans lequel vous aimeriez vous trouver en ce moment. Attachez-vous particulièrement à en rendre l'atmosphère. Puis imaginez une scène qui se produirait dans ce lieu et dont vous seriez un témoin ou un acteur.

9 a. Relevez un bref fait divers dans un journal. Racontez la même histoire en la développant.

b. Utilisez d'abord un point de vue omniscient, puis, parfois, le point de vue d'un personnage de l'histoire dont vous décrivez ce qu'il voit.

c. Organisez votre texte en employant des connecteurs et des compléments de temps et de lieu.

d. Utilisez également des comparaisons et / ou des métaphores et des personnifications. Donnez un ton personnel à l'ensemble.

10 Vous écrivez un début de roman à la première personne. Mêlez habilement passages narratifs et descriptifs.

8 Expliquer et argumenter

Texte 1

La maîtrise de l'eau grâce à des ouvrages d'art comme les canaux, les digues et les barrages, est un des principaux objectifs des politiques d'irrigation menées par les principaux États de l'Antiquité. Étant donné également l'importance cruciale de l'eau pour la vie quotidienne, l'homme cherche parallèlement à s'assurer un approvisionnement régulier en eau pour son usage personnel.

[…] Le problème d'un approvisionnement sûr et abondant en eau potable se pose donc rapidement. Mais à l'âge du bronze, les populations des villes du Proche-Orient et du bassin méditerranéen sont encore peu nombreuses et elles savent économiser l'eau. Elles font donc essentiellement usage de citernes individuelles pour recueillir l'eau de pluie.

Comme l'eau est en même temps une ressource stratégique, les autorités municipales construisent aussi des citernes communes de vastes dimensions pour parer à un éventuel blocus des villes.

Michel Rival, *Les Grandes Inventions*, coll. « La Mémoire de l'Humanité », © éd. Larousse, 1991.

Texte 2

Émile n'apprendra jamais rien par cœur, pas même des fables, pas même celles de La Fontaine, toutes naïves, toutes charmantes qu'elles sont ; car les mots des fables ne sont pas plus les fables que les mots de l'histoire ne sont de l'histoire. Comment peut-on s'aveugler assez pour appeler les fables la morale des enfants, sans songer que l'apologue[1], en les amusant, les abuse ; que séduits par le mensonge, ils laissent échapper la vérité, et que ce qu'on fait pour leur rendre l'instruction agréable les empêche d'en profiter ? Les fables peuvent instruire les hommes, mais il faut dire la vérité nue aux enfants ; sitôt qu'on la couvre d'un voile, ils ne se donnent plus la peine de le lever.

Jean-Jacques Rousseau, *Émile ou de l'Éducation*, 1762.

Pourquoi et comment explique-t-on ?

- L'**explication** cherche à **faire comprendre** un fait. Elle répond aux questions « Pourquoi ? » et « Comment ? ». Dans le texte 1, l'auteur nous explique ce qu'est la ville grecque antique, pourquoi et comment elle a évolué.

- Généralement, comme dans le texte 1, on commence par **présenter le fait** qui va être expliqué : la ville grecque antique. Puis on expose les **causes**, c'est-à-dire ce qui est à l'origine des différents aspects du problème : ***grâce à*** *des ouvrages d'art comme les canaux, les digues et les barrages* – ***Étant donné*** *l'importance cruciale de l'eau pour la vie quotidienne* – ***Comme*** *l'eau est en même temps une ressource stratégique…*

• Ensuite, on analyse les **conséquences** : *Le problème d'un approvisionnement sûr et abondant en eau potable se pose* ***donc*** *rapidement. [...] Elles font* ***donc*** *usage de citernes individuelles pour recueillir l'eau de pluie.*

• Le plus souvent, l'énonciateur s'efface pour rendre son discours **neutre et objectif**. Cependant il arrive fréquemment qu'une **explication** ait une **visée argumentative**.

Pourquoi et comment argumente-t-on ?

• Dans une **argumentation**, on cherche à **convaincre** et **persuader** le destinataire, à lui faire adopter des opinions qui, au départ, ne sont pas les siennes. Dans le texte 2, Rousseau veut prouver, contrairement à l'opinion courante, que les fables de La Fontaine ne sont pas pédagogiques !

• L'énonciateur soutient une opinion qu'on appelle une **thèse**. Celle de Rousseau est la suivante : un enfant ne doit pas apprendre de fables.

• Pour prouver la justesse de cette thèse, il utilise des **arguments** : *Les mots des fables ne sont pas les fables. - Ils laissent échapper la vérité...*

• Des **exemples** illustrent souvent les arguments. À propos de la fable *Le Corbeau et le Renard*, Rousseau écrit plus loin : *Si l'enfant n'a point vu de corbeaux, que gagnez-vous à lui en parler ?*

Les outils de l'explication et de l'argumentation

1. La mise en évidence des relations logiques

• **Les connecteurs logiques** marquent les **étapes** de l'explication ou du raisonnement, expriment et renforcent les **liens logiques** qui unissent les idées formulées. Ils peuvent ainsi annoncer :
– un argument supplémentaire : *et, de plus, en outre, de surcroît, (non seulement...) mais encore*, etc. ;
– une explication, une cause : *car, en effet, pour cette raison, parce que*, etc. ;
– une opposition, une concession : *mais, cependant, néanmoins, bien que*, etc. ;
– une conclusion, une conséquence : *donc, c'est pourquoi, aussi, ainsi, par conséquent, si bien que, de sorte que*, etc.

• Les compléments circonstanciels de **cause**, de **conséquence**, de **but**, d'**opposition** et de **condition** jouent le même rôle.

▸ *Ils construisent des citernes* ***pour parer à un blocus des villes. (but)*** (texte 1)

▸ *Émile n'apprendra jamais rien par cœur, pas même des fables, pas même celles de La Fontaine, toutes naïves,* ***toutes naïves, toutes charmantes qu'elles sont.*** (opposition) (texte 2)

2. Le choix des types et des formes de phrases

• Les phrases **impératives** obligent l'interlocuteur à se sentir impliqué dans l'explication ou le débat :

▸ *Réfléchissez à ce problème.*

• Les phrases **interrogatives** jouent le même rôle :

▸ *Comment peut-on s'aveugler assez pour appeler les fables la morale des enfants ?* (texte 2)

• Les phrases **exclamatives** apportent de la vivacité et de la conviction :

▸ *Que de difficultés dans l'interprétation des fables !*

3. L'emploi des temps

• Le **présent d'énonciation** ancre l'explication ou le débat dans l'actualité.

Le **présent de vérité générale** lui donne une portée universelle :

▸ *Il faut dire la vérité nue aux enfants ; sitôt qu'on la couvre d'un voile, ils ne se donnent plus la peine de le lever.* (texte 2)

• Le **futur** donne aux faits un caractère de certitude :

▸ *Émile n'apprendra jamais rien par cœur.* (texte 2)

Les marques de la subjectivité dans l'argumentation

Lorsque l'énonciateur souhaite prendre **personnellement** position, il utilise les procédés de **modalisation** (voir page 276) :

– des pronoms et des déterminants de la **première personne** ;

– des verbes d'**opinion** et de **sentiment** (*penser, estimer, croire, détester, regretter*, etc.), des **auxiliaires** modalisateurs (*devoir, falloir, pouvoir*, etc.) :

▸ *Il **faut** dire la vérité nue aux enfants.*

– un vocabulaire **mélioratif** ou **péjoratif** :

▸ *Les fables **abusent** les enfants. Ils sont séduits par le **mensonge**.*

– des **adverbes modalisateurs** : *évidemment, sans doute, certes, hélas*, etc.

Une explication met l'accent sur les causes et les conséquences d'un fait.
Une argumentation présente une thèse, accompagnée d'arguments, souvent illustrés d'exemples.
Pour expliquer ou argumenter, on a recours aux connecteurs logiques, aux compléments circonstanciels de cause, de conséquence, de but, d'opposition et de condition, au présent de vérité générale, aux phrases injonctives, interrogatives et exclamatives et, pour le discours argumentatif, aux procédés de modalisation.

Exercices

Explication ou argumentation ?

1 Dites si chacune de ces phrases est tirée d'une explication ou d'une argumentation. Indiquez ce qui a orienté votre choix.

1. La taille moyenne des individus a considérablement augmenté au cours du XXe siècle grâce, notamment, à une meilleure hygiène et à une alimentation plus diversifiée. – **2.** On prétend que notre alimentation n'a jamais été aussi saine, mais les scandales liés à la nourriture nous démontrent le contraire. – **3.** Non ! je ne céderai pas à la pression exercée par quelques individus peu scrupuleux. – **4.** L'avion n'a pas pu décoller à l'heure prévue en raison d'un épais brouillard. – **5.** La fonte des glaciers est due au réchauffement de la planète, ce qui entraîne une montée des eaux des océans. – **6.** Pour vous prouver que ma théorie est juste, je vais vous donner quelques exemples.

2 Lisez ce texte qui répond à la question : « Pourquoi l'infini est-il infini ? »

De deux choses, l'une. Ou bien l'Univers est infini, et si on part en navette spatiale on rencontre toujours de nouvelles galaxies. Ou bien il est fini, et si on prolonge indéfiniment le voyage on finit par revoir les mêmes galaxies. Mais ce n'est pas parce que l'Univers est fini qu'il a des frontières. Par exemple, à la surface de la Terre, il n'y a pas de panneau indiquant « Ici fin de la Terre ». Il n'y a pas de limite à notre planète, mais elle n'est pas infinie pour autant. On sait qu'en avançant toujours tout droit, on finit par revoir les mêmes continents. La question de l'Univers infini ou non revient à savoir si l'on revoit, au final, les mêmes galaxies quand on voyage dans l'espace. Et pour l'instant, il n'y a pas de réponse.

Hubert REEVES, propos recueillis par Anna Alter, © *Sciences et avenir*, n° 666, août 2002.

a. Ce texte est-il explicatif ou argumentatif ?

b. Repérez les différentes parties de cette démonstration.

c. Relevez les mots et expressions qui servent à structurer le paragraphe.

d. Ce texte traite-t-il d'un sujet simple ou compliqué ? La réponse donnée est-elle claire ? Justifiez votre réponse.

Une voiture électrique.

3 Lisez ce texte.

Ce n'est pas une idée neuve : la voiture électrique a en effet plus de… cent ans ! Et pourtant, ce pourrait bien être la plus moderne des idées pour venir à bout d'un problème éminemment contemporain : la pollution atmosphérique et sonore des centres-ville. Propre, silencieuse, fonctionnant avec une énergie facile à produire, la voiture électrique ne manque pas d'atouts. Pourtant même si elle fait appel à des technologies maîtrisées depuis fort longtemps, son développement exige que la recherche fasse encore des progrès, notamment en matière de stockage de l'énergie. L'autonomie du véhicule électrique, limitée à une centaine de kilomètres, reste en effet son principal handicap. D'autant que la recharge de ses batteries nécessite plusieurs heures. Malgré cela, tous les grands constructeurs automobiles, en Europe et dans le monde, développent leur programme véhicule électrique. Reste à impulser un mouvement d'ensemble qui passe par une véritable volonté politique, et par un changement en profondeur du rapport à la voiture.

La Fée Électricité, Coll. Recherche & développement, n° 4, © Renault.

a. En quoi ce texte est-il partiellement explicatif ?

b. Relevez tous les arguments en faveur de la voiture électrique.

c. Relevez tous les arguments défavorables à ce type de voiture. Par quels connecteurs sont-ils introduits ?

d. Relevez des exemples de vocabulaire mélioratif et péjoratif.

4 Lisez ce texte.

Un homme qui courait dans la rue, trébuche et tombe : les passants rient. On ne rirait pas de lui, je pense, si l'on pouvait supposer que la fantaisie lui est venue tout à coup de s'asseoir par terre. On rit de ce qu'il s'est assis involontairement. Ce n'est donc pas son changement brusque d'attitude qui fait rire, c'est ce qu'il y a d'involontaire dans le changement, c'est la maladresse. Une pierre était peut-être sur le chemin. Il aurait fallu changer d'allure ou tourner l'obstacle. Mais par manque de souplesse, par distraction ou obstination du corps, *par un effet de raideur ou de vitesse acquise*, les muscles ont continué d'accomplir le même mouvement quand les circonstances demandaient autre chose. C'est pourquoi l'homme est tombé, et c'est de quoi les passants rient.

Henri BERGSON, *Le Rire*,

a. Trouvez à quelle question pourrait répondre ce texte.

b. Montrez qu'il est à la fois explicatif et argumentatif.

c. L'auteur adopte-t-il l'ordre habituel des paragraphes argumentatifs : thèse, arguments, exemple(s) ? Comment son texte est-il composé ?

d. Quel connecteur annonce la conclusion ? Qu'exprime-t-il ?

Étudier une argumentation

5 Dans les petits textes suivants, distinguez les thèses, les arguments et les exemples.

1. Un peu de rêve est indispensable dans la vie. En effet, même s'il éloigne parfois de la réalité, il permet d'échapper un moment aux soucis. Ne se sent-on pas plus léger après s'être laissé, un instant, transporter par son imagination ?

2. Un mercredi, un enfant regarde la télévision et à plusieurs reprises il voit une publicité vantant les mérites d'une marque de céréales : le soir, il demandera à sa mère de lui en acheter. À notre insu, nos achats sont conditionnés par la publicité. Et c'est parce que cette influence est souvent insidieuse que nous n'y prenons pas garde.

3. Parce que les voyages ouvrent les portes des différentes cultures, comme c'est le cas lors des échanges linguistiques, parce qu'ils rendent tolérants aux autres, parce qu'ils obligent à affronter des situations inconnues, il est bon de commencer à voyager très jeune.

6 Dans chacune de ces phrases, relevez les caractéristiques du discours argumentatif.

1. Il est inadmissible que des athlètes se dopent, car c'est absolument contraire à l'esprit sportif. – **2.** Voulez-vous que je vous dise pourquoi notre société n'est pas compétitive ? C'est parce que vous ne vous investissez pas réellement. – **3.** Refusons l'intolérance et l'inégalité ! – **4.** Je vais vous donner un exemple qui, j'espère, va vous convaincre. – **5.** Cependant, malgré tous les inconvénients du téléphone portable, il faut reconnaître que c'est devenu un objet indispensable. – **6.** Grâce à une réalisation à la fois forte et sobre, servie par des acteurs inspirés, ce film est un véritable chef-d'œuvre.

7 Lisez ce texte.

Ceux qui jugent et qui condamnent disent la peine de mort nécessaire. D'abord, – parce qu'il importe de retrancher de la communauté sociale un membre qui lui a déjà nui et qui pourrait lui nuire encore. S'il ne s'agissait que de cela, la prison perpétuelle suffirait. À quoi bon la mort ? Vous objecterez qu'on peut s'échapper d'une prison ? Faites mieux votre ronde. Si vous ne croyez pas à la solidité des barreaux de fer, comment osez-vous avoir des ménageries ?

Pas de bourreau où le geôlier suffit.

Mais, reprend-on, – il faut que la société se venge, que la société punisse. – Ni l'un, ni l'autre. Se venger est de l'individu, punir est de Dieu.

La société est entre deux. Le châtiment est au-dessus d'elle, la vengeance au-dessous. Rien de si grand et de si petit ne lui sied. Elle ne doit pas « punir pour se venger » ; elle doit corriger pour améliorer. Transformez de cette façon la formule des criminalistes, nous la comprenons et nous y adhérons.

Reste la troisième et dernière raison, la théorie de l'exemple. – Il faut faire des exemples ! il faut épouvanter par le spectacle du sort réservé aux criminels ceux qui seraient tentés de les imiter ! – Voilà bien à peu près textuellement la phrase éternelle dont tous les réquisitoires des cinq cents parquets de France ne sont que des variations plus ou moins sonores. Eh bien ! nous nions d'abord qu'il y ait exemple. Nous nions que le spectacle des supplices produise l'effet qu'on en attend. Loin d'édifier le peuple, il le démoralise, et ruine en lui toute sensibilité, partant toute vertu.

Victor HUGO, *Préface au Dernier Jour d'un condamné*, 1829.

a. Quel est le thème traité dans ce texte ?

b. Quelle est la thèse défendue ?

c. Quels sont les arguments avancés pour la soutenir ?

d. Qui est « nous » ? Qui est « vous » ? Qui est « on » ?

e. Montrez que cette argumentation se présente comme un dialogue imaginaire. Qui sont les deux interlocuteurs de ce dialogue ? Quel intérêt y a-t-il à présenter une argumentation sous cette forme ?

8 Lisez ce texte.

Deux hommes préhistoriques, le père du narrateur, Édouard, et son oncle Vania, discutent autour du feu qu'Édouard a réussi à domestiquer et qui leur a permis de cuire de la viande.

(*Vania*) [...] nos dents ne sont pas faites pour manger de la viande. Vous autres, maintenant, à quoi passez-vous le plus clair de votre temps libre ? À mastiquer. Outre que c'est malsain, à quoi cela vous mène-t-il ?

– Oui, ça c'est un vrai problème, j'en conviens, dit père.

– Ah, tu vois ! Tu ne peux pas prétendre que la nature ne nous rend pas ses commandements parfaitement explicites. Tu ne chasseras pas, car tu n'as pas les dents idoines[1]. Peut-on être plus clair ? Et encore : tu ne déroberas pas le feu pour te chauffer, car tu es couvert d'une toison étudiée pour.

– Pas moi ! protesta père. Je n'ai presque plus de poil depuis des années. D'ailleurs, ce n'était pas du tout mon but en dérobant le feu. C'était pour empêcher les lions de nous dévorer. N'était-ce pas naturel ? [...] D'ailleurs, continuait père, sommes-nous déjà sortis de la nature, comme tu le prétends ? Pourquoi le feu ne serait-il pas une forme d'adaptation, exactement comme la girafe allongeant son col, ou le cheval conglutinant ses doigts de pied ?

Roy LEWIS, *Pourquoi j'ai mangé mon père*, traduit par Vercors et Rita Barisse, © éd. Actes Sud, 1990.

1. idoine : approprié.

a. Pourquoi peut-on dire de ce passage que c'est un dialogue argumentatif ?

b. Montrez que les deux protagonistes ont recours aux procédés oraux de l'argumentation.

c. Quelle est la thèse principale défendue par chacun d'eux ? Quels arguments donnent-ils ?

d. Lequel se réfère à la nature? lequel à la science?

e. Qu'est-ce qui fait l'humour de cette argumentation ?

9 Lisez ce texte.

Donner l'exemple en proposant à l'autre de suivre cet exemple, c'est l'encourager à une irresponsabilité. Mieux vaudrait lui demander de mener à son terme sa propre réflexion.

Notre société multiplie cependant les appels à suivre des exemples ; c'est notamment le cas des manifestes publiés dans la presse avec la signature de quelques « personnalités ». Je déplore cette méthode, à laquelle pourtant je m'associe souvent. En fait, je me sens comme piégé lorsque je suis sollicité, car refuser la signature serait interpréter comme un désaveu du texte proposé, avec lequel pourtant je suis d'accord. Je signe, mais j'ai conscience de la monstruosité de l'attitude consistant à suggérer : telle opinion est bonne, puisque c'est celle d'Albert Jacquard.

Albert JACQUARD, *Petite philosophie à l'usage des non-philosophes*, © éd. Calmann-Lévy, 1997.

a. Dégagez la thèse défendue par Albert Jacquard.

b. Quels sont les différents arguments ?

c. Quels procédés grammaticaux utilise-t-il ?

S'entraîner à expliquer et argumenter

10 Dans un magasin, un objet insolite a attiré votre attention. Vous demandez au vendeur de quoi il s'agit et comment on l'utilise. Il vous l'explique et vous en présente tous les avantages dans l'espoir de vous le faire acheter. Après avoir présenté l'objet, rédigez l'exposé explicatif et argumentatif du vendeur.

11 Choisissez un problème de notre époque, par exemple le dopage, la sécurité alimentaire, la protection de l'environnement... Construisez un petit texte argumentatif dans lequel vous donnez personnellement votre avis à son propos. Vous devez présenter une thèse, des arguments, des exemples et respecter l'utilisation des outils grammaticaux et lexicaux propres à ce type de texte.

12 Après avoir lu le texte de l'exercice n° 8, vous imaginez qu'Édouard et son frère, Vania, vivent désormais au XXIe siècle. L'un est toujours un fervent défenseur des nouvelles technologies, l'autre y est toujours hostile. Faites-les dialoguer en conservant le ton humoristique du texte d'origine.

9 Les paroles rapportées

Texte 1

M. Silbermann me demanda comment se portait mon père, « le grand magistrat ». Mme Silbermann m'apprit qu'elle avait souvent aperçu ma mère à des ventes de charité. Ces propos déplurent à leur fils qui les interrompit. Il fut même plus brusque ensuite. Nos projets d'avenir étant en question, il déclara que, pour sa part, il suivrait la carrière des lettres. Tandis que sa mère approuvait ce dessein dont elle était flattée, me sembla-t-il, son père, secouant la tête, dit avec bonhomie :

– Non, non, David, ce n'est pas sérieux.

– Que veux-tu ! papa — s'écria Silbermann avec vivacité — je ne pourrai jamais m'occuper des mêmes affaires que toi : cela ne m'intéresse pas.

Jacques DE LACRETELLE, *Silbermann*, © éd. Gallimard, 1922.

Texte 2

(Coupeau, qui est couvreur, s'est cassé la jambe en tombant d'un toit.)

Et, quand les jambes lui revinrent, il garda une sourde rancune contre le travail. **C'était un métier de malheur, de passer ses journées comme les chats, le long des gouttières. Eux, pas bêtes, les bourgeois ! ils vous envoyaient à la mort, bien trop poltrons pour se risquer sur une échelle, s'installant solidement au coin de leur feu et se fichant du pauvre monde.** Et il en arrivait à dire que chacun aurait dû poser son zinc sur sa maison.

Émile ZOLA, *L'Assommoir*, 1877.

Le style direct

1. Les caractéristiques du style direct

• Le style direct rapporte les paroles d'un personnage, **telles qu'il aurait pu les prononcer**.

Ces paroles ont les caractéristiques des énoncés **ancrés dans la situation d'énonciation** : indices d'énonciation (pronoms et déterminants de la 1ère personne, indication de temps et de lieu), emploi du présent d'énonciation et du futur :

> ▸ – ***Je*** *ne* ***pourrai*** *jamais m'occuper des mêmes affaires que* ***toi*** *: cela ne* ***m'intéresse*** *pas.* (texte 1)

• Le style direct porte les marques des **énoncés oraux** : phrases exclamatives, interrogatives et injonctives, emploi possible d'un niveau de langue familier et d'interjections.

▸ *– Non, non, David, ce n'est pas sérieux.* (texte 1)

• Un **verbe de parole** (*dire, s'écrier, interroger, protester*, etc.) :
– annonce parfois les phrases au style direct :

▸ *Son père* ***dit*** *avec bonhomie : ...*

– peut être contenu dans une proposition incise :

▸ *Que veux-tu ! papa -* ***s'écria Silbermann avec vivacité*** *- je ne pourrai jamais...*

Cette proposition incise peut indiquer la façon dont les paroles sont dites :

▸ *... dit* ***avec bonhomie****... – ...s'écria Silbermann* ***avec vivacité****...*

• Enfin, l'emploi de deux points, de tirets et (ou) de guillemets signale la présence de style direct dans les textes narratifs.

2. Les visées et les effets du style direct

L'emploi du style direct permet au lecteur de « vivre » une situation et d'« entendre » la voix des personnages.

Selon les intentions de l'auteur, il permet de ralentir le rythme du récit qui se déroule alors en temps réel.

Le style indirect

1. Les caractéristiques du style indirect

• Dans le style indirect, les paroles ne sont pas rapportées telles qu'un personnage aurait pu les prononcer. Elles **sont compléments d'objet d'un verbe de parole**. Elles se présentent alors sous la forme :
– d'une subordonnée conjonctive :

▸ *Elle m'apprit* ***qu'elle avait souvent aperçu ma mère****.* (texte 1)

– d'une subordonnée interrogative indirecte :

▸ *Il me demanda* ***comment se portait mon père****.* (texte 1)

Elles peuvent aussi se présenter sous la forme d'un nom, d'un GN, d'un infinitif ou d'un groupe infinitif. On parle alors de **discours narrativisé**.

▸ *Sa mère approuvait* ***ce dessein dont elle était flattée****.* (texte 1)

▸ *David refusait* ***d'exercer le même métier que son père****.*

• Dans le style indirect, les paroles sont **modifiées**. Il ne subsiste plus de marques de l'oral ni de marques de l'énonciation. Les personnages, les repères de temps et de lieu se comprennent en fonction du contexte. Les verbes sont aux temps voulus par la concordance des temps.

▸ *« Que veux-tu ! papa, cela ne m'intéresse pas. »* → *Il s'écria* ***que cela ne l'intéressait pas****.*

2. Les effets et les visées du style indirect

• Par le style indirect, les paroles sont **intégrées au récit**, sans qu'il y ait rupture dans le rythme de la narration. Elles font partie du **discours du narrateur**.

• Au style indirect, les paroles sont rapportées plus ou moins fidèlement.

▸ *Silbermann répond à son père* ***qu'ils sont différents****.*

Elles peuvent être également résumées ou interprétées.

▸ *Sa mère approuvait* ***ce dessein dont elle était flattée****.*

Le style indirect libre

1. Les caractéristiques du style indirect libre

Dans le texte 2, le passage au style indirect libre est en caractères gras.

• **Comme dans le style indirect**, les paroles s'inscrivent dans la continuité du récit et ne contiennent donc pas de signe de ponctuation propre au dialogue (deux points, guillemets, tirets). Les verbes sont aux mêmes temps que dans le reste du récit :

▸ *C'était un métier de malheur, de passer ses journées comme les chats, le long des gouttières.*

• **Comme dans le style direct**, les paroles ne sont pas compléments d'objet et peuvent contenir des phrases exclamatives, interrogatives et injonctives. Elles peuvent aussi présenter des marques d'**oral** :

▸ *Eux, pas bêtes, les bourgeois !*

• Enfin le style indirect libre se signale souvent par la présence plus ou moins proche, dans le texte, d'un **verbe de parole ou de pensée**.

▸ *Et il en arrivait à* ***dire*** *que chacun aurait dû poser son zinc sur sa maison.*

2. Les effets et les visées du style indirect libre

Le style indirect libre s'inscrit, comme le style indirect, dans la continuité du récit, tout en conservant la vivacité et le style des paroles directes.

Bien que difficilement repérable, il permet notamment de traduire les pensées d'un personnages sous la forme d'un monologue intérieur.

Le style direct rapporte les paroles telles qu'elles auraient pu être prononcées par un personnage. Ces paroles sont grammaticalement indépendantes.
Dans le style indirect, les paroles sont compléments d'objet d'un verbe de parole. Le style indirect libre est proche du style direct (les paroles ne complètent pas un verbe, les marques d'oral sont conservées) et du styles indirect (temps, pronoms, repères de lieu et de temps sont ceux du récit).

Exercices

Identifier les paroles rapportées

1 Lisez ces deux textes.

1. *(Le narrateur souhaite que sa mère suive un régime.)*

Mais si je la grondais, elle obéissait, pleine de foi, immédiatement atterrée par les perspectives de maladie, me croyant si je lui disais qu'en six mois de régime sérieux elle aurait une tournure de mannequin. Elle restait alors toute la journée scrupuleusement sans manger, se forgeant tristement mille félicités de sveltesse. Si pris soudain de pitié et sentant que tout cela ne servirait à rien, je lui disais qu'en somme ces régimes ce n'était pas très utile, elle approuvait avec enthousiasme. « Vois-tu, mon fils, je crois que tous ces régimes pour maigrir, ça déprime et ça fait grossir. » Je lui proposais alors de dîner dans un très bon restaurant.

Albert COHEN, *Le Livre de ma Mère*, © éd. Gallimard, 1954.

2. Un jour, Antoine eut plein le dos d'être pauvre et confident. Comme Huchemin lui parlait d'une tante Justine, il l'interrompit et lui dit avec désinvolture :

– Ta tante Justine, c'est comme toute ta famille, elle ne m'intéresse pas beaucoup. Tu comprends, j'ai assez à faire à penser à mon oncle qui rentre d'Amérique ces jours-ci.

Huchemin ouvrit les yeux et s'exclama :

– D'Amérique ?

– Eh bien, oui, mon oncle Victor.

Antoine était un peu rouge. Il n'avait pas l'habitude de mentir. Sa vie était si simple, qu'il n'en éprouvait pas le besoin. Pressé de questions, il fut obligé de soutenir et de développer ce premier mensonge et ce fut sans déplaisir qu'il construisit le personnage de l'oncle Victor. Plus qu'un jeu, c'était une revanche sur la vie et c'était la vie même, tout d'un coup abondante et débordante. L'oncle Victor était un être prestigieux, beau, brave, généreux, fort, ayant son certificat d'études, tuant une personne par semaine et jouant délicieusement de l'harmonica. Assurément, il était homme à se couper en quatre et, en cas de besoin, à passer sur le ventre d'une famille innombrable, pour procurer à son neveu les bottes dont il aurait envie. Et ce n'est pas le prix qui l'arrêterait jamais non plus. Antoine, après avoir langui si longtemps dans un rôle de confident, se déchaînait maintenant avec un enthousiasme et une assurance qui ravageaient le coeur de Huchemin.

Marcel AYMÉ, *Les Bottes de sept lieues*, © éd. Gallimard, 1943.

a. Dans le premier texte, distinguez les paroles rapportées au style direct et celles qui le sont au style indirect. De qui le narrateur nous fait-il directement entendre la voix ?

b. Dans le deuxième texte, distinguez les paroles rapportées au style direct et celles qui le sont au style indirect libre.

c. Dans chaque cas, relevez les caractéristiques qui vous ont permis de les identifier.

Étudier les styles direct et indirect

2 Lisez ce texte.

LES LOUPS !

– Vite, vite, balbutia Léon, courons et faisons du bruit. Ils sont là, ils nous cherchent ! Ils nous ont sentis ! Fais du bruit, Pierre, fais du bruit, miladiou !

– Avec quoi ?

– Parle, parle fort, supplia Léon dans un souffle.

– Je ne sais pas quoi dire…, marmonna Pierre-Édouard.

Il affermit cependant sa voix et balbutia sa dernière leçon de géographie :

– La Corrèze, chef-lieu Tulle, sous-préfectures Brive et Ussel… la Corrèze est un département qui… qui appartient au Limousin. Il est arrosé par trois rivières, la Dordogne, la Vézère et la Corrèze. Il, il… Je sais plus !

– Continue, continue ! supplia Léon. On arrive !

Ils atteignaient le chemin lorsqu'un nouveau hurlement s'éleva du plateau et les poussa dans leur course.

Claude MICHELET, *Des grives aux loups*, coll. « Bouquins » © éd. Robert Laffont, 1979.

a. Délimitez les passages au style direct. Relevez les marques d'oral.

b. Relevez les verbes de parole. Quelle nuance particulière exprime chacun d'eux ?

c. Qu'apporte le style direct à la scène évoquée ?

3 Lisez ce texte.

– Eh bien, Sophie, vous sortez par un temps pareil ? plaisantai-je en essayant de lui prendre le poignet.

– Oui, dit-elle, je pars.

Sa voix m'apprit que c'était sérieux, et qu'en effet elle partait.

– Où allez-vous ?

– Ça ne vous regarde pas, dit-elle en dégageant son poignet d'un geste sec, et sa gorge eut ce léger renflement qui rappelle le cou d'une colombe, et qui indique qu'on vient de ravaler un sanglot.

– Et peut-on savoir pourquoi vous partez, ma chère ?

– J'en ai assez, répéta-t-elle avec un mouvement convulsif des lèvres qui rappela un instant le tic de la tante Prascovie. J'en ai assez.

Marguerite YOURCENAR, *Le Coup de grâce*,
© éd. Gallimard, 1939.

a. Relevez les paroles rapportées directement.

b. Ces paroles vous paraissent-elles originales, banales, simples, compliquées … ?

c. Qu'est-ce qui, dans le texte, donne vie et profondeur aux propos, aux sentiments et au comportement des personnages ?

4 Lisez ce texte.

(Le père de Manon a eu un malaise. Baptistine, une Piémontaise qui est un peu sorcière, va le soigner.)

La Piémontaise le flaira, puis elle dit quelques mots à Manon, qui traduisit1 :

« Elle dit que c'est le soleil. Le mauvais soleil d'aujourd'hui. »

Baptistine parla de nouveau :

« Elle dit qu'elle va lui « lever le soleil ». Elle dit que si on ne lui lève pas le soleil, il sera mort après-demain. »

« Elle dit qu'elle sait le faire. »

Marcel Pagnol, *Jean de Florette*,
© Marcel Pagnol, 1971.

a. Quelles formes de discours rapportés sont contenues dans les phrases -entre guillemets ? Détaillez votre réponse.

b. Quel verbe introducteur justifie l'emploi de cette double forme de discours rapportés ?

c. Relevez les verbes de paroles. Sont-ils neutres ou bien traduisent-ils un sentiment ou une intonation ?

d. Manon laisse-t-elle paraître son émotion dans ses paroles ? Pourquoi, selon vous ?

5 Lisez ce texte.

(Lola, l'amie du narrateur, infirmière pendant la guerre, était chargée de goûter les beignets destinés aux hôpitaux.)

D'avoir goûté ponctuellement les beignets pendant tout un mois, Lola avait grossi de deux bonnes livres ! Son petit ceinturon témoignait d'ailleurs, par un cran, du désastre. Vinrent les larmes. Essayant de la consoler, de mon mieux, nous parcourûmes, sous le coup de l'émotion, en taxi, plusieurs pharmaciens, très diversement situés. Par hasard, implacables, toutes les balances confirmèrent que les deux livres étaient bel et bien acquises, indéniables. Je suggérai alors qu'elle abandonne son service à une collègue qui, elle, au contraire, recherchait des « avantages ». Lola ne voulut rien entendre de ce compromis qu'elle considérait comme une honte et une véritable petite désertion dans son genre. C'est même à cette occasion qu'elle m'apprit que son arrière-grand-oncle avait fait, lui aussi, partie de l'équipage à tout jamais glorieux du « Mayflower » débarqué à Boston en 1677, et qu'en considération d'une pareille mémoire, elle ne pouvait songer à se dérober, elle, au devoir des beignets, modeste certes, mais sacré quand même.

Louis-Ferdinand CÉLINE, *Voyage au bout de la nuit*,
© éd. Gallimard, 1932.

a. Quel passage rapporte indirectement les paroles du narrateur ? Lequel rapporte celles de Lola ?

b. À quoi reconnaissez-vous qu'il s'agit de style indirect ?

c. En quoi le rythme du récit aurait-il été différent si les paroles avaient été rapportées au style direct ?

Étudier le style indirect libre

6 Lisez ce texte.

À peine rentré chez lui, Poncet vit arriver Françoise en nage. Elle lui annonçait que, peu après minuit, Alix l'attendrait au jardin comme la première fois. **C'était une nuit de lune : on y verrait. Le danger était beaucoup plus grand.** Il l'objecta. Françoise dit qu'on le savait. Où était le courage ? pensa Jean-Baptiste : renoncer pour deux, au nom de la sécurité ? ou choisir l'audace et le plaisir ? Dans un amour aussi contrarié que le leur, un propos raisonnable ne pouvait être interprété autrement que comme une marque d'indifférence ou de tiédeur, ce que Jean-Baptiste ne voulait surtout pas. Il répondit qu'il y serait.

Jean-Christophe RUFIN, *L'Abyssin*, © éd. Gallimard, 1997.

a. Relevez des paroles rapportées au style indirect. À quel temps et à quel mode est leur verbe ?

b. Les propositions en gras appartiennent-elles au discours du narrateur ou à celui d'un personnage ? Justifiez votre réponse.

c. Dans la suite du texte, relevez un passage au style indirect libre. À quoi le reconnaissez-vous ? Rapporte-t-il des paroles ou des pensées ?

7 Lisez ces deux textes.

1. *(Thérèse est soupçonnée d'avoir cherché à empoisonner son mari.)*

Son père[1] était venu un soir, à la fin de l'hiver, l'avait conjurée de se disculper. Tout pouvait être sauvé encore. Pédemay[2] avait consenti à retirer sa plainte, prétendait n'être plus sûr qu'une de ses ordonnances ne fût pas tout entière de sa main. Pour l'aconitine, le chloroforme et la digitaline[3], il ne pouvait en avoir prescrit d'aussi fortes doses ; mais puisque aucune trace n'en avait été relevée dans le sang du malade…

François MAURIAC, *Thérèse Desqueyroux*, © éd. Grasset, 1927.

1. Le père de Thérèse.
2. Le médecin.
3. À haute dose, ces trois substances sont des poisons.

2. La rivière coulait toujours, et poussait lentement ses petits flots le long de la berge glissante. Ils s'y étaient promenés bien des fois, à ce même murmure des ondes, sur les cailloux couverts de mousse. Quels bons soleils ils avaient eus ! Quelles bonnes après-midi, seuls, à l'ombre, dans le fond du jardin ! Il lisait tout haut, tête nue, posé sur un tabouret de bâtons secs ; le vent frais de la prairie faisait trembler les pages du livre et les capucines de la tonnelle… Ah ! il était parti, le seul charme de sa vie, le seul espoir possible d'une félicité ! Comment n'avait-elle pas saisi ce bonheur-là, quand il se présentait ! Pourquoi ne pas l'avoir retenu à deux mains, à deux genoux, quand il voulait s'enfuir ? Et elle se maudit de n'avoir pas aimé Léon.

Gustave FLAUBERT, *Madame Bovary*, 1856.

a. Dans chacun de ces textes, qu'est-ce qui appartient au discours du narrateur ? Qu'est-ce qui appartient au discours du personnage ? Dans ce cas, à quoi reconnaissez-vous qu'il s'agit de style indirect libre ?

b. Dans quel texte le style indirect libre rapporte-t-il les paroles d'un personnage ? Dans lequel rapporte-t-il ses pensées ?

c. Pourquoi cette forme de paroles rapportées est-elle plus adaptée aux pensées que le style direct ?

Transposer et utiliser les paroles rapportées

8 a. Transposez au style indirect les phrases écrites au style direct. Faites les transformations qui s'imposent. b. Transposez-les ensuite au style indirect libre.

▸ Ex. : *Elle s'étonna : « Mais enfin ! Pourquoi n'as-tu rien dit ? »* **a.** → *Elle s'étonna qu'il n'eût (ait) rien dit.* **b.** → *Elle s'étonna. Mais enfin ! Pourquoi n'avait-il rien dit ?*

1. Il marmonna : « Non, vraiment ! Personne ne s'intéresse jamais à moi. Je suis condamné à être toujours seul. » – **2.** Le professeur s'indigna : « Comment ! Hier, déjà, vous avez oublié votre devoir ! » – **3.** Elle gémit : « La vie est trop difficile. Quelle injustice que je ne sois pas à la fois belle, intelligente et douée d'un bon caractère ! » – **4.** La maman soupira : « Je t'ai déjà dit cent fois de ne pas éparpiller tes affaires par terre quand tu reviens de l'école. Demain tu seras punie si cela se reproduit.

9 Narration. a. Au cours d'un dîner, un invité est intrigué par une des personnes présentes. Après une brève introduction, vous rapporterez ses pensées en utilisant du style indirect libre. b. À la fin du repas, il engage la conversation avec la personne qui a attiré son attention. Vous utiliserez alors du style direct et indirect, sans oublier les passages de récit.

10 Le paragraphe

Texte

Quelle que soit son histoire, une invention ne peut être dissociée du contexte de son époque. Ce sont les nécessités du moment, l'évolution de la vie scientifique, économique ou sociale qui conduisent des chercheurs à réfléchir aux solutions techniques susceptibles d'être apportées à un problème donné. Et l'invention survient, pourrait-on dire, à son heure. C'est ce qui explique que tant d'inventions donnent lieu à des querelles de priorité entre ceux qui en revendiquent la paternité. Il est rare qu'un problème n'ait pas une solution. Aussi plusieurs inventions peuvent-elles souvent prétendre au succès. Et cependant, pour une qui passe à la postérité, combien tombent dans l'oubli ! Car l'inventeur ne doit pas seulement avoir une idée, il doit aussi réussir à la faire adopter par la société.

Philippe de la COTARDIÈRE, « Préface » coll. « La Mémoire de l'Humanité »,
Les Grandes Inventions, © éd. Larousse, 1991.

Le paragraphe dans le texte

Un paragraphe est un ensemble de phrases qui a une **unité de sens**.

Un **texte** est généralement constitué d'une **succession de paragraphes** qui lui donnent son sens global.

Au début, il se signale par un **alinéa**, c'est-à-dire par un renfoncement de la première ligne et, à la fin, par un **retour à la ligne**.

L'organisation d'un paragraphe

- À l'intérieur d'un texte explicatif ou argumentatif, un paragraphe contient une idée principale qu'il développe, commente, illustre.

Dans le texte ci-dessus, l'idée principale est :

▸ *Une invention ne peut être dissociée du contexte de son époque.*

- Cette idée principale, qui peut être un **argument**, est expliquée ou justifiée par les autres phrases du paragraphe :

▸ ***Ce sont*** *les nécessités du moment, l'évolution de la vie scientifique, économique ou sociale* ***qui conduisent*** *des chercheurs à réfléchir…* ***C'est ce qui explique que*** *tant d'inventions donnent lieu…*

- Souvent un ou plusieurs **exemples** viennent justifier l'idée développée :
  - *Ainsi la recherche de moteurs plus légers que les moteurs à vapeur a entraîné la découverte des moteurs à explosion.*

Le paragraphe contient parfois aussi une **citation**.

- À l'intérieur d'un paragraphe, les phrases s'enchaînent logiquement, souvent à l'aide de **connecteurs** :
  - ***Aussi** plusieurs inventions… **Et cependant**, pour une qui passe… **Car** l'inventeur…*

Lorsqu'un paragraphe est inséré dans un texte argumentatif, il peut lui-même être **introduit** par un connecteur logique qui le relie à ce qui précède.

- Enfin, le paragraphe se termine souvent sur une idée qui découle de ce qui précède et sert de **conclusion** :
  - *L'inventeur ne doit pas seulement avoir une idée, il doit aussi réussir à la faire adopter par la société.*

Exercices

1 a. Pour chacune de ces phrases, dites s'il s'agit de l'argument, d'une explication, d'un exemple…
b. Rédigez le paragraphe en mettant ces phrases en ordre.

1. Mais des doutes se portent aussi sur d'autres sportifs sans qu'on ait pu prouver leur utilisation de produits interdits.
2. De nombreux scandales, on le sait, ont terni la réputation d'athlètes célèbres.
3. Le dopage a envahi le monde du sport.
4. Ainsi, lors des derniers Jeux Olympiques, certains records ont paru suspects sans que la preuve de la culpabilité des athlètes ou de leurs entraîneurs ait été faite.
5. En effet, les substances dopantes sont de moins en moins détectables.

2 Lisez ce paragraphe.

L'histoire de la Gaule est inscrite dans les paysages, le sol, le nom des villes, qui déclinent leurs origines celtiques à travers toute l'Europe. « Notre géographie parle gaulois », note l'historienne R. Pernoud. Et, en effet, les noms des fleuves, des montagnes sont gaulois. Plus encore : des villes qui, à l'époque romaine portaient un nom à consonance latine, ont repris par la suite le nom des peuplades gauloises qui les habitaient. Tours appelée Caesadorunum, tire son nom de la tribu des Turons, Lutèce est devenu Paris à cause des Parisii, Vannes, l'antique Darioritum, évoque les Vénètes, Reims les Rèmes, et l'on pourrait multiplier les exemples.

Renée Grimaud, *Sous nos pas la Gaule*,
© éd. Hatier, 1993.

a. Recopiez l'idée principale contenue dans ce paragraphe.
b. Relevez les connecteurs.
c. Indiquez l'utilité de chaque phrase dans le déroulement et l'organisation du paragraphe.

3 Voici une thèse :
« La société moderne favorise la solitude. »

a. Cherchez des arguments pour illustrer cette thèse.
b. Cherchez des arguments pour la réfuter.
c. Parmi les arguments que vous avez trouvés, choisissez-en un et développez-le en un paragraphe bien construit.

4 Faites une recherche d'idée à partir du sujet suivant : « Quels profits peut-on retirer des voyages, en particulier à l'étranger ? »

Développer une de ces idées en un paragraphe bien construit.

11 L'agencement des discours dans le texte

Texte 1

(Un jeune officier sicilien, accompagné d'un ami, revient dans la demeure familiale.)

La fougue et la joie générale étaient si vives qu'il fallut seulement un quart d'heure aux deux jeunes gens pour se sécher, faire leur toilette, changer d'uniforme et retrouver les Salina dans le « salon de Léopold » autour de la cheminée. Tout en buvant du thé et du cognac, ils se laissaient admirer. En ce temps-là, rien n'était moins militaire que les familles de l'aristocratie sicilienne ; les officiers bourboniens ne se montraient jamais dans les salons de Palerme, et les quelques garibaldiens qui y avaient pénétré faisaient l'effet de pittoresques épouvantails plutôt que de véritables soldats.

Les deux jeunes officiers étaient donc les seuls que les jeunes filles de la maison Salina eussent jamais vus de près. Sur la tunique croisée de Tancrède brillaient les boutons d'argent des lanciers ; Charles avaient les boutons dorés des bersagliers ; tous deux portaient le haut col de velours noir, bordé pour l'un d'orange, pour l'autre de cramoisi.

Giuseppe Tomasi DI LAMPEDUSA, *Le Guépard* (1958), traduit par Panette Pézard,

Texte 2

(Dans une classe de maternelle.)

Un enfant joue seul à transvaser de l'eau d'un récipient à l'autre, sans même que la maîtresse le regarde. Au bout d'un moment, il vient la trouver avec deux flacons de même capacité, l'un conique et l'autre cylindrique, emplis d'eau et lui dit : « Maîtresse, c'est pareil ! » [...]

L'enfant l'entraîne alors vers la cuvette, lui montre qu'il peut transvaser l'eau d'un flacon à l'autre et répète : « C'est pareil ! » Frappée par le caractère très précoce de l'observation faite par l'enfant, la maîtresse l'encourage : « Les deux flacons contiennent la même quantité d'eau, essaie encore ! » L'enfant recommence alors son expérience de multiples fois et manifeste sa joie.

Pour nous adultes, ce récit peut sembler de peu d'importance ; mais l'enfant se souviendra d'avoir fait, ce jour-là, une découverte essentielle ! Les enfants peuvent donc nous surprendre : il est important de les solliciter, de les laisser agir et de leur laisser la parole. Ils se développent par l'action, conduite avec et sur leur environnement social ou matériel ; ils apprennent grâce à ces actions et aux réponses qu'ils obtiennent.

La Main à la pâte, Les Sciences à l'école primaire, présenté par Georges Charpak,

Le discours cadre

Un texte dans son intégralité correspond toujours à un type de discours **dominant**. Le texte 1 est un passage de roman : son type dominant est donc narratif. Dans le texte 2, qui explique comment et pourquoi on peut enseigner les sciences à l'école primaire, ce qui prévaut est le discours explicatif.

Il est donc important de repérer la visée générale d'un texte dont on n'a qu'un passage, par exemple en tenant compte du type d'ouvrage dont il est extrait.

Les discours encadrés dans un discours cadre

La présence de plusieurs formes de discours, **encadrées** dans un discours dominant, relance l'intérêt, varie le rythme, enrichit le texte ou le rend plus clair.

1. Le discours narratif (employé comme forme encadrée)

- À l'intérieur d'un texte **narratif**, un autre discours narratif interrompt parfois le récit principal, généralement pour faire entendre la voix d'un personnage qui raconte d'autres faits.

- Dans un texte **descriptif**, un passage narratif inséré anime la description, par exemple pour compléter un portrait en rapportant des anecdotes concernant le personnage décrit.

- Dans un texte **explicatif** ou **argumentatif**, le discours narratif inséré sert de point de départ ou d'exemple à l'explication ou à l'argumentation. Ainsi, dans le texte 2, l'anecdote rapportée justifie l'importance de l'observation dans les sciences, en particulier pour de jeunes enfants.

2. Le discours descriptif (employé comme forme encadrée)

- Dans un texte **narratif**, une description insérée permet de se représenter les lieux, les personnages, les objets. Par exemple, dans le texte 1, la description de l'uniforme des jeunes officiers est le reflet de la curiosité et de l'admiration des jeunes filles qui les observent.

- Dans un texte **explicatif**, la description des objets utilisés permet de mieux en comprendre le fonctionnement.

- Dans un texte **argumentatif**, une description valorisante ou dévalorisante a pour but d'influencer le destinataire.

3. Le discours explicatif (employé comme forme encadrée)

Un **récit** ou une **description** comportent souvent des passages **explicatifs** où s'expriment le narrateur ou un personnage. Ils permettent d'éclairer les faits ou le comportement des personnages.

Dans le texte 1, le narrateur explique ce qu'étaient les rapports entre l'aristocratie et l'armée dans la Sicile de cette époque. On comprend ainsi l'étonnement des jeunes filles en voyant les deux officiers.

Les explications sont très souvent présentes dans les textes **argumentatifs** pour leur donner un caractère logique et irréfutable.

4. Le discours argumentatif (employé comme forme encadrée)

Dans un **récit**, un personnage est souvent amené à justifier ses actes ou son point de vue : il utilise alors un discours argumentatif. Le narrateur peut également intervenir et donner son opinion sur les faits.

Le texte 2 est tiré d'un ouvrage où le discours dominant est **explicatif** mais s'associe fréquemment à du discours argumentatif. Dans le passage cité, le dernier paragraphe, de type argumentatif, justifie la raison d'être du livre où l'on explique l'art d'enseigner les sciences à l'école primaire.

Il existe plusieurs catégories de discours : narratif, descriptif, explicatif, argumentatif. Mais il arrive fréquemment qu'un texte serve de cadre à des discours de formes variées. Ceux-ci s'organisent pour former un texte complexe.

Exercices

Distinguer le discours cadre et les discours encadrés

1 Dans ce passage, distinguez ce qui est explicatif, argumentatif, narratif. Quelle forme de discours sert de cadre aux autres ? (Pour répondre, tenez compte du chapeau qui précède le texte.)

(L'auteur analyse les raisons du succès du roman de Robert Sabatier, Les Allumettes suédoises.*)*

Bientôt, d'ailleurs, sa rue ne lui[1] suffit plus. L'enfant entreprend de longues escapades dans tout le quartier de Montmartre. Il marche, infatigable, avec dans ses poches, quand il le peut, son grand luxe : une boîte d'allumettes suédoises avec lesquelles il s'offre des feux d'artifice et met une fois le feu dans un cagibi.

La réussite des *Allumettes suédoises* tient d'abord à ce que le récit de Robert Sabatier se situe à un carrefour exceptionnel de deux traditions différentes. L'une est celle du roman populiste dans sa branche unanimiste[2]. L'autre est celle de la littérature de l'enfance. [...]

Une autre qualité de l'ouvrage est dans la justesse du ton. Les laideurs et les médiocrités sont frôlées quand il le faut, mais toujours en deçà de la cruauté : le monde de la rue Labat a ses côtés de générosité et de gentillesse. *« Comme la vie était gaie, comme la vie était triste!»* Cette réflexion ambiguë, qui conduit la longue randonnée d'Olivier dans les rues, pourrait donner la philosophie du livre.

Pierre-Henri SIMON, «Bientôt, d'ailleurs, sa vie ne lui suffit plus», © *Le Monde*, 4 octobre 1969.

1. **Lui :** à Olivier, le héros du roman.
2. **Unanimiste :** qui exprime les états d'âme du plus grand nombre de gens.

2 Lisez ce texte.

(Robinson, qui vit seul depuis longtemps sur une petite île, se voit pour la première fois dans un miroir.)

Il essaya de sourire. Là, il éprouva comme un choc en s'apercevant qu'il n'y arrivait pas. Il avait beau se forcer, essayer à tout prix de plisser ses yeux et de relever les bords de sa bouche, impossible, il ne savait plus sourire. Il avait l'impression maintenant d'avoir une figure en bois, un masque immobile, figé dans une expression maussade. À force de réfléchir, il finit par comprendre ce qui lui arrivait. C'était parce qu'il était seul. Depuis trop longtemps il n'avait personne à qui sourire, et il ne savait plus; quand il voulait sourire, ses muscles ne lui obéissaient pas. Et il continuait à se regarder d'un air dur et sévère dans la glace, et son cœur se serrait de tristesse. Ainsi il avait tout ce qu'il lui fallait sur cette île, de quoi boire et manger, une maison, un lit pour dormir, mais pour sourire, personne, et son visage en était comme glacé.

C'est alors que ses yeux s'abaissèrent vers Tenn. Robinson rêvait-il? *Le chien était en train de lui sourire!* D'un seul côté de sa gueule, sa lèvre noire se soulevait et découvrait une double rangée de crocs. En même temps, il inclinait drôlement sa tête sur le côté, et ses yeux couleur de noisette se plissaient d'ironie. Robinson saisit à deux mains la grosse tête velue, et ses paupières se mouillèrent d'émotion, cependant qu'un tremblement imperceptible faisait bouger les commissures de ses lèvres.

Michel TOURNIER, *Vendredi ou la vie sauvage*, © éd. Gallimard, 1971.

a. Dans ce texte, quel type de discours sert de cadre à d'autres types de discours?

b. Dans le premier paragraphe, quel passage explique la difficulté de Robinson à sourire? Lequel explique sa tristesse? Relevez les mots et expressions qui marquent la présence de ce type de discours dans le texte.

c. Quel autre type de discours apparaît dans le deuxième paragraphe? Citez le passage concerné.

d. Quels types de discours sont étroitement mêlés dans la dernière phrase?

3 Lisez ce texte.

Un grand jeune homme blond, pâle et frêle, ayant d'assez bonnes façons, timide en apparence, mais qui venait de dépenser à Paris, où il était allé faire son Droit, huit ou dix mille francs en sus de sa pension, s'avança vers Eugénie, l'embrassa sur les deux joues, et lui offrit une boîte à ouvrage dont tous les ustensiles étaient en vermeil, véritable marchandise de pacotille, malgré l'écusson sur lequel un E. G. gothique assez bien gravé pouvait faire croire à une façon très soignée. En l'ouvrant, Eugénie eut une des ces joies inespérées et complètes qui font rougir, tressaillir, trembler d'aise les jeunes filles.

Elle tourna les yeux sur son père, comme pour savoir s'il lui était permis d'accepter, et monsieur Grandet fit un «prends, ma fille!» dont l'accent eut illustré un acteur.

Honoré DE BALZAC, *Eugénie Grandet*, 1833.

a. De quel type d'ouvrage est extrait ce texte? Quelle est donc sa forme de discours dominante? Relevez-en des indices dans le texte.

b. Relevez les passages qui appartiennent au discours descriptif.

c. Ces deux formes de discours sont-elles séparées dans le texte? Justifiez votre réponse.

Varier les discours dans ses propres textes

4 Vous racontez comment un personnage, au cours d'un voyage, rencontre un ami perdu de vue depuis longtemps. Tous les deux font le récit de leur vie. Leurs récits, à la première personne du singulier, seront encadrés par le récit du narrateur, à la 3e personne. Dans ce récit, vous insérerez une brève description sur le lieu de leur rencontre.

5 Vous expliquez à un camarade ou à un enfant les règles d'un jeu ou d'un sport. Vous incluez une anecdote dans vos explications.

6 Racontez une sortie scolaire ou bien la visite d'un lieu connu avec vos parents. Intégrez au moins une description à votre récit, ainsi qu'un passage argumentatif où vous donnez votre opinion en la justifiant.

12 La progression thématique

Texte 1

Jon approcha son visage de la pierre noire, jusqu'à ce que sa vue devienne trouble. Le bloc de lave grandissait, emplissait tout son regard, s'étendait autour de lui. Jon sentait peu à peu qu'il perdait son corps, et son poids. Maintenant il flottait, couché sur le dos gris des nuages, et la lumière le traversait de part en part. Il voyait au-dessous de lui les grandes plaques de lave brillantes d'eau et de soleil, les taches rouillées du lichen, les ronds bleus des lacs.

J.-M.G. Le Clézio, *Celui qui n'avait jamais vu la mer*, éd. Gallimard, 1982.

Texte 2

L'homme appuya ses deux mains sur le comptoir et, la tête un peu penchée sur le côté, nous regarda gracieusement.
Il était très grand et massif, mais de jambes courtes. La largeur de ses épaules témoignait d'une force physique exceptionnelle. Sa figure, plutôt ronde et gaie, s'ornait d'un nez charnu un peu fendu à son extrémité comme celui d'un hérisson. Ses cheveux bruns grisonnaient aux tempes.

Pierre Mac Orlan, *L'Ancre de Miséricorde*, © Société des amis de Mac Orlan, 1946.

Le thème et le propos dans la phrase

• Si l'on considère une phrase du point de vue de l'information qu'elle apporte, on constate qu'elle contient généralement deux éléments :

– le **thème**, supposé connu par le contexte et qui est ce dont on parle : *Jon* (texte 1), *L'homme* (texte 2) ;

– le **propos**, qui est ce que l'on dit « à propos » du thème et qui contient l'information nouvelle : *approcha son visage de la pierre noire*… (texte 1), *appuya ses deux mains sur le comptoir*… (texte 2).

Généralement, **le thème précède** le propos et il est souvent le sujet.

▸ ***Le bloc de lave*** *grandissait, emplissait tout son regard.* (texte 1)

• Quelques cas particuliers viennent bouleverser cet ordre :

– Employé avec un **présentatif,** le **propos** peut être en première position

▸ *Il voyait au-dessous de lui les grandes plaques de lave…*

→ ***C'étaient les grandes plaques de lave qu'****il voyait au-dessous de lui.*

– dans les phrases **impersonnelles**, le **sujet** inversé (sujet logique) contient l'information nouvelle et devient donc le **propos** :

▸ *Il se leva* ***un peu de vent****.*

• On peut faire varier le choix du thème et du propos, en privilégiant soit une phrase de forme active, soit une phrase de forme passive.

▸ *Un nez charnu ornait sa figure.* (thème : *Un nez charnu* ; propos : *sa figure*) *Sa figure était ornée d'un nez charnu.* (thème : *Sa figure* ; propos : *un nez charnu*)

Dans une phrase, le thème est ce dont on parle. C'est l'élément supposé connu. Le propos est ce qui est dit du thème. C'est lui qui contient l'information nouvelle.

Les types de progressions thématiques

1. La progression à thème constant

Certaines phrases ont pour thème un mot ou un groupe de mots qui est la reprise du thème précédent.

▸ ***Jon*** *sentait peu à peu… Maintenant* ***il*** *flottait…* (texte 1)

▸ ***L'homme*** *appuya ses deux mains…* ***Il*** *était très grand…* (texte 2)

L'accent est mis sur le thème, ici *Jon* et *L'homme* dont il est question, mais ce sont les propos qui font progresser le récit (texte 1) et la description (texte 2).

2. La progression linéaire

Parfois le thème d'une phrase reprend le propos de la phrase précédente.

▸ *Jon approcha son visage de la pierre noire…* ***Le bloc de lave*** *grandissait.* (propos : *la pierre noire* ; thème : *Le bloc de lave*)

Dans ce type de progression, informations connues et informations nouvelles s'enchaînent harmonieusement.

3. La progression à thèmes dérivés

Il y a progression à thèmes dérivés lorsqu'un thème représentant un **ensemble** est **repris** par plusieurs autres thèmes (ou sous-thèmes) désignant chacun une **partie** de cet ensemble. C'est le cas dans le texte 2.

▸ ***Il*** *était très grand et massif…* ***La largeur de ses épaules*** *témoignait…* ***Sa figure****, plutôt ronde et gaie…* ***Ses cheveux bruns*** *grisonnaient…*

Ce type de progression est fréquemment utilisé dans les descriptions, mais il permet aussi d'ordonner les éléments d'une explication ou les arguments d'un texte argumentatif.

4. La combinaison des différentes progressions

Un même texte utilise généralement **plusieurs** progressions thématiques, selon les effets recherchés.

Les **ruptures de progression** sont également fréquentes. Elles permettent notamment d'introduire un élément nouveau dans le texte : personnage, description, événement, exemple, explication, etc.

Il existe trois manières de faire progresser les informations d'une phrase à l'autre : la progression à thème constant (le thème de chaque phrase est le même, ce sont les propos qui diffèrent), la progression linéaire (le thème d'une phrase reprend le propos de la phrase précédente), la progression à thèmes dérivés (chaque thème représente une partie d'un thème initial).

Exercices

Identifier les progressions thématiques

1 Recopiez chacun de ces extraits d'un roman. Soulignez les éléments qui s'enchaînent d'une phrase à l'autre et identifiez la progression thématique utilisée.

a. Oncle Rat soupira et jeta une regard craintif sur le notaire. Le notaire écoutait, la fourchette à la main.

b. Maître Dromiols avait un grand col aux bouts cassés, cravaté plusieurs fois de noir. Un minuscule médaillon épinglait la cravate. Le front, vaste et haut, se plissait au-dessus des arcades sourcilières. Les cheveux étaient drus et bruns.

c. Les jours qui ont suivi cette étrange nuit de Noël sont restés imprimés dans ma mémoire. Non pas qu'ils aient été aussi étranges. Bien au contraire, ils comptent parmi les plus simples de mon séjour à La Redousse.

Henri BOSCO, *Malicroix*, éd. Gallimard, 1948.

2 Recopiez ce texte, soulignez les thèmes en noir et les propos en bleu. Identifiez les différentes progressions thématiques utilisées.

La ville de Bristol, en Angleterre, possède un important port de commerce (longtemps l'égal de Londres). Ville dotée d'une université, d'un évêché, d'un aéroport, Bristol gagna une certaine renommée dans la fabrication de cartons obtenus par la superposition de feuilles de papier collées ensemble.
Ces cartons, d'une qualité particulière, ont été utilisés à des fins diverses et, dès 1836, on parlait des cartes de visite en bristol puis, en 1879, d'un bristol tout court.
L'usage des cartes de visite en bristol s'est répandu et a été apprécié.

Gilles HENRY, *Dictionnaire des mots qui ont une histoire*, © éd. Tallandier, 1989.

Étudier l'organisation des textes

3 En étudiant la progression thématique, dites comment est construit ce texte.

Elle avait des rires secs qui glaçaient les paroles brûlantes, des mots durs tombant comme un jet d'eau glacée sur les protestations ardentes, des intonations à faire se tuer celui qui l'eût adorée éperdument.
Deux jeunes gens surtout la poursuivaient avec obstination. Ils ne se ressemblaient guère.
L'un, M. Paul Péronet, était un grand garçon mondain, galant et hardi, homme à bonnes fortunes, qui savait attendre et choisir ses heures.
L'autre, M. d'Avencelle, frémissait en l'approchant, osait à peine laisser deviner sa tendresse, mais la suivait comme son ombre, disant son désir désespéré par des regards éperdus et par l'assiduité de sa présence autour d'elle.

Guy de MAUPASSANT, *Réveil*, 1883.

4 Lisez ce texte.

(Un jeune garçon s'intéresse à une femme étrange et solitaire qu'il voit dans un hôpital.)

La folle de l'hôpital général, par sa mélancolie obstinée, n'avait pas cette popularité. Elle ne parlait à personne, personne ne songeait à elle, son histoire était évidemment oubliée. Elle ne nous dit jamais un seul mot, mais cet œil fauve et hagard nous frappait profondément, nous troublait. J'avais souvent pensé depuis à cette énigme sans arriver à me l'expliquer. J'en eus la clef il y a huit ans, quand ma mère arrivée à quatre-vingt-cinq ans sans infirmités, fut atteinte d'une maladie cruelle, qui la mina lentement.

Ma mère était tout à fait de ce vieux monde par ses sentiments et ses souvenirs. Elle parlait admirablement le breton, connaissait tous les proverbes des marins et une foule de choses que personne au monde ne sait plus aujourd'hui.

Ernest RENAN, *Souvenirs d'enfance et de jeunesse*, 1883.

a. Identifiez les progressions thématiques présentes dans ce texte.

b. Relevez le thème de chaque phrase. Comment ces thèmes sont-ils groupés ? À quels personnages correspondent-ils ?

c. Pourquoi, selon vous, le narrateur a-t-il choisi de parler des personnages dans cet ordre ? Quel lien existe-t-il entre chacun d'eux ?

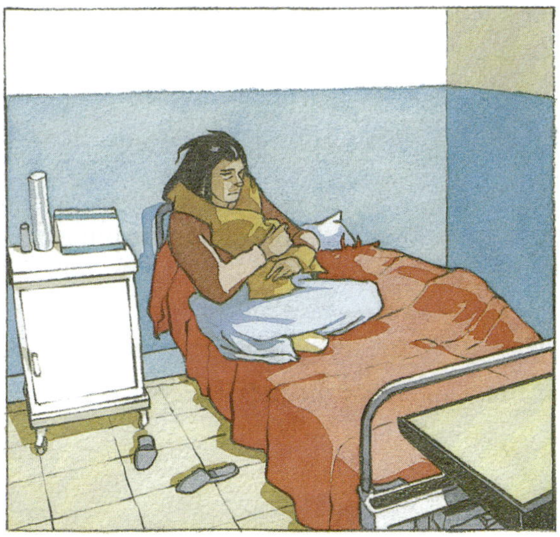

5 Lisez ce texte.

Il[1] opprima une nation libre ; il se déclara son ennemi ; il abusa des lois : il doit mourir pour assurer le repos du peuple, puisqu'il était dans ses vues d'accabler le peuple pour assurer le sien. Ne passa-t-il pas, avant le combat, les troupes en revue ? Ne prit-il pas la fuite au lieu de les empêcher de tirer ? Que fit-il pour assurer la fureur de ses soldats ? L'on vous propose de le juger civilement, tandis que vous reconnaissez qu'il n'était pas citoyen, et qu'au lieu de conserver le peuple, il ne fit que sacrifier le peuple à lui-même.

SAINT-JUST, *Discours sur le jugement de Louis XVI*, 1792.

1. le roi Louis XVI.

a. Quel personnage est le thème de la plupart des phrases et des propositions indépendantes de ce texte ? Quelle est donc la progression thématique privilégiée ?

b. Qu'expriment la plupart des propos ayant pour thème ce personnage ?

c. À quel type de texte avons-nous affaire ici ? Montrez que le choix de ce thème et de ces propos sert les objectifs du locuteur.

Écrire en utilisant la progression thématique

6 Faites suivre chacune de ces phrases d'une autre phrase qui s'enchaînera à elle, selon le type de progression demandé.

1. Un jeune homme montait un superbe cheval noir. (à thème constant) – **2.** J'ai été bouleversée par le livre que tu m'as prêté. (linéaire) – **3.** Un paysage insolite nous surprit à notre descente d'avion. (à thèmes dérivés).

7 Après avoir observé le texte de l'exercice 3, rédigez un texte construit sur le même plan, avec les mêmes types de progression. Vous commencerez ainsi les quatre paragraphes : Un peintre connu… Deux tableaux surtout… L'un… L'autre…

8 Rédigez trois petits paragraphes en respectant les consignes proposées.

a. Racontez un événement dont un de vos camarades a été le héros. Vous utiliserez une progression à thème constant, de manière à mettre en valeur le personnage qui sera désigné par les thèmes. Les faits seront contenus dans les propos.

b. Faites votre autoportrait en privilégiant une progression à thèmes dérivés.

c. Vous refusez de faire quelque chose et vous vous justifiez en privilégiant une progression linéaire.

13 Les reprises nominales et pronominales

Texte

À cette époque, personne ne parlait des faucons de Notre-Dame de Paris. Ni le journal, ni la télévision. Ces oiseaux n'étaient pas encore médiatiques. La cathédrale visitée par les touristes du monde entier restait l'île mystérieuse, une forêt de pinacles et de gargouilles sauvages. Moi, j'avais repéré les faucons avec émerveillement, car je m'y connaissais depuis l'enfance en bestiaire de tout genre, je me cherchais des totems, des filiations ailées, monstrueuses. Ce rapport de la madone et des rapaces me fascinait. De mon poste, sur la tour sud, j'avais vu un faucon fondre du haut d'une flèche dans la main du grand ange vert et central à la croisée du transept. Là, un moineau expira, pantelant, éventré sous le bec du prédateur. Un battement d'ailes, une courte piaillerie. L'ange souriait toujours. Le faucon s'envola, mince, véloce et courbé sous la voûte céleste. Je le vis tout là-haut, vif et brun dans l'azur. Il planait. La grande cathédrale dormait dans le tollé des ponts, des îlots, des boucles et des eaux.

Patrick GRAINVILLE, *Les Anges et les Faucons*, © éd. du Seuil, 1994.

Quels éléments d'un texte reprend-on ?

- On est souvent amené à **désigner à plusieurs reprises** un être, une chose ou une idée, par exemple pour assurer la progression thématique d'un texte.

Ainsi, dans le passage ci-dessus portant sur les faucons de Notre-Dame de Paris, ces oiseaux et ce monument sont désignés à plusieurs reprises dans le paragraphe.

- On peut reprendre un nom propre, un GN, une proposition, une phrase ou tout un passage.
  - *Personne ne parlait des faucons… **Ces oiseaux** n'étaient pas…*
  - *Personne ne parlait des faucons de Notre-Dame. **Cela** est surprenant.*

Pour éviter les **répétitions**, on a recours à divers **procédés de reprises**.

Quels procédés utiliser ?

1. Les reprises nominales

On peut reprendre un nom ou un GN précédent au moyen d'un GN substitut. Selon le choix du GN, on obtient des effets variés.

• On peut **insister** sur l'information, en répétant le nom, souvent avec un déterminant plus précis, tel qu'un article défini ou un déterminant démonstratif :

▸ *Des faucons vivaient sur la cathédrale.* ***Ces faucons*** *le fascinaient.*

• On peut **varier** ou **préciser** l'information en utilisant un synonyme, un terme générique ou au contraire spécifique, ou bien un terme technique :

▸ *Les faucons… Ces* ***oiseaux****… Les* ***rapaces****… Les* ***prédateurs****…*

• On peut **enrichir** ou **modaliser** l'information contenue dans le nom repris, au moyen d'une expansion du nom qui décrit ou exprime l'opinion du narrateur :

▸ *Notre-Dame de Paris abritait des faucons…* ***La grande cathédrale*** *dormait…*

▸ *Il observait les faucons…* ***Ces cruels et fascinants oiseaux*** *vivaient dans les tours et les flèches de la cathédrale.*

• On peut **développer** l'information en utilisant une périphrase :

▸ *Personne ne parlait des faucons de Notre-Dame de Paris.* ***Le vaisseau de pierres*** *restait l'île mystérieuse.*

• On peut **résumer** une proposition, une phrase ou tout un passage :

▸ *J'avais vu un faucon fondre du haut d'une flèche dans la main du grand ange vert et central à la croisée du transept. Là, un moineau expira, pantelant, éventré sous le bec du prédateur.* ***Ce petit drame*** *passa inaperçu.*

2. Les reprises pronominales

Il arrive fréquemment qu'un mot ou qu'un groupe de mots soit repris par un **pronom substitut**, choisi parmi :

– les pronoms personnels de la troisième personne :

▸ *Le faucon s'envola, mince, véloce et courbé sous la voûte céleste. Je* ***le*** *vis tout là-haut, vif et brun dans l'azur.* ***Il*** *planait.*

– les pronoms démonstratifs :

▸ *Depuis longtemps des faucons hantaient les tours de Notre-Dame, mais personne n'avait remarqué* ***cela****.*

– les pronoms relatifs :

▸ *Je vis un faucon* ***qui*** *fondait sur un moineau.*

– les pronoms possessifs :

▸ *En observant les hauteurs de la cathédrale, on aperçoit des nids. Chaque faucon a* ***le sien****.* (= *son nid*, le pronom possessif est l'équivalent du nom repris, précédé du déterminant possessif.)

– certains pronoms indéfinis (*chacun, certains, quelques-uns, plusieurs, la plupart, beaucoup, peu, tous…* sont, selon le contexte, des substituts) :

▸ *Il leva les yeux pour voir les oiseaux.* ***Quelques-uns*** *planaient au-dessus des tours.*

Les procédés de reprise permettent d'éviter les répétitions dans les textes. Pour cela, on utilise des substituts lexicaux, sous forme de groupes nominaux, ou des substituts pronominaux (pronoms personnels, relatifs, démonstratifs, possessifs, indéfinis).

Exercices

Identifier les procédés de reprise

1 Identifiez avec précision tous les procédés de reprise utilisés dans ces phrases pour éviter les répétitions. Indiquez les mots ainsi repris.

1. Le bruit est devenu une gêne. C'est dans les grandes villes surtout que cette pollution auditive est la plus éprouvante. – **2.** Patrick a encore oublié de venir à notre réunion, mais cela ne m'étonne guère. – **3.** Alice tient chaque jour son journal intime et elle cache sous son lit ce confident muet. – **4.** Elle replia soigneusement ses jupes, ses pantalons, ses pulls, puis rangea ses vêtements dans les tiroirs de la commode. – **5.** Arrête de te balancer sur ta chaise, je te l'ai dit cent fois. – **6.** J'ai acheté des maquettes d'engins volants imaginés par Léonard de Vinci. Les plans de certains furent repris au XXe siècle car leur génial inventeur était en avance de plusieurs siècles sur son temps.

2 Indiquez la classe grammaticale des substituts soulignés et précisez quel mot ou groupe de mots ils remplacent. Par quels mots est désignée Marie-Antoinette ?

(Alexandre Dumas imagine, dans un de ses romans, que la reine Marie-Antoinette, emprisonnée à la Conciergerie, reçoit un billet enfermé dans un pain.)

Elle déchira encore la seconde moitié du billet, qui était blanche, et, comme elle n'avait ni crayon ni plume pour répondre à l'ami inconnu qui s'occupait d'elle, elle prit l'épingle de son fichu et piqua dans le papier des lettres qui composèrent les mots suivants :

Je ne puis ni ne dois accepter le sacrifice de la vie de personne en échange de la mienne.

Puis elle replaça le papier dans l'étui, qu'elle enfouit dans la seconde partie du pain brisé.

Cette opération était achevée à peine, dix heures sonnaient, et la reine, tenant le morceau de pain à la main, comptait tristement les heures qui vibraient lentes et espacées, quand elle entendit, à une des fenêtres donnant sur la cour que l'on appelait la cour des femmes, un bruit strident pareil à celui que produirait un diamant grinçant sur le verre. Ce bruit fut suivi d'un choc léger à la vitre, choc plusieurs fois répété et que couvrait avec intention la toux d'un homme.

Alexandre Dumas, *Le Chevalier de Maison-Rouge*, 1845.

M. Mytens le Jeune, *Marie-Antoinette*, Musée historique, Vienne.

Étudier les procédés de reprise dans les textes

3 Lisez ce texte.

(Jean Valjean fuit dans les égouts de Paris, en portant sur ses épaules Marius blessé.)

La vase lui venait maintenant aux jarrets et l'eau à la ceinture. Il ne pouvait déjà plus reculer. Il enfonçait de plus en plus. Cette vase assez dense pour le poids d'un homme, ne pouvait évidemment en porter deux. Marius et Jean Valjean eussent eu de la chance de s'en tirer, isolément. Jean Valjean continua d'avancer, soutenant ce mourant, qui était un cadavre peut-être.

[...] Il fit un effort désespéré et lança son pied en avant; son pied heurta on ne sait quoi de solide. Un point d'appui. Il était temps.

Il se dressa et se tordit et s'enracina avec une sorte de furie sur ce point d'appui. Cela lui fit l'effet de la première marche d'un escalier remontant à la vie.

Ce point d'appui, rencontré dans la vase au moment suprême, était le commencement de l'autre versant du radier[1], qui avait plié sans se briser et s'était courbé sous l'eau, comme une planche et d'un seul morceau. [...]

En sortant de l'eau, il se heurta à une pierre et tomba sur les genoux. Il trouva que c'était juste, et y resta quelque temps, l'âme abîmée dans on ne sait quelle parole à Dieu.

Victor HUGO, *Les Misérables*, 1862.

1. **Radier :** plate-forme qui recouvrait le sol des égouts et leur servait de fondation.

a. Parmi les pronoms personnels utilisés, à quel personnage se rapportent le plus grand nombre d'entre eux ? Pourquoi, selon vous ?

b. À quelle catégorie de substituts appartient *cela* dans le troisième paragraphe ? Que reprend-il ?

c. Dans le dernier paragraphe, de quoi les mots soulignés sont-ils des substituts ?

d. Dans deux cas, le narrateur utilise les mêmes mots pour reprendre un groupe nominal. Quelles sont ces reprises ? Quel effet cherche-t-il à produire par cette répétition ?

e. Par quelle périphrase désigne-t-il Marius ? Quelle est son importance ?

4 Lisez ce texte.

Bogo ouvrit des conserves et une bouteille de bière. Je lui demandai s'il avait revu Patricia. Il dit : « Non, Monsieur » et se tut. Le connaissant, je n'espérais plus autre chose. Cependant, sur ses joues et son front, les minuscules figures de géométrie – triangles, carrés, cercles – que formaient les rides sans nombre bougeaient d'une façon singulière. Il continua comme malgré lui :

« Je n'ai pas revu la petite fille blanche, mais tout le monde au village m'a parlé d'elle.

Bogo prit un temps, hésita. Je feignis d'être absorbé par la nourriture. Toute question pouvait effaroucher ce surprenant besoin de confidence.

– Les gens l'aiment beaucoup, l'aiment très fort, reprit Bogo, mais elle leur fait peur.

Je m'écriai :

– Peur !

– Elle est sorcière pour les bêtes sauvages, Monsieur, dit Bogo en baissant la voix. On m'a juré qu'elle a pour père un lion. [...]

– Vous croyez cela possible ? demandai-je.

– Tout est possible, Monsieur, dit très bas le chauffeur. Tout, si Dieu le veut. »

Pensait-il au Dieu des missionnaires ou à d'autres plus anciens et puissants sur la terre d'Afrique ?

Joseph KESSEL, *Le Lion*, © éd. Gallimard, 1958.

a. En dehors du narrateur, qui sont les personnages dont il est question dans le texte ? Relevez les substituts pronominaux qui reprennent leur nom.

b. Par quel GN, Bongo désigne-t-il Patricia ? Pourquoi choisit-il cette désignation ?

c. Indiquez la classe grammaticale des substituts soulignés et précisez quels mots ils remplacent.

d. Que nous révèle du caractère de Bongo, le premier substitut souligné ?

Manipuler et utiliser les procédés de reprise

5 Récrivez ces phrases et évitez les répétitions qu'elles contiennent en utilisant des substituts. Variez le plus possible les procédés utilisés.

1. La lutte contre le racisme doit être l'affaire de tous. Le racisme a été de tout temps un fléau de l'humanité. – **2.** Elle a acheté un violoncelle, son violoncelle est un instrument ancien. – **3.** Une voiture a heurté une vache. La voiture n'a rien mais la vache a perdu une corne dans le heurt. – **4.** « Sais-tu que Rémi fait des études de médecine ? » « Oui, je sais que Rémi fait des études de médecine. » – **5.** Mes projets sont plus originaux mais ses projets sont plus réalistes.

6 Voici un extrait d'une première page de roman. Imaginez-en la suite, en vingt lignes environ, en utilisant des reprises nominales et pronominales.

Bien calé dans son coin, la nuque sur le rebord de la banquette, Maigret, les yeux mi-clos, observait toujours, machinalement, les deux personnages, si différents l'un de l'autre, qu'il avait devant lui.

Georges SIMENON, *Le Port des brumes*, 1967.

14 *Les connecteurs*

Texte

Régulièrement, depuis que la vie existe sur Terre, on a assisté à l'extinction de nouvelles espèces zoologiques et botaniques. **Ainsi,** à la fin du crétacé, les grands reptiles comme les dinosaures et les tyrannosaures disparaissent totalement. **Néanmoins,** aucune explication convaincante n'a encore été donnée.

Les connecteurs servent de **lien** entre les propositions, les phrases, les paragraphes. Ce sont des adverbes, des conjonctions de coordination ou de subordination, des groupes circonstanciels prépositionnels.

Les connecteurs participent à la **construction** et à la **cohérence** d'un texte. Certains peuvent figurer dans **plusieurs types de textes**.

Les connecteurs temporels

Dans un **récit**, ils assurent la **chronologie** des événements et la **situation** des faits, les uns par rapport aux autres. Ils peuvent marquer :

– la succession des faits : *d'abord, puis, ensuite, enfin…*

– la durée : *longtemps, pendant trois jours, durant des années…*

– la fréquence : *tous les jours, le matin, souvent, parfois, fréquemment…*

– la soudaineté : *soudain, tout à coup, au moment où, alors que…*

– la simultanéité : *pendant que, en même temps, pendant ce temps…*

– l'antériorité : *auparavant, le mois précédent, quelques jours plus tôt…*

– la postériorité : *plus tard, après ces événements, par la suite…*

Certains situent les faits par rapport au moment de l'énonciation : *maintenant, hier, demain, dans deux jours, la semaine dernière…*

Les connecteurs spatiaux

Ils organisent la **description** en situant ses éléments dans l'espace ou les uns par rapport aux autres. Ils sont souvent employés par paires : *ici, là, à droite, à gauche, devant, derrière, au loin, près de, au-dessus de…*

Un GN complément circonstanciel de lieu, détaché en tête de phrase, joue le rôle d'un connecteur : ***Au-delà de la rivière****, on apercevait une ferme.*

Les connecteurs logiques

Dans les textes **explicatifs** et **argumentatifs,** ils assurent les **rapports logiques** entre les faits ou les idées. Ils peuvent exprimer ou annoncer :

– l'addition : *et, de plus, en outre, de surcroît, puis…*

– l'alternative : *soit… soit, soit que… soit que, ou… ou, ou bien…*

– une explication, une cause : *car, en effet, pour cette raison, parce que, …*

– une opposition : *mais, cependant, pourtant, néanmoins, bien que, quoique, à l'opposé, en revanche, à l'inverse…*

– une concession avant une réfutation : *certes, sans doute, bien sûr, assurément…*

– une conclusion, une conséquence : *donc, c'est pourquoi, aussi, ainsi, par conséquent, en conséquence, si bien que, de sorte que, de ce fait…*

– un but, un objectif : *pour cela, dans ce dessein, dans ce but, pour que, afin que…*

– une condition, une hypothèse : *dans cette hypothèse, en cas de, au cas où…*

Exercices

1 Complétez les pointillés par des connecteurs logiques appropriés et précisez ce qu'ils expriment.

1. La planète se réchauffe,… les glaciers diminuent. – 2. Élodie est petite et menue,… elle possède une énergie inépuisable. – 3.… le public trouvera la pièce originale et intéressante,… il la trouvera trop déroutante et il la boudera. – 4. Je déteste le froid et la neige.… je ne fais pas de ski. – 5.…, prévenez immédiatement les pompiers.

2 Relevez les connecteurs contenus dans ces deux textes et précisez ce qu'ils expriment.

1. Devant lui se dressait un mur qu'il eut beaucoup de mal à escalader. Mais, dès qu'il l'eut franchi, le découragement le gagna, car un fossé large de plusieurs mètres était creusé dans le sol. Au-delà du fossé, le sol était envahi de ronces.
2. À Paris, en 1821, naquit Charles-Henri Baudelaire. Certes, son œuvre poétique est considérée comme une des plus belles de son siècle, cependant il eut une vie misérable et sa célébrité en a fait un poète maudit.

3 Utilisez chacun de ces connecteurs, ou groupes de connecteurs, dans deux petits textes dont le type de discours vous est indiqué entre parenthèses.

D'un côté… de l'autre *(descriptif/explicatif)* – premièrement… deuxièmement *(narratif/ argumentatif)* – mais *(narratif/argumentatif)* – d'abord… ensuite *(descriptif/explicatif)*.

4 Lisez ce texte.

(Frosine tente de persuader Harpagon que la jeune fille qu'il souhaite épouser n'est pas si pauvre.)

Premièrement, elle est nourrie et élevée dans une grande épargne de bouche ; c'est une fille accoutumée à vivre de salade, de lait, de fromage et de pommes, et à laquelle par conséquent il ne faudra ni table bien servie, ni consommés exquis, ni orges mondés perpétuels, ni les autres délicatesses qu'il faudrait pour une autre femme ; et cela ne va pas à si peu de chose, qu'il ne monte bien, tous les ans, à trois mille francs pour le moins. Outre cela, elle n'est curieuse que d'une propreté fort simple, et n'aime point les superbes habits, ni les riches bijoux, ni les meubles somptueux, où donnent ses pareilles avec tant de chaleur ; et cet article-là vaut plus de quatre mille livres par an. De plus, elle a une aversion horrible pour le jeu, ce qui n'est pas commun aux femmes d'aujourd'hui.

MOLIÈRE, *L'Avare*, 1668, Acte II, scène 5.

a. Relevez les connecteurs et indiquez quel rôle chacun d'eux joue dans le texte.

b. À quel type de discours correspond ce texte ? Montrez que le choix des connecteurs est en harmonie avec ce type de discours et donc de texte.

15 La phrase

Texte

Je profitai qu'elle eût baissé les yeux et l'examinai, d'abord à la dérobée, puis de plus en plus hardiment. Son visage me parut encore plus charmant que la veille : tout était fin, intelligent et attrayant. Elle tournait le dos à la fenêtre voilée d'un rideau blanc ; un rai de lumière filtrait à travers le tissu et inondait de lumière ses cheveux flous et dorés, son cou innocent, l'arrondi de ses épaules, sa poitrine tendre et sereine. […]

Subitement, un bruit dans la pièce contiguë, le cliquetis d'un sabre.

– Zina ! cria la princesse. Belovzorov t'a apporté un petit chat !

– Un petit chat ! s'exclama Zinaïda.

Elle se leva d'un bond, me jeta l'écheveau sur les genoux et sortit précipitamment. Je me levai également, posai la laine sur le rebord de la fenêtre, passai au salon et m'arrêtai, stupéfait, sur le pas de la porte. Un petit chat tigré était couché au milieu de la pièce, les pattes écartées ; à genoux devant lui, Zinaïda lui soulevait le museau avec précaution. À côté de sa mère, entre les deux croisées, se tenait un jeune hussard, beau garçon, les cheveux blonds et bouclés, le teint rose, les yeux saillants.

– Qu'il est drôle ! répétait Zinaïda, mais ses yeux ne sont pas du tout gris, ils sont verts… et comme il a de grandes oreilles !… Merci, Victor Egorovitch… Vous êtes un amour.

Yvan TOURGUENIEV, *Premier Amour*,
Traduit par Michel Rotislav Hofmann, Genève, © Édito-Service, 1969.

La phrase et la proposition

• Une **phrase** est un ensemble de mots **organisé grammaticalement**. Elle commence par une **majuscule** et se termine par une **ponctuation forte** : point, point d'interrogation ou d'exclamation, points de suspension.

- *Belovzorov t'a apporté un petit chat !*
- *Vous êtes un amour.*

• La **phrase de base** comporte un groupe sujet et un groupe verbal. Elle contient parfois un ou plusieurs éléments facultatifs : des compléments circonstanciels.

- *À genoux devant lui,* (c. circ.) ***Zinaïda*** (S) ***lui soulevait le museau*** (GV) *avec précaution.* (c. circ.)

• Une **proposition** est un ensemble de mots dont le noyau est un verbe, généralement conjugué. Une phrase peut comporter une ou plusieurs propositions.

- *Je **profitai** / qu'elle **eût baissé** les yeux.*

• Le terme de proposition est attribué également aux **propositions incises**. Celles-ci, qui se trouvent généralement dans des phrases de dialogue, sont composées d'un verbe de parole et d'un sujet inversé représentant le locuteur.

▸ *Qu'il est drôle ! **répétait Zinaïda**.*

Une phrase commence par une majuscule et se termine par une ponctuation forte. Une proposition est un ensemble de mots organisé autour d'un verbe.

La phrase simple

• Une **phrase simple** comporte un seul noyau verbal. Elle n'est donc constituée que d'une seule proposition. Une phrase simple peut être longue ou brève.

▸ *À côté de sa mère, entre les deux croisées, **se tenait** un jeune hussard, beau garçon, les cheveux blonds et bouclés, le teint rose, les yeux saillants.*

▸ *Vous **êtes** un amour.*

• Il arrive qu'une phrase ne contienne pas de verbe principal. C'est une phrase **non verbale**. Si son noyau est un nom, on l'appelle une phrase **nominale**.

▸ *Subitement, un **bruit** dans la pièce contiguë, le **cliquetis** d'un sabre.*

Les phrases non verbales traduisent la précipitation ou l'émotion.

▸ *Un petit chat !* (surprise et joie)

Elles permettent parfois de **résumer**. C'est pourquoi on les utilise également dans les **titres**. Ainsi le roman d'où est tiré le texte ci-contre est intitulé *Premier Amour*.

Une phrase simple n'est constituée que d'une seule proposition. Une phrase non verbale ne contient pas de verbe. Si son noyau est un nom, c'est une phrase nominale.

La phrase complexe

• Une phrase **complexe** comporte **deux** ou **plusieurs propositions** qui peuvent être juxtaposées, coordonnées ou reliées par subordination.

1. La juxtaposition et la coordination

• Deux propositions sont **juxtaposées** quand elles sont séparées par une virgule, un point-virgule ou par deux points.

▸ *Son visage me parut encore plus charmant que la veille : tout était fin, intelligent et attrayant.*

• Deux propositions sont **coordonnées** lorsqu'elles sont reliées par une conjonction de coordination (*et, ou, ni, mais, or, car, donc*) ou par un adverbe de liaison (*en effet, d'abord, puis, ensuite, alors, cependant, toutefois, par conséquent, etc.*).

▸ *Un rai de lumière filtrait à travers le tissu* ***et*** *inondait de lumière ses cheveux flous et dorés.*

• Dans les deux exemples ci-dessus, les phrases complexes sont composées de deux propositions indépendantes coordonnées. On appelle **proposition indépendante**, une proposition qui ne dépend d'aucune autre et dont aucune proposition ne dépend. Mais la juxtaposition et la coordination peuvent aussi concerner des **principales** et des **subordonnées**.

▸ *Elle riait parce qu'elle était heureuse* ***et*** *qu'elle était surprise.*
subordonnée (parce qu'elle était heureuse) — subordonnée (qu'elle était surprise)

• Un enchaînement de phrases courtes juxtaposées et/ou coordonnées permet de traduire la **rapidité** des événements et leur **succession**.

▸ *Elle se leva d'un bond, me jeta l'écheveau sur les genoux et sortit précipitamment.*

2. La subordination

• Deux propositions sont reliées par subordination quand l'une (appelée proposition **subordonnée**) dépend de l'autre (la **principale**) et ne peut exister sans elle.

▸ *Je profitai qu'elle eût baissé les yeux.*
principale (Je profitai) — subordonnée (qu'elle eût baissé les yeux)

Les deux propositions sont alors, le plus souvent, reliées par un **subordonnant** : pronom relatif, conjonction de subordination, mot interrogatif.

▸ *Il se demanda* ***quel*** *était ce bruit.*

• Une proposition subordonnée peut elle-même devenir la principale d'une autre subordonnée.

▸ *Il suivit la jeune fille* ***qui s'exclama*** *quand elle vit le chaton.*

quand elle vit le chaton : proposition subordonnée ayant pour principale la subordonnée relative *qui s'exclama*.

• L'emploi de propositions subordonnées dans les phrases complexes permet de **préciser** ou de **développer** les faits ou les idées. La subordination est particulièrement utilisée dans les textes explicatifs et argumentatifs où elle met en évidence les relations logiques.

▸ *Il était vexé* ***parce que la jeune fille ne s'intéressait plus à lui.***

Une phrase complexe est constituée de deux ou plusieurs propositions. Celles-ci peuvent être juxtaposées, coordonnées ou reliées par subordination. Dans ce cas, une proposition subordonnée dépend d'une proposition principale.

Exercices

Observer les phrases

1 Lisez ce texte.

(Au Vᵉ siècle avant notre ère, Hérodote, voyageur infatigable, rapporte dans ses écrits ce que disent ou pensent ses contemporains.)

Les Grecs racontent encore bien d'autres fables, sans nul esprit critique, et voici sur Héraclès une de leurs histoires, qui est fort sotte. Quand le héros vint en Égypte, racontent-ils, les Égyptiens le couronnèrent comme une victime et l'emmenèrent en grande pompe pour l'immoler à Zeus. Héraclès se tint tranquille tout d'abord ; mais lorsque, au pied de l'autel, ils voulurent commencer les cérémonies du sacrifice, il fit appel à sa force et massacra tout le monde. Par ce récit, les Grecs manifestent à mes yeux leur complète ignorance du naturel et des lois des Égyptiens. Comment un peuple à qui sa religion ne permet même pas de sacrifier des animaux, sauf des porcs, des bœufs et des veaux (s'ils sont reconnus purs), et des oies, pourrait-il sacrifier des êtres humains ? Et cet Héraclès, qui était tout seul et n'était encore, à ce qu'ils prétendent, qu'un simple mortel, quelle vraisemblance y a-t-il à dire qu'il a massacré des milliers d'hommes ?

HÉRODOTE, *L'Enquête*, Livre II (45), traduit par Andrée Barguet, © éd. Gallimard, 1964.

a. Combien de phrases ce texte contient-il ?

b. Pour chaque phrase précisez combien elle comporte de noyaux verbaux et combien de propositions. Indiquez s'il s'agit d'une phrase simple ou d'une phrase complexe.

2 Recopiez ce texte.

Czentovic était le fils d'un misérable batelier slave du Danube, dont l'embarcation fut coulée une nuit par un vapeur chargé de blé. À la mort de son père, l'enfant qui avait douze ans fut recueilli par le curé de son village et l'excellent prêtre s'efforça honnêtement de faire répéter à ce garçon apathique et taciturne les leçons qu'il n'arrivait pas à retenir à l'école.

Mais ses tentatives demeurèrent vaines. Mirko penchait son large front sur des caractères d'écriture qu'on lui avait déjà expliqués cent fois et il les fixait d'un œil vide ; son cerveau était impuissant à garder les notions les plus élémentaires. À quatorze ans, il s'aidait encore de ses doigts pour compter et ne lisait un livre ou un journal qu'au prix des plus grands efforts. On n'eût pu dire cependant qu'il y mettait de la mauvaise volonté. Il faisait docilement ce qu'on lui ordonnait, portait l'eau, fendait le bois, travaillait aux champs, nettoyait la cuisine ; bref, il rendait consciencieusement, bien qu'avec une lenteur exaspérante, tous les services qu'on lui demandait.

Stefan ZWEIG, *Le Joueur d'échecs*, © éd. Stock, 1981.

a. Mettez une barre transversale entre chaque phrase. Soulignez les subordonnants et entourez les mots qui coordonnent deux propositions.

b. Relevez une phrase simple et une phrase complexe composée de deux phrases simples coordonnées.

c. Relevez quatre propositions indépendantes juxtaposées.

Étudier le choix des phrases dans les textes

3 Lisez ce texte.

Marguerite n'était encore qu'une enfant. Elle m'aimait, parce que je la promenais dans une brouette. Mais, plus tard, le matin où je la demandai en mariage, je compris à son geste effrayé, qu'elle me trouvait affreux. Les parents me l'avaient donnée tout de suite ; ça les débarrassait. Elle, soumise, n'avait pas dit non. Quand elle fut habituée à l'idée d'être ma femme, elle ne parut plus trop ennuyée. Le jour du mariage, à Guérande, je me souviens qu'il pleuvait à torrents ; et, quand nous rentrâmes, elle dut se mettre en jupon, car sa robe était trempée.

Voilà toute ma jeunesse. Nous avons vécu quelque temps là-bas. Puis, un jour, en rentrant, je surpris ma femme pleurant à chaudes larmes. Elle s'ennuyait, elle voulait partir. Au bout de six mois, j'avais des économies, faites sou à sou, à l'aide de travaux supplémentaires ; et comme un ancien ami de la famille s'était occupé de me trouver une place à Paris, j'emmenai la chère enfant, pour qu'elle ne pleurât plus.

Émile ZOLA, *La Mort d'Olivier Bécaille*.

Premier paragraphe

a. De quelles sortes de propositions sont composées les deux premières phrases ?

b. Relevez deux propositions indépendantes juxtaposées. Qu'est-ce que cette construction permet d'exprimer ?

Deuxième paragraphe

c. Quelle est la particularité de la première phrase ? Qu'est-ce que cette construction permet d'exprimer ?

d. Indiquez quand le rythme du récit est rapide et quand il se ralentit, et précisez comment le narrateur utilise la construction des phrases pour traduire ces variations de rythme.

4 Lisez ce texte.

Le vent. Vers midi on l'avait vu se lever, déversant sur la ville une poussière épaisse comme une ondée de farine, au point qu'on ne pouvait respirer. Le portier s'en excusait d'une voix pleine d'indulgence, comme une mère aurait excusé les caprices de son enfant. « Il faut toujours que la nature mette son grain de sel… Regrettable… Infiniment regrettable », répétait-il en s'épongeant le front. Non, l'air conditionné ne fonctionnait pas. Le moteur était en panne. Légère avarie… Une pièce de rechange était partie de Rome depuis plus d'une semaine, mais elle n'était toujours pas arrivée. C'était du moins ce que prétendait le chef de gare. Bien que le portier parût convaincu du contraire. La pièce était bel et bien là, mais certaines personnes devaient trouver avantage à ce que les paquets demeurent en consigne le plus longtemps possible… « Vous voyez ce que je veux dire ? » Et il faisait le geste de palper de la monnaie.

Edmonde Charles-Roux, *Oublier Palerme*, © éd. Grasset, 1969.

a. De quelles sortes de propositions sont composées les deux premières phrases ?

b. Relevez une phrase complexe composée de deux propositions indépendantes coordonnées.
Remplacez la conjonction de coordination par des connecteurs adverbiaux équivalents.

c. Relevez des phrases non verbales et une phrase constituée seulement d'une subordonnée. Quel rythme ces procédés donnent-ils au texte ?

5 Lisez ce texte.

J'avais pour camarade un cousin plus riche que moi et qu'on traitait en héritier, tandis que, éloigné de mon père, je n'étais qu'un pauvre orphelin. Mon grand cousin Bernard était singulièrement poltron, surtout la nuit. Je me moquai tant de sa frayeur que M. Lambercier, ennuyé de mes vanteries, voulut mettre mon courage à l'épreuve. Un soir d'automne, qu'il faisait très obscur, il me donna la clef du temple, et me dit d'aller chercher dans la chaire la Bible qu'on y avait laissée. Il ajouta, pour me piquer d'honneur, quelques mots qui me mirent dans l'impuissance de reculer. […]

En ouvrant la porte, j'entendis à la voûte un certain retentissement que je crus ressembler à des voix et qui ébranla ma fermeté romaine. La porte ouverte, je voulus entrer ; mais à peine eus-je fait quelques pas, que je m'arrêtai. En apercevant l'obscurité profonde qui régnait dans ce vaste lieu, je fus saisi d'une terreur qui me fit dresser les cheveux : je rétrograde, je sors, je me mets à fuir tout tremblant.

Jean-Jacques Rousseau, *Émile ou De l'éducation*, 1762.

a. Combien de verbes à un mode personnel et donc combien de propositions la première phrase contient-elle ? De quelles sortes de propositions est-elle composée ?

b. Répondez aux mêmes questions à propos des deux phrases suivantes.

c. Relevez deux propositions subordonnées coordonnées.

d. Qu'ont de particulier les trois dernières propositions ? Que cherche à traduire le narrateur par leur emploi ?

6 Lisez ce texte.

Dessinez une forte moustache blanche sous son long nez droit ; peignez la peau de son visage et de son cou de nuances allant de l'ambre au cuir ; faites glisser le crayon pour de longs cheveux couvrant nuque, front et oreilles ; tracez une bouche d'un trait énergique sur un menton rond ; et vous aurez l'esquisse du portrait de Siffrein le santonnier[1].

Robert Sabatier, *Les Enfants de l'été*, éd. Albin Michel, 1978.

1. **santonnier :** artiste qui fabrique des figurines ornant les crèches de Noël.

a. De combien de phrases ce paragraphe est-il composé ?

b. Quelle est la nature des propositions qui le composent ? Comment sont-elles reliées entre elles ?

c. De quel type de texte s'agit-il ? Montrez que l'organisation des propositions dans ce paragraphe est adaptée à ce type de texte.

7 Lisez ce texte.

(Pendant la guerre, le narrateur, qui vient de terminer sa préparation militaire, attend de connaître son affectation.)

J'avais bon espoir de sortir dans un rang convenable et j'écoutais avec confiance le capitaine appeler nos noms.

Dix noms, cinquante noms, soixante-quinze noms… Décidément, Faïence risquait de m'échapper.

Nous étions deux cent quatre-vingt-dix élèves au total.

Faïence fut happée par le quatre-vingtième. J'attendais. Cent vingt noms, cent cinquante noms, deux cents noms… Toujours rien. Les bases aériennes boueuses et tristes du Nord s'approchaient de moi à une vitesse redoutable. Ce n'était pas brillant, mais enfin, je n'étais pas obligé d'avouer à ma mère mon rang de sortie.

Deux cent cinquante, deux cent soixante noms… Un atroce pressentiment glaça soudain mon cœur.

Romain GARY, *La Promesse de l'aube*,
© éd. Gallimard, 1960.

a. Combien ce texte contient-il de phrases simples et de phrases complexes ? Que constatez-vous ?

b. Relevez les phrases non verbales. À quoi correspondent-elles ?

c. En reprenant vos réponses aux questions précédentes, expliquez en quoi le choix de la construction des phrases traduit l'état d'esprit du narrateur.

D'après R. Gary, *La Promesse de l'aube*,
film de Jules Dassin, 1971.

Transformer des phrases, créer des textes

8 Voici des couples de phrases simples. Transformez-les en phrases complexes composées :
a. de deux indépendantes juxtaposées
b. de deux indépendantes coordonnées
c. d'une principale et d'une subordonnée.

1. On ne peut pas se baigner. L'eau est polluée. – **2.** Elle ouvrit la porte. Elle découvrit un spectacle étonnant. – **3.** J'ai longtemps réfléchi. Je n'ai pas trouvé de solution. – **4.** Il était épuisé. Il s'assit sous un arbre.

9 Transformez ces phrases simples en phrases complexes, en remplaçant les groupes de mots soulignés par des propositions subordonnées de même sens.

1. Je comprends <u>votre déception</u>. – **2.** <u>Par crainte des complications</u>, il préfère mener une vie très monotone. – **3.** J'irai jusqu'au bout de mon projet, <u>malgré les critiques que je rencontre</u>. – **4.** <u>À force de hurler pour soutenir son équipe</u>, il est complètement aphone. – **5.** <u>En cas de rougeurs</u>, arrêtez le traitement. – **6.** Pourriez-vous me dire <u>l'heure</u> ? – **7.** <u>À la tombée de la nuit</u>, chacun rentra chez soi. – **8.** Ce restaurateur innove toujours, <u>pour la satisfaction de ses clients</u>.

10 Transformez ces phrases verbales en phrases nominales, pour en faire des titres.

1. Le nouveau théâtre a été inauguré vendredi. – **2.** Un réseau de vol de voitures a été démantelé. – **3.** On espère une accalmie dans les jours prochains. – **4.** L'incendie s'est étendu aux forêts avoisinantes. – **5.** L'épidémie de grippe revient en force.

11 Racontez une scène d'action, vue par exemple dans un film, en utilisant tout particulièrement des phrases simples, des phrases complexes composées d'indépendantes juxtaposées, et quelques phrases nominales.

12 Doit-on autoriser l'expérimentation sur des animaux pour faire avancer la recherche médicale ? Donnez votre avis sur ce sujet et développez votre point de vue en utilisant un certain nombre de phrases complexes. Ne négligez pas l'emploi de subordonnées variées.

16 Les subordonnées

Texte 1

Quelques jours après avoir reçu le prix Nobel, Albert Camus écrit à son ancien instituteur.

19 novembre 1957

Cher Monsieur Germain,

J'ai laissé s'éteindre un peu le bruit qui m'a entouré tous ces jours-ci avant de venir vous parler de tout mon cœur. On vient de me faire un bien trop grand honneur, que je n'ai ni recherché ni sollicité. Mais quand j'en ai appris la nouvelle, ma première pensée, après ma mère, a été pour vous. Sans vous, sans cette main affectueuse que vous avez tendue au petit enfant pauvre que j'étais, sans votre enseignement, et votre exemple, rien de tout cela ne serait arrivé. Je ne me fais pas un monde de cette sorte d'honneur. Mais celui-là est du moins une occasion pour vous dire ce que vous avez été, et êtes toujours pour moi, et pour vous assurer que vos efforts, votre travail et le cœur généreux que vous y mettiez sont toujours vivants chez un de vos petits écoliers qui, malgré l'âge, n'a pas cessé d'être votre reconnaissant élève. Je vous embrasse de toutes mes forces.

Albert CAMUS, *Le Premier Homme*, © éd. Gallimard, 1994.

Texte 2

Camus évoque quelques souvenirs de sa vie scolaire. Jacques Cormery est lui-même et M. Bernard est en réalité M. Germain.

Alors que Jacques se trouvait au tableau noir et que sur une bonne réponse, M. Bernard lui avait caressé la joue, une voix ayant murmuré : « chouchou » dans la salle, M. Bernard l'avait pris contre lui et avait dit avec une sorte de gravité : « Oui, j'ai une préférence pour Cormery comme pour tous ceux d'entre vous qui ont perdu leur père à la guerre. Moi, j'ai fait la guerre avec leur père et je suis vivant. J'essaie de remplacer, ici au moins, mes camarades morts. Et maintenant, si quelqu'un veut dire que j'ai des « chouchous », qu'il parle ! » Cette harangue fut accueillie par un silence total. À la sortie, Jacques demanda qui l'avait appelé « chouchou ». Accepter en effet une telle insulte sans réagir revenait à perdre l'honneur.

Albert CAMUS, *Le Premier Homme*, © éd. Gallimard, 1994.

Une **proposition subordonnée** est une proposition qui **dépend** d'une autre proposition appelée **principale.** Elle est le plus souvent introduite par un subordonnant.

Les subordonnées introduites par un subordonnant

Un **subordonnant** est un mot qui **relie** la subordonnée à la principale. La catégorie grammaticale de ce subordonnant détermine la nature de la subordonnée.

1. Les subordonnées conjonctives

• Les subordonnées conjonctives sont introduites par une **conjonction** ou une **locution conjonctive de subordination** : *que, quand, dès que, parce que, bien que, de sorte que, afin que, etc.*

• Une subordonnée conjonctive peut avoir presque toutes les fonctions des GN. Elle peut donc être :

– sujet : ***Qu'il ait une pensée pour son ancien maître*** *est bien naturel.*

– attribut du sujet : *L'important est qu'****il se souvienne de lui.***

– COD : *Je peux vous assurer* ***que vos efforts, votre travail et le cœur généreux que vous y mettiez sont toujours vivants****...* (texte 1)

– complément du nom : *Il a la conviction* ***qu'il doit beaucoup à son maître.***

– complément de l'adjectif : *Le maître est heureux* ***que son élève se souvienne de lui.***

– complément circonstanciel : ***Quand j'en ai appris la nouvelle****, ma première pensée, après ma mère, a été pour vous.* (temps) (texte 1)
Si quelqu'un veut dire que j'ai des « chouchous »*, qu'il parle !* (condition) (texte 2)

2. Les subordonnées relatives

• Elles sont introduites par un **pronom relatif** simple (*qui, que, quoi, dont, où*) ou composé (*lequel, lesquelles, auquel, desquels...*).

Elles sont **compléments** d'un nom ou d'un pronom qui les précède et qu'on appelle **antécédent.**

▸ *Cette* ***main*** *affectueuse* ***que*** *vous avez tendue au petit* ***enfant*** *pauvre* ***que*** *j'étais...* (texte 1)

▸ *J'ai une préférence pour tous* ***ceux*** *d'entre vous* ***qui*** *ont perdu leur père à la guerre.* (texte 2)

• La subordonnée relative étant une **expansion du nom** ou du pronom, elle fait partie du groupe nominal ou pronominal.

▸ *J'ai laissé s'éteindre un peu le bruit* ***qui m'a entouré****.* (texte 1)
GN

- Dans certains cas, la subordonnée relative est employée **sans antécédent**. Elle est alors l'équivalent d'un GN dont elle a la fonction.

  ▸ *Il félicitait* ***qui le méritait***.
  COD de *félicitait*

3. Les subordonnées interrogatives indirectes

- Elles sont introduites par *si* ou par un **mot interrogatif** : un pronom (*qui, ce que, quoi, lequel, laquelle, auxquels…*) un déterminant (*quel, quelle, quels, quelles*), un adverbe (*où, quand, comment, combien, pourquoi*).

- Elles sont compléments d'objet d'un verbe exprimant une interrogation (*demander, se demander, s'enquérir…*), une connaissance ou une ignorance (*savoir, comprendre, ignorer…*), une transmission d'information (*expliquer, dire, raconter…*).

  ▸ *Jacques demanda* ***qui l'avait appelé « chouchou »***. (texte 2)
  COD de *demanda*

- La subordonnée interrogative est l'équivalent d'une phrase de type interrogatif, dans le discours rapporté direct.

  ▸ *« Le maître est-il fâché ? » → Il se demande* ***si le maître est fâché***.

> Parmi les subordonnées introduites par un **subordonnant**, on distingue :
> – les **subordonnées conjonctives** qui sont introduites par une conjonction de subordination et qui peuvent avoir presque toutes les fonctions du GN ;
> – les **subordonnées relatives** qui sont introduites par un pronom relatif et qui sont compléments de leur antécédent ;
> – les **subordonnées interrogatives indirectes** qui sont introduites par un mot interrogatif et qui sont toujours compléments d'objet.

Les subordonnées sans subordonnant

1. Les subordonnées infinitives

- Les subordonnées infinitives ont pour noyau verbal un **infinitif**. Celui-ci a un **sujet différent** de celui du verbe principal.

  ▸ ***Jacques*** *écoutait* ***le maître*** *prendre sa défense*.
  S V S V

- Elles sont **COD** d'un verbe de perception (*voir, entendre, sentir…*) ou bien des verbes *faire* ou *laisser*.

  ▸ *J'ai laissé* ***s'éteindre un peu le bruit qui m'a entouré.*** (texte 1)
  COD de *ai laissé*

2. Les subordonnées participiales

• Les subordonnées participiales ont pour noyau verbal un **participe** présent ou passé. Celui-ci a un **sujet différent** de celui du verbe principal.

▸ ***Une voix** ayant murmuré « chouchou », **M. Bernard** l'avait pris…*
S V S V

• La subordonnée participiale est toujours **complément circonstanciel**.

▸ ***Une voix ayant murmuré « chouchou »**, M. Bernard l'avait pris…*
c. circ. de cause

La subordonnée infinitive a pour noyau verbal un infinitif qui a un sujet différent de celui du verbe principal.
La subordonnée participiale a pour noyau verbal un participe qui a un sujet différent de celui du verbe principal.

Exercices

Identifier les subordonnées

1 Relevez les propositions subordonnées. Dites si elles sont conjonctives, relatives, interrogatives indirectes, infinitives ou participiales.

1. J'aimerais qu'on m'explique le fonctionnement de cet appareil. – **2.** L'île dont nous apercevons les côtes appartient à l'Italie. – **3.** La nuit, on entend parfois crier une hulotte.– **4.** Quand arrive l'hiver, le nord de l'Europe est plongé dans la nuit. – **5.** Les derniers touristes partis, la station balnéaire offre un aspect mélancolique. – **6.** On ignore quand le volcan se réveillera.

2 Relevez les propositions subordonnées contenues dans ces phrases et indiquez leur nature grammaticale et leur fonction. Attention, une subordonnée peut en contenir une autre.

1. Dites-moi comment vous trouvez ce gâteau que j'ai fait avec les pommes du jardin. – **2.** Je vous assure que j'ai senti le sol trembler sous mes pieds. – **3.** Rien n'ébranlera la volonté qui l'anime. – **4.** Il est malade à l'idée qu'il pourrait ne pas être premier. – **5.** Si tu continues à être aussi turbulent, tu ne pourras pas venir en vacances avec nous. – **6.** Nous ignorons si le message est bien parvenu. – **7.** Certains élèves n'ayant pas compris la leçon, le professeur dut reprendre ses explications. – **8.** L'intérêt de ce film est qu'il constitue un document de premier ordre sur les débuts de l'aviation.

3 Relevez les propositions subordonnées et indiquez leur fonction commune. Indiquez la nature grammaticale de chacune d'elles.

1. Nous espérons que le spectacle vous a plu. – **2.** Je ne comprends pas ce qui vous a plu dans ce spectacle. – **3.** Elle écoute le vent bruire dans les branches. – **4.** Embrassez qui vous voulez. – **5.** Dites-nous où se trouve la souris verte. – **6.** Sachez qu'on ne fait bien que ce qu'on aime.

4 Toutes ces phrases contiennent le mot *que* (ou *qu'*) seul ou en locution. Donnez la nature grammaticale et la fonction des propositions subordonnées qu'il introduit.

1. Il m'avait promis que nous partirions ensemble en vacances. – **2.** Que le vent s'apaise a permis au bateau de regagner le port. – **3.** Elle a trouvé charmant le jeune homme que son amie lui a présenté. – **4.** Je ne comprends pas ce que vous essayez de m'expliquer. – **5.** Quand il ouvrit le journal et qu'il vit qu'il avait gagné le gros lot, il tomba évanoui. – **6.** Ouvre grande la fenêtre pour que nous parvienne le bruit de la mer. – **7.** Nous sommes heureux qu'elle mène enfin la vie qui lui convient.

5 **Relevez les propositions subordonnées infinitives et participiales contenues dans ces phrases. Attention, certaines phrases n'en contiennent aucune.**

1. Une averse de grêle s'étant abattue sur la région, les récoltes sont compromises. – **2.** La cigale ayant chanté tout l'été, se trouva fort dépourvue quand la bise fut venue. – **3.** Tu as encore laissé couler l'eau dans la baignoire ! – **4.** La dernière page lue, elle soupira profondément. – **5.** Julien adore marcher la nuit dans les rues désertes. – **6.** J'ai vu un écureuil grimper le long de l'arbre. – **7.** Je t'ai entendu rentrer.

Étudier les subordonnées dans les textes

6 **Lisez ce texte.**

(Aurélien vient tenir compagnie à Francet, un jeune garçon infirme.)

Aurélien lui rapportait les faits et gestes des ouvriers de la manufacture, lui décrivait quelque nouvelle machine à calibrer que son père avait aidé à installer à la manufacture et tous deux s'extasiaient sur les mécaniques nouvelles. Un soir, ils se réjouissaient ainsi à la pensée que bientôt on construirait des voitures qui avanceraient à toute allure sur les routes sans qu'aucun attelage ne les tirât. […]

Le père entendit ces propos, retrouva pour un instant ses colères anciennes, criant que ces gars étaient fous, que jamais, au grand jamais, on ne verrait pareilles diableries sur les routes du monde, qu'il n'y aurait certes pas d'autre moyen pour se déplacer qu'un bon cheval ou de bonnes jambes. Là il s'arrêta net, interdit comme s'il avait prononcé un mot interdit, il jeta à Francet un regard suppliant puis, sous prétexte d'aller chercher du sel, prit ses sabots et sortit.

– Quand nous serons grands, dit Aurélien, nous fabriquerons une voiture sans chevaux et nous irons loin, loin, tous les deux Francet… et toi aussi Cathie si tu veux bien, ajouta-t-il, en baissant la voix.

Georges-Emmanuel CLANCIER, *Le Pain Noir*, © éd. Laffont, 1956.

a. Relevez toutes les propositions subordonnées de ce texte. Indiquez leur nature grammaticale.

b. Lesquelles sont COD ? De qui expriment-elles les idées ?

7 **Lisez ce texte.**

Au commencement de la saison, où le jour finit tôt, quand nous arrivions rue du Saint-Esprit, il y avait encore un reflet du couchant sur les vitres de la maison et un bandeau de pourpre au fond des bois du Calvaire, qui se reflétait plus loin dans l'étang, rougeur qui, accompagnée souvent d'un froid assez vif, s'associait, dans mon esprit, à la rougeur du feu au-dessus duquel rôtissait le poulet qui ferait succéder pour moi au plaisir poétique donné par la promenade, le plaisir de la gourmandise, de la chaleur et du repos. Dans l'été, au contraire, quand nous rentrions le soleil ne se couchait pas encore ; et pendant la visite que nous faisions chez ma tante Léonie, sa lumière qui s'abaissait et touchait la fenêtre, était arrêtée entre les grands rideaux et les embrasses, divisée, ramifiée, filtrée, et, incrustant de petits morceaux d'or le bois de citronnier de la commode, illuminait obliquement la chambre avec la délicatesse qu'elle prend dans les sous-bois.

Marcel PROUST, *Du Côté de chez Swann*, éd. Gallimard, 1917.

a. Relevez les propositions subordonnées relatives. Indiquez quel mot ou groupe de mots elles complètent. Montrez comment à partir du mot « rougeur » les subordonnées relatives s'emboîtent les unes dans les autres.

b. Quelle est l'importance de la plupart de ces relatives dans la description des lieux et l'évocation des sensations passées ?

c. Relevez des subordonnées compléments circonstanciels de temps. Quel rôle jouent-elles dans la construction du texte ?

8 **Lisez ce texte.**

(Le narrateur attend une jeune femme avec qui il a rendez-vous.)

À proprement parler, je suis heureux, parce que je suis sûr que je vais l'être dans un instant, tout de suite. Elle m'a dit qu'elle sera là, rien ne me manquera dans un moment, tout me manquerait si je n'étais sûr qu'elle sera là. L'espoir, l'attente dans la certitude, c'est cela mon bonheur. Pourtant, pourtant, il y a dans mon ciel un très léger nuage ; il se dissipera. Au fond de la présence, il y a un lieu vide, le vide va se combler assurément. Assurément. Rien ne pouvait l'empêcher de venir, puisque nous avons rendez-vous. Personne ne l'obligeait de promettre.

Eugène IONESCO, *La Soif et la Faim*, © éd. L'Avant-Scène n° 373/374, 1967.

a. Relevez trois subordonnées conjonctives circonstancielles. Qu'expriment-elles ? Laquelle est à la forme négative ?

b. Relevez deux subordonnées conjonctives compléments d'adjectif. Quel est cet adjectif ?

c. Relevez une subordonnée complément d'objet. Quel verbe complète-t-elle ?

d. En reprenant vos réponses aux questions précédentes, dites de quoi le narrateur cherche à se persuader.

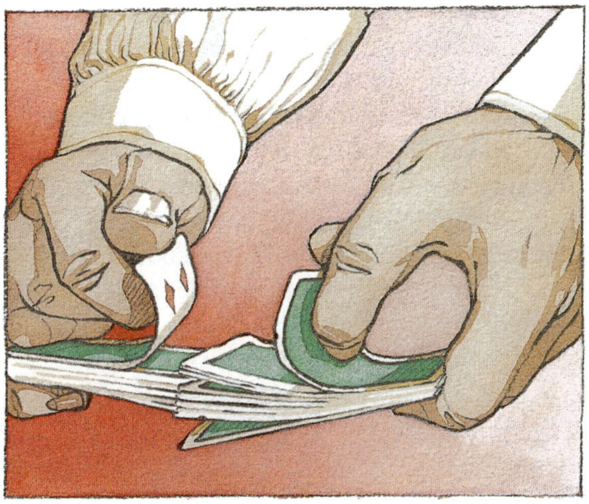

9 Lisez ce texte.

Mille gens se ruinent au jeu, et vous disent froidement qu'ils ne sauraient se passer de jouer : quelle excuse ! Y a-t-il une passion, quelque violente ou honteuse qu'elle soit, qui ne pût tenir ce même langage ? Serait-on reçu à dire qu'on ne peut se passer de voler, d'assassiner, de se précipiter ? Un jeu effroyable, continuel, sans retenue, sans bornes où l'on n'a en vue que la ruine totale de son adversaire, où l'on est transporté du désir de gain, désespéré sur la perte, consumé par l'avarice, où l'on expose sur une carte ou à la fortune du dé la sienne propre, celle de sa femme et de ses enfants, est-ce une chose qui soit permise ou dont l'on doive se passer ? Ne faut-il pas quelquefois se faire une plus grande violence, lorsque, poussé par le jeu jusques[1] à une déroute universelle, il fait même que l'on se passe d'habits et de nourriture, et de les fournir à sa famille ?

La Bruyère, *Les Caractères*, 1688.

1. Au XVIIe siècle, « jusques » prend un « -s » devant une voyelle.

a. Relevez toutes les subordonnées de ce texte et classez-les en relatives et en conjonctives. Indiquez l'antécédent de chaque relative.

b. Que remarquez-vous sur le nombre de subordonnées dans ce texte ?

c. Ce texte est-il narratif, descriptif, explicatif ou argumentatif ?

d. En quoi le nombre de propositions subordonnées est-il en relation avec ce type de texte ?

Écrire en utilisant des subordonnées

10 Complétez ces phrases avec des propositions subordonnées. Vous ne devrez pas employer deux fois le même subordonnant.

1. De la brume émergeaient des sommets enneigés… - **2.** Les élèves feront une exposition de leurs travaux… - **3.** Nous devons respecter notre environnement… - **4.** Je ne comprends pas… - **5.** Alice fait beaucoup d'efforts… - **6.** Pourriez-vous m'expliquer… - **7.** Elle ira quand même chez Sophie pour son anniversaire… - **8.** La nature s'éveille…

11 Transformez ces interrogations directes en propositions subordonnées interrogatives indirectes. Variez le plus possible les verbes qu'elles complètent.

1. Où le salon nautique se tiendra-t-il ? – **2.** Que pensez-vous du travail de Romain ? – **3.** Êtes-vous prêts ? – **4.** Quel modèle est le plus performant ? – **5.** Qu'est-ce que cela peut bien lui faire que nous partions plus tard ? – **6.** Le gigot est-il cuit ? – **7.** Pourquoi Marc refuse-t-il de collaborer au projet ? – **8.** Que voit-on du dernier étage de la tour ?

12 Donnez la fonction des GN soulignés, puis remplacez-les par des subordonnées de même fonction, dont vous indiquerez la nature grammaticale.

1. Je comprends vos doutes et vos hésitations. – **2.** La réussite de Chloé en a étonné plus d'un ! – **3.** Nous partirons au point du jour. – **4.** Il n'ose jamais agir, par excès de prudence. – **5.** Des travaux sont en cours, pour l'amélioration des conditions de sécurité. – **6.** Des scientifiques sont sur les lieux de la découverte des vestiges gallo-romains. – **7.** On ignore encore le nombre de personnes touchées par ce virus. – **8.** En cas de séisme, le plus important est l'évacuation rapide de la population.

17 Les fonctions par rapport au verbe

Texte

(Au troisième siècle avant notre ère, l'armée des Barbares s'avance sur Carthage.)

On ferma les portes. Les Barbares presque aussitôt parurent ; mais ils s'arrêtèrent au milieu de l'isthme, sur le bord du lac.

D'abord, ils n'annoncèrent rien d'hostile. Plusieurs s'approchèrent avec des palmes à la main. Ils furent repoussés à coup de flèches, tant la terreur était grande.

Le matin et à la tombée du jour, des rôdeurs quelquefois erraient le long des murs. On remarquait surtout un petit homme, enveloppé soigneusement d'un manteau et dont la figure disparaissait sous une visière très basse. Il restait pendant de grandes heures à regarder l'aqueduc, et avec une telle persistance, qu'il voulait sans doute égarer les Carthaginois sur ses véritables desseins. Un autre homme l'accompagnait, une sorte de géant qui marchait tête nue.

Mais Carthage était défendue dans toute la largeur de l'isthme, d'abord par un fossé, ensuite par un rempart de gazon, et enfin par un mur, haut de trente coudées, en pierres de taille, et à double étage.

Gustave FLAUBERT, *Salammbô*, 1862.

Le sujet et le complément d'agent

1. Le sujet

- Le sujet (S) est un **constituant essentiel** de la phrase. C'est lui qui commande l'accord du verbe.
  - ▸ ***Les Barbares*** *presque aussitôt parur**ent**.*

- Le sujet peut être un nom, un GN, un pronom, un infinitif ou un groupe infinitif, une subordonnée relative ou conjonctive.
  - ▸ ***Plusieurs*** *s'approchèrent avec des palmes à la main.* (pronom)
  - ▸ ***Que les Barbares soient là*** *terrorisait la ville.* (sub. conjonctive)

- Le sujet est généralement placé **avant** le verbe, mais il peut être **inversé**, dans les phrases interrogatives et les propositions incises, après certains adverbes (*aussi, peut-être, sans doute*, etc.), après un complément circonstanciel et dans certaines subordonnées.
  - ▸ *Presque aussitôt parurent* ***les Barbares****.*

2. Le complément d'agent

- Le complément d'agent (CA) complète un **verbe passif**. Il est introduit par les prépositions *par* ou *de*.
  - ▸ *Carthage était défendue* ***par un fossé*** *et* ***par un rempart de gazon****.*

• Le complément d'agent peut être un nom, un GN, un pronom. Il peut compléter un participe passé passif, employé sans l'auxiliaire être.

▸ *Craints **de tous**, les Barbares s'avançaient vers Carthage.*

L'attribut du sujet et du complément d'objet

L'attribut est un **constituant essentiel** du groupe verbal. On ne peut donc pas le supprimer.

• **L'attribut du sujet** désigne une propriété attribuée au sujet par l'intermédiaire d'un verbe **attributif** *(être, paraître, sembler, rester, devenir…).*

▸ *Ils furent repoussés à coup de flèches, tant la terreur était **grande**.* (adjectif)

▸ *Le plus important paraissait **de repousser l'ennemi**.* (groupe infinitif)

• **L'attribut du COD** désigne une propriété attribuée au COD par l'intermédiaire d'un verbe (*trouver, laisser, croire, juger, rendre*, etc.)

▸ *La population croyait les Barbares **sanguinaires**.*

Les compléments essentiels

• On ne peut ni les déplacer ni les supprimer sans nuire au sens. Ils ont la même nature que le sujet. On peut les remplacer par un pronom.

• On distingue :

– le **complément d'objet direct** (COD) qui complète, sans préposition, un verbe **transitif direct** :

▸ *On ferma les portes.*

– le **complément d'objet indirect** (COI) qui complète, par l'intermédiaire d'une préposition, un verbe **transitif indirect** :

▸ *Ils approchèrent des remparts.*

– le **complément d'objet second** (COS) qui complète, par l'intermédiaire d'une préposition, un verbe déjà accompagné d'un COD, plus rarement d'un COI :

▸ *Les habitants envoyèrent des flèches **aux ennemis**.*

– les **compléments essentiels** de **lieu** et de **temps** qui ne peuvent être ni déplacés, ni supprimés, mais peuvent être remplacés par un pronom :

▸ *Ils se rendaient **à Carthage**.* (= *Ils s'y rendaient.*)

Le sujet commande l'accord du verbe. Le complément d'agent complète un verbe passif. Les compléments d'objets direct, indirect et second complètent un verbe transitif. L'attribut exprime une propriété du sujet ou du COD par l'intermédiaire d'un verbe.

Exercices

Identifier et employer les fonctions par rapport au verbe

1 Indiquez la fonction et la nature grammaticale des mots et groupes de mots soulignés.

1. Chacun a été charmé de l'accueil qui lui a été réservé. – 2. Entreprendre est souvent excitant, mais le plus difficile est de maintenir ses efforts. – 3. Je vous rappelle que chacun doit rester à son poste. – 4. Dans ce rôle difficile, on a trouvé Sonia excellente. – 5. Du trou s'échappaient des bruits étranges. – 6. Qu'un concurrent plus jeune arrive avant lui l'a profondément humilié. – 7. Par qui les secours ont-ils été avertis ? – 8. Mon chat passe pour un chat de race parce qu'il ressemble à un angora, mais ce n'est qu'un chat de gouttière. – 9. Le bruit nous rend nerveux. – 10. Qui vivra verra.

2 Relevez les mots et les groupes de mots qui ont une fonction par rapport aux verbes soulignés. Donnez leur nature et leur fonction.

1. Elle aimerait participer à des jeux télévisés. – 2. Les parents de l'enfant sont arrivés inquiets à l'hôpital mais sont repartis rassurés. – 3. Le pâtissier invitait ses clients à goûter ses nouvelles spécialités. – 4. Je vous trouve bien pessimiste ! – 5. Qu'on se permette de détruire le travail d'autrui est inadmissible. – 6. Il faut que vos explications soient comprises de chacun.

3 Modifiez ces phrases de manière à obtenir une inversion du sujet. Quel est désormais leur niveau de langue ?

1. Nous aurons peut-être la chance de voir nos amis avant leur départ. – 2. Une bonne odeur de pain chaud émane de la boulangerie. – 3. Vous voulez un rendez-vous pour demain ? – 4. Elle soupira : « Quel ennui ! » - 5. Vous avez sans doute mal compris. – 6. Des souvenirs surgissent du fond de ma mémoire.

4 Donnez la fonction des pronoms contenus dans ces phrases. Puis remplacez-les par des mots ou groupes de mots de nature variée.

1. Cela est difficile. – 2. Ils y pourvoiront. – 3. Par qui a-t-il été édifié ? – 4. Elle l'est. – 5. Elle l'a gardée pour lui. – 6. Le mauvais temps les en a privés.

Étudier les fonctions par rapport au verbe dans les textes

5 Lisez ce texte.

À Tolède, vécut autrefois un jeune aristocrate sans fortune qui rêvait de puissance et de gloire. Sa bourse était plate, son cœur sec, son intelligence étroite, mais il était habité par un désir violent : il voulait régner sur les hommes. Un jour, il entendit parler d'un grand magicien qui vivait loin du fracas des foules et des palais, dans les caves d'une vieille maison de Venise. Il décida d'aller le consulter. […]

Le soir même de son arrivée, au crépuscule, il pousse la porte grinçante d'une petite maison grise au bord d'un canal désert. Une lanterne à la main, il descend les escaliers glissants qui conduisent aux caves. Au milieu d'une grande salle voûtée, il trouve le magicien assis devant une vieille table, plongé dans un grimoire[1] ouvert devant lui, entre deux chandelles allumées.

(Le jeune homme expose sa requête.)

Le magicien médite un instant puis répond en souriant :

– Je te donnerai ce que tu me demandes, à une seule condition : en paiement de mes services, dans un an exactement, tu devras m'apporter toi-même, sur un plat de terre cuite, une dinde rôtie.

Henri GOUGAUD, *L'Arbre à soleils*, © éd. du Seuil, 1979.

a. Dans le premier paragraphe, relevez les verbes conjugués à un mode personnel. Donnez la nature et la fonction des mots et groupes de mots qui ont une fonction par rapport à ceux-ci. Attention, le verbe est parfois sous-entendu.

b. Donnez la fonction des mots soulignés. Quel effet produit le rejet en fin de phrase du dernier GN souligné ?

c. Quel personnage la plupart des sujets désignent-ils ? Pourquoi ?

6 Lisez la suite du texte précédent.

(Le jeune homme gravit les échelons de la gloire et devient pape.)

Un an est passé. Un matin, dans son palais, le nouveau pape se souvient brusquement qu'il doit payer le prix de sa gloire au vieux magicien de Venise. Il en est très agacé. Il doit recevoir, ce jour-là, quelques chefs d'État, il n'a pas le temps de se déplacer. Il appelle un serviteur, lui ordonne de rôtir une dinde et de la porter lui-même chez son bienfaiteur, le magicien de Venise.

À peine a-t-il donné cet ordre que son regard s'embrume. Il est pris d'une envie de dormir insurmontable. Le monde s'éteint autour de lui. Quand il se réveille, il est couché sur la terre battue, dans la cave du vieux sage, à Venise, simplement vêtu de ses habits de voyageur sans fortune. Il se frotte les yeux, regarde le magicien penché sur lui. Il entend ces paroles :

– Mon garçon, tu n'as dormi qu'une heure. Tu as rêvé ton destin et tu sais maintenant que tu n'es pas digne de la puissance et de la gloire. Tu ne seras jamais évêque, ni cardinal, ni pape. Tu ne seras jamais qu'un pauvre homme gris dans la grisaille du monde. Et moi je ne connaîtrai jamais le goût de la dinde rôtie. Mais si tu veux bien partager mon repas, je t'offre la moitié de mon plat de lentilles.

Henri GOUGAUD, *L'Arbre à soleils*,
© éd. du Seuil, 1979.

a. Relevez trois compléments d'agent dans les deux premiers paragraphes.

b. Quels mots ont leur fonction par rapport au verbe « ordonne » ?

c. Quel est le sujet commun aux verbes soulignés ? Qui désignent-ils ? Relevez les constituants du groupe verbal et donnez leur nature et leur fonction. Que représentent-ils dans l'histoire du personnage ?

d. Quels mots ont leur fonction par rapport au dernier verbe du texte ? Quelles sont ces fonctions ? Quel groupe de mots a une valeur symbolique dans l'histoire ?

7 Lisez ce texte.

Au début, Dieu créa le chat à son image. Et, bien entendu, il trouva que c'était bien. Et c'était bien, d'ailleurs. Mais le chat était paresseux. Il ne voulait rien faire. Alors, plus tard, après quelques millénaires, Dieu créa l'homme. Uniquement dans le but de servir le chat, de lui servir d'esclave jusqu'à la fin des temps. Au chat, il avait donné l'indolence et la lucidité ; à l'homme, il donna la névrose, le don du bricolage et la passion du travail. L'homme s'en donna à cœur joie. Au cours des siècles, il édifia toute une civilisation basée sur l'invention, la production et la consommation intensive. Civilisation qui n'avait en réalité qu'un seul but secret : offrir au chat le confort, le gîte et le couvert.

C'est dire que l'homme inventa des millions d'objets inutiles, généralement absurdes, tout cela pour produire parallèlement les quelques objets indispensables au bien-être du chat : le radiateur, le coussin, le bol, le plat de sciure, le pêcheur breton, le tapis, la moquette, le panier d'osier, et peut-être aussi la radio puisque les chats aiment bien la musique.

Mais, de tout cela, les hommes ne savent rien. À leurs souhaits. Bénis soient-ils. Et ils croient l'être. Tout est pour le mieux dans le meilleur des mondes des chats.

Jacques STERNBERG, *Contes Glacés*, Bruxelles
© éd. Labor, 1998.

a. Relevez tous les sujets du texte. Quel « personnage » est d'abord le plus représenté par ces sujets ? Quel autre lui succède ? Lequel est peu désigné par les sujets ? Pourquoi cela correspond-il au rôle qu'il joue dans l'histoire ?

b. Relevez deux COS détachés en tête de phrase.

c. Relevez les COD des verbes dont « l'homme » (ou son substitut) est le sujet. Quelle idée ces COD donnent-il des activités de l'homme ?

d. Dans la phrase « Il ne voulait rien faire », quel est le sujet ? Qui désigne-t-il ? Quel est le COD de « faire » ? Comparez avec les COD précédents.

18 Le groupe du nom

Texte

Un autre portrait, « tiré » par un photographe de Namur, commémore, deux ans plus tard, une visite à Suarlée d'Isabelle et de ses enfants. Fernande et Jeanne sont debout des deux côtés d'un socle sur lequel on a juché une petite fille en robe blanche ornée de broderie anglaise. Une fillette, un peu plus âgée, d'aspect maladif, s'appuie contre la jupe de Jeanne. On n'a pas besoin de boule de cristal pour prévoir le destin de ces quatre personnes : il est inscrit là. Jeanne, ferme et frêle, a ce regard intelligent, un peu froid, que je lui connaîtrai par la suite. Elle n'a pas vingt ans et ne diffère guère de ce qu'elle sera, quadragénaire. La petite fille aux broderies anglaises, ma future cousine, Louise, le nez gentiment en l'air, paraît très contente de sa position surélevée. Ce petit corps solide et cette petite âme sûre de soi ont ce qu'il faut pour tenir le coup pendant trois quarts de siècle : elle règne sur ses tantes comme elle régnera sur ses blessés, ses malades, ses infirmières et les brancardiers des ambulances des deux Grandes Guerres. Mathilde, l'enfant maladive, souffreteuse, affublée d'un hideux costume marin et d'un béret qui ne lui sied pas, fait l'effet d'une totale maldonne : elle quittera ce monde de bonne heure.

Marguerite YOURCENAR, *Souvenirs pieux*, © éd. Gallimard, 1974.

Le groupe nominal

Le groupe nominal (GN) a pour noyau un **nom**. Celui-ci est la plupart du temps (mais pas toujours) précédé d'un **déterminant**.

▸ *Un autre **portrait** - En robe **blanche***

Le nom peut être enrichi d'**expansions**.

▸ *La petite **fille** aux broderies anglaises.*
GN

Les déterminants

• Les **déterminants définis** permettent d'identifier l'être ou la chose désignés par le nom. On distingue :

– les articles définis (*le, la, les, l', au, aux, du, des*) : *le nez en l'air*

– les déterminants démonstratifs (*ce, cet, cette, ces,* renforcés parfois par *-ci* ou *-là*) : *ce petit corps solide*

– les déterminants possessifs (*mon, ma, mes, ton, son, notre, votre, leur*, etc.) : *ma future cousine.*

- Les **déterminants indéfinis** ne permettent pas d'identifier l'être ou la chose désignés par le nom, même s'ils donnent, comme les numéraux, une indication précise sur leur nombre. On distingue :

– les articles indéfinis (*un, une, des*) : *un photographe*

– les articles partitifs (*du, de la, de l', des*) que l'on reconnaît en les remplaçant par *un peu de* : *de l'air*

– les déterminants indéfinis (*chaque, tout, plusieurs, certain, aucun, autre, beaucoup de*, etc.) : *chaque fillette*

– les déterminants numéraux (*un, deux, vingt*, etc.) : *deux ans plus tard*

– les déterminants interrogatifs et exclamatifs (*quel, quelle, quels, quelles*) : *Quelle photographie ? Quelle photographie !*

- Certains déterminants peuvent être **associés** à un autre déterminant : *un autre portrait, ces quatre personnes.*

- Un déterminant peut être un **indice d'énonciation** et permettre de distinguer les **énoncés ancrés** dans la situation d'énonciation de ceux qui en sont coupés.

▸ *Regardez **mes** cousines sur **cette** photo.* (énoncé ancré)

Les expansions du nom

1. L'épithète

L'épithète précède ou suit immédiatement le nom qu'il qualifie. Il peut être :

– un adjectif ou un groupe adjectival, c'est-à-dire un adjectif accompagné de ses expansions :

▸ *Cette petite **âme** sûre de soi* - *Une **fillette** très timide*

adjectif (*petite*) — groupe adjectival (*sûre de soi*) — adj. au superlatif (*très timide*)

– un participe ou un groupe participial, c'est-à-dire un participe employé sans auxiliaire et accompagné d'un ou de plusieurs compléments.

▸ ***Une** robe **ornée de broderie anglaise**.*

groupe participial (*ornée de broderie anglaise*)

2. L'apposition

L'apposition est **séparée** par une **virgule** ou par **deux points** du nom auquel elle se rapporte. Elle est donc en position détachée. Elle peut être :

– un nom ou un groupe nominal, généralement placé entre virgules après le nom :

▸ *La **petite fille** aux broderies anglaises, ma future cousine, Louise,...*

– un adjectif, un groupe adjectival, un participe ou un groupe participial (dans le cas de l'adjectif et de ses équivalents, on parle aussi d'**épithète détachée**), parfois placé avant le nom :

▸ *Une **fillette** un peu plus âgée, s'appuie contre la jupe de Jeanne.*

– un infinitif ou un groupe infinitif :

▸ *Leur **préoccupation** : sourire au photographe.*

3. Le complément du nom (CDN)

Le complément du nom suit le nom qu'il complète et auquel il est relié par une préposition : *à, de, en, sans, avec, par, pour, contre*... Il peut être un nom, un GN, un pronom, un infinitif, un groupe infinitif.

▸ *une **petite fille** en robe blanche - l'**effort** de se souvenir*

Il peut être aussi une proposition subordonnée conjonctive introduite par *que* :

▸ *le **désir** que le passé ressurgisse.*

Certains compléments de nom sont construits sans préposition :

▸ *un hideux **costume** marin (= de marin)*

4. La proposition subordonnée relative

La subordonnée relative (voir page 331) est une expansion d'un nom, appelé **antécédent**, qu'elle suit et dont elle est **complément**. Elle est introduite par un pronom relatif qui représente l'antécédent. Elle peut être :

– **liée** à ce nom :

▸ *Mathilde est affublée d'un **béret** qui ne lui sied pas.*

– **détachée** et **séparée** de son antécédent par une virgule :

▸ ***Louise**, qui est ma cousine, paraît très contente.*

5. Les expansions du nom dans les textes

• Les expansions **descriptives** enrichissent un nom de précisions qui permettent d'imaginer l'être ou la chose désignés par ce nom. On peut généralement les supprimer.

▸ *Elle est affublée d'un [hideux] **costume** marin et d'un **béret** [qui ne lui sied pas].*

On les rencontre fréquemment dans les textes **narratifs** et **descriptifs**.

• Les expansions **déterminatives** permettent d'identifier avec précision l'être ou la chose désignés par le nom. On ne peut pas les supprimer sans nuire au sens.

▸ *Une fillette d'**aspect** maladif – une **boule** de cristal – une **photographie** qui appartenait à ma mère.*

On en trouve souvent dans les textes **informatifs**, en particulier dans les textes scientifiques. Mais on les rencontre aussi dans les descriptions et les portraits.

• Les expansions **explicatives** traduisent une relation logique, par exemple la cause. Elles sont souvent en position détachée.

▸ ***Mathilde**, l'enfant maladive, quittera ce monde de bonne heure.*

▸ ***Louise**, qui était courageuse, fut infirmière pendant la guerre.*

Elles sont très utiles dans les textes **explicatifs** et **argumentatifs**.

• Néanmoins tous les types d'expansion du nom peuvent se rencontrer dans tous les types de texte.

▸ *Un photographe de Namur* : GN dans une phrase narrative – *de Namur* : CDN déterminatif.

Un groupe nominal a pour noyau un nom. Celui-ci est généralement précédé d'un déterminant et il est souvent accompagné d'expansions qui enrichissent son sens : épithète, apposition, complément du nom, subordonnée relative.

Exercices

Étudier le groupe nominal et ses constituants

1 Relevez les groupes nominaux contenus dans ce texte. a. Précisez de quel type de déterminant chaque nom est précédé. b. Indiquez la nature et la fonction des expansions des noms.

J'étais au bal, chez le duc de Navareins, cousin de mon père. Mais pour que tu puisses parfaitement comprendre ma position, apprends que j'avais un habit râpé, des souliers mal faits, une cravate de cocher et des gants déjà portés. Je me mis dans un coin pour pouvoir tout à mon aise prendre des glaces et contempler les jolies femmes. Mon père m'aperçut. Par une raison que je n'ai jamais devinée, tant cet acte de confiance m'abasourdit, il me donna sa bourse et ses clefs à garder. À dix pas de moi, quelques hommes jouaient. J'entendais frétiller l'or. J'avais vingt ans, je souhaitais passer une journée entière plongé dans les crimes de mon âge.

Honoré de BALZAC, *La Peau de Chagrin*, 1831.

2 Pour les GN dont le noyau est souligné, indiquez : a. quel est le type de leur déterminant (ils sont tous différents), b. quelles sont la nature et la fonction de leurs expansions.

1. Du sol humide se dégageait de la vapeur qui donnait à toute chose un aspect irréel. – 2. Des efforts menés régulièrement aboutissent généralement à des progrès. – 3. Quelque élève étourdi, Cédric peut-être, aura oublié son blouson dans le vestiaire. – 4. Cet aspect insolite du tempérament de l'artiste est révélé dans la dernière exposition de ses œuvres. – 5. Quel bel exemple de dévouement familial ! – 6. Trois passants qui s'étaient attardés ont assisté à l'incident.

3 Donnez la nature et la fonction des expansions des noms soulignés.

1. Le désir de se surpasser anime souvent les alpinistes. – 2. Jamais je ne retrouverai l'impression que j'ai ressentie ce jour-là. – 3. J'ai l'impression qu'il va y avoir de l'orage. – 4. Des vêtements pure laine sont recommandés pour se protéger du froid. – 5. Un bruit étrange, le cri d'une hulotte, retentit dans la nuit que ne troublait aucun souffle de vent. – 6. Un jardinier armé d'un sécateur s'avançait dans l'allée. – 7. Plein à ras bord de mousse au chocolat, un saladier attendait les gourmands.

4 Relevez les expansions des noms soulignés et dites si elles sont descriptives, déterminatives ou explicatives.

1. Elle feuilletait un épais manuel de géographie. – 2. Fatiguée de toujours répéter les mêmes choses, la maman se fâcha pour de bon. – 3. La splendide robe de la mariée était confectionnée dans un tissu de soie légèrement rosé. – 4. Denis, qui s'était trompé de date, n'a pas participé au banquet des anciens élèves de son lycée. – 5. La pauvre fillette, qui luttait contre le fou rire, était écarlate.

Le groupe du nom dans les différents types de textes

5 Lisez ce texte.

[Mateo] était absent depuis **quelques** heures, et le petit Fortunato était tranquillement étendu au soleil, regardant les montagnes bleues, et pensant que le dimanche prochain il irait dîner à la ville, chez **son** oncle, le caporal, quand il fut soudainement interrompu dans ses méditations par l'explosion d'une arme à feu. Il se leva et se tourna **du** côté de la plaine d'où partait **ce** bruit. **D'autres** coups de fusil se succédèrent, tirés à intervalles inégaux, et toujours de plus en plus rapprochés ; enfin, dans le sentier qui menait de la plaine à la maison de Mateo parut un homme, coiffé d'un bonnet pointu comme en portent les montagnards, barbu, couvert de haillons, et se traînant avec peine en s'appuyant sur son fusil. Il venait de recevoir un coup de feu dans la cuisse.

Prosper Mérimée, *Mateo Falcone*, 1829.

a. Donnez la nature exacte des déterminants en gras et indiquez s'ils sont définis ou indéfinis.

b. Relevez les expansions des noms soulignés. Donnez leur nature et leur fonction. Précisez si elles sont descriptives ou déterminatives.

c. Quel GN est le plus développé ? Pourquoi le narrateur a-t-il choisi de mettre l'accent sur lui ?

6 Lisez ce texte.

Au-delà s'ouvre le pays définitivement enseveli sous l'ombre des dieux. Un immense plateau raboté de vent s'étend sur près de cent kilomètres, jusqu'au Ventoux, jusqu'au bord de cette terre rhodanienne où la poussière des routes est faite des débris des statues romaines. Sur cette haute assise de terre rase abandonnée des sources, des herbes, des hommes, assiégée de nuages, contre ses bords mêmes, sur cette haute assise de terre comme sur un radeau perdu dans la pleine mer du ciel, des poètes vivent loin du monde avec leur petite provision de noix et de fromage.

Jean Giono, « Vie de mademoiselle Amandine » in *Rondeur des jours*, © éd. Gallimard, 1943.

a. Relevez les GN sujets des deux premières phrases. De quels éléments sont-ils composés ?

b. Relevez les expansions des noms soulignés.

c. Quel est le dernier GN prépositionnel du texte ? Quelles sont les expansions du nom ?

d. Quelle impression se dégage de l'ensemble des expansions relevées ?

Le Kilimandjaro.

7 Lisez ce texte.

C'est un fait, le réchauffement de la planète condamne peu à peu les neiges éternelles, notamment celles des sommets tropicaux. Avant que les 12 000 ans d'archives conservées dans les glaces du Kilimandjaro, au Kenya, ne disparaissent à leur tour, des chercheurs de l'université de l'Ohio aux États-Unis, ont étudié des prélèvements effectués à 6 000 mètres d'altitude sur 40 mètres de profondeur. Leurs résultats obtenus grâce à des dépôts de poussières à différents niveaux de la glace et publiés dans la revue *Science*, mettent en évidence trois périodes de sécheresse il y a 8300, 5200 et 4000 ans.

La dernière s'est étendue sur environ trois siècles et a provoqué une série de catastrophes climatiques en Afrique et au Moyen-Orient. Attestée par d'anciens textes égyptiens, elle serait à l'origine de la chute de plusieurs civilisations, en particulier celles de l'Ancien Empire égyptien ou du royaume d'Akkad, en Mésopotamie.

Sciences et Avenir, n° 670, décembre 2002.

a. Relevez des adjectifs épithètes déterminatifs. Remplacez-les par des GN compléments du nom ou par des subordonnées relatives.

b. Citez au moins cinq compléments de nom déterminatifs. Quels noms complètent-ils ?

c. À quel type de texte appartient ce passage ? En quoi le choix des expansions de noms y est-il adapté ?

8 **Lisez ce poème.**

Chanson de l'oiseleur

L'oiseau qui vole si doucement
L'oiseau rouge et tiède comme le sang
L'oiseau si tendre l'oiseau moqueur
L'oiseau qui soudain prend peur
L'oiseau qui soudain se cogne
L'oiseau qui voudrait s'enfuir
L'oiseau seul et affolé
L'oiseau qui voudrait vivre
L'oiseau qui voudrait chanter
L'oiseau qui voudrait crier
L'oiseau rouge et tiède comme le sang
L'oiseau qui vole si doucement
C'est ton cœur jolie enfant
Ton cœur qui bat de l'aile si tristement
Contre ton sein si dur si blanc.

Jacques PRÉVERT, *Paroles*, © éd. Gallimard, 1949.

a. Entre quels mots le poète établit-il une comparaison ? Relevez à la fin du poème une expansion de nom qui justifie cette comparaison.

b. De ces deux mots, lequel est le plus développé ? Relevez ses expansions. Lesquelles sont répétées ?

c. Notez les réflexions que vous inspirent le choix de ces expansions et la composition du poème.

9 **Lisez ce texte.**

Je ne laissais pas toutefois d'estimer les exercices, auxquels on s'occupe dans les écoles. Je savais que les langues qu'on y apprend sont nécessaires pour l'intelligence des livres anciens ; que la gentillesse des fables réveille l'esprit ; que les actions mémorables des histoires les relèvent, et qu'étant lues avec discrétion, elles aident à former le jugement ; que la lecture de tous les bons livres est comme une conversation avec les plus honnêtes gens des siècles passés, qui en ont été les auteurs, et même une conversation étudiée, en laquelle ils ne nous découvrent que les meilleures de leurs pensées ; [que l'éloquence a des forces et des beautés incomparables ; que la poésie a des délicatesses et des douceurs très ravissantes ; que les mathématiques ont des inventions très subtiles et qui peuvent beaucoup servir, tant à contenter les curieux, qu'à faciliter tous les arts et diminuer le travail des hommes.]

DESCARTES, *Discours de la Méthode*, 1637.

a. Quel nom de la première phrase désigne ce qui est développé dans la suite du texte ? Par quelle expansion est-il précisé ?

b. Le texte comporte de nombreuses subordonnées conjonctives introduites par « que » et compléments de « savais ». Relevez le GN sujet de chacune d'elles. À partir du passage entre crochets, relevez les GN COD.

c. Pour tous ces GN relevés, précisez quelles sont les expansions des noms. Que cherche à prouver l'auteur par le choix de ces expansions ? Donnez une réponse détaillée.

Écrire en utilisant des expansions du nom

10 **Enrichissez ces phrases en utilisant de nombreuses expansions du nom.**

1. Après avoir roulé pendant des heures sur une piste dans le désert, les voyageurs arrivèrent enfin à une oasis. – **2.** Sur le perron dormait un chien. – **3.** La raison est simple : c'est une panne. – **4.** Un enfant se fraya un passage à travers la haie et parvint dans un jardin.

11 **Complétez les mots soulignés avec une expansion descriptive ou explicative. Variez la nature de ces expansions.**

1. Cécile n'a pas pu assister à la remise des prix. (explicative) – **2.** Chez un antiquaire, j'ai trouvé un coffret. (descriptive) – **3.** On a interdit la circulation sur le pont. (explicative) – **4.** Les enfants durent aller se coucher de bonne heure. (explicative) – **5.** Du papier peint (descriptive) recouvre les murs (descriptive).

12 **Écrivez la suite du texte de l'exercice n° 5. Utilisez des expansions de noms qui évoqueront et préciseront les faits, les lieux et les gens.**

19 Les compléments circonstanciels (1)

Situer dans le temps et dans l'espace

Texte

Ce soir-là, le temps était lourd, de gros nuages amoncelés sur les montagnes d'Asmara faisaient prévoir de violents orages sur les plateaux et, en général, ces pluies torrentielles des hautes terres provoquent en mer de violentes bourrasques et souvent même des tempêtes.
Le Nacouda hésitait à appareiller, mais Kassim, pressé de partir et plus hardi que ce caboteur d'archipels, finit par le décider à mettre à la voile, malgré ses appréhensions.
On partit au crépuscule avec une assez bonne brise, mais en arrivant au phare de Madeï vers les huit heures du soir, un coup de vent de N.-O., accompagné de brouillard de sable, tomba sur la barque avant qu'elle ait pu changer sa voile ; heureusement l'antenne, probablement déjà en mauvais état, se brisa par le milieu, ce qui évita de chavirer. Ainsi désemparé, il fallut gréer un foc[1] et courir vent arrière, en laissant Dahalak par travers arrière, et Dieu sait jusqu'où la barque serait portée si l'ouragan durait, mais on n'avait pas le choix. D'ailleurs, ces coups de vent ne persistent guère au-delà de cinq ou six heures.

Henry de MONFREID, *Le Récif maudit*, © éd. Flammarion, 1978.

1. **gréer un foc :** dresser une petite voile triangulaire.

Les compléments circonstanciels : des compléments de phrase

1. Compléter la phrase dans son ensemble

• À la différence des compléments essentiels, les compléments circonstanciels ne font pas partie du groupe verbal. Ils ne complètent pas un mot mais **la phrase**, ou une proposition, dans son ensemble.

▸ ***Ce soir-là***, *le temps était lourd, de gros nuages faisaient prévoir de violents orages.*

• On peut donc les **déplacer**. Et, bien qu'ils précisent et enrichissent la phrase, on peut les **supprimer**.

▸ *Il finit par le décider,* ***malgré ses appréhensions***.
▸ ***Malgré ses appréhensions***, *il finit par le décider.*
▸ *Il finit par le décider.*

• Lorsqu'un complément exprimant une circonstance ne peut être **ni déplacé**, **ni supprimé**, il s'agit d'un **complément essentiel**.

▸ *Un coup de vent de N.-O. tomba* ***sur la barque***.

2. Exprimer des circonstances variées

Selon la circonstance exprimée, on distingue des compléments circonstanciels de :
– lieu : *Des nuages s'amoncelaient* ***sur les montagnes d'Asmara.***
– temps : *On partit* ***au crépuscule.***
– manière : *Il fallut courir* ***vent arrière.***
– moyen : *Nous naviguions* ***avec une petite barque.***
– accompagnement : *J'embarquai* ***avec Kassim.***
– cause : *Certains hésitaient à appareiller* ***à cause de la tempête.***
– conséquence : *Le vent souffla* ***si*** *fort* ***que l'antenne se brisa.***
– but : *Nous luttions* ***pour maintenir le cap.***
– opposition : *On finit par le décider,* ***malgré ses appréhensions.***
– condition : *Jusqu'où serait portée la barque* ***si l'ouragan durait*** *?*
– comparaison : *L'embarcation était ballottée* ***comme une coquille de noix.***

3. Enrichir le texte

Par les **précisions** qu'ils apportent, les compléments circonstanciels contribuent à la compréhension et à l'évocation des faits présentés. Ainsi, sans ses compléments circonstanciels, ce texte serait vague et banal.

Leur nature grammaticale

Un complément circonstanciel peut avoir des **natures grammaticales variées.**

- Il peut être un nom, un GN, un pronom, précédé ou non d'une préposition :
  - *J'embarquai* ***avec Kassim.*** *Il fallut courir* ***vent arrière.***
  - *J'embarquai* ***avec lui. Où*** *la barque serait portée ?*

- Il peut être un infinitif ou un groupe infinitif :
  - *Que faire* ***pour éviter la tempête*** *?*

- Il peut être un adverbe ou une locution adverbiale :
  - ***Heureusement*** *l'antenne se brisa par le milieu.*
  - ***De temps en temps****, une bourrasque secouait la barque.*

- Il peut être un gérondif ou un groupe gérondif :
  - ***En arrivant au phare****, nous essuyâmes un coup de vent.*

- Il peut être une proposition subordonnée :

– conjonctive : *Le vent tomba sur la barque* ***avant qu'on eût changé sa voile.***
– participiale : ***Kassim étant pressé de partir****, nous prîmes la mer.*

Un complément circonstanciel complète la phrase. On peut le supprimer et le déplacer. Il peut exprimer le lieu, le temps, la manière, le moyen, l'accompagnement, la cause, la conséquence, le but, l'opposition, la condition et la comparaison.

Les compléments circonstanciels de temps et de lieu

1. Les compléments de temps

- Ils peuvent exprimer différentes nuances :

– le moment (la date) : *On partit* ***au crépuscule.***

– la durée : *Ces coups de vent durent* ***cinq ou six heures.***

– la fréquence : *Le bateau faisait le trajet* ***toutes les semaines.***

- Ils situent les faits dans leur chronologie ou bien les uns par rapport aux autres. Dans ce cas, ils expriment :

– l'antériorité : ***Avant le départ,*** *le temps était calme.*

– la simultanéité : ***Pendant que nous naviguions,*** *le ciel s'obscurcit.*

– la postériorité : ***Après avoir pris la mer,*** *nous essuyâmes une tempête.*

- Les compléments de temps peuvent avoir toutes les natures grammaticales citées p. 345.

▸ *Quand ces pluies s'abattent* (subordonnée conjonctive), *elles provoquent souvent* (adverbe) *des tempêtes.*

2. Les compléments de lieu

- Un complément de lieu peut indiquer notamment :

– une localisation : *De gros nuages amoncelés* ***sur les montagnes d'Asmara...***

– une direction : *Nous naviguions* ***vers l'Ouest.***

– une origine : *Les pluies arrivaient* ***des hautes terres.***

– un passage : *Nous faisions route* ***par un détroit.***

- Un complément de lieu peut être un nom, un GN, un pronom, un adverbe.

▸ *De là* (adverbe), *nous nous dirigeâmes vers lui* (pronom).

3. Leur rôle dans les textes

- Les compléments de temps et de lieu permettent de **situer les faits** dans le temps et dans l'espace, mais aussi de les situer les uns par rapport aux autres.

Ils jouent donc un rôle important dans les textes **narratifs** et **descriptifs** dont ils assurent la clarté.

• Placés en tête de phrase, ils servent de **connecteurs spatio-temporels** et contribuent à la **construction** du texte.

▸ ***Ce soir-là***, *le temps était lourd.*

▸ ***En mer***, *ces pluies provoquent de violentes bourrasques.*

Les compléments circonstanciels de temps et de lieu situent les faits dans le temps et dans l'espace, ainsi que les uns par rapport aux autres.
Ils sont particulièrement présents dans les textes narratifs et descriptifs.

Exercices

Repérer et analyser les compléments circonstanciels

1 Relevez les compléments circonstanciels contenus dans ces phrases. Indiquez leur nature et la circonstance exprimée.

1. Éric a eu l'idée de tourner ce film en regardant vivre les gens dans son quartier. – **2.** Avec laquelle de ces personnes partirais-tu volontiers en voyage ? – **3.** La dernière bûche consumée dans le foyer, nous avons quitté avec regret nos amis. – **4.** Par excès de prudence et pour ne pas quitter mes proches, j'ai laissé s'envoler une occasion de partir pour l'étranger. – **5.** Bien que j'aie travaillé une partie de la nuit, tout est à recommencer. – **6.** Elle nage dans la piscine comme un dauphin dans l'océan. – **7.** À condition d'être consommé raisonnablement, le chocolat est excellent pour redonner des forces.

2 Relevez les compléments en gras. Indiquez leur nature et la circonstance exprimée. Deux d'entre eux sont des compléments essentiels : précisez lesquels.

(Le narrateur, un archéologue à la recherche d'un lieu historique en Espagne, se lie avec un inconnu et lui offre un cigare.)

En Espagne, un cigare donné et reçu établit des relations d'hospitalité, **comme en Orient le partage du pain et du sel.** Mon homme se montra plus causant que je ne l'avais espéré. D'ailleurs **bien qu'il se dît habitant du partido[1] de Montilla,** il paraissait connaître le pays assez mal. Il ne savait pas le nom de la charmante vallée où nous nous trouvions. [...] En revanche, il se montra expert en matière de chevaux. Il critiqua le mien, ce qui n'était pas difficile ; **puis** il me fit la généalogie du sien, qui sortait **du fameux haras de Cordoue** : noble animal, en effet, **si** dur à la fatigue, à ce que prétendait mon maître, **qu'il avait fait une fois trente lieues dans un jour, au galop ou au grand trot. Au milieu de sa tirade,** l'inconnu s'arrêta **brusquement**, comme surpris et fâché d'en avoir trop dit. « C'est que j'étais très pressé d'aller **à Cordoue**, reprit-il **avec quelque embarras.** J'avais à solliciter les juges pour un procès... » **En parlant**, il regardait mon guide Antonio, qui baissait les yeux.

Prosper Mérimée, *Carmen*, 1845.

1. **partido** : division administrative.

3 Ce texte est la suite du précédent. Relevez les compléments en gras. Indiquez leur nature et la circonstance exprimée.

L'ombre et la source me charmèrent **tellement que je me souvins de quelques tranches d'excellent jambon que mes amis de Montilla avaient mises dans la besace de mon guide.** Je les fis apporter, et j'invitai l'étranger à prendre sa part de la collation impromptue. **S'il n'avait pas fumé depuis longtemps**, il me parut vraisemblable qu'il n'avait pas mangé **depuis quarante-huit heures au moins.** Il dévorait **comme un loup affamé.** Je pensai que ma rencontre avait été providentielle pour le pauvre diable. Mon guide, cependant, mangeait peu, buvait encore moins, et ne parlait pas du tout, **bien que depuis le commencement de notre voyage il se fût révélé à moi comme un bavard sans pareil.**

Prosper Mérimée, *Carmen*, 1845.

Les compléments de temps et de lieu dans les textes

4 Lisez ce texte.

Je quittai Paris le 5 avril, à sept heures quarante-cinq du matin, par le train 173, gare de l'Est. En moins de trente heures, je serais arrivé dans la capitale de l'Autriche.

Sur le territoire français les principales stations furent Châlons-sur-Marne et Nancy. En traversant la regrettée Alsace-Lorraine, le train ne fit qu'une courte halte à Strasbourg, et je ne descendis même pas du wagon. C'était déjà trop de ne plus se sentir au milieu de compatriotes. Lorsque je fus hors de la ville, en me penchant par la portière, la grande flèche, le Munster, m'apparut toute baignée des derniers rayons du soleil, qui, à l'instant où son disque s'abaissait vers l'horizon, lui venaient du côté de la France.

La nuit se passa dans le roulement des wagons, dans leur trépidation sur les rails, au milieu de cette monotonie bruyante, qui finit par vous endormir même pendant les temps d'arrêt. Parfois, à intervalles irréguliers, retentirent à mes oreilles les noms d'Oos, de Baden, de Carlsrube et quelques autres, jetés par la voix glapissante des conducteurs. [...] Puis, près de la frontière autrichienne, une halte plus prolongée arrêta notre train à Salzbourg.

Enfin, l'après-midi, on fit station en plusieurs points du territoire, entre autres Wels, et, à cinq heures trente-cinq, la locomotive poussait ses derniers hennissements mélangés de sifflets en gare de Vienne.

Jules VERNE, *Le Secret de Wilhelm Storitz*, (œuvre posthume), © Société Jules Verne, 1985.

a. Relevez les compléments circonstanciels de temps. Pour chacun d'eux, indiquez sa nature et la nuance exprimée : moment, durée, fréquence.

b. Parmi ces compléments, lesquels servent de connecteurs ?

c. Relevez les compléments circonstanciels de lieu du texte. Pour chacun d'eux, indiquez sa nature et la nuance exprimée : localisation, direction, etc.

d. Parmi ces compléments, lesquels servent de connecteurs ?

e. Quelles sont l'importance et l'utilité des compléments circonstanciels de temps et de lieu dans ce texte ?

5 Lisez ce texte.

Le lendemain, Lucien fit viser son passeport, acheta une canne de houx, prit, à la place de rue d'Enfer, un coucou qui, moyennant dix sous, le mit à Longjumeau. Pour la première étape, il coucha dans l'écurie d'une ferme à deux lieues d'Arpajon. Quand il eut atteint Orléans, il se trouva déjà bien las et bien fatigué ; mais pour trois francs, un batelier le descendit à Tours, et pendant le trajet il ne dépensa que deux francs pour sa nourriture. De Tours à Poitiers, il ne possédait plus que cent sous, mais il rassembla pour continuer sa route un reste de force. Un jour, Lucien, surpris par la nuit dans une plaine, résolut d'y bivouaquer, quand, au fond d'un ravin, il aperçut une calèche montant une côte. À l'insu du postillon, des voyageurs et d'un valet de chambre placé sur le siège, il put se blottir derrière entre deux paquets, et s'endormit en se plaçant de manière à pouvoir résister aux cahots.

Balzac, *Illusions perdues.*

a. À quel type de texte appartient ce passage ?

b. Relevez les compléments de temps. Indiquez leur nature. Précisez lesquels servent de connecteurs.

c. Relevez les compléments de lieu. Indiquez leur nature. Précisez lequel sert de connecteur.

d. Pourquoi les compléments de temps et de lieu sont-ils aussi nombreux dans ce texte ? Donnez une réponse détaillée.

6 Lisez ce texte.

La bête souple du feu a bondi d'entre les bruyères comme sonnaient les coups de trois heures du matin. Elle était à ce moment-là dans les pinèdes à faire le diable à quatre. Sur l'instant, on a cru pouvoir la maîtriser sans trop de dégâts, mais elle a rué si dru, tout le jour et une partie de la nuit suivante, qu'elle a rompu les bras et fatigué les cervelles de tous les gars. Comme l'aube pointait, ils l'ont vue, plus robuste et plus joyeuse que jamais qui tordait parmi les collines son large corps pareil à un torrent. C'était trop tard.

Depuis qu'elle a poussé sa tête rouge à travers les bois et les landes, son ventre de flammes suit ; sa queue, derrière elle, bat les braises et les cendres. Elle rampe, elle saute, elle avance. Un coup de griffe à droite, un à gauche : ici elle éventre une chênaie ; là elle dévore d'un seul claquement de gueule vingt chênes blancs et trois pompons de pins ; le dard de sa langue tâte le vent pour prendre la direction.

Jean GIONO, *Colline*, © éd. Grasset, 1929.

a. Relevez un complément circonstanciel de conséquence et un autre de but. Indiquez leur nature.

b. Relevez les compléments de temps qui indiquent la chronologie de l'incendie.

c. Lesquels indiquent une durée ? Pourquoi cette indication de durée est-elle importante dans les événements rapportés ?

d. Quels sont les compléments de lieu ? Quel rôle jouent-ils dans le texte ? Donnez une réponse détaillée.

7 Lisez ce texte.

De notre jardin, nous entendions, au Sud, Miton éternuer en bêchant et parler à son chien blanc dont il teignait, au 14 juillet, la tête en bleu et l'arrière-train en rouge. Au Nord, la mère Adolphe chantait un petit cantique en bottelant des violettes pour l'autel de notre église foudroyée, qui n'a plus de clocher. À l'Est, une sonnette triste annonçait chez le notaire la visite d'un client. [...]

De l'autre côté, sur la rue, les enfants insolents musaient, jouaient aux billes, troussaient leurs jupons, au-dessus du ruisseau ; les voisins se dévisageaient et jetaient une petite malédiction, un rire, une épluchure dans le sillage de chaque passant, les hommes fumaient sur les seuils et crachaient...

COLETTE, *Sido*, © éd. Hachette, 1901.

a. Relevez deux groupes au gérondif. Quelle est leur fonction exacte ? Quelle est leur utilité dans le texte ?

b. Relevez un complément de temps. Ce complément exprime deux nuances. Lesquelles (moment, durée, fréquence) ? Pour répondre, observez notamment le temps du verbe.

c. Relevez tous les compléments circonstanciels de lieu. Parmi eux, lesquels servent à construire le texte ? Lesquels situent les petits événements du quartier ?

Écrire en utilisant les compléments circonstanciels

8 Imaginez des phrases complètes qui serviront de réponses à ces questions. Soulignez les compléments circonstanciels utilisés et indiquez quelle circonstance ils expriment.

1. Pourquoi le chat se réfugie-t-il sous la table quand il aperçoit Thomas ? – 2. Pour quoi faites-vous tous ces préparatifs ? – 3. Dans quel cas refuserais-tu de rendre un service à quelqu'un ? – 4. Avec qui prépares-tu un exposé ? – 5. Avec quoi avez-vous réalisé ce panneau décoratif ? – 6. D'où proviennent ces bruits ? – 7. À quel moment s'est produit l'incident ? – 8. Comment a-t-elle accueilli la nouvelle ?

9 a. Enrichissez ce texte de compléments circonstanciels aussi variés que possible. Si c'est nécessaire, vous pouvez modifier la structure des phrases.

b. Recommencez l'exercice, en changeant les compléments circonstanciels, de manière à modifier le récit et la personnalité du personnage.

Laure se réveilla et décida de consacrer la journée à ses achats de Noël. Elle partit et prit le bus. Elle commença ses achats. Elle avait fini. Elle était satisfaite et repartit.

10 Sur le modèle du texte de l'exercice 4, racontez un voyage ou une sortie en utilisant de nombreux compléments de temps et de lieu, afin de rendre les faits aussi clairs et précis que possible.

11 Choisissez, dans le manuel, une photo ou une reproduction de tableau représentant un paysage ou un lieu qui vous plaît. Pour construire votre description, utilisez des compléments de lieu qui vous permettront de situer les différents éléments dans l'espace et les uns par rapport aux autres.

20 Les compléments circonstanciels (2)
Exprimer des relations logiques

Texte 1

Le rideau de cette portière avait été tiré intérieurement sur la vitre, par les soins de Mme Darzac, de telle sorte que du corridor on ne pouvait rien voir de ce qui se passait dans le compartiment. Le rideau de la portière de l'autre compartiment où se tenaient les voyageurs n'avait pas été tiré. Tout ceci fut établi par Rouletabille grâce à un questionnaire très serré dans le détail duquel je n'entre point, mais dont je donne le résultat pour établir nettement les conditions extérieures du voyage des Darzac jusqu'à Bourg et de M. Stangerson jusqu'à Dijon.

Gaston LEROUX, *Le Parfum de la dame en noir*, © Gaston Leroux, 1960.

Texte 2

Cher Lanyon,

Tu es l'un de mes plus anciens amis. Bien que nous ayons eu parfois des opinions différentes sur des problèmes scientifiques, je ne puis me souvenir d'aucun refroidissement dans notre amitié — du moins de mon côté. Il n'y a pas un jour où, si tu m'avais dit : « Jekyll, ma vie, mon honneur et ma raison dépendent de toi », je n'aurais sacrifié ma fortune et même ma main gauche pour t'aider. Aujourd'hui, Lanyon, ma vie, mon honneur et ma raison sont entre tes mains. Si, ce soir, tu m'abandonnes, je suis perdu. D'après ce préambule, tu dois t'imaginer que je m'apprête à te demander un service déshonorant. Juge toi-même si tu ne t'es pas trompé.

Je te supplie de remettre à plus tard tous les engagements que tu as pu prendre, même si on t'a appelé au chevet d'un empereur ! Prends un fiacre, à moins que ta voiture ne soit en ce moment à ta porte et, la présente lettre à la main, rends-toi tout droit à mon domicile.

R. L. STEVENSON, *Docteur Jekyll et Mister Hyde*, traduit de l'anglais par Jean Muray, © éd. Hachette, 1975.

Les compléments circonstanciels de cause et de conséquence

Cause et conséquence sont étroitement liées. Cependant on peut mettre l'accent sur l'expression grammaticale de la cause ou sur celle de la conséquence.

1. Dans la phrase simple

- Le **complément circonstanciel de cause** peut être :

– un nom, un GN, un pronom précédé de *à cause de*, *en raison de*, *grâce à* … :

▸ *Tout ceci fut établi* ***grâce à un questionnaire très serré****.* (texte 1)

– un infinitif ou un groupe infinitif précédé de *pour*, *sous prétexte de*... :

▸ *Le coupable fut démasqué* ***pour avoir commis une erreur.***

– un gérondif : ***En commettant cette erreur****, il signa sa perte.*

• Le **complément circonstanciel de conséquence** est :

– parfois un nom, un GN, un pronom précédé de *à* ou *pour* :

▸ *Rouletabille résolut l'énigme* ***à la satisfaction de tous.***

– plus souvent un infinitif ou un groupe infinitif précédé de *assez... pour, trop... pour, au point de, à, jusqu'à...* :

▸ *Il cherchait la clé du mystère* ***à en perdre le sommeil.***

2. Dans la phrase complexe

• On peut exprimer la notion de **cause** grâce à :

– une **subordonnée conjonctive complément circonstanciel de cause**, introduite par *parce que, puisque, comme, étant donné que, sous prétexte que, non que...* :

▸ *On ne pouvait rien voir* ***parce que le rideau avait été tiré.***

– une **subordonnée participiale complément circonstanciel de cause** :

▸ ***Mme Darzac ayant tiré le rideau****, on ne pouvait voir à l'intérieur.*

• On peut exprimer la notion de **conséquence** grâce à :

– une **subordonnée conjonctive complément circonstanciel de conséquence**, introduite par *si bien que, de sorte que, au point que, si... que* :

▸ *Le rideau avait été tiré,* ***de telle sorte qu'on ne pouvait rien voir.*** (texte 1)

• Dans un texte explicatif ou argumentatif, l'énonciateur renforce son explication ou justifie son point de vue en mettant l'accent sur ce qui est à l'origine d'un fait et sur les conséquences qui en découlent.

Le complément circonstanciel de but

• **Dans la phrase simple** le complément circonstanciel de but a la forme :

– d'un nom, d'un GN, d'un pronom introduit par *pour, en vue de, de crainte de...* :

▸ *Il donne de nombreuses explications* ***pour la clarté des faits.***

– d'un infinitif ou d'un groupe infinitif :

▸ *J'aurais sacrifié ma fortune* ***pour t'aider.*** (texte 2)

• Dans **la phrase complexe**, on trouve des **subordonnées conjonctives compléments circonstanciels de but**, au subjonctif, introduites par *pour que, afin que, de crainte que* ou *que* (après un verbe à l'impératif)... :

▸ *Jekyll écrit à Lanyon* ***pour qu'il lui vienne en aide.***

• Exprimer un but, c'est formuler l'objectif que l'on cherche à atteindre. C'est justifier un acte.

Le complément circonstanciel d'opposition

• Dans **la phrase simple**, le complément circonstanciel d'opposition est :

– un nom ou un GN précédé de *malgré, en dépit de, à défaut de, à part, sauf, excepté…* :

▸ ***Malgré leur amitié**, ils avaient des opinions différentes.*

– un infinitif ou un groupe infinitif précédé de *au lieu de, loin de, sans…* :

▸ ***Au lieu de les séparer**, ces divergences renforçaient leur amitié.*

– un gérondif ou un groupe gérondif, souvent précédé de *tout* ou *même* :

▸ ***Tout en espérant de l'aide**, il ne savait s'il l'obtiendrait.*

• Dans **la phrase complexe**, l'opposition peut être exprimée par une subordonnée conjonctive complément circonstanciel d'opposition introduite par *bien que, quoique, quelque… que, quoi que…* (suivi du subjonctif), *alors que, même si, tandis que…* (suivi de l'indicatif), *quand bien même, alors même que* (suivi du conditionnel) :

▸ ***Bien que nous ayons eu parfois des opinions différentes**, je ne puis me souvenir d'aucun refroidissement dans notre amitié.* (texte 2)

▸ *Viens, **même si on t'a appelé au chevet d'un empereur !*** (texte 2)

• L'expression de l'opposition permet de faire ressortir des différences, des incompatibilités, des contradictions dans des faits ou dans des arguments.

Le complément circonstanciel de condition

• **Dans la phrase** simple, le complément circonstanciel de condition est :

– un nom, un GN, un pronom, introduit par *en cas de, avec, sans…* :

▸ ***Sans l'aide de son ami**, Jekyll était perdu.*

– un infinitif ou un groupe infinitif introduit par *à, à condition de, à moins de…* :

▸ *Il pouvait le sauver **à condition de faire vite**.*

– un gérondif ou un groupe gérondif :

▸ ***En arrivant promptement**, il lui donnerait une preuve d'amitié.*

• Dans la **phrase complexe**, la condition peut être exprimée par :

– une subordonnée à l'indicatif introduite par si :

▸ ***Si, ce soir, tu m'abandonnes**, je suis perdu.* (texte 2)- fait réalisable

▸ ***Si, ce soir, tu m'abandonnais**, je serais perdu.* - fait futur possible mais incertain (potentiel)

▸ ***Si maintenant je le pouvais**, je partirais aussitôt.* - fait non réalisable (irréel du présent)

▸ ***Si tu m'avais dit : « Ma vie dépend de toi »**, j'aurais sacrifié ma fortune.* (texte 2) - fait non réalisé dans le passé (irréel du passé)

– une subordonnée à l'indicatif (*selon que, suivant que*), au conditionnel (*au cas où*), au subjonctif (*à condition que, à moins que…*) :

▸ *Prends un fiacre,* ***à moins que ta voiture ne soit en ce moment à ta porte.***

– une subordonnée participiale complément circonstanciel de condition :

▸ ***Ta voiture étant prête,*** *tu arriverais plus vite.*

• Dans un texte argumentatif, exprimer une condition, c'est formuler une hypothèse et introduire ainsi un argument ou un exemple.

Les compléments circonstanciels de cause, de conséquence, de but, d'opposition et de condition permettent de mettre en évidence l'enchaînement logique des faits et des idées.

Exercices

Identifier et manipuler les compléments circonstanciels

1 Relevez les compléments circonstanciels contenus dans ce texte, indiquez leur nature et précisez la circonstance exprimée.

Pour faire partager une opinion, le moyen le plus sûr est de recourir à une argumentation habile. Cependant, parce que certains n'ont aucun respect de la personne d'autrui, la force brutale tient lieu parfois d'arguments. Cette « raison du plus fort » est malheureusement une constante de la nature humaine, si bien qu'à travers les époques et les contrées, elle a soumis des hommes à la volonté de leurs semblables. Et, bien qu'elle revête des aspects divers et, parfois, en apparence anodins, il faut apprendre à la démasquer afin de la combattre. Par exemple, si on insiste pour qu'autrui partage vos idées, on exerce sur lui une forme de tyrannie. Déjà au XVIIe siècle, en mettant en scène des animaux, La Fontaine put dénoncer impunément la raison du plus fort.

2 Dans ces phrases, les relations logiques sont exprimées par des propositions indépendantes juxtaposées ou coordonnées.
Transformez-les en phrases contenant une principale et une subordonnée conjonctive circonstancielle. Précisez quels compléments circonstanciels vous avez utilisés.

1. Les contes ont enchanté mon enfance : ils me transportaient dans un univers merveilleux, loin des réalités quotidiennes. – **2.** Fais des efforts : tu réussiras peut-être. – **3.** J'ai entendu du bruit dans la pièce voisine, mais je ne vois rien de suspect. – **4.** Elle est très timide et donc elle se trouble dès qu'on lui parle. – **5.** Il a beau s'énerver, son interlocuteur reste impassible. – **6.** Sois aimable et on t'aimera !

3 Indiquez la nature et la fonction des mots soulignés. Remplacez-les par des subordonnées conjonctives de même sens et de même fonction. Récrivez les phrases obtenues.

1. En dépit de son impatience, l'enfant attend son tour de monter sur le manège. – **2.** En faisant du sport, tu pourrais venir à bout de tes problèmes de poids. – **3.** Il est aphone pour avoir trop crié pendant le match. – **4.** Tous les participants étant excellents, le jury eut du mal à les départager. – **5.** Partout dans le monde des hommes luttent pour la liberté de chacun. – **6.** Elle riait à en perdre haleine.

Cause, conséquence, but, opposition et condition dans les textes

4 Lisez ce texte.

(Les études de médecine au XVIIe siècle.)

En premier lieu, comme la langue de la médecine était le latin, nul ne pouvait aspirer à la docte carrière qu'à condition d'avoir accompli le cycle complet d'une scolarité qui aboutissait, vers la vingtième année, au diplôme de maître ès arts. [...] On ne lui délivrera d'ailleurs le diplôme de bachelier en médecine qu'à condition qu'il confesse la foi catholique et qu'il assiste à tous les services religieux de la Faculté.

À moins que le jeune homme ne soit « fils de maître », autrement dit que son père ne soit médecin, il aura à payer de gros droits pour son « immatricule », c'est-à-dire son inscription, de même que pour ses examens. Mais quels sacrifices ne ferait-on pas dans les familles de bons bourgeois <u>pour avoir un fils docteur-régent de la faculté de Paris</u> ! Cela vaut bien qu'on puise de temps en temps dans la chère cassette. Si la famille est trop serrée, ou si vraiment elle n'a pas le moyen de subvenir à l'entretien du jeune homme, notre philiatre (du grec *philô*, j'aime, et, *iatros*, médecin), quand il se sent vraiment la vocation, n'hésite pas à prendre un métier. Il se fait par exemple valet de collège, ou encore il se livre, pourvu qu'il ait une belle main, à des travaux de copie.

François MILLEPIERRES, *La Vie quotidienne des médecins au temps de Molière*, © éd. Hachette, 1964.

a. Dans la première phrase, relevez une subordonnée conjonctive circonstancielle. Donnez sa fonction exacte. Qu'explique-t-elle ?

b. Quelles sont la nature et la fonction du groupe de mots souligné ? De quoi exprime-t-il la justification ?

c. Relevez les compléments circonstanciels de condition contenus dans ce texte. Pourquoi sont-ils aussi nombreux pour évoquer les études de médecine à cette époque ?

5 Lisez ce texte.

J'avais dix-sept ans, et j'achevais mes études de philosophie à Amiens, où mes parents, qui sont d'une des meilleures maisons de P., m'avaient envoyé. Je menais une vie si sage et si réglée, que mes maîtres me proposaient pour l'exemple du collège. Non que je fisse des efforts extraordinaires pour mériter cet éloge, mais j'ai l'humeur naturellement douce et tranquille : je m'appliquais à l'étude par inclination, et l'on me comptait pour des vertus quelques marques d'aversion pour le vice. Ma naissance, le succès de mes études et quelques agréments extérieurs m'avaient fait connaître et estimer de toutes les honnêtes gens de la ville. J'achevai mes exercices publics avec une approbation si générale, que Monsieur l'Évêque, qui y assistait, me proposa d'entrer dans l'état ecclésiastique, où je ne manquerais pas, disait-il, de m'attirer plus de distinction que dans l'ordre de Malte, auquel mes parents me destinaient.

Abbé PRÉVÔT, *Manon Lescaut*, 1731.

a. Relevez deux subordonnées conjonctives de conséquence. De quelles causes expriment-elles une conséquence ? Dans quel type de proposition la notion de cause est-elle donc contenue ?

b. Dans la troisième phrase, relevez les compléments circonstanciels. Indiquez leur nature et la circonstance exprimée. Quel objectif le narrateur poursuit-il en utilisant ces compléments circonstanciels ?

Dupin et Le Clerc, *Costume d'étudiant* (1750).

6 Lisez ce texte.

Mme de La Tour avait en France une tante, fille de qualité, riche, vieille et dévote, qui lui avait refusé si durement des secours lorsqu'elle se fut mariée à M. de La Tour qu'elle s'était bien promis de n'avoir jamais recours à elle, à quelque extrémité qu'elle fut réduite. Mais devenue mère, elle ne craignit plus la honte de refus. Elle manda à sa tante la mort inattendue de son mari, la naissance de sa fille, et l'embarras où elle se trouvait, loin de son pays, dénuée de support et chargée d'un enfant. Elle n'en reçut point de réponse. Elle, <u>qui</u>

était d'un caractère élevé, ne craignit plus de s'humilier et de s'exposer aux reproches de sa parente, qui ne lui avait jamais pardonné d'avoir épousé un homme sans naissance, quoique vertueux. Elle lui écrivait donc par toutes les occasions, afin d'exciter sa sensibilité en faveur de Virginie. Mais bien des années s'étaient écoulées sans recevoir d'elle aucune marque de souvenir.

Bernardin de SAINT-PIERRE, *Paul et Virginie*, 1788.

a. Quelle est la conséquence du dur refus adressé à Mme de La Tour par sa tante ? Par quel procédé grammatical cette conséquence est-elle exprimée ?

b. Quelle nuance circonstancielle contient la subordonnée relative soulignée ? Remplacez-la par une subordonnée conjonctive circonstancielle qui fera ressortir cette nuance.

c. Quel dessein poursuit Mme de La Tour en écrivant souvent à sa tante ? Par quel procédé grammatical est-ce exprimé ?

d. Relevez trois compléments d'opposition : une subordonnée conjonctive, une subordonnée conjonctive dont le verbe est sous-entendu, un groupe infinitif. Entre quels faits ces compléments établissent-ils des oppositions ?

7 Lisez ce texte.

Aux côtés de la poésie, des religions, de la philosophie et des arts, la science joue sa partition avec un curieux mélange de modestie et de grandeur.

Modeste la science, puisqu'elle n'a pas d'autre ambition que de proclamer sans les modifier les réponses que la nature apporte et de nous transmettre d'elle une description dans laquelle l'invention et la fioriture n'ont pas leur place. Mais grande, puisqu'elle donne sa dimension à l'homme dans son dialogue avec l'Univers, puisqu'elle sous-tend une éthique de rigueur et de tolérance.

La Main à la pâte. Présenté par Georges Charpak, éd. Flammarion, 1996.

a. À quel type de texte appartient ce passage ?

b. Quelle phrase énonce une thèse ?

c. Par quels compléments circonstanciels sont formulés les arguments qui soutiennent cette thèse ? Quelle est leur nature ? Quelle circonstance expriment-ils ?

d. Quelle est la particularité des propositions principales qui les contiennent ? Quels mots précédents ces principales reprennent-elles ?

Exprimer des relations logiques grâce aux compléments circonstanciels

8 Complétez ces phrases par des compléments circonstanciels dont la nature et la nuance circonstancielle vous sont indiquées entre parenthèses.

1. Sophie a été encouragée par ses professeurs (groupe infinitif, cause). – **2.** Sophie a été encouragée par ses professeurs (subordonnée conjonctive de conséquence). – **3.** Clément ne parvient pas à améliorer ses performances en course (GN, opposition). – **4.** Des enquêteurs interrogent les passants (groupe infinitif, but). – **5.** Il aurait obtenu ce poste (subordonnée conjonctive, condition). – **6.** Une marée noire est à craindre en Bretagne (subordonnée participiale, cause). – **7.** Tu lui ferais plaisir (gérondif, condition).

9 Rédigez des phrases avec chacune de ces conjonctions ou locutions conjonctives de subordination. Puis indiquez la circonstance exprimée.

Quoique • sous prétexte que • au point que • pour peu que • afin que.

10 Arrivé à la fin de votre année de troisième, vous devez choisir entre continuer des études générales au lycée, ou commencer une formation professionnelle. Dites quels sont vos projets, pourquoi vous choisissez telle ou telle orientation et ce que vous en attendez, quelles difficultés vous prévoyez d'affronter…

Rédigez un texte bien argumenté où vous veillerez à exprimer clairement les notions de cause, de conséquence, de but, d'opposition et de condition.

21 Le verbe : voix et modes

Texte

(Tomski raconte comment sa grand-mère, qui avait perdu une grosse somme d'argent au jeu, fut sauvée par un personnage mystérieux.)

– Il n'est point besoin d'argent, rétorqua Saint-Germain. Donnez-vous seulement la peine de m'entendre.

C'est alors qu'il lui confia un secret que chacun de nous serait prêt à payer très cher…

Les jeunes joueurs redoublèrent d'attention.

(Tomski explique alors comment, le soir même, sa grand-mère put rattraper ses pertes en jouant trois cartes d'affilée.)

– Comment ! reprit Naroumov, tu as une grand-mère qui sort trois cartes gagnantes d'affilée et tu ne lui as pas encore extorqué son secret ?

– C'est bien là le diable ! répondit Tomski. Elle avait quatre fils, dont mon père, tous joueurs invétérés, et pas un n'a été mis dans la confidence ; pourtant ils en auraient eu grand besoin, et moi aussi. Mais voici ce que m'a raconté mon oncle, le comte Ivan Ilitch, en m'assurant sur l'honneur que c'était vérité pure. Tchaplitski, celui qui est mort dans la misère après avoir mangé des millions, avait, étant jeune, perdu quelque chose comme trois cent mille roubles — contre Zortich si j'ai bonne mémoire. Il était au désespoir. Grand-mère, qui était pourtant sans indulgence pour les frasques de la jeunesse, se laissa attendrir. Elle lui désigna trois cartes pour qu'il les mise d'affilée, en lui faisant jurer qu'après cela il ne jouerait plus.

A. Pouchkine, *La Dame de Pique*, 1834, traduit du russe par Dimitri Sesemann,

Les voix

La **voix** du verbe détermine la **forme de la phrase**. (chapitre 5, voir page 283)

Phrase de forme passive : *Pas un n'a été mis dans la confidence.*
(*a été mis* : verbe passif)

1. Voix active – voix passive

• Un verbe **transitif direct**, c'est-à-dire accompagné d'un COD, est à la voix **active** quand son **sujet** est **actif**, c'est-à-dire quand celui-ci est à l'origine de l'action exprimée par le verbe.

▸ *Saint-Germain* ***révéla*** *un secret à ma grand-mère.*

• Un verbe actif transitif direct peut être mis à la voix passive. Le COD devient sujet passif et le sujet actif devient complément d'agent (CA).

▸ *Un secret* ***fut révélé*** *à ma grand-mère par Saint-Germain.*
(*par Saint-Germain* : CA)

2. Voix (ou tournure) pronominale

- Un verbe pronominal est conjugué avec un pronom personnel réfléchi qui désigne la même personne que le sujet.
  ▸ *Grand-mère* ***se laissa*** *attendrir.*

- Selon leurs emplois, on distingue les verbes pronominaux :

– **réfléchis**, lorsque l'action du verbe est accomplie sur le sujet par lui-même :
  ▸ *Elle s'interrogea.* (= elle interrogea elle-même)

– **réciproques**, lorsque l'action du verbe est accomplie mutuellement par les personnes désignées par le sujet.
  ▸ *Ils se sont parlé.* (= l'un à l'autre et réciproquement)

– **de sens passif**, lorsque le verbe est l'équivalent d'un verbe passif :
  ▸ *Ce secret ne se divulguera jamais.* (= ne sera jamais divulgué)

– **essentiellement pronominaux**, lorsque le pronom réfléchi est indissociable du verbe : *Elle se lamentait.*

Quand on passe de la voix active à la voix passive, le sujet du verbe actif devient le complément d'agent et le COD devient le sujet du verbe passif.
Un verbe pronominal se conjugue avec un pronom réfléchi qui désigne le sujet.

Les modes non personnels

1. L'infinitif

- L'infinitif peut jouer le rôle d'un **GN** dont il a les fonctions.
  ▸ ***Jouer*** *est son passe-temps favori.* (sujet)

- Il peut être le **noyau verbal** :

– d'une indépendante de type injonctif, interrogatif ou exclamatif :
  ▸ *Que* ***faire*** *?* ***Trouver*** *une solution à tout prix !*

– d'une subordonnée interrogative indirecte :
  ▸ *Elle ne savait vers qui* ***se tourner****.*

– d'une proposition subordonnée infinitive (voir page 330)
  ▸ *Ils écoutaient Tomski leur* ***parler*** *de sa grand-mère.*

2. Le participe

- Le participe peut avoir les mêmes fonctions que l'**adjectif qualificatif**.
  ▸ ***Intrigué****, il l'observait.* (apposé au pronom *il*)

- Il peut être le **noyau verbal** d'une proposition subordonnée participiale (voir page 330)
  ▸ *La partie* ***terminée****, elle remboursa ses dettes.*

3. Le gérondif

Le gérondif et le groupe gérondif sont toujours **compléments circonstanciels**.

▸ *Voici ce qu'il m'a raconté, **en m'assurant** que c'était vérité pure.*
c. circ. de manière

Les modes personnels

1. L'indicatif

L'indicatif inscrit les faits dans la **réalité** : ▸ *Il lui confia un secret.*

2. Le subjonctif

• Avec le subjonctif, les faits sont présentés comme **envisagés** par la pensée ou dépendant d'un sentiment.

• Dans une proposition **indépendante** ou **principale**, le subjonctif peut exprimer un ordre, une défense, un souhait, une indignation… :

▸ *Moi, que je vous trahisse !* (indignation)

• Dans les propositions **subordonnées**, il est obligatoire :

– quand la subordonnée est sujet, attribut, complément d'objet ou d'adjectif d'un mot exprimant une volonté, un sentiment, un souhait, une crainte :

▸ *Qu'on la **dérange** pendant sa partie est impensable.*

▸ *Ils sont stupéfaits qu'elle ait **gagné**.*

– quand elle est complément circonstanciel de but ou d'opposition :

▸ *Elle lui désigna trois cartes pour qu'il les **mise** d'affilée.* (but)

– quand elle est complément circonstanciel de temps ou de condition, après certaines locutions conjonctives (*avant que, jusqu'à ce que, en attendant que ; à condition que, à moins que, pourvu que*) :

▸ *On attendit jusqu'à ce qu'ils **eussent fini** la partie.* (temps)

– quand une subordonnée relative exprime le but, la conséquence, une restriction, ou lorsqu'elle complète un superlatif :

▸ *C'est le joueur le plus acharné qui **soit**.*

Le subjonctif est facultatif dans certaines subordonnées conjonctives compléments d'un verbe interrogatif ou négatif.

▸ *Je ne crois pas qu'on le **connaisse*** (ou *qu'on le connaît).*

3. Le conditionnel

• Le conditionnel a une valeur de **mode** :

– dans une proposition principale où il exprime un fait soumis à une condition, celle-ci étant contenue dans une subordonnée conjonctive introduite par *si* (voir page 331) : *Si elle avait perdu, elle **aurait été** ruinée.*

– dans n'importe quel type de proposition où il exprime une éventualité, un souhait, un regret, une incertitude, une indignation, une atténuation :

▸ *Pourtant ils en* ***auraient eu*** *grand besoin.* (regret)

• Le conditionnel a la valeur d'un **temps de l'indicatif** quand il situe un fait passé après un autre fait passé (futur du passé et futur antérieur du passé) :

▸ *Elle lui fit jurer qu'après cela il ne* ***jouerait*** *plus.*

4. L'impératif

L'impératif peut exprimer un **ordre**, sous toutes ses nuances : conseil, exhortation, invitation, prière, défense, interdiction…

▸ ***Donnez-vous*** *seulement la peine de m'entendre.* (prière)

On distingue les modes non personnels (l'infinitif, le participe, le gérondif) et les modes personnels. L'indicatif inscrit les faits dans le réel, le subjonctif exprime des faits envisagés, le conditionnel est le mode du possible, l'impératif exprime un ordre.

Exercices

Identifier et manipuler les voix

1 Relevez les verbes contenus dans ces phrases et indiquez leur voix.

1. Une pluie bienfaisante se déversait sur la ville que la chaleur avait engourdie. – **2.** Asseyez-vous donc. Elle sera revenue bientôt. – **3.** Des affiches ont été placardées partout dans la ville. – **4.** Nous nous sommes rencontrés à un concert. – **5.** Les habitants de l'île ont été prévenus qu'un cyclone était attendu pour les jours suivants. – **6.** Vous êtes-vous aperçu que votre pantalon était déchiré ? – **7.** Agnès a décidé de commencer un régime la semaine prochaine, en attendant elle mange tout ce qu'elle trouve. – **8.** Tu t'ennuies peut-être mais tu ne fais rien pour te distraire.

2 Récrivez ces phrases en mettant les verbes à la voix passive. Opérez toutes les transformations qui s'imposent. Pour certaines phrases le passage de l'actif au passif est impossible ou maladroit. Dans ce cas, indiquez-le.

1. La mer a laissé sur la plage de nombreux coquillages. – **2.** Quand convoquera-t-on les candidats ? – **3.** J'ai confectionné de délicieuses confiseries. – **4.** L'oreille aux aguets, le renard flaire le vent. – **5.** Qui a inventé la machine à vapeur ? – **6.** Elle n'aime pas marcher sous la pluie. – **7.** La lune éclaira soudain la forêt : on découvrit alors l'enfant perdu, endormi contre un tronc d'arbre. – **8.** Ils nous souhaitèrent la bienvenue. – **9.** Tous apprécient sa bonne humeur et son entrain.

Comprendre l'emploi des modes

3 Indiquez le mode des verbes soulignés et justifiez son emploi.

1. <u>Venez</u> me voir, j'en <u>serais</u> si heureuse. – **2.** Il <u>craint</u> qu'on <u>ait</u> mal <u>interprété</u> ses paroles. – **3.** Si j'avais eu du talent, j'<u>aurais aimé</u> être cantatrice. – **4.** Je <u>voudrais</u> trouver des documents qui me <u>soient</u> utiles pour mon exposé. – **5.** Qu'il <u>entre</u> ! – **6.** Le directeur le <u>reçut</u>, bien qu'il <u>fût</u> très <u>occupé</u>. – **7.** C'est la jeune fille la plus charmante qui <u>soit</u>. – **8.** Ne <u>dites</u> rien. – **9.** Que Cécile <u>affiche</u> une si mauvaise humeur ne présage rien de bon. – **10.** Nous <u>apprécions</u> beaucoup que vous <u>ayez fait</u> l'effort de venir. – **11.** Il ne croyait pas que sa candidature <u>serait retenue</u>.

4 Précisez si les infinitifs et participes soulignés sont le noyau verbal d'une proposition. Si ce n'est pas le cas, donnez leur fonction.

1. Je préfère rester sur le balcon, j'aime bien regarder jouer les enfants. – **2.** Nous avons ramassé un plein panier de champignons poussés pendant la nuit. – **3.** Le film terminé, les spectateurs, émus, quittaient la salle en silence. – **4.** Comment nous sortir de cette situation ? – **5.** Prendre la première route à droite. – **6.** J'aperçois Laure courant sous la pluie. – **7.** Elle ne savait que répondre.

5 Donnez la nature et la fonction des groupes de mots soulignés.

1. Creusant sans cesse les rochers, la mer sculpte le rivage. – **2.** Nous avons entendu tinter les clochettes des brebis. – **3.** En l'écoutant jouer, j'ai compris qu'il serait un grand violoniste. – **4.** Les vendanges terminées, chacun fit la fête. – **5.** Crier n'est pas chanter. – **6.** En étant plus attentif, tu n'aurais pas laissé échapper ce renseignement.

Les voix et les modes dans les textes

6 Lisez ce texte.

Un après-dîner, j'étais là, **regardant beaucoup, parlant peu**, et écoutant le moins que je pouvais, lorsque je fus abordé par un des plus bizarres personnages de ce pays où Dieu n'en a pas laissé manquer. C'est un composé de hauteur et de bassesse, de bon sens et de déraison. Il faut que les notions de l'honnête et du déshonnête soient bien étrangement brouillées dans sa tête ; car il montre ce que la nature lui a donné de bonnes qualités, sans ostentation, et ce qu'il en a reçu de mauvaises, sans pudeur. Au reste il est doué d'une organisation forte, d'une chaleur d'imagination singulière, et d'une vigueur de poumons peu commune. [...] Aujourd'hui, en linge sale, en culotte déchirée, **couvert de lambeaux**, presque sans souliers, il va la tête basse, il se dérobe, on serait tenté de l'appeler, pour lui donner l'aumône. Demain, **poudré, chaussé, frisé, bien vêtu**, il marche la tête haute, il se montre, et vous le prendriez pour un honnête homme.

Denis Diderot (1713-1784), *Le Neveu de Rameau* (œuvre posthume).

a. Relevez un verbe au subjonctif. Dans quelle sorte de proposition se trouve-t-il ?

b. Relevez deux verbes au conditionnel. Dans quelle sorte de proposition se trouvent-ils ? Quelle est la valeur de ces conditionnels ?

c. Relevez une proposition subordonnée dont le verbe est à la voix passive. Quel est son sujet ? Quel est son complément d'agent ? Mettez cette proposition à la voix active.

d. À quelle voix (ou tournure) sont les verbes soulignés ? Dans quelle catégorie peut-on classer chacun d'eux ?

e. Quelle est la nature grammaticale des mots en caractères gras ? Quelle est leur fonction ? Quel rôle jouent-ils dans la caractérisation du personnage ?

7 Lisez ce texte.

Des taches d'ombre et de lumière dévalaient sur les prés. La mule du boulanger s'échappa et vint courir avec elles. Deux hommes essayèrent de l'attraper. Ils se criaient ce qu'il fallait faire et ils ne pouvaient pas arriver d'accord parce que le vent emportait ce qu'ils criaient. Ils se décourageaient. Ils se mirent à marcher tout simplement du côté de la mule, sans se presser. Elle galopa jusqu'en haut du col. Elle claironna du museau vers les pays d'au-delà. Elle attendait un flocon d'ombre, puis elle redescendait en le piétinant, le dépassant, l'attendant à la danse, le rejoignant, le voltant pour le mordre, ou le fouettant de la queue : au bout d'un moment les hommes se fatiguèrent à monter et descendre. Ils retournèrent tous les deux au hameau, laissant la bête à son jeu. Elle se fatigua aussi. Elle s'arrêta et se mit à manger.

Jean Giono, « Vie de mademoiselle Amandine » dans *Rondeur des jours*, © éd. Gallimard, 1943.

a. Donner la nature et la fonction des mots soulignés.

b. Relevez un gérondif. Quelle est sa fonction ?

c. Relevez les verbes pronominaux. À quelles catégories appartiennent les deux premiers ?

d. Relevez les participes présents et leurs compléments. Quelle est leur fonction ? Quelle est leur utilité dans le texte ?

8 Lisez ce texte.

(La future Madame de Maintenon était alors gouvernante des enfants de Louis XIV et de la marquise de Montespan. Le roi se confiait parfois à elle.)

Il était triste, en ce temps, que la marquise n'eût point voulu du château de Clagny qu'il avait acheté pour elle. Elle l'avait trouvé trop petit : « Cela est à peine bon pour une fille d'opéra » s'était-elle écriée, et elle avait donné ordre qu'on le démolît. « Je suis bien coupable, me disait-il, car il est vrai qu'elle méritait mieux. Je ne sais comment rattraper ma faute. » Il s'inquiétait fort aussi de la manière dont il pourrait faire accepter à la marquise des présents dont elle affectait de ne point vouloir : il lui faisait monter, dans le plus grand secret, des colliers de perles magnifiques, des attaches de diamants, des pendants d'oreille de rubis, et des boutons et bracelets de toutes sortes de pierreries ; il prenait mon conseil sur le dessin de ces bijoux et se tourmentait de ce qu'un soudain désintéressement pût la porter à les refuser.

Françoise CHANDERNAGOR, *L'Allée du Roi*, © éd. Julliard, 1981.

a. Relevez trois verbes au subjonctif. Quel est leur temps ? Justifiez l'emploi du mode. Récrivez les subordonnées qui les contiennent et leur principale, en mettant celle-ci au présent.

b. Un infinitif est le noyau d'une subordonnée. Quelle est cette subordonnée ? Quelle est sa nature ? Récrivez-la en y ajoutant un verbe à un mode personnel.

c. Quelle proposition a un verbe au conditionnel ? Quelle est la valeur de ce mode ?

9 Dans les phrases suivantes, relevez tous les verbes à un mode personnel ou non personnel et expliquez l'emploi de chacun d'eux.

(Le journal humoristique L'Os à moelle *fit paraître, dès 1938, de fausses petites annonces dont voici quelques exemplaires.)*

- On demande cheval sérieux connaissant bien Paris pour faire livraisons tout seul.
- Apprenez l'équitation par correspondance. Pour le galop, se référer à la brochure concernant le trot, mais en la lisant trois fois plus vite.
- Céderait bombe à retardement. Très, très urgent.
- Perdu hier... une bonne occasion de me taire.
- Auteur dramatique échangerait pièce en quatre actes contre trois pièces et une cuisine.
- À vendre : jolie collection de pots-de-vin. S'adresser n'importe qui. Hôtel de Ville. Paris.

Pierre DAC, *Dico franco-loufoque*, © EJL, 1996.

Utiliser les voix et les modes dans ses propres textes

10 Employez chacun de ces verbes dans trois phrases : à la voix active, à la voix passive, à la voix pronominale.

Déguster • apercevoir • distraire • dissimuler • employer.

11 Employez chacun de ces verbes pronominaux dans trois phrases : avec un sens réfléchi, avec un sens réciproque, avec un sens passif.

S'admirer • se poser • s'offrir.

12 Complétez ces phrases par une subordonnée au subjonctif dont vous donnerez la nature et la fonction.

1. J'aimerais beaucoup que... – **2.** Le théâtre sera inauguré bien que... – **3.** Il est inquiétant que... – **4.** Les riverains craignent que... – **5.** Ils cherchent un appartement qui... – **6.** Le professeur est satisfait que... – **7.** C'est le film le plus drôle que... – **8.** Nous irons en vacances dans les Pyrénées, à moins que... - **9.** Pensez-vous que... ? – **10.** On installe des fauteuils pour que... - **11.** Que... a étonné tout le monde.

13 Sur le modèle de l'exercice 9, rédigez vous aussi des petites annonces fantaisistes, en utilisant des conditionnels, des participes, des gérondifs et des infinitifs.

14 Vous rêvez à un monde idéal. Décrivez-le en utilisant de nombreux conditionnels.

22 Le verbe : temps et aspects

Texte

C'est sur la grève de la pleine mer, entre le château et le Fort Royal, que se rassemblent les enfants; c'est là que j'ai été élevé, compagnon des flots et des vents. Un des premiers plaisirs que j'aie goûtés était de lutter contre les orages, de me jouer avec les vagues qui se retiraient devant moi, ou couraient après moi sur la rive. Un autre divertissement était de construire, avec l'arène de la plage, des monuments que mes camarades appelaient des *fours*. Depuis cette époque, j'ai souvent vu bâtir pour l'éternité des châteaux plus vite écroulés que mes palais de sable.

Mon sort étant irrévocablement fixé, on me livra à une enfance oisive. Quelques notions de dessin, de langue anglaise, d'hydrographie et de mathématiques, parurent plus suffisantes à l'éducation d'un garçonnet destiné d'avance à la rude vie d'un marin.

Je croissais sans étude dans ma famille; nous n'habitions plus la maison où j'étais né : ma mère occupait un hôtel, place Saint-Vincent, presque en face de la porte qui communique au Sillon. Les polissons de la ville étaient devenus mes plus chers amis : j'en remplissais la cour et les escaliers de la maison. Je leur ressemblais en tout; je parlais leur langage, j'avais leur façon et leur allure; j'étais vêtu comme eux, déboutonné et débraillé comme eux; mes chemises tombaient en loques; je n'avais jamais une paire de bas qui ne fût largement trouée; je traînais de méchants souliers éculés, qui sortaient à chaque pas de mes pieds; je perdais souvent mon chapeau et quelquefois mon habit. J'avais le visage barbouillé, égratigné, meurtri, les mains moites. Ma figure était si étrange que ma mère ne pouvait s'empêcher de rire et de s'écrier : « Qu'il est laid! »

François-René de CHATEAUBRIAND, *Mémoires d'outre-tombe*, 1850.

Les valeurs temporelles

• À l'**indicatif**, les temps **situent** les faits dans le **temps** (le présent, le passé ou l'avenir), par rapport au moment de l'énonciation. Ils sont donc déterminants dans la chronologie des faits.

▸ *J'**espère** que le château de sable que j'**ai construit résistera**.*

• Les **temps composés** marquent, de surcroît, une **antériorité** par rapport à un temps simple.

▸ *Nous n'habitions plus la maison où j'**étais né**.*

• Aux **autres modes** que l'indicatif, les temps ne situent pas les faits à une époque donnée, mais marquent seulement une simultanéité ou une postériorité (temps simples), ou bien une antériorité (temps composés) par rapport au temps du verbe principal.

▸ *Il rentrera après **avoir joué** avec les polissons de la ville.*

Les valeurs d'aspect

L'aspect indique la **manière** dont un verbe présente le **déroulement de l'action**, indépendamment de sa situation dans le temps.

• Un verbe a un **aspect accompli** quand le fait exprimé est présenté comme achevé. C'est le cas des temps composés, à tous les modes.

▸ *Un des premiers plaisirs que j'**aie goûtés** était de lutter contre les orages.*

• Un verbe a un **aspect non accompli** quand le fait exprimé est en cours de réalisation. C'est le cas des temps simples, à tous les modes.

▸ *Je **croissais** sans étude dans ma famille.*

• Un verbe peut avoir un **aspect répétitif** (itératif). C'est parfois le cas du présent et de l'imparfait.

▸ *Je **perdais** souvent mon chapeau et quelquefois mon habit.*

• L'**aspect duratif** présente le fait dans son déroulement (quelle que soit sa durée), tandis que l'**aspect ponctuel** nous montre une action isolée, localisée dans le temps. De là découle l'opposition imparfait/passé simple.

▸ *Je **rentrais** déguenillé à la maison quand j'**aperçus** ma mère.*

• Grâce à des **périphrases verbales**, composée d'un **auxiliaire d'aspect** et de l'infinitif du verbe, on peut aussi exprimer :

– le début de l'action (*commencer à, se mettre à, entreprendre de...*) :

▸ *Nous commençâmes à jouer.*

– l'action en cours de déroulement (*être en train de, continuer à...*) :

▸ *J'étais en train de gagner la partie.*

– la fin de l'action (*finir de, cesser de, achever de...*) :

▸ *Fatigués, nous cessâmes de jouer.*

Les valeurs propres à certains temps de l'indicatif

1. Le présent

• Le **présent d'énonciation** exprime des faits qui se produisent ou qui sont valables au moment de l'énonciation. Il est donc le temps de référence dans les discours ancrés dans l'énonciation : « *Qu'il est laid !* »

Cet emploi lui permet d'être le temps dominant dans des textes narratifs dont les faits de premier plan paraissent être ainsi en relation avec l'énonciation.

• Dans un récit au passé, l'introduction de verbes au présent donne du relief aux faits exprimés. C'est le présent **de narration** ou **présent historique**.

▸ *Je courais sur la plage, soudain une énorme vague me renverse.*

- Il peut exprimer un **passé** ou un **futur proche**.
  ▸ *Demain, je deviens raisonnable !*

- Il peut aussi exprimer des faits **valables de tout temps**.
  ▸ *L'océan Atlantique est soumis à de fortes marées.*

- Son aspect répétitif et duratif en fait également le temps des faits de **second plan**.
  ▸ *C'est là que se rassemblent les enfants.* (fait **habituel**)
  ▸ *J'ai le visage barbouillé, les mains noires.* (**description**)

- Il peut enfin avoir une valeur modale et exprimer

– une **hypothèse**, dans une subordonnée introduite par *si* :
  ▸ *Si ma mère me **voit** ainsi, elle se fâchera.*

– un **ordre** : *Tu rentres immédiatement !*

2. Le futur

Outre ses emplois temporels, le futur peut exprimer un **ordre** atténué :
▸ *Tu ne retourneras pas avec ces garnements ! (= Ne retourne pas...)*

3. L'imparfait

- Son aspect non accompli, duratif, répétitif en fait le temps :

– des faits de **second plan** : *Ma mère occupait un hôtel.*
– des faits **habituels** ou **répétés** : *Je jouais toujours avec les polissons.*
– de la **description dans le passé** : *Mes chemises tombaient en loques.*

- Il peut avoir une valeur modale et exprimer une **hypothèse** dans une subordonnée introduite par *si* :
  ▸ *Si ma mère me **voyait** ainsi, elle serait fâchée.*

4. Le passé simple

Par son aspect ponctuel, il est le temps des faits de **premier plan** dans les récits au passé.
▸ *On me livra à une enfance oisive.*

5. Le passé composé

- Il est l'**équivalent** du **passé simple** à l'oral et dans certains récits où il est utilisé pour exprimer les faits de premier plan.
  ▸ *C'est là que j'ai été élevé.*

- Il peut également exprimer des faits passés dont les **conséquences** durent encore.
  ▸ *J'ai perdu mon chapeau.* (Il n'est pas retrouvé.)

6. Le futur antérieur

Il peut traduire une **supposition** :

- *Il aura encore oublié l'heure du dîner.*

7. Le plus-que-parfait

Il peut exprimer une **hypothèse non réalisée**, dans une subordonnée introduite par *si* :

- *Si j'**avais été** moins libre, j'aurais été moins heureux.*

Les temps de l'indicatif peuvent avoir une valeur temporelle : ils situent alors les faits dans le temps ou les uns par rapport aux autres. Ils peuvent avoir une valeur d'aspect : les faits sont présentés comme accomplis ou non, duratifs, ponctuels, répétitifs, etc.

Exercices

Reconnaître les temps et leurs emplois

1 a. Indiquez à quel temps sont les verbes à l'indicatif, dans ces phrases. Précisez si ce temps situe le fait dans le présent, le passé ou l'avenir. b. Si ce temps indique une antériorité par rapport à un autre temps, signalez-le également.

1. Elle lut la lettre qu'on lui avait remise. – 2. Je partirai quand ma monture l'aura décidé. Pour l'instant mon mulet est bien trop occupé à brouter. – 3. Quand ils lui eurent exposé leur requête, elle fut prise d'un fou rire inextinguible. – 4. Il arrive dans dix minutes. – 5. Je pense tout à coup à un événement qui a été déterminant dans ma carrière. – 6. Il pleuvait, ce jour-là. Est-ce que tu t'en souviens ? – 7. Tu la rates de peu.

2 a. Indiquez le temps et le mode des verbes soulignés. b. Précisez si le temps exprime un fait simultané, antérieur ou postérieur par rapport au contexte.

1. Benoît espère obtenir bientôt son permis de conduire. – 2. La cigale ayant chanté tout l'été n'avait plus rien à manger. – 3. Que pensiez-vous qu'il ferait ? – 4. Ouvre vite le cadeau que je t'offre. – 5. Bien que chacun félicitât l'artiste, il n'était pas satisfait de lui. – 6. Après avoir jeté un dernier regard aux lieux de son enfance, il partit. – 7. Ayez terminé avant la nuit. – 8. J'aimerais bien qu'on m'aide à transporter ces paquets. – 9. Il faut que je finisse ce soir. – 10. Vous auriez dû m'avertir que vous partiez.– 11. Je veux que tu aies rangé ta chambre quand je rentrerai.

3 Précisez quel aspect est exprimé par les périphrases verbales ou le temps des verbes soulignés.

1. Le mardi, elle mange au restaurant avec ses collègues. – 2. La neige tombait inlassablement. – 3. Un grillon se mit à chanter dans la nuit. – 4. Les vacances terminées, il cessa de pleuvoir. – 5. Il aura repeint sa chambre à la fin de la semaine. – 6. Le chat se réveilla, s'étira et se frotta contre ma jambe. – 7. Malgré le vacarme, il continuait à apprendre ses leçons. – 8. En sortant du travail, elle flânait un peu avant de rentrer chez elle.– 9. J'étais en train de m'endormir quand la bourrasque se leva.

4 a. À quels temps de l'indicatif sont les verbes soulignés ? b. Quel est l'aspect commun à tous ces temps ? Pourquoi ? c. Quelle est la valeur de chacun d'eux ?

1. Certains oiseaux migrent en automne vers des contrées plus chaudes que la nôtre. – 2. Tu porteras ces lettres à la poste. – 3. Un coup violent ébranla la porte. – 4. Si la température se radou-

cissait, les risques d'avalanche seraient importants. – 5. En vacances, je me repose, mais je fais aussi du sport. – 6. Il trottait agréablement dans le sous-bois. Tout à coup son cheval s'emballe. – 7. La neige recouvrait tout d'une blancheur uniforme. Le jardin semblait irréel. – 8. Un matin du mois de mars, je décide de changer de vie. Je commence donc déjà par changer de coiffure.

5 a. À quels temps de l'indicatif sont les verbes soulignés ? b. Quel est l'aspect commun à tous ces temps ? Pourquoi ? c. Quelle est la valeur de chacun d'eux ?

1. Mais, puisque je te dis que j'ai entendu un miaulement qui sortait de ce buisson. – 2. Il est dix heures et elle n'est pas là : elle aura encore oublié cette réunion. – 3. Pierre ne peut pas venir, parce qu'il s'est fait une entorse en jouant au rugby. – 4. Si nous avions été tous solidaires, l'entreprise aurait pu continuer à fonctionner. – 5. Un jour, il a dit qu'il partait acheter des timbres et il n'est jamais revenu. – 6. Les cigognes revinrent dans le village où elles avaient édifié leur nid, l'année précédente.

Apprécier la valeur des temps dans les textes

6 Lisez ce texte.

Il passa. « J'irai jusqu'à la Madeleine, se dit-il, et je reviendrai tout doucement. »

Comme il arrivait au coin de la place de l'Opéra, il croisa un gros jeune homme, dont il se rappela vaguement **avoir vu** la tête quelque part.

Il se mit à le suivre **en cherchant** dans ses souvenirs, et répétant à mi-voix : « Où diable ai-je connu ce particulier-là ? »

Il fouillait dans sa pensée, sans **parvenir** à se le rappeler : puis, tout d'un coup, par un singulier phénomène de mémoire, le même homme lui apparut moins gros, plus jeune, vêtu d'un uniforme de hussard. Il s'écria tout haut : « Tiens Forestier ! » et, **allongeant** le pas, il alla frapper sur l'épaule du marcheur. L'autre se retourna, le regarda, puis dit :

« Qu'est-ce que vous me voulez, monsieur ? »

Duroy se mit à rire :

« Tu ne me reconnais pas ?

– Non.

– Georges Duroy du 6e hussards. »

Forestier tendit les deux mains :

« Ah ! mon vieux ! comment vas-tu ? »

Guy de Maupassant, *Bel-Ami*, 1885.

a. Quels temps de l'indicatif sont utilisés dans les répliques de dialogue ? Justifiez leur emploi. Quels temps de l'indicatif sont utilisés dans les parties narratives ? Justifiez leur emploi.

b. Indiquez le temps et le mode des verbes en caractères gras. Précisez s'ils ont un aspect accompli ou non accompli et comment ils situent les faits par rapport au contexte.

c. Quelle est la valeur d'aspect des périphrases verbales soulignées ?

7 Lisez ce texte.

(Grand, un modeste employé, souhaite écrire une œuvre romanesque admirable. Inlassablement, il en refait la première phrase où il est question d'une amazone.)

« Comment va l'amazone ? », demandait souvent Tarrou. Et Grand répondait invariablement : « Elle trotte, elle trotte », avec un sourire difficile. Un soir, Grand dit qu'il avait définitivement abandonné l'adjectif « élégante » pour son amazone et qu'il la qualifiait désormais de « svelte ». « C'est plus concret », avait-il ajouté. Une autre fois, il lut à ses deux auditeurs la première phrase ainsi modifiée : « Par une belle matinée de mai, une svelte amazone, montée sur une superbe jument alezane, parcourait les allées fleuries du Bois de Boulogne. »

« N'est-ce pas, dit Grand, on la voit mieux et j'ai préféré : "Par une matinée de mai", parce que "mois de mai" allongeait un peu le trot. »

Il se montra ensuite fort préoccupé par l'adjectif « superbe ». Cela ne parlait pas, selon lui, et il cherchait le terme qui photographierait d'un seul coup la fastueuse jument qu'il imaginait. « Grasse » n'allait pas, c'était concret, mais un peu péjoratif. « Reluisante » l'avait tenté un moment, mais le rythme ne s'y prêtait pas. Un soir, il annonça triomphalement qu'il avait trouvé : « Une noire jument alezane ». Le noir indiquait discrètement l'élégance, toujours selon lui.

« Ce n'est pas possible, dit Rieux.

– Et pourquoi ?

– Alezane n'indique pas la race, mais la couleur ! »

Albert Camus, *La Peste*, © éd. Gallimard, 1947.

a. Relevez les verbes à l'indicatif du premier paragraphe. Indiquez leur temps et justifiez son emploi.

b. Quel temps et quel connecteur annoncent une interruption dans la recherche de Grand ?

c. Quelle est la valeur du présent dans la dernière phrase ?

8 Lisez ce texte.

Quand Naoh eut rêvé devant le Feu, il cueillit des racines et des plantes tendres, pour en faire hommage au chef des mammouths, car il concevait que l'alliance pour être durable, devait chaque jour être renouvelée. Alors seulement, Nam prenant la garde, il alla choisir une retraite, au centre du grand troupeau, et s'y étendit.

« Si les mammouths quittent le pâturage, fit Nam, je réveillerai le fils du Léopard.

– Le pâturage est abondant, répondit Naoh : les mammouths y paîtront jusqu'au soir. »

Il tomba dans un sommeil profond comme la mort.

Quand il s'éveilla, le soleil s'inclinait sur la savane. Des nuages couleur de schiste s'amoncelaient et, doucement, ils ensevelissaient le disque jaune, pareil à une vaste fleur de nénuphar. [...]

Il se leva, regarda d'abord le Feu, puis demanda au veilleur :

« Les Kzamms sont-ils revenus ?

Ils ne se sont pas éloignés encore... ils attendent, sur le bord du fleuve, devant l'île aux hauts peupliers... »

J.H. ROSNY aîné, *La Guerre du feu*, 1909.

a. Relevez les verbes à l'indicatif du premier paragraphe. Indiquez leur temps et justifiez son emploi.

b. Quel verbe au présent a une valeur modale ? Dans quel type de proposition se trouve-t-il ?

c. Relevez un passage descriptif. Quels en sont les verbes ? À quel temps sont-ils ?

d. Quelle phrase contient trois verbes exprimant des actions qui se succèdent chronologiquement ? À quel temps sont ces verbes ?

e. Quelle est la valeur des deux derniers passés composés ?

9 Lisez ce texte.

« Je veux, dit-il au vendeur, un grand piano à queue de concert, mais vous devrez le modifier de telle sorte que lorsqu'on frappera les touches il ne produira aucun bruit. »

Le vendeur se pencha en avant et leva les sourcils.

« Vous est-il possible de m'arranger cela ? demanda M. Botibol.

– Oui, monsieur, certainement, si vous le désirez. Mais pourrais-je savoir à quel usage vous destinez cet instrument, si ce n'est pas trop indiscret ?

– Puisque vous y tenez, voici : je vais faire comme si j'<u>étais</u> Chopin. Je vais m'asseoir et caresser les touches pendant qu'un électrophone jouera la musique. Cela me <u>procure</u> un plaisir sensationnel. » Les mots étaient sortis tout seuls, et M. Botibol ignorait ce qui l'<u>avait poussé</u> à parler ainsi. Mais la chose était faite maintenant, il l'avait dit, et voilà tout.

Roald DAHL, *Monsieur Botibol*, in *L'Homme au parapluie*, traduit de l'anglais par Alain Delahaye, © éd. Gallimard, 1982.

a. Relevez tous les verbes à l'indicatif, depuis le début du texte, jusqu'à « indiscret ». Indiquez leur temps et justifiez son emploi.

b. Indiquez le temps des verbes soulignés et la valeur de ce temps.

Écrire en connaissant la valeur des temps

10 Voici une phrase : *Émilie marche*. Utilisez-la dans trois contextes différents, de manière que le verbe ait un aspect a. répétitif, b. duratif, c. ponctuel.

11 Écrivez le début d'une nouvelle policière. Dans un premier paragraphe, vous évoquerez les lieux et l'atmosphère. Puis vous ferez débuter l'action. Vous insérerez à bon escient des répliques de dialogue. Dans chaque cas, vous utiliserez les temps qui conviennent.

12 Imaginez la suite du texte de l'exercice n° 6, en alternant dialogues et passages narratifs. Soyez vigilant à l'emploi des temps.

23 Histoire et formation des mots

La formation des mots

De nombreux mots ont été formés à partir d'un radical ou d'un mot auquel s'ajoute un préfixe et/ou un suffixe : on appelle cette formation une **dérivation**.

1. Le préfixe

Le préfixe est un élément que l'on ajoute à gauche du radical. Il change le sens, mais généralement pas la nature du mot. Il peut indiquer :
– la négation : *in-*, *il-*, *a-* (***in****-utile*, ***il****-licite*, ***a****-social*)
– le contraire : *anti-* (***anti****-viral*)
– l'accompagnement : du latin *cum*, selon la consonne du radical : *co-*, *col-*, *com-*, *con-* (***co****-locataire*, ***col****-latéral*, ***com****-mémorer*, ***con****-courir*)
– la séparation : *dé-*, *dis-* (***dé****-naturé*, ***dis****-joint*)
– l'extériorité : *ex-* (***ex****-porter*), et l'intériorité : *in-* (***im****-porter*)
– le défaut : *mal-*, *mé-* (***mal****-mener*, ***mé****-dire*).

2. Le suffixe

Le suffixe est un élément que l'on place à droite du radical ou du mot. Il en change le sens et souvent la nature.

– À la fin d'un nom, il indique le résultat (*promen-****ade***, *patron-****age***, *cuis-****son***, *dissolu-****tion***, *évanouisse-****ment***, *us-****ure***), l'action ou le métier (*profess-****eur***, *savet-****ier***, *dent-****iste***, *ov-****aire***), l'origine (*river-****ain***, *vosg-****ien***, *ardenn-****ais***, *village-****ois***), le caractère péjoratif (*can-****aille***, *popul-****ace***, *taul-****ard***, *pat-****aud***).

– À la fin d'un adjectif, il indique la possibilité (*irrit-****able***, *irasc-****ible***), la qualité (*fum-****eux***, *ventr-****u***, *éléphant-****esque***, *fantais-****iste***, *trag-****ique***), un caractère diminutif (*jeun-****et***, *jeun-****ot***) ou péjoratif (*gris-****âtre***, *cri-****ard***).

– Placé à la fin d'un adjectif, ***-ment*** permet de former des adverbes (*joli-****ment***, *savam-****ment***).

– À partir de certains noms et adjectifs, on peut former des verbes en leur ajoutant un suffixe et parfois un préfixe : (*fin → raffiner ; couleur → coloriser ; jardin → jardiner ; fleur → refleurir*).

L'histoire de la langue

Comme l'italien, l'occitan, l'espagnol et le roumain, la langue française est issue du latin. Le latin se transforme lui-même en bas latin (ou latin vulgaire) et au Ve siècle, les Francs l'adoptent et l'enrichissent de mots germaniques.

1. L'étymologie

L'étymologie est la recherche du mot sur lequel un mot français s'est formé.

Elle renseigne donc sur l'orthographe et le sens premier des mots.

Elle permet aussi de comprendre dans quelle famille chacun s'intègre.

▸ Les mots qui commencent par « ph » et non « f » marquent ainsi leur étymologie grecque : *pharmacie, phénomène*

▸ *Travail* vient du bas latin *tripalium,* qui signifie… instrument de torture.

2. Les familles étymologiques

Elles regroupent les mots qui ont la même étymologie.

▸ En grec, *graphein,* qui signifie « écrire », a donné : *graphie, calligraphie, orthographe, graphisme, graphique, graphologie.*

▸ Sur le mot *pot,* on a formé : *potée, poterie, potiche, potage, dépoter, rempoter, empoté.*

Depuis la Renaissance, on forme des mots nouveaux, pour les sciences et les techniques, à partir des radicaux et des préfixes grecs et latins.

▸ Le mot grec *bios,* qui signifie « vie », a donné les mots *biologie, biosphère, biographie, biogénèse, biochimie.*

▸ Les préfixes grecs *micro-, méga-, giga-, poly-,* permettent de forger des mots nouveaux comme *mégaoctets* ou *polyvalent.*

▸ On a défini des sciences nouvelles : *archéologie, anthropologie.*

3. L'accueil des mots étrangers

La langue française a emprunté de nombreux termes aux autres langues vivantes :

– l'arabe nous a donné *jupe*, *algèbre*, *hasard*, *toubib*, *sucre* ;

– l'anglais nous a donné *bifteck*, *jean*, *goal*, mais nous a emprunté le terme médiéval *translater* pour en faire le verbe *to translate* qui signifie *traduire* ;

– l'espagnol nous a donné *tabac*, *cacao* ;

– l'italien nous a donné *saltimbanque*, *scénario*, etc.

4. Néologismes et archaïsmes

• Les modes de vie et les techniques nous conduisent à inventer des mots nouveaux : ce sont des néologismes, c'est-à-dire des termes inventés, forgés sur le français ou sur d'autres langues, dont certains passeront dans l'usage courant.

Ainsi à partir de mots anglais, la langue parlée contemporaine invente de nouveaux mots selon les règles de dérivation du français :

▸ *Sur Internet, on peut* ***tchater***, ***surfer****.*

▸ *Des groupes de sans-abri vont* ***squatter*** *des locaux vides.*

Mais on voit aussi apparaître des mots forgés sur le français, comme le ***courriel***, qui désigne le courrier électronique.

• Certains termes, ressentis comme vieillis, ne sont plus employés, sinon en vue d'effets particuliers : on parle alors d'archaïsmes.

▸ *Le château se reflétait dans la pureté de* ***l'onde****.*

24 Le sens des mots

La plupart des mots peuvent avoir plusieurs significations qui sont indiquées dans les dictionnaires, mais qui varient selon l'usage : c'est le contexte où le mot est employé qui permet d'en préciser le sens.

La polysémie des mots

• On appelle **polysémie** le fait qu'un mot puisse avoir plusieurs sens.

Le *sème* est l'unité de sens : on retrouve ce radical dans polysémie et monosémie, ainsi que dans sémantique.

L'ensemble de tous les sens qu'un mot peut revêtir s'appelle son ***champ sémantique***.

• Les mots **monosémiques** n'ont qu'un seul sens. Ce sont pour l'essentiel des mots scientifiques et techniques.

▸ *L'acide* ***acétylsalicique*** : c'est le nom de l'aspirine.

1. Sens propre et sens figuré

• Un mot désigne un objet, un être ou une notion, c'est son **sens propre** :

▸ *Une goutte* : petite quantité de liquide.

• Mais l'usage lui a souvent conféré des sens que l'on dit **figurés**, car ils ont été produits selon des figures de style. Ainsi :

▸ *Boire une petite goutte :* par métonymie, le mot désigne une boisson alcoolisée.
Prendre ses gouttes : désigne un médicament dosé sous forme de gouttes.
La goutte : c'est le nom donné à un rhumatisme du genou, que les médecins du Moyen Âge attribuaient à des gouttes purulentes venues s'y fixer.

▸ *L'or* désigne au sens premier un métal précieux. Il apparaît au figuré dans de nombreuses métaphores : *une affaire en or, un cœur d'or, l'âge d'or, le nombre d'or, le livre d'or, l'or des nuits.*

▸ *Un macaron* est un petit biscuit rond ; par analogie de forme, le mot désigne aussi un insigne de forme ronde et une natte roulée sur l'oreille.

• Au cours de l'évolution historique de la langue, il arrive que le mot perde son sens propre ou l'un de ses sens figurés.

▸ *Une fille* était jusqu'au début du XXe siècle un terme péjoratif pour désigner les jeunes femmes de mauvaise moralité.

▸ Au XVIIe siècle, le mot *cœur* signifiait courage.

2. La dénotation et la connotation

Un mot peut prendre une valeur particulière selon la subjectivité du locuteur, qui trouvera par exemple tel mot poétique, ou selon le contexte où il est employé.

On appelle cette valeur particulière la **connotation** et ce que le mot désigne précisément la **dénotation**.

▸ Le mot *agneau* désigne le petit de la brebis : c'est son sens dénoté. Par connotation, il suggère la douceur et l'innocence.

Les relations lexicales

Les mots ne sont pas seulement reliés entre eux par leur étymologie, mais aussi par leur forme et leur signification.

1. Les synonymes

Ce sont des mots de même classe grammaticale et de sens très proche.
On trouve les synonymes d'un mot à la fin de sa définition dans le dictionnaire et dans le *Dictionnaire des synonymes*.
Ils permettent de substituer un mot à un autre pour éviter une répétition. Mais il faut vérifier que :

- le synonyme convient au niveau de la langue et au genre du texte. Ainsi, dans la phrase *Lancelot enfourcha son fringant destrier*, on ne peut remplacer *destrier* par *canasson* sans produire un effet comique ;
- le synonyme convient à la construction de la phrase. Dans *Elle me demande de financer son projet*, on ne peut remplacer *financer* par *fournir des capitaux* sans modifier la phrase : *Elle me demande de fournir des capitaux en vue de son projet* ;
- le synonyme convient au degré d'intensité de l'expression. On ne peut pas forcément remplacer *crainte* par *terreur*.

2. Les antonymes

- Ce sont des mots de même classe grammaticale et de sens opposé. Eux aussi figurent souvent à la suite de la définition du dictionnaire.
Les antonymes peuvent être formés sur le même radical : *humain/inhumain* ; ou sur un radical différent : *lourd/léger*.

- Un mot peut avoir plusieurs antonymes de même sens : *courageux/poltron, peureux, lâche, couard, froussard*... ou de sens différent : *fort/faible, mince, bas*...
À partir d'un couple d'antonymes, on peut parfois, par dérivation, produire un autre couple d'antonymes : *fort/faible* → *fortement/faiblement*.

3. Les homonymes

Ce sont les mots que l'on peut confondre.
Ils peuvent être homophones (ils se prononcent de la même façon) et/ou homographes (ils s'écrivent de la même façon).

- homophones : *vers* (la préposition), *vert* (la couleur), *vers* (en poésie), *vair* (la pantoufle de Cendrillon est en vair, c'est-à-dire en fourrure d'écureuil), *ver* (de terre).
- homographes : *Les religieuses vivent dans un* couvent. *Les oiseaux* couvent *leurs œufs. Cette jeune mère a déjà trois* fils. *Un tissu lamé est brodé de* fils *d'argent*.

4. Les paronymes

Ce sont des mots qui se ressemblent suffisamment pour que l'on risque de les confondre.

- La *conjoncture* est la situation économique dans laquelle on se trouve.
- La *conjecture* est une hypothèse sur l'avenir.

La **paronomase** est une figure de style qui consiste à rapprocher des paronymes : on la rencontre en poésie, dans les proverbes et dans les slogans publicitaires.

- *À tout seigneur tout honneur.*

Les champs lexicaux

Dans un texte, il arrive que certains mots constituent un **champ lexical**, c'est-à-dire un ensemble se rattachant à une même réalité ou une même idée.

Ils peuvent appartenir à des classes grammaticales variées.

L'agencement des champs lexicaux dans un texte aide à en comprendre le sens.

Que je sens de rudes combats !
Contre mon propre honneur mon amour s'intéresse !
Il faut venger un père et perdre une maîtresse.
L'un m'anime le cœur, l'autre retient mon bras.
Réduit au triste choix ou de trahir ma flamme
Ou de vivre en infâme,
Des deux côtés mon mal est infini.
O Dieu ! L'étrange peine !
Faut-il laisser un affront impuni ?
Faut-il punir le père de Chimène ?

P. CORNEILLE, *Le Cid*, 1637, Acte I, scène 6.

Dans cet extrait de monologue, Rodrigue, le héros de Corneille, est déchiré entre le devoir qui le pousse à venger son père, et l'amour, puisqu'il lui faut se venger du père de celle qu'il aime. Pour analyser ce passage, on relèvera les mots appartenant au même champ lexical :

– le déchirement intérieur : *rudes combats, s'intéresse, l'un / l'autre, m'anime / retient, triste choix, deux côtés, mal infini, l'étrange peine, faut-il / faut-il* ;

– l'honneur : *mon propre honneur, venger un père, m'anime le cœur, vivre en infâme, laisser un affront impuni* ;

– l'amour : *mon amour, perdre une maîtresse, retient mon bras, trahir ma flamme, punir le père de Chimène.*

Il reste alors à étudier leurs relations et leur place dans les vers : juxtaposition, parallélismes, antithèses, pour expliquer le texte.

Exercices

La polysémie des mots

1 Dans deux phrases différentes, employez chacun des mots suivants d'abord dans son sens propre puis dans un sens figuré.

1. bouton – 2. sommet – 3. cœur – 5. salade.

2 Dans les phrases suivantes, les mots soulignés sont employés dans un sens figuré ; indiquez leur sens dans le contexte de la phrase.

1. Son visage était inondé d'un torrent de larmes. – 2. On avait beau essayer d'éteindre la rumeur, les mauvaises langues faisaient courir la nouvelle par toute la ville. – 3. Sa promotion récente lui a fait perdre la tête, et la première déception venue lui fendra le cœur ! – 4. D'Artagnan possédait une botte secrète ; en duel, il montrait beaucoup de panache. – 5. Mireille a beaucoup de classe, pourtant ses charmes ne datent pas d'hier…

3 Donnez le sens dénoté de chacun des mots suivants, puis dites quelles connotations lui sont attachées.

1. pêche. – 2. cheval. – 3. mère. – 4. machine. – 5. squelette. – 6. île.

Les relations lexicales

4 Pour chacun des mots suivants, donnez un mot tel qu'il vous est demandé entre parenthèses.

1. chat (homonyme). – 2. paresse (synonyme). – 3. effleurer (paronyme). – 4. couardise (antonyme). – 5. sujétion (paronyme). – 6. tour (synonyme).

5 Dans le texte suivant, remplacez le mot souligné par un synonyme.

Jules avait une prédilection pour une sorte de choux très onctueux qu'il mangeait goulûment au point d'en tomber malade. Il jurait alors de ne plus y toucher mais oubliait tout aussi vite ses déboires : une semaine plus tard, il était repris d'une irrésistible envie de choux à la crème. Toutes ses visites chez le pâtissier grevaient sensiblement son argent de poche au point qu'il n'en avait plus assez pour sa seconde passion : le cinéma. Cruel dilemme : pâtisseries ou salles obscures ? Il lui fallait décidément choisir.

6 Indiquez l'antonyme de chacun des mots soulignés en le choisissant parmi la liste suivante : *régulier, repoussant, qualité, vulgaire, modeste, placide, épaté, complimente, taciturne, lisse, succès, déplaisant, irriter***.**

1. J'ai rencontré un jeune homme aussi charmant que bavard. – 2. Votre chien me semble plutôt agressif : aucun mot ne peut-il l'apaiser ? – 3. Jean-Michel est terriblement prétentieux ; pourtant, ses derniers échecs auraient dû lui faire comprendre son défaut. – 4. Marie me semble distinguée. Ne la blâme donc pas. – 5. Mon oncle a des dents mal plantées, un nez pointu, la peau rugueuse, mais cela n'empêche pas ma tante de le trouver très séduisant.

Les champs lexicaux

7 Composez un champ lexical autour des mots suivants, puis rédigez un court texte où vous emploierez chacun d'eux.

1. ordinateur. – 2. cinéma. – 3. orage. – 4. jungle.

8 Lisez le texte suivant.

Un homme sauvage en rencontrant d'autres se sera d'abord effrayé. Sa frayeur lui aura fait voir ces hommes plus grands et plus forts que lui-même ; il leur aura donné le nom de *Géants*. Après beaucoup d'expériences, il aura reconnu que ces prétendus Géants n'étant ni plus grands ni plus forts que lui, leur stature ne convenait point à l'idée qu'il avait d'abord attachée au mot de géant. Il inventera donc un autre nom, commun à eux et à lui tel, par exemple, que le nom d'*homme*, et laissera celui de *Géant* à l'objet faux qui l'avait frappé durant son illusion. Voilà comment le mot figuré naît avant le mot propre, lorsque la passion nous fascine les yeux et que la première idée qu'elle nous offre n'est pas celle de la vérité.

J.-J. ROUSSEAU, *Essai sur l'origine des langues*, 1781.

a. Rassemblez les termes qui appartiennent au principal champ lexical de ce texte.

b. Comment pourriez-vous nommer le deuxième champ lexical, constitué des mots *idée* et *illusion* ?

c. Expliquez le rapport logique établi entre ces deux champs lexicaux par l'auteur.

25 Les figures de style

Pour donner du relief à sa pensée, pour faire comprendre ce que l'on veut dire, pour suggérer ce que l'on ne parvient pas à dire directement, on recourt à des **figures de style**. Elles se rencontrent en poésie, mais aussi dans toutes les formes de discours, jusque dans la langue orale et quotidienne.

Elles reposent toutes sur un détour de l'expression, car elles **expriment une chose au moyen d'une autre**.

Rapprocher et opposer

1. La comparaison

Elle rapproche un élément comparé et un élément comparant au moyen d'un outil comparatif.

▸ *Comme un vol de gerfauts hors du charnier natal...* (J. M. de Heredia)

La comparaison, introduite par le mot *comme*, rapproche le départ des Conquistadores et l'envol des oiseaux de proie. La comparaison envisage donc ce départ vers les nouveaux mondes comme une migration naturelle et elle donne aux conquérants la noblesse des oiseaux de proie.

2. L'antithèse

Elle confronte des notions ou des valeurs opposées.

▸ *Car le jeune homme est beau, mais le vieillard est grand.* (V. Hugo)

L'alexandrin, avec ses deux hémistiches, fait ressortir le parallélisme entre *le jeune homme* et *le vieillard*. Les deux adjectifs attributs expriment une antithèse entre beauté et grandeur, soulignée par la conjonction *mais*.

L'antithèse ne se réduit pas toujours au groupe de mots ou à la phrase, elle peut organiser l'ensemble d'un texte.

3. L'oxymore

Il rapproche dans une même construction des notions contraires sans les opposer (contrairement à l'antithèse).

▸ *Cette obscure clarté qui tombe des étoiles...* (P. Corneille)

L'épithète *obscure* confère à la *clarté* un caractère mystérieux, presque fantastique. Le lien syntaxique entre le nom et l'épithète impose fortement cette alliance de mots.

Insister ou atténuer

1. La répétition

C'est la principale figure d'insistance. Elle connaît des variantes :

- **L'anaphore** est la répétition d'un même mot ou groupe de mots au début des phrases. Dans *Horace*, de Corneille, Camille exprime sa haine contre Rome et sa colère contre son frère en disant à celui-ci :

  ▸ *Rome, l'unique objet de mon ressentiment !*
  Rome, à qui vient ton bras d'immoler mon amant !
  Rome, qui t'a vu naître, et que ton cœur adore
  Rome enfin que je hais parce qu'elle t'honore !

- **L'énumération** et **l'accumulation** rassemblent une série de mots de même nature ou de même fonction.

  ▸ *C'est un pic, c'est un cap, c'est une péninsule,* dit Cyrano de Bergerac à propos de son nez, dans la pièce d'Edmond Rostand.

- **La gradation** est une accumulation selon une intensité croissante.

  ▸ *Va, cours, vole et nous venge.* (P. Corneille, *Le Cid*)

2. L'hyperbole - L'euphémisme - La litote

- **L'hyperbole** exprime une idée ou un jugement en l'exagérant.

  ▸ *C'était la plus jolie personne qui se puisse imaginer.*

- **L'euphémisme** consiste à remplacer un propos par une forme atténuée.

  ▸ *La jeune fille n'était pas franchement jolie :* pour faire entendre qu'elle était laide.

Il intervient souvent dans la conversation quotidienne, pour atténuer des idées déplaisantes.

- **La litote** consiste à faire entendre beaucoup en disant peu.

  ▸ Chimène déclare son amour à Rodrigue en lui disant : *Va, je ne te hais point.*

Désigner indirectement

1. La personnification

Elle attribue des traits humains à des animaux ou des choses.

▸ *Bergère, ô tour Eiffel, le troupeau des ponts bêle ce matin.* (G. Apollinaire, *Zone*).

Pour décrire le spectacle de la tour Eiffel et des ponts proches qui enjambent la Seine, le poète la personnifie, en la désignant comme une bergère.

▸ Dans les *Fables* de La Fontaine, les animaux sont personnifiés.

2. L'allégorie

Elle personnifie un élément abstrait.

- *Je veux peindre la France une mère affligée*
  Qui est entre ses bras de deux enfants chargée… (D'Aubigné, *Les Tragiques*)

Pour évoquer le pays déchiré, au XVIe siècle, entre catholiques et protestants, le poète protestant emploie l'image concrète d'une mère dont les jumeaux menacent la vie, car chacun veut l'avoir pour lui seul.

- *L'allégorie de la justice :* une femme aux yeux bandés (donc impartiale) tient entre ses mains une balance dont les plateaux sont en équilibre.

3. La métaphore

Elle désigne une notion, un objet, un être par un autre, à partir d'une de leurs ressemblances. C'est la figure de style par excellence.

- *Je suis un cimetière abhorré de la lune…* (C. Baudelaire, *Spleen*)

Le sujet vivant est assimilé à un *cimetière* que la lune elle-même déteste ; le poète exprime ainsi l'horreur de lui-même, sa violente tristesse.

- *Bergère, ô tour Eiffel, le troupeau des ponts bêle ce matin.* (G. Apollinaire)

Dans ce vers d'Apollinaire déjà cité, on trouve aussi une métaphore : les ponts sont rassemblés en *troupeau*, assimilés à des moutons puisqu'ils *bêle(nt)* et qu'une bergère veille sur eux.

Il arrive que la métaphore soit développée sur plusieurs phrases, on parle alors de **métaphore filée**.

La langue populaire et argotique recourt à des métaphores : un *pucier* et un *plumard* désignent un lit (nid de puces, sac de plumes).

Des expressions ont d'abord été des métaphores : *l'aile du moulin, le lit de la rivière.*

Nota Bene : personnification et allégorie sont des cas particuliers de métaphore.

4. La métonymie

Elle désigne une chose par une autre qui entretient avec elle un rapport logique : la partie pour le tout, le contenant pour le contenu, la marque pour l'objet, l'objet pour l'usage, etc.

- *J'aperçois une voile sur la mer* : la partie (*la voile*) pour le tout (*le bateau*).
- *Allons boire un verre* : le contenant (*le verre*) pour le contenu (*la boisson*).
- *Ouvre le frigidaire* : la marque Frigidaire a donné son nom au réfrigérateur.
- *Tu lis un Balzac* : un roman de Balzac.
- *Il briguait le trône* : le concret (*le trône*) pour l'abstrait (*le pouvoir*).
- *Venez croiser le fer* : le matériau dont est fait l'objet (*le fer*) pour l'objet lui-même (l'épée).

5. La périphrase

Elle désigne un objet, un être, une notion par une expression développée.

▸ *Faut-il laisser un affront impuni ?*
Faut-il punir ***le père de Chimène*** *?*

se demande Rodrigue. Au lieu de le nommer, il désigne ainsi le Comte en soulignant ce qui lui pose problème : ce n'est pas un adversaire ordinaire, qu'il combattrait sans hésitation, mais le père de celle qu'il aime.

6. L'antiphrase

Elle évoque une chose par son contraire ; elle est souvent au service de l'ironie.

▸ *Vos copies étaient excellentes !*

▸ *Tu t'es vraiment beaucoup fatigué !*

Exercices

Les champs lexicaux

1 Lisez le texte suivant.

L'Atlantique ronge nos côtes. La pression du pôle déforme notre falaise ouest. La muraille que nous avons sur la mer est minée de Saint-Valéry-sur-Somme à Ingouville, de vastes blocs s'écroulent, l'eau roule des nuages de galets, nos ports s'ensablent ou s'empierrent, l'embouchure de nos fleuves se barre. Chaque jour un pan de la terre normande se détache et disparaît sous le flot.

Victor HUGO, *Les Travailleurs de la mer.*

a. Relevez tous les termes qui appartiennent au champ lexical de la géographie.

b. Relevez les verbes, cherchez leur sens exact puis dites quel champ lexical ils constituent.

c. Relevez deux mots employés de façon métaphorique, puis donnez leur sens littéral.

d. Quelle vision le narrateur veut-il nous donner de la côte normande ? Pourquoi peut-on parler d'images épiques ?

2 Lisez le texte suivant.

Dans ces prés jaunissants tu vois la fleur languir.
Tu vois dans ces forêts le cèdre au front superbe
Sous le poids de ses ans tomber, ramper sous l'herbe ;
Dans leurs lits desséchés tu vois les mers tarir ;
Les cieux même, les cieux commencent à pâlir ;
Cet astre dont le temps a caché la naissance,
Le soleil, comme nous, marche à sa décadence...

LAMARTINE, « L'Immortalité » in *Méditations poétiques.*

a. Relevez les répétitions du texte.

b. Relevez une personnification, une périphrase, une comparaison.

c. Quel est le sens dénoté des adjectifs « jaunissants » et « desséchés » ? Quelles sont leurs connotations ?

d. Relevez les termes appartenant au champ lexical résumé par le mot « décadence ».

e. À partir des questions précédentes, proposez une interprétation du texte.

f. Pourquoi peut-on parler de vers lyriques ?

3 Aidez monsieur Jourdain à faire un compliment à la noble dame qu'il reçoit et espère séduire : désignez ses fautes, puis corrigez son texte en y employant des figures de style.

Monsieur Jourdain. - Madame, ce m'est une gloire bien grande de me voir assez fortuné pour être si heureux que d'avoir le bonheur que vous ayez eu la bonté de m'accorder la grâce de me faire l'honneur de m'honorer de la faveur de votre présence ; et si j'avais aussi le mérite pour mériter un mérite comme le vôtre, et que le Ciel... envieux de mon bien... m'eût accordé... l'avantage de me voir digne... des ...

MOLIÈRE, *le Bourgeois gentilhomme.* Acte III, scène 16.

26 Les niveaux de langue

Texte 1

Je ne sais si c'est le destin qui m'a poussé à cette tribune, mais pourquoi ne pas appeler destin le hasard forgé par une série d'heureuses coïncidences ? Je ne parlerai pas de l'existence de Dieu ; face à cette énigme, j'ai toujours éprouvé le plus grand respect, bien que je me sois toujours considéré comme athée.

Gao XINGJIAN, discours de réception du prix Nobel, traduction de Noël et Liliane Dutrait, 2000.

Texte 2

Pour moi, Scorsese ne fait que reconduire des clichés sur les pauvres, pour qui la vie n'a aucune valeur, qui ne se comportent pas comme les gens ordinaires. Je ne dis pas que leur condition n'était pas horrible, mais il est absurde de dire qu'on ne pouvait pas mettre les pieds dans ce quartier sans se faire égorger.

Article de **Joshue BROWN** (à propos du film *Gangs of New York* de M. Scorsese), in *Télérama* n° 2765.

Texte 3

[…] il venait nous retrouver, nous ses potes, dans des cafés où c'est que nous causions de boustifaille, de cinoche et de philo.

Georges PEREC, *Quel petit vélo à guidon chromé au fond de la cour ?*, éd. Denoël, 1966.

Les trois niveaux

On distingue habituellement la langue soutenue, le niveau courant (non marqué) et le niveau familier, que l'on sépare parfois du niveau populaire ou vulgaire.

1. Le niveau soutenu

Il s'emploie dans la langue écrite, en particulier littéraire, et dans des situations où l'on doit donner de soi une image soignée : discours d'un homme politique, conférence d'un homme de science…
Le texte 1 aborde des sujets élevés (destin, existence de Dieu), emploie des tournures exactes et recherchées (*forgé par, heureuses coïncidences*), une syntaxe complexe qui appelle des subjonctifs.

2. Le niveau courant

C'est celui de la langue écrite et orale de tous les jours.
La syntaxe y est correcte sans être trop recherchée, le vocabulaire en est exact mais habituel et pas trop spécialisé.
C'est un niveau qui vise à une communication respectueuse de la compréhension d'autrui, et qui convient à un grand nombre d'interlocuteurs (texte 2).

3. Le niveau familier

Il s'utilise avec des proches, et se parle plus qu'il ne s'écrit. La syntaxe y est relâchée (texte 3), le vocabulaire est parfois argotique. À l'écrit, les abréviations sont fréquentes.

Le choix des niveaux de langue

• Toute sélection d'un niveau de langue prend en compte :

– le **destinataire**, la relation que l'on entretient avec lui : si l'on emploie un langage familier avec sa famille et ses amis, on emploie un langage courant avec ses professeurs ou ses employeurs, avec les inconnus aussi.

– la **visée** : une demande d'embauche exige l'emploi d'un niveau courant à soutenu. En revanche, une conversation entre amis exclut le ton soutenu, qui pourra alors sembler ridicule.

– le **support** : l'écrit sur papier exige une langue tenue. Les courriels et les textos admettent les abréviations.

La maîtrise de la langue consiste donc à respecter les codes de la communication, et à avoir une langue personnelle assez riche pour savoir l'adapter.

• En littérature, le choix des niveaux de langue correspond à des choix de genres. Ainsi, au XVIIe siècle, la tragédie adopte un style soutenu, ce que souligne l'emploi des alexandrins, tandis que la comédie s'autorise un niveau familier, voire populaire.

Comparez la plainte de Rodrigue, héros tragique :

▸ *Percé jusques au fond du cœur*
D'une atteinte imprévue aussi bien que mortelle,
Misérable vengeur d'une juste querelle...

et celle d'Argan, héros comique, lorsqu'il appelle vainement sa suivante :

▸ *Tout comme si je ne sonnais point. Chienne, coquine ! Drelin, drelin, drelin.* (Voyant qu'il sonne encore inutilement). *J'enrage.* (Il ne sonne plus). *Drelin, drelin, drelin. Carogne ! À tous les diables !*

• Les romanciers donnent à leurs personnages un niveau de langue qui correspond à leur situation sociale et à leur âge. Julien Sorel, personnage de Stendhal, a toujours une expression soutenue :

▸ « *Au moment précis où dix heures sonneront, j'exécuterai ce que, pendant toute la journée, je me suis promis de faire ce soir, ou je monterai chez moi me brûler la cervelle.* »

Un ouvrier imaginé par Zola, Bec-Salé dit Boit-sans-soif, exprime en termes familiers son amour pour la machine qui distille son alcool favori :

▸ *Tonnerre de Dieu ! Elle était bien gentille ! Il y avait, dans ce gros bedon de cuivre, de quoi se tenir le gosier au frais pendant huit jours.*

27 Les accords dans la phrase

L'accord sujet-verbe

1. Cas général

- Le verbe s'accorde en personne et en nombre avec son sujet. Il s'accorde aussi en genre lorsque le verbe est conjugué à un temps composé avec l'auxiliaire *être* :
  - *Le printemps chant**e**. Tu chant**es**. Les oiseaux chant**ent**.*
  - *Les orages se **sont** éloign**és**. Les vacances **sont** encore éloign**ées**.*

- Attention à bien identifier le sujet : il est le plus souvent placé à gauche du verbe, mais il arrive que :

- le sujet soit inversé :
  - *Savent-**ils** la nouvelle ?*
  - *Quand se présentèrent **les invités**, on servit le dîner.*
- le sujet soit séparé du verbe par un pronom personnel COD :
  - *Je les voi**s**. Ils le voi**ent**.*
- un même sujet commande l'accord de plusieurs verbes :
  - *Il **vit** d'emblée la situation, se dissimul**a** derrière la tenture qui se trouvait là, puis attendi**t** l'événement qui ne pouvait manquer de se produire.*

2. Les cas particuliers

- Lorsque le verbe a **plusieurs sujets**, il se met au pluriel :
  - *Le grand, le petit et l'ancien prépar**èrent** la fête de fin d'année.*

- Si les sujets sont repris par le **pronom** indéfini *tout, chacun, aucun, personne* ou *rien*, le verbe s'accorde au singulier :
  - *Les oiseaux, les antilopes et même les lions, chacun s'enfu**it** devant l'incendie.*

- Lorsque les sujets sont reliés par **les conjonctions de coordinations *ni* et *ou***, l'accord se fait ou non, selon le sens :
  - *Ni mon père ni ma mère ne l'**ont** su.*
  - *Ni mon père ni ma mère ne me désapprouver**a**.*

- Lorsque le sujet a pour noyau **un nom collectif** (*un groupe, une troupe, une majorité, un troupeau…*), le verbe peut s'accorder avec ce nom collectif aussi bien qu'avec son complément :
  - ***Une bande** d'enfants s'envol**a** dans la cour de récréation.*
  - *Une bande d'**enfants** s'envol**èrent** dans la cour de récréation.*

- Lorsque le sujet pluriel comprend un pronom indéfini comme ***la plupart*** et beaucoup, le verbe se met au pluriel :
  - *La pluie se mit à tomber sur les spectateurs : on dit que **la plupart** sont partis mais je crois que **beaucoup** sont restés.*

• Lorsque le sujet est le pronom relatif **qui**, le verbe de la subordonnée relative s'accorde avec l'antécédent du pronom relatif :

▸ *Il s'élança vers l'homme qui lui ava**it** dérobé son portefeuille sans voir les complices qui se dissimula**ient** dans l'ombre.*

• Après le présentatif ***c'est… qui***, l'accord est libre de se faire ou non :

▸ *C'éta**it** de très grands vents.*

▸ *C'éta**ient** de très grands vents.* (Langue plus soutenue)

• Le **verbe impersonnel** ne s'accorde pas avec le sujet réel, mais avec le sujet apparent, singulier :

▸ *Il tomb**e** des cordes.*

L'accord dans le groupe nominal

• **L'adjectif qualificatif** s'accorde en genre et en nombre avec le nom auquel il se rapporte. S'il qualifie plusieurs mots, il se met au pluriel ; il ne prend la marque du féminin que si tous les mots sont féminins.

▸ *Il porte un pantalon **blanc**, une chemise également **blanche**, une écharpe et un chapeau **noirs**.*

Cas particulier : les adjectifs de couleur suivent parfois des règles différentes : s'ils sont composés de deux mots, ils restent invariables :

▸ *Des colliers **vert émeraude**.*

De même s'il s'agit de noms communs employés comme adjectifs :

▸ *Des bottes **marron**.*

• Les déterminants indiquent le genre et le nombre du nom. Les **articles**, les **déterminants possessifs** (qui indiquent en outre une personne) **et démonstratifs** varient en fonction de la progression du texte :

▸ *Il regarda **sa** veste et **son** pantalon avec dégoût. **Ces** pauvres loques étaient bonnes à jeter.*

Les chaînes d'accord

Dans la phrase et dans le texte, un changement en appelle d'autres :

• **Si le sujet change de nombre**, le verbe, les adjectifs et les déterminants qui l'accompagnent, les pronoms qui le rappellent, prennent les marques du sujet.

▸ ***Mon cher père** aime trouver **son** journal lorsqu'**il** rentr**e** le soir : c'est une habitude qui **lui** est chère.*

▸ ***Nos chers parents** aim**ent** trouver **leur** journal lorsqu'ils rentr**ent** le soir : c'est une habitude qui **leur** est chère.*

• **Si le sujet change de personne**, les terminaisons verbales, les déterminants possessifs et les pronoms de reprise en changent aussi.

▸ *Depuis trois ans,* ***je*** *n'****ai*** *pas pu* ***m'****offrir un seul voyage exotique car* ***mes*** *économies ont fondu sur* ***mon*** *compte en banque ; c'est pourtant un rêve répandu.* ***Le mien*** *serait de découvrir Cuba.*

▸ *Depuis trois ans,* ***nous*** *n'****avons*** *pas pu* ***nous*** *offrir un seul voyage exotique car nos économies ont fondu sur* ***notre*** *compte en banque ; c'est pourtant un rêve répandu.* ***Le nôtre*** *serait de découvrir Cuba.*

▸ *Depuis trois ans,* ***il*** *n'a pas pu* ***s'****offrir un seul voyage exotique car* ***ses*** *économies ont fondu sur* ***son*** *compte en banque ; c'est pourtant un rêve répandu.* ***Le sien*** *serait de découvrir Cuba.*

Exercices

L'accord sujet-verbe

1 Recopiez les phrases suivantes en soulignant le sujet avant de mettre le verbe entre parenthèses au présent de l'indicatif.

1. Jeanne et Marie (*aimer*) se retrouver chaque dimanche, quand le temps le (*permettre*). – 2. Si tu (*vouloir*) aller au cinéma, nous (*pouvoir*) nous retrouver place Saint-Jacques. – 3. Les grandes péniches de la compagnie (*descendre*) le fleuve en trois jours. – 4. Quand (*approcher*) l'orage, les hirondelles et l'oiseau-mouche (*voler*) bas. – 5. Aussitôt que (*s'abattre*) le lutteur vaincu, les spectateurs (*applaudir*) le vainqueur.

2 Recopiez les phrases suivantes en soulignant le sujet avant de mettre le verbe au temps demandé entre parenthèses, et en veillant à écrire correctement la terminaison.

1. Dès que les plus âgés des chimpanzés (*s'éloigner* passé antérieur), les hyènes (*se rapprocher* passé simple) des plus jeunes. – 2. Tandis que (*s'éloigner* imparfait) la jeune femme et son enfant, Alfred (*s'apercevoir* passé simple) qu'il l'(*aimer* imparfait) plus qu'il ne lui (*paraître* plus-que-parfait) jusque-là. – 3. Que (*se présenter* subjonctif présent) devant moi les plus valeureux guerriers, que (*retentir* subjonctif présent) les vacarmes les plus effrayants, que (*s'écrouler* subjonctif présent) les montagnes, rien de toutes ces choses ne (*savoir* futur simple) me décourager.

L'accord dans le groupe du nom

3 Récrivez ce texte en accordant correctement les adjectifs entre parenthèses et en remplaçant les points de suspension par les déterminants qui conviennent.

Il était une fois un chanteur et une guitariste très peu (connu) mais très (prometteur).... guitariste avait beau être (muet) et un peu (prétentieux), on ne la trouvait pas moins (génial). Elle avait... yeux (bleu clair) et une chevelure (roux) (inouï). Quant... chanteur,... regard (pétillant) et la malice (continuel) qui éclairait... visage (expressif) séduisaient... mélomanes les plus (chevronné).

La chaîne des accords

4 Recopiez les phrases suivantes en opérant successivement les changements demandés entre parenthèses.

1. C'est en l'an 2000 que tout commence : un orage diluvien s'abat, un raz-de-marée puissant se jette sur la côte basque, une mousson exceptionnelle dévaste le pays avoisinant. (singulier/pluriel ; présent/passé simple). – 2. Comme chacun peut le constater, je ne m'enfuyais pas, je voulais seulement payer les oranges que j'accumulais dans mon panier. (je/nous ; imparfait/plus-que-parfait). – 3. Nul délice ne sera plus comme avant ; car mon nez

s'est bouché définitivement ; c'est du moins mon rhume à répétition qui m'en donne l'impression ! (singulier/pluriel). – **4.** Il nettoie l'appartement : il vidange l'évier, agite le balai, secoue les chiffons, traque la poussière. (singulier/pluriel ; présent/passé simple).

5 Faites des phrases à partir des ensembles de mots suivants.

1. jetèrent, un regard, une casquette. – **2.** l'éléphant du zoo, s'abattirent, une plume de paon, repéra. – **3.** Marie-Myrtille, c'étaient, une tarte au citron, paralysée. – **4.** voulurent, nous, chacun, pourquoi.

6 a. Lisez ce dialogue extrait de *L'Avare* de Molière.

(Harpagon parle ici avec son serviteur, nommé La Flèche.)

HARPAGON. – Comment ? Que dis-tu ?
LA FLÈCHE. – Ce que je dis ?
HARPAGON. – Oui, qu'est-ce que tu dis d'avarice et d'avaricieux ?
LA FLÈCHE. – Je dis que la peste soit de l'avarice et des avaricieux.
HARPAGON. – De qui veux-tu parler ?
LA FLÈCHE. – Des avaricieux.
HARPAGON. – Et qui sont-ils ces avaricieux ?
LA FLÈCHE. – Des vilains et des ladres.
HARPAGON. – Mais qui est-ce que tu entends par là ?
LA FLÈCHE. – De quoi vous mettez-vous en peine ?
HARPAGON. – Je me mets en peine de ce qu'il faut.
LA FLÈCHE. – Est-ce que vous croyez que je veux parler de vous ?
HARPAGON. – Je crois ce que je crois, mais je veux que tu me dises à qui tu parles quand tu dis cela.
LA FLÈCHE. – Je parle… je parle à mon bonnet.
Harpagon. – Et moi, je pourrais bien parler à ta barrette.
LA FLÈCHE. – M'empêcherez-vous de maudire les avaricieux ?
HARPAGON. – Non, mais je t'empêcherai de jaser et d'être insolent. Tais-toi.
LA FLÈCHE. – Je ne nomme personne.
HARPAGON. – Je te rosserai, si tu parles.
LA FLÈCHE. – Qui se sent morveux, qu'il se mouche.
HARPAGON. – Te tairas-tu ?
LA FLÈCHE. – Oui, malgré moi.

MOLIÈRE, *L'Avare*, 1668, Acte I, scène 3.

b. Maintenant, recopiez-le en faisant parler ensemble La Flèche et un autre serviteur ; faites les accords nécessaires dans leurs répliques et dans celles qu'Harpagon leur répond sur ce modèle :

Harpagon. – Comment ? Que dites-vous ?
Les serviteurs. – Ce que nous disons ?

7 Préparez la dictée suivante.

Trente hommes et vingt-trois femmes s'interpellaient dans l'antichambre dont les fenêtres entrechoquées laissaient libre entrée au vent qui courbait le jet d'eau autour duquel de pieux négociants discutaient agio avec des sourires agréables, portant en ce jour d'importance le ventre en avant. Tête couverte, ils déambulaient sur l'échiquier de marbre. Les femmes dandinantes et bijoutées arboraient d'agressives couleurs florales. Les habits des hommes avaient les tons éteints des sorbets aux fruits qu'ils ingurgitaient distraitement. Les courants d'air secouaient les chevelures d'astrakan des transpirantes qui clignaient des yeux aux rayons obliques du soleil.

Albert COHEN, *Solal*, © éd. Gallimard, 1930, 1958.

a. Cherchez le sens des mots que vous ignorez.

b. Justifiez les accords dans les groupes nominaux.

c. Justifiez la terminaison de chacun des verbes.

d. Récrivez chacun des groupes sujet-verbe en modifiant le nombre (singulier-pluriel ; pluriel-singulier) du sujet quand cela ne nuit pas au sens, puis en changeant le temps du verbe.

F. Rops, *L'attrapade*, 1877, coll. part.

28 *L'accord du participe passé*

Le participe passé conjugué avec être

Il s'accorde en genre et en nombre avec le sujet :

▸ ***Ils*** *sont sorti**s** de la salle à manger.* ***Jeanne et Paul*** *sont allé**s** prendre le café.*

Le participe passé conjugué avec *avoir*

1. Cas général

- Il ne s'accorde jamais avec le sujet :

  ▸ ***Elle*** *a mang**é** des fraises.* ***Ils*** *ont convoqu**é** les retardataires.*

- Il ne s'accorde jamais avec le COD si celui-ci est placé après le verbe (à sa droite) : ▸ *J'ai mang**é*** ***des artichauts****.*

- Il s'accorde en genre et en nombre avec le COD si celui-ci est placé avant (à sa gauche) :

  ▸ *Tes lettres, je* ***les*** *ai gard**ées**.* (le COD est un pronom de reprise)

  ▸ ***Quelles fleurs*** *le peintre a-t-il représent**ées** ?*

  ▸ ***Que de lettres*** *tu m'as écrit**es** !* ***Quelles boucles*** *as-tu chois**ies** ?* (la phrase est de forme exclamative ou interrogative)

2. Cas particuliers

- Le participe passé du verbe faire, suivi d'un infinitif, ne s'accorde pas :

  ▸ *Les invitées, je* ***les*** *ai fai**t** entrer.*

- Le participe passé d'un autre verbe, suivi d'un infinitif, s'accorde en genre et en nombre avec le pronom personnel COD placé avant lui si celui-ci fait l'action indiquée par l'infinitif : ▸ *Je* ***les*** *ai entendu**s** rentrer.*

- Le participe passé des verbes impersonnels est invariable : ▸ *Il a* ***plu*** *des cordes.*

Le participe passé conjugué avec *être* : les verbes pronominaux

- Le participe passé des verbes pronominaux de sens passif et essentiellement intransitifs s'accorde avec le sujet :

  ▸ *Elle* ***s'est*** *lav**ée**.* ▸ *Moi, Maeva,* ***je*** *ne me suis aperç**ue** de rien.*

- Le participe passé des verbes pronominaux transitifs s'accorde avec le COD s'il est placé avant (à gauche) :

  ▸ *Martine s'est cass**é*** ***la jambe****. Ce n'est pas la tête* ***qu'****elle s'est cass**ée**.*

  ▸ *Nous nous sommes disput**é*** ***les meilleurs morceaux****.*

- Si le pronom personnel réfléchi est COD, le participe passé s'accorde avec lui :
  ▸ *Elles* ***se*** *sont violemment querell****ées****.*
- Dans les autres cas, il reste invariable :
  ▸ *Nous nous sommes écr****it*** *de nombreuses lettres.*

Le participe passé employé sans auxiliaire

Il s'agit alors d'un véritable adjectif : il s'accorde en genre et en nombre avec le nom auquel il se rapporte en tant qu'épithète ou attribut :

▸ *Aimez-vous les visites guid****ées*** *? Bien guid****é****, Marc aime partir en randonnée.*

Exercices

Le participe passé conjugué avec *être*

1 Écrivez correctement le participe passé du verbe entre parenthèses. Dites avec quel mot vous l'avez accordé et pourquoi.

1. La panthère est (partir) jusqu'à la lisière de la savane, où les herbes sont (rabattre) par le passage des éléphants. – **2.** Nous sommes (entrer) dans la salle de spectacle : c'est alors que toi, Pierre, tu en es (sortir). – **3.** La jeune fille est (apparaître), juste quand les tonneaux sont (tomber) par terre.

Le participe passé conjugué avec *être* et *avoir*

2 Mettez au passé composé les verbes au présent dans le texte suivant.

La toilette de la gondole achevée, le gondolier passe à la sienne : il se lave, secoue sa veste et son bonnet bleu, rouge ou gris ; se lave le visage, les pieds et les mains. Sa femme, sa fille ou sa maîtresse lui apporte une gamelle de légumes, de pain et de viande. Le déjeuner fait, chaque gondolier attend en chantant la Fortune.

CHATEAUBRIAND, *Les Mémoires d'outre-tombe*, 1850.

3 Préparez la dictée suivante en justifiant l'orthographe des mots soulignés.

Une mode a à peine détruit une autre mode, qu'elle est abolie pour une plus nouvelle, qui cède elle-même à celle qui la suit et qui ne sera pas la dernière ; telle est notre légèreté : pendant ces révolutions, un siècle s'est écoulé qui a mis toutes ces parures au rang des choses passées et qui ne sont plus, la mode alors la plus curieuse et qui fait plus de plaisir à voir, c'est la plus ancienne ; aidée du temps et des années, elle a le même agrément qu'a (…) l'habit romain sur les théâtres. (…) Nos pères nous ont transmis avec la connaissance de leurs personnes celle de leurs habits, de leurs coiffures, de leurs armes et des autres ornements qu'ils ont aimés pendant leur vie.

LA BRUYÈRE, *Les Caractères*, 1688, XII, 15.

Le participe passé des verbes pronominaux

4 Dans les phrases suivantes, recopiez les verbes entre parenthèses en les mettant au participe passé. Faites les accords et justifiez l'orthographe choisie.

1. Pierre et Philippe se sont (préparer) pour la soirée puis ils se sont (cuisiner) un solide repas. – **2.** Ils se sont (rendre) compte de leur erreur avant qu'elle ne se soit (multiplier). – **3.** Les jumelles se sont (regarder) dans la glace. – **4.** Elle s'est (inventer) de nouvelles excuses.

5 Mettez les phrases suivantes au temps composé correspondant.

1. Elles se mettent en quatre pour me faire plaisir. – **2.** Vous vous mîtes en colère dès le premier mot ! – **3.** Charlotte et Mathilde se couperont les cheveux avant longtemps. – **4.** Des coups de feu se succédaient régulièrement. – **5.** Laquelle des deux robes préfères-tu ? – **6.** Quelle joie étreint son cœur lorsqu'elle le rencontre !

29 Les formes verbales difficiles

Les verbes du premier groupe

- Les verbes en **-cer** prennent une cédille devant **a** et **o** :
  - *Je m'élance ; il s'élança.*
  - *Tu te balances ; nous nous balançons.*

- Les verbes en **-ger** prennent un e devant **a** et **o** :
  - *Je mang**e**ais. Nous mang**i**ons. Mang**e**ons.*

- Les verbes en **-guer** gardent toujours leur u, même devant **a** et **o** :
  - *Je navi**gue**. Nous navi**guo**ns. Tu navi**gua**is.*

- Les verbes en **-eler** et **-eter** se terminent par **-elle** et **-ette** devant un **e** muet sauf *acheter*, *haleter*, *déceler*, *modeler*, *peler*, *geler*, *ciseler* qui s'écrivent **-ète** ou **–èle** :
  - *J'appelle ; je pèle.*
  - *Tu jettes ; tu achètes.*

- Les verbes en **-ever** et **-emer** s'écrivent avec un **è** devant une consonne suivie d'un **e** muet :
  - *Je soul**è**ve, nous soul**e**vons. Tu s**è**mes, vous s**e**mez.*

- Dans les verbes comme **céder**, le **é** devient **è** avant une consonne suivie d'un e muet :
  - *Vous c**é**dez, je c**è**de.*

- Les verbes en **-yer** prennent un **i** à la place du **y** avant un **e** muet. (Mais les verbes en **ayer** peuvent le conserver) :
  - *Nous essu**y**ons ; tu essu**i**es. Je bala**y**e et je bala**ie**.*

Attention au ***i*** à l'imparfait et au subjonctif présent :
- *Dès hier, vous **essayiez** vos nouveaux habits.*
- *Veux-tu que nous essa**yions** ?*

Les verbes du troisième groupe

Les verbes en **-endre**, gardent le **d** au présent de l'indicatif, tandis que les verbes en **-indre** et **-oudre** le perdent :
- *Je ven**ds**, tu attein**s**, je disso**us**. Il enten**d**. Il étein**t**.*

Les terminaisons en -ez, -ai, -ais, -é/er

- **-ez** est la terminaison d'un verbe conjugué à la deuxième personne du pluriel et donc le plus souvent précédé du pronom personnel **vous** :
  - *Entre**z**. Comme vous voule**z**.*

- **-er** est la terminaison de **l'infinitif** des verbes du 1er groupe : quand on hésite sur l'orthographe, on peut remplacer par un verbe du 3e groupe, comme *prendre*.
  - *Veux-tu déjeun**er** ? (Veux-tu **prendre** ?* infinitif*)*
  - *Vous déjeun**ez**. (Vous pren**ez** :* indicatif*)*
  - *Vous avez déjeun**é** ? (Vous avez **pris** :* participe passé*)*

- **-ai** est la terminaison de la première personne du futur de tous les verbes.

-ais est la terminaison de l'imparfait et du conditionnel présent de tous les verbes.

Pour distinguer les deux terminaisons, on peut mettre le verbe à la deuxième personne du pluriel :
  - *Dès que j'aur**ai** fini, je te rejoindr**ai**. (vous aurez, vous rejoindrez :* futur*)*
  - *Si je pouv**ais**, je te rejoindr**ais**. (vous pouviez :* imparfait *; vous rejoindriez :* conditionnel*)*

Quelques verbes irréguliers du troisième groupe

infinitif	présent	futur	imparfait	passé simple
acquérir	j'acquiers nous acquérons	j'acquerrai nous acquerrons	j'acquérais nous acquérions	j'acquis
asseoir	j'assieds ou j'asseois	j'assiérai ou j'assoirai	j'asseyais ou j'assoyais	j'assis
croire	je crois	je croirai	je croyais	je crus
devoir	je dois	je devrai	je devais	je dus
dire	je dis vous dites	je dirai	je disais	je dis vous dîtes
faire	je fais vous faites	je ferai	je faisais	je fis vous fîtes
lire	je lis	je lirai	je lisais	je lus
naître	je nais	je naîtrai	je naissais	je naquis
pouvoir	je peux	je pourrai	je pouvais	je pus
résoudre	je résous nous résolvons	je résoudrai	je résolvais	je résolus
savoir	je sais	je saurai	je savais	je sus
vivre	je vis	je vivrai	je vivais	je vécus
voir	je vois	je verrai	je voyais	je vis
vouloir	je veux	je voudrai	je voulais	je voulus

30 Les homophones grammaticaux

Certains mots, appartenant à des classes grammaticales différentes, se prononcent de la même façon. Il est important d'apprendre à les distinguer pour les orthographier correctement et écrire un texte **compréhensible**.

Ces/ses/c'est/s'est

• Les mots **ces** et **ses** sont des déterminants, le premier démonstratif et le deuxième possessif. Ils précèdent donc un nom. Pour les distinguer, on met le GN au singulier :

- *Marc a perdu tous **ses** crayons → **son** crayon.*
- *J'aime beaucoup **ces** fleurs → **cette** fleur.*

• Les groupes **c'est** et **s'est** comprennent le verbe *être*. Le premier est un présentatif, on peut le remplacer par *cela/ceci est*. Le deuxième est une forme pronominale toujours suivie d'un participe passé :

- ***C'est** un écureuil de grande taille → **Ceci est** un écureuil.*
- *Il **s'est** conduit de façon exemplaire → **Je me suis** conduit.*

Nota bene : ne pas confondre avec le verbe *savoir* : ***il sait***, que l'on peut remplacer par un imparfait : ***il savait***.

Se/ce

Le mot **se** est un pronom personnel réfléchi, il est donc toujours suivi d'un verbe.

Le mot **ce** est suivi d'un nom s'il est déterminant démonstratif, et suivi du verbe être ou d'un pronom relatif s'il est pronom démonstratif (on peut le remplacer par *cela* ou *ceci*) :

- *Il **se** nomme Henri.*
- *Je l'ai connu **ce** jour-là.*
- *Je lui ai offert **ce qu**'il demandait.*

Le mot « tout »

• Suivi d'un nom, c'est un **déterminant indéfini** qui s'accorde avec ce nom (on peut le remplacer par *chaque*) :

- ***Toute** infraction* (chaque infraction) *sera punie.*

• Employé à la place d'un nom, c'est un **pronom indéfini** qui prend les marques de genre et de nombre de ce nom :

- *J'ai ramassé **des champignons**. **Tous** étaient comestibles.*

• Suivi de l'expression **ce qui**, il reste invariable :

- ***Tout ce qui** vous touche me concerne.*

• Enfin, suivi d'un adjectif ou d'un autre adverbe, tout est un **adverbe** (on peut le remplacer par *tout à fait*). Il est invariable sauf devant un adjectif féminin commençant par une consonne ou un *h* aspiré :

▸ *Je t'ai trouvée* ***tout*** *étonnée,* ***toute*** *heureuse et* ***toute*** *charmante.*

Quand/qu'en/quant

• Le mot **quand** exprime le temps, c'est une conjonction de subordination ou un adverbe de temps :

▸ ***Quand*** (lorsque) *il est absent, cela se remarque.*

▸ ***Quand*** (à quel moment) *revient-il ?*

• Le mot **quant** se rencontre seulement suivi de la préposition **à** :

▸ ***Quant à*** *ton sort,* ***quant aux*** *conséquences de l'affaire, je ne m'en soucie plus.*

• L'expression **qu'en** se rencontre au début d'une question :

▸ ***Qu'en*** *pensez-vous ?* (Que pensez-vous de cela ?)

Peu/peut ; peut-être/peut être

• Le mot **peu** est un adverbe de quantité. On peut le faire précéder de *très*, sauf dans l'expression *un peu* :

▸ *J'apprécie* ***peu*** *(très peu) les escargots.*

• Le mot **peut** est la troisième personne du verbe pouvoir, on peut le remplacer par **pouvait** :

▸ *Il* ***peut*** *(pouvait) revenir.*

• Le mot **peut-être** est un adverbe, on peut le remplacer par *probablement* :

▸ *Je vais* ***peut-être*** *(probablement) lui donner rendez-vous.*

• L'expression **peut être** comprend deux verbes, on peut la remplacer par *pouvait être* :

▸ *Je me demande qui cela* ***peut être*** *(pouvait être).*

Mon/m'ont ; son/sont

• Les mots **mon** et **son** précèdent un nom dont ils sont le déterminant possessif. On peut donc mettre ce nom au pluriel :

▸ *C'est* ***mon*** *ami et* ***son*** *frère → Ce sont* ***mes*** *amis,* ***ses*** *frères.*

• L'expression **m'ont** est constituée d'un pronom personnel et du verbe avoir, que l'on peut mettre à l'imparfait :

▸ *Tes cadeaux* ***m'ont*** *fait plaisir →* ***m'avaient*** *fait plaisir.*

• De même, le mot **son** est un déterminant possessif et le mot **sont** la troisième personne du verbe *être* :

▸ ***Son*** *nouveau blouson est très beau (****ses*** *blousons).*

▸ *Ils* ***sont*** *rentrés tard (****étaient*** *rentrés).*

Tableaux de conjugaison

Auxiliaire — ÊTRE — Voix active

INDICATIF

PRÉSENT		PASSÉ COMPOSÉ		PASSÉ SIMPLE		PASSÉ ANTÉRIEUR	
je	suis	j'ai	été	je	fus	j'	eus été
nous	sommes	nous	avons été	nous	fûmes	nous	eûmes été
IMPARFAIT		**PLUS-QUE-PARFAIT**		**FUTUR SIMPLE**		**FUTUR ANTÉRIEUR**	
j'	étais	j'	avais été	je	serai	j'	aurai été
nous	étions	nous	avions été	nous	serons	nous	aurons été

SUBJONCTIF / CONDITIONNEL

SUBJONCTIF PRÉSENT		SUBJONCTIF PASSÉ		CONDITIONNEL PRÉSENT		CONDITIONNEL PASSÉ	
que je	sois	que j'	aie été	je	serais	j'	aurais été
que tu	sois	que tu	aies été	tu	serais	tu	aurais été
qu'il	soit	qu'il	ait été	il	serait	il	aurait été
que nous	soyons	que nous	ayons été	nous	serions	nous	aurions été
que vous	soyez	que vous	ayez été	vous	seriez	vous	auriez été
qu'ils	soient	qu'ils	aient été	ils	seraient	ils	auraient été

IMPÉRATIF PRÉSENT	IMPÉRATIF PASSÉ	GÉRONDIF PRÉSENT	GÉRONDIF PASSÉ	INFINITIF PRÉSENT	INFINITIF PASSÉ	PARTICIPE PRÉSENT	PARTICIPE PASSÉ
sois	aie été	en étant	en ayant été	être	avoir été	étant	ayant été
soyons	ayons été						
soyez	ayez été						

Auxiliaire — AVOIR — Voix active

INDICATIF

PRÉSENT		PASSÉ COMPOSÉ		PASSÉ SIMPLE		PASSÉ ANTÉRIEUR	
j'	ai	j'	ai eu	j'	eus	j'	eus eu
nous	avons	nous	avons eu	nous	eûmes	nous	eûmes eu
IMPARFAIT		**PLUS-QUE-PARFAIT**		**FUTUR SIMPLE**		**FUTUR ANTÉRIEUR**	
j'	avais	j'	avais eu	j'	aurai	j'	aurai eu
nous	avions	nous	avions eu	nous	aurons	nous	aurons eu

SUBJONCTIF / CONDITIONNEL

SUBJONCTIF PRÉSENT		SUBJONCTIF PASSÉ		CONDITIONNEL PRÉSENT		CONDITIONNEL PASSÉ	
que j'	aie	que j'	aie eu	j'	aurais	j'	aurais eu
que tu	aies	que tu	aies eu	tu	aurais	tu	aurais eu
qu'il	ait	qu'il	ait eu	il	aurait	il	aurait eu
que nous	ayons	que nous	ayons eu	nous	aurions	nous	aurions eu
que vous	ayez	que vous	ayez eu	vous	auriez	vous	auriez eu
qu'ils	aient	qu'ils	aient eu	ils	auraient	ils	auraient eu

IMPÉRATIF PRÉSENT	IMPÉRATIF PASSÉ	GÉRONDIF PRÉSENT	GÉRONDIF PASSÉ	INFINITIF PRÉSENT	INFINITIF PASSÉ	PARTICIPE PRÉSENT	PARTICIPE PASSÉ
aie	aie eu	en ayant	en ayant eu	avoir	avoir eu	ayant	ayant eu
ayons	ayons eu						
ayez	ayez eu						

Ier groupe — AIMER — Voix active

INDICATIF

PRÉSENT		PASSÉ COMPOSÉ		PASSÉ SIMPLE		PASSÉ ANTÉRIEUR	
j'	aime	j'	ai aimé	j'	aimai	j'	eus aimé
nous	aimons	nous	avons aimé	nous	aimâmes	nous	eûmes aimé
IMPARFAIT		**PLUS-QUE-PARFAIT**		**FUTUR SIMPLE**		**FUTUR ANTÉRIEUR**	
j'	aimais	j'	avais aimé	j'	aimerai	j'	aurai aimé
nous	aimions	nous	avions aimé	nous	aimerons	nous	aurons aimé

SUBJONCTIF / CONDITIONNEL

SUBJONCTIF PRÉSENT		SUBJONCTIF PASSÉ		CONDITIONNEL PRÉSENT		CONDITIONNEL PASSÉ	
que j'	aime	que j'	aie aimé	j'	aimerais	j'	aurais aimé
que tu	aimes	que tu	aies aimé	tu	aimerais	tu	aurais aimé
qu'il	aime	qu'il	ait aimé	il	aimerait	il	aurait aimé
que nous	aimions	que nous	ayons aimé	nous	aimerions	nous	aurions aimé
que vous	aimiez	que vous	ayez aimé	vous	aimeriez	vous	auriez aimé
qu'ils	aiment	qu'ils	aient aimé	ils	aimeraient	ils	auraient aimé

IMPÉRATIF PRÉSENT	IMPÉRATIF PASSÉ	GÉRONDIF PRÉSENT	GÉRONDIF PASSÉ	INFINITIF PRÉSENT	INFINITIF PASSÉ	PARTICIPE PRÉSENT	PARTICIPE PASSÉ
aime	aie aimé	en aimant	en ayant aimé	aimer	avoir aimé	aimant	ayant aimé
aimons	ayons aimé						
aimez	ayez aimé						

1er groupe — AIMER — Voix passive

INDICATIF

PRÉSENT		PASSÉ COMPOSÉ		PASSÉ SIMPLE		PASSÉ ANTÉRIEUR	
je	suis aimé	j'	ai été aimé	je	fus aimé	j'	eus été aimé
nous	sommes aimés	nous	avons été aimés	nous	fûmes aimés	nous	eûmes été aimés
IMPARFAIT		**PLUS-QUE-PARFAIT**		**FUTUR SIMPLE**		**FUTUR ANTÉRIEUR**	
j'	étais aimé	j'	avais été aimé	je	serai aimé	j'	aurai été aimé
nous	étions aimés	nous	avions été aimés	nous	serons aimés	nous	aurons été aimés

SUBJONCTIF / CONDITIONNEL

SUBJONCTIF PRÉSENT		SUBJONCTIF PASSÉ		CONDITIONNEL PRÉSENT		CONDITIONNEL PASSÉ	
que je	sois aimé	que j'	aie été aimé	je	serais aimé	j'	aurais été aimé
que tu	sois aimé	que tu	aies été aimé	tu	serais aimé	tu	aurais été aimé
qu'il	soit aimé	qu'il	ait été aimé	il	serait aimé	il	aurait été aimé
que nous	soyons aimés	que nous	ayons été aimés	nous	serions aimés	nous	aurions été aimés
que vous	soyez aimés	que vous	ayez été aimés	vous	seriez aimés	vous	auriez été aimés
qu'ils	soient aimés	qu'ils	aient été aimés	ils	seraient aimés	ils	auraient été aimés

IMPÉRATIF / GÉRONDIF / INFINITIF / PARTICIPE

IMPÉRATIF PRÉSENT	IMPÉRATIF PASSÉ	GÉRONDIF PRÉSENT	GÉRONDIF PASSÉ	INFINITIF PRÉSENT	INFINITIF PASSÉ	PARTICIPE PRÉSENT	PARTICIPE PASSÉ
sois aimé	aie été aimé	en étant aimé	en ayant été aimé	être aimé	avoir été aimé	étant aimé	ayant été aimé
soyons aimés	ayons été aimés						
soyez aimés	ayez été aimés						

2e groupe — FINIR — Voix active

INDICATIF

PRÉSENT		PASSÉ COMPOSÉ		PASSÉ SIMPLE		PASSÉ ANTÉRIEUR	
je	finis	j'	ai fini	je	finis	j'	eus fini
nous	finissons	nous	avons fini	nous	finîmes	nous	eûmes fini
IMPARFAIT		**PLUS-QUE-PARFAIT**		**FUTUR SIMPLE**		**FUTUR ANTÉRIEUR**	
je	finissais	j'	avais fini	je	finirai	j'	aurai fini
nous	finissions	nous	avions fini	nous	finirons	nous	aurons fini

SUBJONCTIF / CONDITIONNEL

SUBJONCTIF PRÉSENT		SUBJONCTIF PASSÉ		CONDITIONNEL PRÉSENT		CONDITIONNEL PASSÉ	
que je	finisse	que j'	aie fini	je	finirais	j'	aurais fini
que tu	finisses	que tu	aies fini	tu	finirais	tu	aurais fini
qu'il	finisse	qu'il	ait fini	il	finirait	il	aurait fini
que nous	finissions	que nous	ayons fini	nous	finirions	nous	aurions fini
que vous	finissiez	que vous	ayez fini	vous	finiriez	vous	auriez fini
qu'ils	finissent	qu'ils	aient fini	ils	finiraient	ils	auraient fini

IMPÉRATIF / GÉRONDIF / INFINITIF / PARTICIPE

IMPÉRATIF PRÉSENT	IMPÉRATIF PASSÉ	GÉRONDIF PRÉSENT	GÉRONDIF PASSÉ	INFINITIF PRÉSENT	INFINITIF PASSÉ	PARTICIPE PRÉSENT	PARTICIPE PASSÉ
finis	aie fini	en finissant	en ayant fini	finir	avoir fini	finissant	ayant fini
finissons	ayons fini						
finissez	ayez fini						

3e groupe — PARTIR — Voix active

INDICATIF

PRÉSENT		PASSÉ COMPOSÉ		PASSÉ SIMPLE		PASSÉ ANTÉRIEUR	
je	pars	je	suis parti	je	partis	je	fus parti
nous	partons	nous	sommes partis	nous	partîmes	nous	fûmes partis
IMPARFAIT		**PLUS-QUE-PARFAIT**		**FUTUR SIMPLE**		**FUTUR ANTÉRIEUR**	
je	partais	j'	étais parti	je	partirai	je	serai parti
nous	partions	nous	étions partis	nous	partirons	nous	serons partis

SUBJONCTIF / CONDITIONNEL

SUBJONCTIF PRÉSENT		SUBJONCTIF PASSÉ		CONDITIONNEL PRÉSENT		CONDITIONNEL PASSÉ	
que je	parte	que je	sois parti	Je	partirais	je	serais parti
que tu	partes	que tu	sois parti	tu	partirais	tu	serais parti
qu'il	parte	qu'il	soit parti	il	partirait	il	serait parti
que nous	partions	que nous	soyons partis	nous	partirions	nous	serions partis
que vous	partiez	que vous	soyez partis	vous	partiriez	vous	seriez partis
qu'ils	partent	qu'ils	soient partis	ils	partiraient	ils	seraient partis

IMPÉRATIF / GÉRONDIF / INFINITIF / PARTICIPE

IMPÉRATIF PRÉSENT	IMPÉRATIF PASSÉ	GÉRONDIF PRÉSENT	GÉRONDIF PASSÉ	INFINITIF PRÉSENT	INFINITIF PASSÉ	PARTICIPE PRÉSENT	PARTICIPE PASSÉ
pars	sois parti	en partant	en étant parti	partir	être parti	partant	étant parti
partons	soyons partis						
partez	soyez partis						

VERBES IRRÉGULIERS LES PLUS COURANTS

INFINITIF	INDICATIF PRÉSENT	PASSÉ SIMPLE	CONDITIONNEL PRÉSENT	SUBJONCTIF PRÉSENT	PARTICIPES
Aller	je vais nous allons ils vont	j' allai nous allâmes	j' irais nous irions	que j' aille que nous allions	allant allé
Conclure[1] et **exclure**	je conclus nous concluons	je conclus nous conclûmes	je conclurais nous conclurions	que je conclue que nous concluions	concluant conclu
Connaître et **paraître**	je connais il connaît nous connaissons	je connus nous connûmes	je connaîtrais nous connaîtrions	que je connaisse que nous connaissions	connaissant connu
Courir	je cours nous courons	je courus nous courûmes	je courrais nous courrions	que je coure que nous courions	courant couru
Craindre et verbes en **-aindre**	je crains nous craignons	je craignis nous craignîmes	je craindrais nous craindrions	que je craigne que nous craignions	craignant craint
Croire	je crois nous croyons ils croient	je crus nous crûmes	je croirais nous croirions	que je croie que nous croyions qu'ils croient	croyant cru
Devoir	je dois nous devons ils doivent	je dus nous dûmes	je devrais nous devrions	que je doive que nous devions	devant dû, dus due, dues
Joindre et verbes en **-oindre**	je joins nous joignons	je joignis nous joignîmes	je joindrais nous joindrions	que je joigne que nous joignions	joignant joint
Offrir et verbes en **-frir** et **-vrir**	j' offre nous offrons	j' offris nous offrîmes	j' offrirais nous offririons	que j' offre que nous offrions	offrant offert
Perdre[2]	je perds il perd nous perdons	je perdis nous perdîmes	je perdrais nous perdrions	que je perde que nous perdions	perdant perdu
Pouvoir	je peux, je puis nous pouvons ils peuvent	je pus nous pûmes	je pourrais nous pourrions	que je puisse que nous puissions	pouvant pu
Prendre et **apprendre, comprendre** et **surprendre**	je prends il prend nous prenons ils prennent	je pris nous prîmes	je prendrais nous prendrions	que je prenne que nous prenions	prenant pris
Tenir et **venir**	je tiens nous tenons ils tiennent	je tins nous tînmes	je tiendrais nous tiendrions	que je tienne que nous tenions	tenant tenu
Vaincre	je vaincs il vainc nous vainquons	je vainquis nous vainquîmes	je vaincrais nous vaincrions	que je vainque que nous vainquions	vainquant vaincu
Valoir	je vaux nous valons	je valus nous valûmes	je vaudrais nous vaudrions	que je vaille que nous valions qu'ils vaillent	valant valu
Voir	je vois nous voyons ils voient	je vis nous vîmes	je verrais nous verrions	que je voie que nous voyions qu'ils voient	voyant vu
Vouloir	je veux nous voulons ils veulent	je voulus nous voulûmes	je voudrais nous voudrions	que je veuille que nous voulions qu'ils veuillent	voulant voulu

1. *Inclure* se conjugue comme *conclure*, mais son participe passé est *inclus*.
2. Les verbes en **-endre** (sauf *prendre*), **-andre**, **-ondre**, **-ordre**, se conjuguent comme *perdre*.

Lexique

Alexandrin : vers de douze syllabes.

Allégorie : figure de style qui repose sur la personnification d'un élément abstrait (voir page 378).

Allitération : jeu sur la répétition d'une même consonne.

Analogie : rapport de ressemblance entre des choses, des mots, des personnes, des notions.

Anaphore : figure de style qui consiste à répéter un même mot ou groupe de mots au début des phrases (voir page 377).

Anticipation (prolepse) : dans un récit, rupture de la chronologie par la présentation d'événements postérieurs.

Antiphrase : procédé d'expression consistant à dire le contraire de ce que l'on veut faire entendre (voir page 379).

Antithèse : figure de style qui rapproche deux mots ou expressions de sens opposé (voir page 376).

Antonyme : mot de sens contraire à un autre mot (voir page 373).

Archaïsme : emploi d'un mot vieilli, ou d'un mot dans un sens vieilli (voir page 371).

Argument : idée ou fait avancé pour défendre une thèse (voir page 297).

Assonance : jeu sur la répétition d'une même voyelle.

Autobiographie : récit qu'une personne réelle fait de sa propre existence. Auteur, narrateur, personnage s'y confondent.

Caricature : portrait simplifié qui exagère certains traits ou défauts.

Champ lexical : ensemble des mots se rapportant à un même domaine ou à une même notion (voir page 374).

Comédie : pièce de théâtre visant à divertir. *Comique :* registre qui cherche à provoquer le rire.

Comparaison : expression qui rapproche à l'aide d'un outil deux éléments présentant un point commun (voir page 376).

Connecteurs : mots ou expressions qui établissent un lien entre les phrases ou les paragraphes (voir page 322).

Connotation : sens secondaire d'un mot, lié à la subjectivité de l'énonciateur, ou au contexte (voir page 372).

Contraste : opposition entre des mots ou des images qui fait ressortir l'un par rapport à l'autre.

Dénotation : sens propre, littéral, d'un mot (voir page 372).

Didascalies : indications données par l'auteur d'un texte de théâtre et qui concerne la façon de jouer une réplique.

Discours : 1) Enoncé prononcé en public. 2) Différentes mises en forme des énoncés. 3) Nom parfois donné aux paroles rapportées. 4) Nom parfois donné aux énoncés ancrés dans la situation d'énonciation.

Drame : pièce de théâtre sérieuse.

Dramatique : qui concerne l'action théâtrale.

Ellipse : 1) figure qui consiste à ne pas exprimer certains mots ou expressions. 2) Dans un récit, partie de l'histoire qui est passée sous silence.

Énonciation : acte par lequel un énonciateur (ou locuteur) produit un énoncé. *Double énonciation :* au théâtre, double niveau de communication : entre les personnages/entre la scène et la salle. *Situation d'énonciation :* ensemble des circonstances dans lesquelles les énoncés sont formulés (voir page 260).

Épopée : récit d'événements héroïques où le surnaturel se mêle au réel. *Epique :* registre qui consiste à doter les personnages d'une grandeur hors du commun.

Épistolaire : qui concerne les lettres.

Essai : genre argumentatif dans lequel l'auteur exprime ses idées.

Étymologie : étude de l'origine des mots (voir page 370).

Euphémisme : figure de style qui consiste à remplacer un propos par une forme atténuée (voir page 377).

Explicite : clairement et complètement énoncé (voir page 272).

Fable : genre narratif, qui contient une partie narrative et une autre argumentative (la morale).

Figure de style : expression particulière visant à produire un effet (voir page 376).

Homonyme : mot présentant la même forme qu'un autre mot, mais de sens différent (voir page 373).

Hyperbole : figure de style qui remplace un mot ou une expression par un autre plus fort (voir page 377).

Implicite : qui est contenu dans un énoncé sans être clairement et complètement formulé (voir page 272).

Ironie : énoncé à double sens afin de faire comprendre autre chose, souvent dans une intention railleuse.

Litote : figure de style qui consiste à faire entendre beaucoup en disant peu (voir page 377).

Lyrisme : expression des émotions et des sentiments du Moi. *Lyrique :* registre caractérisé par la subjectivité et l'expressivité.

Mélioratif : qui présente favorablement l'être ou la chose qu'il caractérise.

Métaphore : figure de style qui désigne une notion, un objet, un être par un autre, à partir d'une de leurs ressemblances (voir page 378).

Métonymie : figure de style qui désigne une chose par une autre qui entretient avec elle un rapport logique : la partie pour le tout, le contenant pour le contenu, la marque pour l'objet, l'objet pour l'usage, etc. (voir page 378).

Modalisation : marque de jugement du locuteur (voir page 276).

Mythe : récit imaginaire et commun à toute une communauté, pour évoquer son histoire ou des phénomènes naturels.

Narrateur : la voix qui raconte un récit et n'existe que dans celui-ci. *Narrateur omniscient :* celui qui adopte un point de vue en surplomb, comme s'il savait tout des personnages et du monde qu'il évoque.

Niveau de langue : usage de la langue qui varie selon les situations de communication (niveau de langue familier, courant, soutenu ; voir page 380).

Pamphlet : genre de texte argumentatif violemment polémique.

Paradoxe : opinion qui va à l'encontre de l'opinion commune.

Parodie : Imitation comique d'une œuvre sérieuse.

Paronyme : mot qui ressemble à un autre (voir page 374).

Paronomase : figure de style qui consiste à rapprocher des mots de sonorités voisines (voir page 374).

Pathétique : registre qui exprime et suscite de vives émotions.

Péjoratif : qui présente défavorablement l'être ou la chose qu'il caractérise.

Péripétie : retournement de situation.

Périphrase : figure de style qui désigne un objet, un être, une notion par une expression développée (voir page 379).

Personnification : figure de style qui attribue des traits humains à des animaux ou des choses (voir page 377).

Point de vue (focalisation) : dans un récit, manière dont sont vus les événements racontés. Le point de vue est *omniscient* si le narrateur sait tout de l'action et des personnages ; s'il se limite à ce que voit et sait l'un des personnages, on parle de *point de vue interne* (ou de *focalisation*) (voir page 286).

Polémique : registre qui contient une critique violente.

Polysémie : se dit d'un mot qui a plusieurs sens (voir page 372).

Progression thématique : enchaînement des informations d'une phrase à l'autre d'un texte (voir page 314).

Propos : dans une phrase et un texte, information apportée sur le thème (voir page 314).

Récit complexe : récit qui comprend des descriptions et des dialogues et dont la chronologie n'est pas linéaire.

Réfuter : contester de manière argumentée la thèse adverse.

Retour en arrière (analepse) : dans un récit, rupture de la chronologie par la présentation d'événements antérieurs.

Satire : genre de texte dénonçant des défauts ou des ridicules. *Satirique :* registre qui recourt à la raillerie pour dénoncer défauts ou ridicules.

Scène : au théâtre, unité délimitée par l'entrée ou la sortie d'un personnage. Dans un récit, unité centrée sur une seule action, où la vitesse du récit imite celle de l'action.

Sommaire : dans un récit, présentation abrégée et accélérée d'une unité de l'action.

Symbole : figure de style qui consiste à représenter concrètement une notion abstraite.

Synonyme : mot de même sens (voir page 373).

Tirade : longue réplique d'un personnage de théâtre.

Tragédie : genre de texte qui met en scène des héros confrontés à des forces supérieures. *Tragique :* registre qui exprime le sentiment de forces supérieures comme le destin.

Vers : unité de mesure, en poésie et au théâtre, qui contient un nombre défini de syllabes et qui est marquée par la majuscule et le retour à la ligne. Vers libre : libéré de la rime et de la mesure. Verset : unité plus ample que le vers.

Visée : intention d'un procédé ou d'un énoncé (voir p. 266).

Vitesse (du récit) : rapport entre la durée du récit et celle de l'histoire.

Index
des principaux textes et autres œuvres étudiés

• Romans, récits, nouvelles et fables

• Poèmes et chansons

• Autobiographies

• Théâtre

Crédit photographique

Couverture : bas : © Petrified Collection/Getty Images

milieu : *Dom Juan* de Molière © Compagnie Colette Roumanoff, Théâtre Fontaine, mai 2002. Mise en scène : Colette Roumanoff, costumes : Katherine Roumanoff, Lumières : Stéphane Cottin. Avec Elisa Sergent dans le rôle de Charlotte, Richard Delestre dans le rôle de Pierrot. © Photographie de Eric Damidot

12 © Hans Silvester/Rapho
15 © Smithsonian American Art Mus./Art Resource/Scala/D.R.
17 © Collection Roger-Viollet
19 © Craig Aurness/CORBIS
20 © Roland Michaud/Rapho
21 bas d © Roland Michaud/Rapho
21 bas g © Roland Michaud/Rapho
21 ht d © Roland Michaud/Rapho
21 ht g © Roland Michaud/Rapho
23 © Philippe Wang/HOA QUI
25 © Collection Christophe L
27 © Archives Charmet/Bridgeman - Giraudon
29 © Archives Charmet/Bridgeman - Giraudon
30 © Collection Roger-Viollet
32 © Courtesy Galerie Daniel Malingue, Paris © Adagp, Paris 2003
34 © Royalty-Free/CORBIS
37 © AKG Paris/Collection Klaus Balendat, Rangendingen/D.R.
39 © Philadelphia Museum of Art/CORBIS/© Succession Marcel Duchamps/Adagp, Paris 2003
41 © Erich Lessing/AKG Paris
42 © Photo RMN - Gérard Blot/© Adagp, Paris 2003
44 © Erich Lessing/AKG Paris/© Adagp, Paris 2003
47 © AKG Paris/D.R.
48 © D. Boone/CORBIS
49 © Collection Christophe L
50 © Erich Lessing/AKG Paris © The Munch-Museum - The Munch Ellingsen Group - Adagp, Paris 2003
53 © Photo RMN - Peter Willi
55 © Léonard de Selva/CORBIS/D.R.
56 © Ph. Coll. Archives Nathan
57 © Ph. Coll. Archives Larbor
58 © Photographie de Jacques Dubois © Yvonne Dubois
60 © Bridgeman - Giraudon
63 © Bridgeman - Giraudon
64 © AKG Paris/D.R.
67 © Collection Christophe L
68 © Collection Christophe L
69 © Photo RMN - Hervé Lewandowski
71 © Erich Lessing/AKG Paris
72 © Will & Deni McIntyre
75 © Archives Larbor
77 © Archives Larbor
78 © Photo RMN - Ojéda/Le Mage
81 © Bridgeman - Giraudon © Adagp, Paris 2003
82 © Collection Christophe L
84 © D.R.
87 © D.R.
88 © Photo RMN - C. Jean
91 © Collection Christophe L
93 © Pirozzi/AKG Paris
94 © Photo RMN
96 © Photo RMN
99 © Bridgeman - Giraudon/D.R.
101 © AKG Paris © Succession Picasso 2003
103 © Georges Simonka - ADAGP, Banque d'Images, Paris 2003
104 © Bridgeman - Giraudon
106 © Ryan McVay/PhotoDisc/Getty Images
108 © Kharbine/Tapabor
110 © Bridgeman - Giraudon
112 © Bridgeman-Giraudon/© Adagp, Paris 2003
114 © Archives Larbor © Adagp, Paris 2003
117 © Bridgeman - Giraudon © Adagp, Paris 2003
118 © Collection of The Norman Rockwell Museum at Stockbridge, Norman Rockwell Art Collection Trust © Printed by permission of the Norman Rockwell Family Agency, Copyright © 1960 the Norman Rockwell Family Entities
119 © AKG Paris
120 © Burstein Collection/Corbis - Répertorié aux Archives Légales, Paris
122 © Photo RMN - C. Jean
125 © Bridgeman - Giraudon © Adagp, Paris 2003
127 © Bridgeman - Giraudon
128 © Bridgeman - Giraudon
130 © Alfred Pasieka/SPL/Cosmos
132 bas g © « *L'Actu*, le quotidien d'actualité dès 14 ans, tel : 01 53 01 23 60 ou www.lactu.com »
132 m d © *Phosphore*, mars 2001, n° 237
135 © Antoine Devouard/REA
136 © © « *L'Actu*, le quotidien d'actualité dès 14 ans, tel : 01 53 01 23 60 ou www.lactu.com »
137 © Patrick Allard/Antoine Devouard/REA
139 © Paul Langrock/ZENIT-LAIF/REA
141 © Ph. Gontier/Eurelios
142 © Ph. P. Dumas/Eurelios
143 © Archives Nathan
145 © Affiche pour l'Etablissement Français du Sang
147 © Mehau Kulyk/SPL/Cosmos
149 © Mattotti
151 © Rue des Archives
152 © Jean Claude Thuillier/REA
154 © Alan Thornton/Getty Images
156 © Bridgeman - Giraudon/D.R.
161 © Bridgeman - Giraudon
163 © G. DAGLI ORTI, Paris
164 © Bridgeman - Giraudon
167 © Bridgeman - Giraudon
168 © The Stapleton Collection/Bridgeman - Giraudon
171 Ph. Jeanbor © Archives Larbor © Folon/Amnesty International, Belgique francophone © Adagp, Paris 2003
172 © Bridgeman - Giraudon © Adagp, Paris 2003
175 © Richard Waniowski/ADAGP, Banque d'Images, Paris 2003
177 © Archives Nathan
178 © John Cancalosi/BIOS
181 © Photo RMN - C. Jean
182 © Erich Lessing/AKG Paris
185 © Mark Moffett/Minden Pictures
186 © Mark Moffett/Minden Pictures
189 © Bridgeman - Giraudon
190 © Photo RMN - Gérard Blot
192 © Photo RMN - Michèle Bellot/D.R.
194 © Collection Christophe L
196 © Collection Christophe L
198 © Illustrations tirées de l'ouvrage « *Maus* - Tome I : *Un survivant raconte - Mon père saigne l'histoire* » d'Art Spiegelman © 1973, 1980, 1981, 1982, 1983, 1984, 1985, 1986 by Art Spiegelman © Flammarion, 1987, pour la traduction française de Judith Ertel
201 © Rue des Archives
202/1 © Jeanneau/SIPA
202/2 © Choumov/Roger-Viollet
202/3 © Ozkok/SIPA
202/4 © SIPA
202/5 © Jacques Sassier/OPALE
202/6 © Alain Buu/GAMMA
202/7 © Gérald Bloncourt/Rue des Archives
202/8 © Rue des Archives
202/9 © AFP
202/10 © Collection Roger-Viollet
202/11 © Harlingue/Roger-Viollet
202/12 © Archives Larbor
202/13 © Archives Larbor
202/14 © Gastaud/SIPA
202/15 © René Burri/Magnum Photos
202/16 © Rue des Archives
202/17 © Lipnitzki/Roger-Viollet
202/18 © Marion Kalter/OPALE
202/19 © Bettmann/CORBIS
202/20 © Sophie Bassouls/CORBIS SYGMA
203/1 © EFE/SIPA
203/2 © Herbert List/Magnum Photos
203/3 © A. Sagalyn/OPALE
203/4 © Choumov/Roger-Viollet
204 © Collection Roger-Viollet
206 © Kharbine - Tapabor/DR
208 Ph. Oronoz © Archives Larbor © Succession Picasso 2003
211 © Photo RMN - P. Gérin/Pei - D. Chareyron © Succession Picasso 2003
213 © Bridgeman - Giraudon © Adagp, Paris 2003
215 © Photo RMN - Gérard Blot © Adagp, Paris 2003
217 © Archives Larbor
219 © Collection Roger-Viollet
221 © AKG Paris
222 © Photo RMN - J. G. Berizzi
223 bas © AKG Paris
223 ht © Photo RMN - Labat/CFAO
225 © Bridgeman - Giraudon/D.R.
227 © Bridgeman - Giraudon
228 © Fatras, Succession Jacques Prévert/Adagp, Paris 2003
230 © Vincent Pontet / Agence Enguerand / Bernand
233 © Collection Christophe L
235 © Lê-Anh/Compagnie Colette Roumanoff
236 Ph. Jeanbor © Archives Larbor
238 © Ramon Senera/Agence Enguerand - Bernand
241 © Ramon Senera/Agence Enguerand - Bernand
242 © Lê-Anh/Compagnie Colette Roumanoff
245 © P. Victor/MAXPPP
248 © Marc Enguerand/Agence Enguerand - Bernand
251 © P. Victor/MAXPPP
252 © Collection Christophe L
255 © Marc Enguerand/Agence Enguerand - Bernand
256 © Photo RMN - B. Hatala © Succession Picasso 2003
264 © G. DAGLI ORTI, Paris
285 © Raphaël Gaillarde/GAMMA
299 © Jérôme Martin/AFP
320 Ph. © Kunsthistorisches Museum, Vienne - Coll. Archives Larbor
329 © Collection Christophe L
344 © Daryl Balfour/Getty Images
356 © Historical Picture Archive/Corbis
385 © Christie's Images/Corbis

N° d'éditeur : 10099281-Avril 2003
Nord Compo – PL – 28 Mars 2003
Imprimé en Italie par Rotolito